W0356671

AtV

GUDRUN SCHWARZ, Dr. phil, ist Mitarbeiterin im Hamburger Institut für Sozialforschung. Zuletzt erschienen von ihr »Die nationalsozialistischen Lager« (1996) sowie zahlreiche Beiträge über Frauen im Nationalsozialismus.

»Gudrun Schwarz hat mit ihrer Studie ein wichtiges, Beachtung verdienendes Werk vorgelegt. Seine Stärken liegen im Dokumentieren der allzu lange nicht oder nicht umfassend genug wahrgenommenen Einsicht, daß ›Frauen Teil der deutschen Tätergesellschaft‹ waren.«

Der Tagesspiegel

Gudrun Schwarz

Eine Frau an seiner Seite

Ehefrauen in der »SS-Sippengemeinschaft«

Aufbau Taschenbuch Verlag

Mit 33 Abbildungen

ISBN 3-7466-8050-6

1. Auflage 2000
Aufbau Taschenbuch Verlag GmbH, Berlin
© 1997 Hamburger Edition HIS Verlagsges. mbH
Einbandgestaltung Preuße & Hülpüsch Grafik Design
unter Verwendung eines Fotos aus dem Archiv
der KZ-Gedenkstätte Dachau
Printed in Germany
Druck Clausen & Bosse, Leck

www.aufbau-taschenbuch.de

Inhalt

Einleitung

Am 28. April 1945 beobachtete ein Helfer des Schweizer Roten Kreuzes die Räumung des Frauenkonzentrationslagers Ravensbrück. Er sah Kolonnen von jeweils etwa 5000 weiblichen oder männlichen Häftlingen, die von SS-Männern und SS-Aufseherinnen die Straße entlang Richtung Westen getrieben wurden. An der Spitze eines dieser Züge bemerkte er einen kleinen Wagen, der von sechs zu Skeletten abgemagerten weiblichen Häftlingen gezogen wurde. Auf diesem mit Paketen beladenen Wagen saß eine gut genährte und gekleidete Frau. Nach Auskunft eines Kommandanten dieses Zuges handelte es sich um die Ehefrau eines SS-Führers, die während der »Flucht« an Magenverstimmung erkrankt sei, da sie zu viele Rosinen gegessen habe.[1] Diese Frau, die sich wie eine Despotin von halbverhungerten Sklavinnen durch die Gegend ziehen ließ, gehörte zur SS-Sippengemeinschaft, zum Orden der SS.

Nur zögernd wird wahrgenommen, was an sich selbstverständlich ist: die NS-Gesellschaft war auch ein Ensemble von Frauen und Männern. Die Forschung zur nationalsozialistischen Verbrechensgeschichte zentriert sich bislang selektiv um die »ganz normalen Männer«. Auch wenn »die Deutschen« in den Blick geraten, bleibt es doch der Mann, dessen Taten und Motive erforscht werden, gerade so als hätten die deutschen Männer ausnahmslos ohne Frauen agiert.[2] Sie alle hatten Mütter, viele Schwestern, Tanten, Groß-

1 Vgl. Work of the ICRC (1975, S. 104). Die Rosinen stammten aus Paketen, die das Rote Kreuz für die Häftlinge nach Ravensbrück geschickt hatte.

2 Die »ganz normalen Männer« sind eine Sprachschöpfung von Christopher Browning. »Ganz normale Deutsche« heißt es dagegen bei Daniel Goldhagen, der in seiner Einleitung den Anspruch formuliert, die Täterschaft deutscher Männer *und Frauen* zu untersuchen. Diesen Anspruch löst er allerdings nicht ein, kommt er doch auf Seite 317 zu der Erkenntnis: »Es handelte sich also hier nicht um eine Gesellschaft ohne Frauen.« Sowohl Browning als auch Goldhagen thematisieren die Anwesenheit einer SS-Ehefrau bei der Ghettoräumung in Międzyrzec. Keiner der beiden hinterfragt die Bedeutung dieses Besuchs einer Ehefrau am Einsatzort. Sie benutzen ihre Anwesenheit lediglich, um die Reaktion der Männer des Polizeiregiments zu analysieren. Aber selbst die kurze Schilde-

mütter, Freundinnen, Bräute, Ehefrauen, Töchter, Arbeitskolleginnen. Auch wenn die verantwortlichen Initiatoren, Entscheidungsträger und Akteure der nationalsozialistischen Vernichtungspolitik Männer waren, sind die Frauen Teil der deutschen Tätergesellschaft. Sie haben das Regime auf ihre Weise unterstützt und mitgetragen. Erst der Blick auf das Handeln dieser Frauen, ihre Allgegenwärtigkeit in und außerhalb von Beziehungen zu Männern eröffnen eine andere Sicht auf das, was geschah und wie es geschehen konnte.

Warum konnte sich der Mythos, die nationalsozialistische Verbrechensgeschichte sei ausschließlich eine Geschichte der Täter, eine Männergeschichte, so lange behaupten?

Frauen stilisierten sich nach dem Zusammenbruch des nationalsozialistischen Systems zu unschuldigen, lediglich in der Liebe für ihren Mann und ihre Kinder aufgehenden Opfern der Verhältnisse beziehungsweise ließen sich gern so darstellen; sie reklamierten für sich den privaten Raum der Familie, unbefleckt von Sünden, die außerhalb begangen wurden.[3] Diese Haltung entsprang vermutlich einem gesellschaftlichen Bedürfnis von Männern und Frauen: Wenn schon Schuld verteilt werden mußte, dann sollte wenigstens der weibliche Teil der Bevölkerung freigesprochen werden beziehungsweise unschuldig bleiben. Mit dieser Entlastungsstrategie wurde der Mythos eines

---

rung von Frau Wohlaufs Anwesenheit löste beim Pubvlikum Irritation aus. Nicht Ihr Besuch am Tatort, sondern die Tatsache, daß über diesen Besuch berichtet wird, wurde zum Skandal. Vgl. Schwarz (4/1996, S. 52).

3 So beispielsweise in dem Leitartikel der ersten Nummer der katholischen Frauenzeitschrift »Der Regenbogen« (Jg. 1, H. 1, 1.4.1946), wo unter dem Motto »Unser Neuer Weg« zu lesen war: »Männer führen Kriege – Frauen müssen sie ertragen. Denn der Krieg ist dem Wesen nach der Frau fremd. Sie, die das Leben trägt und weitergibt, muß ihn, den Töter, hassen als ihren furchtbarsten Feind. Manche werden sagen, daß ohne die Frau, ohne ihren Einsatz, die lange Fortführung dieses ›Männer‹-Krieges mit seinen entsetzlichen Auswirkungen und Folgen gar nicht möglich gewesen wäre. Das mag richtig sein, aber nur insofern, als eben dieser weibliche Einsatz im tiefsten ein Tragen und Erleiden war – erschmeichelt, gefordert, erpreßt von denen, die den Krieg wollten und die Kraft des weiblichen Herzens für ihre Zwecke mißbrauchten. Wir mußten teuer bezahlen, daß wir uns mißbrauchen ließen: wir mußten unsere Männer und Söhne, unsere Brüder und Freunde opfern; wir haben jahrelang nicht mehr gewußt, was Ehe, Heim und Familie bedeuten; Hab und Gut ist uns verloren gegangen.« Ein Jahr später verteidigte die gleiche Zeitschrift die »Unschuld« der Frauen mit folgendem Argument: »Daß Deutschland vorwiegend ein Volk der Männer und der ›Männlichkeit‹ war, beweist unsere Geschichte und beweisen unsere Kriege.«

weiblichen »Hortes der Unschuld« aufrechterhalten – unberührt von den Schrecken des Krieges und der Naziverbrechen bot er die Chance eines Neuanfangs. Symbol dieses kollektiven Verdrängungsprozesses war die »Trümmerfrau«, die ohne belastende Vergangenheit Deutschland entrümpelt, den Wiederaufbau ermöglicht habe.[4]

Von diesem Verdrängungsmechanismus profitierten auch die in NS-Verbrechen verwickelten Frauen. Historische Forschung, betrieben sowohl von Männern als auch von Frauen, beschrieb den Nationalsozialismus als eine extreme Männerherrschaft und ermöglichte es damit, involvierte Frauen zu entlasten.

Auch die Frauenforschung, die Mitte der siebziger Jahre in der Bundesrepublik begann, die Geschichte der »Frauen im Nationalsozialismus«[5] zu bearbeiten, ging zunächst davon aus, daß der nationalsozialistische Staat antifeministisch und patriarchal organisiert und Frauen seine Opfer gewesen seien,[6] passiv und frei von Schuld, weitgehend Machtlose und Erniedrigte eines frauenfeindlichen Systems. Es entstanden Arbeiten zum »Frauenbild« der Nationalsozialisten und zur nationalsozialistischen Ideologie, wie sie in offiziellen Verlautbarungen und Propagandamaterialien beschrieben sind. Gegenstand dieses Forschungszweiges war die nach rassistischen Kriterien klassifizierte »deutsche Frau«. Das reale Alltagsleben und Verhalten von Frauen wurde nicht untersucht. Deutsche Jüdinnen, deutsche Sinti und Roma sowie als »minderwertig« definierte deutsche Frauen kamen überhaupt nicht vor. Ihnen wurde so noch einmal nachträglich ihre Zugehörigkeit zum deutschen Volk abgesprochen.

Etwa Mitte der achtziger Jahre stieß dieser auf Ideologien eingegrenzte Blick der Frauenforschung auf Kritik. Neue Arbeiten zur »Mittäterschaft«[7]

---

4 Zum Trümmerfrauen-Mythos siehe u.a. Schmidt-Harzbach (7/1982, S. 48); 1985 wurde der Mythos nochmals aktualisiert, siehe u.a. Eiken (1985, S. 75–84); Krauss (1985, S. 21–74); erst neuere Arbeiten erwähnen, wenn auch sehr knapp, die mögliche Mitverantwortung und Täterschaft von Trümmerfrauen, vgl. Supp (4/1995, S. 85–89).

5 Vgl. Bibliographie »Frauen und Nationalsozialismus«, Stuchlik (1990, S. 300–329); und die Auswahlbibliographie in: Mittelweg 36, 2/97.

6 So deutet etwa Annette Kuhn (1988, S. 43) den »deutschen Faschismus« als »höchste Stufe eines in spezifischer Weise in der deutschen Geschichte tief verwurzelten Antifeminismus«. Dieser sei »auf das engste mit der Entstehung und Entwicklung unserer patriarchalen Kultur verbunden«; entsprechend sind für sie »auch die NS-Täterinnen« Opfer.

7 Vgl. Thürmer-Rohr (1987, 1990, 1996), Schaeffer-Hegel (1984). Thürmer-Rohr (1996, S. 29f., Fn. 27) erklärt, daß die Mittäterschaftsthese in den achtziger Jahren sofort zwi-

thematisierten die Beteiligung von Frauen am Patriarchat, ihre Bereitschaft, die gesellschaftlichen Verhältnisse zu stützen und damit letztlich einen Beitrag zur eigenen Unterdrückung zu leisten.

Die nationalsozialistische Politik und ihre weiblichen Opfer rückten stärker ins Blickfeld,[8] ebenso die Akteurinnen der nichtverfolgten Mehrheit. Zur Debatte steht seitdem deren Verantwortung in der NS-Gesellschaft, ihre Beteiligung an den nationalsozialistischen Verbrechen, ihre Täterschaft.[9]

SS-Ehefrauen standen zu Beginn meines Forschungsprojektes »Verdrängte Täterinnen. Positionen von Frauen im Apparat der SS (1939–45)« nicht im Zentrum meines Interesses, sie erschienen mir, da ich sie als Anhängsel ihrer Männer betrachtete, als nicht relevante Gruppe. Auf der Grundlage überwiegend archivalischen Materials wollte ich die Positionen bzw. Berufsfelder – wie weibliche Angestellte bei den SS-Einsatzgruppen, SS-Nachrichten- und Stabshelferinnen, SS-Ärztinnen, -Krankenschwestern und -Aufseherinnen – erforschen und ihren Beitrag an der Organisation des Völkermordes ausloten. Während meiner Archivaufenthalte u.a. in Koblenz, Ludwigsburg, Aachen, Berlin, Düsseldorf, Marburg, Washington, D.C., und Jerusalem kam ich jedoch zu dem Schluß, daß eine Analyse dessen, was geschehen war und wie es geschehen konnte, nicht geleistet werden kann, ohne die Ehefrauen der SS-Männer einzubeziehen. Wo man sie hingelassen hatte, bewegten sich Frauen ganz selbstverständlich. Die eingehende Betrachtung der Ehefrauen (und Kinder) am Einsatzort machte sichtbar, was bislang nicht gesehen werden sollte: Ihre Anwesenheit schuf eine »Normalität im Grauen«. Und noch etwas anderes trat zutage: Die SS-Ehefrauen waren ein wichtiger Teil des

schen die Fronten geraten sei. Einerseits wurde ihr Verrat am Feminismus vorgeworfen, da das Opferessential aufgegeben worden sei, andererseits wurde den Verfechterinnen dieser These vorgehalten, daß sie durch das »Mit« die Täterschaft bagatellisierten. Thürmer-Rohr: »Ich bin bis heute nicht sicher, ob ich diese Kritik teilen kann. Die Rede von gesellschaftlicher Täterschaft statt von gesellschaftlicher Mittäterschaft von Frauen gibt die unterschiedlichen Bedingungen der Taten von Männern und Frauen auf, Frauen wären also gleichwertig am gesellschaftlichen Geschick beteiligt, würden nicht ein System *vorfinden*, in das sie sich einfügen und für das sie sich einspannen lassen, sondern würden es in *gleicher* Weise wie Männer inszenieren, tragen, füllen. Diese Position teile ich nicht. Ich halte den Begriff Mittäterschaft als analytischen Arbeitsbegriff weiterhin für tauglich.«

8 Vgl. Bock (1986); Fürstenberg (1986).

9 Vgl. Koonz (1991); Schwarz (1992, 1994, 1995, 1997); Heike (1994 und 1995); Krafft (1995); Wolters (1996) und Zipfel (1995, 1996).

SS-Sippenordens, und zwar besonders am Einsatzort ihrer Männer. Jedes Konzentrationslager hatte eine Siedlung, in der die SS-Familien lebten. In den besetzten Gebieten des Ostens lebten die Ehefrauen häufig nahe den Ghettos in beschlagnahmten Villen, oder sie besuchten ihre Männer dort – manchmal wochenlang. Sie hatten Gelegenheit, sich an den NS-Verbrechen zu beteiligen, und nahmen sie wahr.

Zwischen 1931 und 1945 haben rund 240000 Frauen einen SS-Mann geheiratet.[10] Belege für Himmlers Pläne, die SS als Sippengemeinschaft – und nicht als Männerbund – zu organisieren, männerbündische Tendenzen in der SS zu unterbinden, finden sich in den vielen Reden, die er in den zwölf Jahren der NS-Herrschaft hielt, in Schriften und Briefen, die er verfaßt hat. Diesen von Himmler angestrebten Charakter der SS-Sippengemeinschaft hat die Forschung bislang ignoriert. Die SS galt als Organisation von Männern für Männer, als solche wurde sie untersucht. Obwohl in allen Studien der Ordensgedanke der SS aufgegriffen, der Verlobungs- und Heiratsbefehl kurz erwähnt wird, bleiben die Implikationen unberücksichtigt. So widmet beispielsweise Bernd Wegner der SS-Sippengemeinschaft in seinem Buch über die Waffen-SS im Abschnitt »Der Ordensgedanke der SS«[11] lediglich vierzehn Zeilen, den Verlobungs- und Heiratsbefehl verbannt er in eine kurze, die Fakten referierende Fußnote. Wegner reduziert Himmlers »Sippen«-Programm auf eine Funktion einer ganz am rassistischen Herrschaftsanspruch orientierten Ethik. Das »Herrenmenschenpaar«, das über den »Untermenschen« herrschen soll, nimmt er nicht zur Kenntnis. Frauen sieht er nur in ihrer Funktion als Mütter im Rahmen der »Germanisierungspolitik« Himmlers, weshalb er sie nicht weiter erwähnt.[12]

Heinz Höhne berücksichtigt in seiner 600 Seiten umfassenden Darstellung

10 David G. Marwell, ehemaliger Direktor des Berlin Document Center, gibt an, daß in diesem Archiv 238600 Akten des SS-Rasse- und Siedlungshauptamtes (RuSHA), betreffend SS-Aufnahme, Verlobungs- und Heiratsgesuche, sowie 7900 Akten von bei der SS beschäftigten Frauen, zu einem kleinen Teil auch Verlobungs- und Heiratsgesuche dieser Frauen, liegen. Marwell (1992, S. 418). Am 30. 6. 1944 gab es 794941 Männer in der SS. Vgl. die Angaben des »Statistisch-wissenschaftlichen Instituts des Reichsführers-SS«, veröffentlicht in: IMT (1947–1949, Bd. XXXV, Dok. D-878, S. 626–628).

11 Wegner (1990, S. 48 f.).

12 Die Reduktion der SS-Ehefrau auf ihre Mutterschaft übersieht, daß diese Frauen als »Hüterin der Rasse« im Interesse der Sippengemeinschaft handeln. Zu diesem Muttersein gehören das Gebären und Töten gleichermaßen: Das »Hüten der Rasse« konnte auf vielfältige Weise geschehen.

»Orden unter dem Totenkopf« Frauen in 31 Zeilen.[13] Er erwähnt den »eigenen Lebensstil« der SS, beschreibt ihn aber ausschließlich als von Männern für Männer entwickelten und gelebten Stil.[14] Daß zur SS-Sippe Männer und Frauen gehörten, läßt er außer acht. Richard Breitmann, der es sich zur Aufgabe gemacht hatte, Himmlers »Rassenpolitik« zu untersuchen und darzustellen, ignoriert die Sippengemeinschaft vollständig, der Heiratsbefehl ist ihm ganze viereinhalb Zeilen wert.[15] Keiner dieser Autoren berücksichtigt, daß Himmler in seinen Reden und Schriften immer wieder betonte, die SS sei eine »Sippengemeinschaft« von Männern und Frauen, die nur leben und überleben könne, wenn sie die Mitwirkung und den Enthusiasmus der Frauen zu gewinnen vermöge.

Im Zentrum der rassistischen Ideologie Himmlers stand die Kohärenz von »positiver Auslese« und »negativer Auslese«: Die SS-Sippengemeinschaft sollte den Traum von der Erschaffung einer neuen »germanisch-nordischen Rasse«, eines neuen Deutschlands mittels »Menschenzüchtung« realisieren. Die SS-Ideologen hatten die nordischen Völker, groß, blond, blauäugig, an die Spitze der Hierarchie der Rassen gestellt, in die sie die Menschheit aufgeteilt sahen. Sich selbst stilisierten sie zum Prototyp des neuen germanisch-nordischen Menschen.

Die Vorstellung von einer reinen, überlegenen »Rasse« und das Konzept vom »Rassefeind« waren in Deutschland schon seit Mitte des 19. Jahrhunderts verbreitet.[16] Seit der Jahrhundertwende diskutierten Rassenhygieniker

---

13 »Diesmal schwor er für sich und seine künftige Familie, den Heiratsbefehl des Reichsführers-SS vom 31. Dezember 1931 zu befolgen, der allen SS-Mitgliedern die Pflicht auferlegte, ›einzig und allein nach rassischen und erbgesundheitlichen Gesichtspunkten‹ und nur mit Genehmigung des RuSHA oder Himmlers zu heiraten.« Höhne (1967, S. 139; 146f.).

14 Siehe auch Buchheim (1967, S. 232f.), der ebenfalls den »eigenen Lebensstil«, die besondere »SS-Mentalität« nur für die SS-Männer wahrnimmt.

15 Vgl. Breitman (1996, S. 49). Auf wenigen Zeilen rezipiert er Himmlers Zuchtideen und seine Vorstellung der SS als einem »nordischen Adel«. Über den Heiratsbefehl schreibt er: »Himmler bestand auch darauf, die zukünftigen Gattinnen seiner SS-Männer zu bestätigen. Noch in späteren Jahren, als er auf dem Höhepunkt seiner Macht stand, bearbeitete er persönlich Heiratsgesuche, bei denen Zweifel bestanden. Schließlich mußten auch die Gattinnen rassisch geeignet und außerdem gebärfähig sein.« Das Wort Sippengemeinschaft taucht im gesamten Buch nicht einmal auf. Über Himmlers Einstellung zu Frauen, inklusive seiner Ehefrau, berichtet er sehr knapp in der Einleitung.

16 Die Wurzeln des modernen europäischen Rassismus liegen, wie Mosse erklärt, im

und Sozialdarwinisten in Deutschland, wie die »Rasse« durch »Menschenzucht« zu verbessern sei.[17] In Anlehnung an Darwin glaubten sie die Menschheitsgeschichte als stetige Höherentwicklung mit Hilfe des Selektionsprinzips erklären zu können: Der für die Evolution des Menschen wichtigste Faktor sei der Kampf ums Dasein gewesen. Durch »natürliche Auslese« hätten sich die Tüchtigen durchgesetzt. Die Wirksamkeit dieses »Naturgesetzes« sei im Laufe der Zeit durch die moderne Zivilisation aber so beeinträchtigt worden, daß die »Untüchtigen« überleben, ihre Erbanlagen weitergeben und das gesamte Volk schwächen konnten. Diese Fehlentwicklung oder »Degeneration« glaubten sie nur mittels künstlicher Auslese korrigieren zu können. Die Fortpflanzung der »Untauglichen« sollte verhindert, die der »Tauglichen« gefördert werden.[18] Die Klassifikationen »tauglich – untaug-

---

18. Jahrhundert. Rassismus war die »Schattenseite der Aufklärung« mit ihrer Neigung, »alle Menschen nach demselben Muster zu betrachten – nicht nur weil sie von Klassifikationen begeistert war und den klassischen Schönheitsbegriff idealisierte, sondern auch, weil sie annahm, daß ihre Ziele für alle Menschen galten und daß ihre moralische Ordnung ein Teil der natürlichen Ordnung war und deshalb immer und überall Bestand hatte«. Mosse (1990, S. 9). Die im 18. Jahrhundert neu etablierten Wissenschaften wie Anthropologie und Physiognomie (Erforschung des menschlichen Gesichtes) begründeten ein Klischee der menschlichen Schönheit, und nur Menschen, die diesem Klischee entsprachen, bekamen positive Eigenschaften zugeschrieben; entsprechend wurde Häßlichkeit mit negativen Eigenschaften verknüpft. Diese Stereotypen wurden auf »Rassen« übertragen, die nun als ebenfalls »höher-« beziehungsweise »minderwertig« galten. Im 19. Jahrhundert beteiligten sich Wissenschaftler aller Couleur an der Ausformulierung rassistischer Stereotype.

17 Vgl. Mann (1977, S. 172–188); siehe auch das damals sehr bekannte Buch »Varuna« von Willibald Hentschel (1907), in welchem er sich dafür aussprach, isolierte Siedlungen zu gründen, in denen durch Fortpflanzung nach dem »Ausleseprinzip« eine bessere und reinere Rasse gezüchtet werden könne. Zur schnelleren »Regeneration der Rasse« schlug er vor: »Der Führer einer Siedlung sollte die beiden Ehepartner bestimmen, und die Heirat würde ganz automatisch mit der Schwangerschaft aufgelöst. Der Mann müßte nun sofort wieder heiraten, wohingegen die Frau sich zwei Jahre dem Kind widmen sollte. Danach hatte auch sie eine neue Verbindung einzugehen, um erneut zum Ruhm der arischen Rasse schwanger zu werden. Die Stellung der Frau war klar umrissen: Als der Fortpflanzungsstamm der Rasse sorgte sie für die Kinder und die Gärten der Siedlung.« Zit. n. Mosse (1991, S. 125 f.). Dieses Buch war Vorbild für den nach dem Ersten Weltkrieg gegründeten Artamanenbund, eine Gruppierung der völkisch-antisemitischen Jugendbewegung, die auf dem Land siedeln und »ihr Blut reinigen« wollte. Heinrich Himmler war Mitglied des Artamanenbundes.

18 Vgl. Mann (1973, S. 73–93).

lich« wurden in der Folge bestimmten Rassen zugeordnet, die »Arier«, ideal verkörpert im »nordisch-germanischen Typus«, zum »Garanten der Höherentwicklung der Menschheit« erklärt.[19] Der Gegenpart der »minderwertigen«, weil »untauglichen« Rasse wurde in Anknüpfung an antisemitische Traditionen allen voran den Juden zugewiesen. Dieser biologistisch-rassistische und antisemitische Blick auf die Welt war im Kaiserreich und der Weimarer Republik auch unter erheblichen Teilen der Intelligenz weit verbreitet.[20] Das Denken in rassistischen Klischees gehörte zum Alltag, schon lange bevor nationalsozialistische Politik Rassismus zum Primat erhob.

Die SS-Ehefrauen hatten das rassistische Denkmuster bereitwillig übernommen. Sie waren überzeugt, daß sie als »arisch« akzeptierte deutsche Frauen jedem jüdischen Mann überlegen und als »Bewahrerinnen der Art« auf dem Schlachtfeld des »Geburtenkrieges« dem Mann in ihrer Bedeutung mindestens gleichgestellt seien. Ein solches Selbstverständnis ließ sie nicht nur dulden, daß Unrecht begangen wurde, sondern selbst Gewalt anwenden. Sie stellten sich freiwillig auf die Seite der Täter, waren aktive Komplizinnen und überall zu finden, wo Verbrechen begangen wurden: als Zuschauerinnen, Mittäterinnen, Täterinnen. Als »Räuberbräute« beraubten sie gemeinsam mit ihren Männern die jüdische und nichtjüdische Bevölkerung Osteuropas, als Berufskolleginnen sorgten sie dafür, daß das System der Vernichtung in den Konzentrationslagern, den SS-Verwaltungsapparaten in Deutschland und den besetzten Gebieten, den zu Mordanstalten umfunktionierten Heil- und Pflegeanstalten nicht ins Stocken geriet. Als Hausfrauen sorgten sie für den stabilen häuslichen Rahmen, in dem die Ehemänner Zuflucht vor und Kraft für ihre mörderische »Arbeit« fanden.

Quellenbasis

Quellengrundlage der vorliegenden Arbeit bilden in erster Linie drei umfangreiche Aktenüberlieferungen. Zum einen handelt es sich um den im Bundesarchiv Koblenz befindlichen Bestand an Akten des »Persönlichen Stabes Reichsführer-SS«.[21] Der Schriftverkehr dieser zentralen, schon vor Beginn

19 Lilienthal (1993, S. 18).

20 Vgl. Herbert (1996, S. 17).

21 Bundesarchiv Koblenz: NS 19. Ich zitiere die Archivbestände jeweils nach dem Ort, an dem ich sie eingesehen habe. Die Archivlandschaft in Deutschland hat sich nach dem

des Krieges in den Rang eines »SS-Hauptamtes« erhobenen Dienststelle, über die sämtliche Weisungen Himmlers an untergeordnete Dienststellen liefen, spiegelt – trotz beträchtlicher Lücken – alle Aspekte des Themas. Hier finden sich die Aktennotizen, Anweisungen, Befehle und Briefe zur Durchsetzung des »Verlobungs- und Heiratsbefehls« sowie verstreut, häufig in der Kategorie »Routine« abgelegt, Briefe von Himmler an SS-Ehefrauen und ihre Antworten.

Der zweite Quellenbestand von außerordentlicher Bedeutung sind die RuSHA-Akten (Heiratsakten), die ehemals im Berlin Document Center und heute im Bundesarchiv Berlin liegen.[22] Diese Akten, in denen der gesamte Schriftwechsel der Verlobungs- und Heiratsgenehmigungen gesammelt wurde, enthalten sehr detaillierte persönliche und familiäre Informationen über SS-Männer und deren Ehefrauen.

Die dritte, besonders für den Abschnitt »Schuld und Verantwortung« wichtige Überlieferung besteht aus den Akten der »Zentralen Stelle der Landesjustizverwaltungen« in Ludwigsburg (ZStL). Hierbei handelt es sich um Ermittlungsverfahren, Prozeßakten und Urteilssprüche, in denen jeweils auch die Ehefrauen der Täter erwähnt sind, gegen die ermittelt oder prozessiert wurde, außerdem in aller Regel eingestellte Ermittlungsverfahren gegen Ehefrauen selbst.

Einen weiteren wichtigen Quellenbestand bilden die Reden Himmlers,

---

Fall der Mauer grundlegend geändert. Erhebliche organisatorische Veränderungen fanden und finden weiterhin statt. Akten, die ich im Bundesarchiv Koblenz benutzte, lagen zwischenzeitlich in Potsdam, heute in Berlin-Lichterfelde oder auch bereits wieder in Koblenz. Da für meine Arbeit die Findmittel des Bestands NS 19 häufig unzulänglich waren, habe ich auf die weitaus spezifischere Schlagwortkartei des ehemaligen Staatsarchivs Potsdam zurückgegriffen, die allerdings nicht die Koblenzer Originalüberlieferungen, sondern einschlägige Aktenverfilmungen der National Archives (Washington, D. C.) benutzt. Kopien dieser Filme befinden sich heute im Bundesarchiv Berlin. Soweit diese Filme im folgenden Verwendung finden, werden die Fundstellen durch den Archivhinweis: Bundesarchiv Berlin, Nummer der Filmrolle, Nummer des Folders sowie Bezeichnung des Dokuments gekennzeichnet (also z. B. Bundesarchiv Berlin, Film 3331, Persönlicher Stab Reichsführer-SS, Folder 816, SS-Befehl – A – Nr. 65, vom 31. Dezember 1931).

22 Benutzt wurden jedoch nicht nur die Berliner Originalakten, sondern auch die verfilmten Bestände in den National Archives, Washington, D. C., RG 242, BDC Accessioned Microfilm A3343, series RS. Der Zugang zu den Berliner Akten wurde (1996) durch den Umzug nach Berlin-Lichterfeld sowie durch lange Wartezeiten auf einen Platz im Lesesaal, eingeschränkte Kopiermöglichkeiten etc. sehr erschwert.

Artikel der SS-Zeitschrift »Das Schwarze Korps« und die von der SS herausgegebenen Broschüren und Bücher, autobiographische Schriften ehemaliger SS-Angehöriger sowie Biographien der SS-Führer.[23] Überdies wurden publizierte wie nichtpublizierte Erinnerungen ehemaliger KZ-Häftlinge sowie neuere Arbeiten zu Konzentrationslagern, der deutschen Besatzungspolitik im Osten, den Krankenmorden und einzelnen Tätergruppen herangezogen.

---

23 Bei den meisten älteren biographischen Studien von SS-Führern handelt es sich zumeist um reißerische und nicht selten apologetisch eingefärbten Sensationsjournalismus. Dies änderte sich erst in jüngster Zeit. Vgl. Steur (1997); Herbert (1996); Black (1996).

Die SS: Orden und Sippengemeinschaft

Die SS begriff sich nicht von vornherein als Sippengemeinschaft von Männern und Frauen. Im März 1923 als »Stabswache« gegründet, bestand sie zu Beginn lediglich aus acht Männern, die als besonders treue und verdiente Mitglieder aus der SA ausgewählt worden waren. Ihre Aufgabe war es, Hitler bei öffentlichen Auftritten unter Einsatz ihres Lebens zu schützen.[1] Bereits im Mai 1923 wurde dieser Verband vergrößert und in »Stoßtruppe Adolf Hitler« umbenannt. Sie nahm am Münchner Putschversuch vom 9. November 1923 teil und wurde danach zusammen mit der NSDAP und der SA aufgelöst und verboten.[2] Nach Neugründung der NSDAP im Februar 1925 wurde zunächst ebenfalls eine »Stabswache« aufgestellt,[3] die dann am 9. November in »Schutzstaffel« (SS) umbenannt wurde. Für diese Truppe wurden neue Männer angeworben, die besondere Aufnahmebedingungen erfüllen mußten. Es reichte nun nicht mehr, ein besonders treues und verdientes Mitglied der SA zu sein. Der Bewerber mußte jetzt zwischen 23 und 35 Jahre alt sein, über einen besonders kräftigen Wuchs verfügen, zwei Bürgen nennen können, mehr als fünf Jahre an einem Ort polizeilich gemeldet sein und die Be-

1 Die SA war zwei Jahre zuvor am 3. August 1921 von Ernst Röhm als »eiserne Organisation« der NSDAP gegründet worden. Zur Geschichte der SA siehe: Bennecke (1962), zum Verhältnis von SA und SS siehe: Kater (1974, S. 339–379); zur Frühgeschichte der SS siehe: Breitmann (1991, S. 47ff.); Wegner (1990, S. 79ff.); Höhne (1967, S. 19ff.).

2 Zur Rolle des »Stoßtrupps Adolf Hitler« beim »Marsch auf die Feldherrenhalle« in München siehe: Gordon (1971, S. 255, 299f.). Der 9. November wurde einer der »heiligen« Tage der SS, den sie mit Aufmärschen, Fackelzügen und Ordensverleihungen beging. 1936 wurde er im »Schwarzen Korps«, der Zeitschrift der SS, als »Tag der Auferstehung« bezeichnet. 1938 erhielt dieses Datum eine zusätzliche Bedeutung. Am 9. November 1938 veranstalteten SA, SS und andere »Volksgenossen« einen Pogrom gegen die jüdische Bevölkerung Deutschlands, der als »Reichskristallnacht« in die Geschichte einging.

3 Diese »Stabswache« erschien in der Öffentlichkeit zum ersten Mal am 16. April 1925 bei der Beerdigung des früheren Münchener Polizeipräsidenten Ernst Pöhner. Je vier Fackelträger gingen rechts und links vom Sarg. Vgl. Buchheim (1955, S. 129).

reitschaft zum absoluten Gehorsam besitzen.[4] Bis Ende 1928 blieb die SS ein elitärer Bund von 280 Männern, der sich strikt seiner Aufgabe widmete, Hitler und andere Naziführer bei Versammlungen, Kundgebungen und Aufmärschen zu schützen.[5]

Erst mit der Berufung Heinrich Himmlers zum Reichsführer-SS am 6. Januar 1929 sollte sich dies ändern. Himmler forcierte die Entwicklung der SS, sorgte dafür, daß die Mitgliederzahlen sprunghaft anstiegen.[6] Auch dehnte er die Funktionsbereiche und Einflußsphären der SS konsequent aus.[7] Himmler reorganisierte die SS von einem reinen »Männerbund«[8] zur Sippengemeinschaft von Männern und Frauen.[9] In zahlreichen Reden entfaltete er in den folgenden Jahren seine Vision eines elitären Ordens »rassisch« auserlesener

---

4 Vgl. Richtlinien zur Aufstellung von Schutzstaffeln der Nationalsozialistischen Partei, hrsg. von der Oberleitung der SS, undatiert; Bundesarchiv Berlin, Document Center, Film 87. Im Unterschied zur SS war die SA ein Wehrverband, der möglichst viele Mitglieder haben sollte, die keineswegs auch alle Parteimitglieder zu sein brauchten. Auch wurde auf körperliche Konstitution kein Wert gelegt. Vgl. Buchheim (1955, S. 129).

5 Vgl. Höhne (1967, S. 30).

6 Dies läßt sich an den Mitgliederstatistiken der SS ablesen. Die Mitgliederzahlen wuchsen in den folgenden Jahren rasch an: 1930 auf 2000, 1931 auf 10000 und 1932 auf 30000 Mann. Am 30. Januar 1933 betrug die Stärke der SS bereits 52000 Mann. Vgl. Neusüss-Hunkel (1956, S. 8).

7 Bis Kriegsende hatte sich die SS zu einem gewaltigen Machtapparat innerhalb des NS-Herrschaftssystems entwickelt. Durch die Übernahme der Polizei (1936) und später des Innenministeriums kontrollierte die SS den ausgedehnten Terrorapparat im Inneren. Über die Waffen-SS griff sie in den Zuständigkeitsbereich des Oberkommandos des Heeres ein. Vgl. Höhne (1967, S. 8).

8 »Die Schutzstaffel, als Männerbund entstanden und gewachsen, hat sehr rasch erkannt, daß das Leben ausgesprochener Männerbünde überall, wo sie bestimmend in das Rad der Geschichte eingreifen, doch immer zeitlich begrenzt ist. Diesem ehernen Schicksal kann kein Männerbund entgehen, auch wenn er scheinbar ewig ist. Früher oder später tritt an den Männerbund die Frage der Ergänzung, der Verjüngung heran. Es bleiben nur zwei Wege offen: Einmal der, den z. B. die katholische Kirche als Männerbund geht, daß sie sich aus dem besten Blute der Völker ergänzt. Das wird nur so lange möglich sein, als sich die Völker dies gefallen lassen. Zum anderen aber ist es der Weg, den Männerbund umzuwandeln zu einem Sippenbund, einer Sippengemeinschaft, und damit dem germanischen Prinzip adeltümlichen Lebens sein Recht zu verschaffen. Diesen Weg hat die SS von Anfang an klar und eindeutig beschritten.« SS-Standartenführer E. J. Cassel in seinem Artikel »Das Schwarze Korps« in der »N.S.-Frauen-Warte« (1937, S. 849–866, hier S. 854).

9 Der altertümelnde Ausdruck »Sippe« wurde von Himmler vorsätzlich verwendet: Er

Menschen. Für ihn sollte die SS als Avantgarde einer neuen Moral leben, in einem neuen gesellschaftlichen Wertesystem, das die traditionellen Wertevorstellungen ablöste. Sein Traum von der Wiederherstellung des germanischen Großreiches orientierte sich an einem Weltbild, in dem es die Aufgabe der SS war, eine »Elite-Rasse« fortzupflanzen, um Europa zu einem germanischen Kontinent zu machen.

In einer Rede vor SS-Gruppenführern am 8. November 1937 führte er aus: »Darüber hinaus haben wir uns ja als Ziel gesetzt, hier nicht einen Männerbund ins Leben zu rufen, der wie alle Männer- oder Soldatenbünde früher oder später einmal zerfällt, sondern wir haben uns das Ziel gesetzt, hier wirklich einen Orden allmählich wachsen zu lassen. Das Wort Orden wird mir zu oft verwendet. Es ist damit nicht ein Orden, daß wir es Orden heißen. Ich hoffe, daß wir in 10 Jahren ein Orden sind und auch nicht ein Orden nur von Männern, sondern ein Orden von Sippengemeinschaften. Ein Orden, zu dem die Frauen genauso notwendig dazu gehören wie die Männer. Seien wir uns doch klar darüber: Es wäre sinnlos, gutes Blut aus ganz Deutschland zusammenzuholen und dieses gute Blut hier in einem Gedanken wohlweislich hinzustellen, um es aber auf der anderen Seite heiraten und in Familien gehen zu lassen, wie es will. Sondern wir wollen für Deutschland eine auf Jahrhunderte hinaus immer wieder ausgelesene Oberschicht, einen neuen Adel, der sich immer wieder aus den besten Söhnen und Töchtern unseres Volkes ergänzt, schaffen, einen Adel der niemals alt wird, der in der Tradition und der Vergangenheit, soweit sie wertvoll ist, bis in die grauesten Jahrtausende zurückgeht und der für unser Volk ewig eine Jugend darstellt.« [10] Anläßlich der Führertagung des SS-Oberabschnitts Süd-Ost in Breslau mahnte Himmler am 19.1.1935 seine Führer: »Vergessen Sie nie, wir haben über den Rahmen einer Truppe hinaus viel größere Aufgaben, wir sind ja Volk, Stamm, Sippe, Gemeinschaft, eine Ritterschaft, aus der man nicht austreten kann, in die man blutsmäßig aufgenommen wird und in der man drin bleibt mit Leib und Seele, solange man auf dieser Erde lebt.« [11] Himmler wollte, daß die SS nicht nur im Einsatz für Hitler politisch zuverlässig sei, sondern daß sie sich auch durch menschliche Qualitäten und Fähigkeiten (im Sinne seiner Vorstellun-

---

wollte damit auf das germanische Ideal der Ahnenverehrung hinweisen. Vgl. Fraenkel und Manvell (1965, S. 233).

10 Zit. n. Smith und Petersen (1974, S. 61).

11 Zit. n. Wegner (1982, S. 45).

gen und Maßstäbe) auszeichne und so eine neue Führerschicht bilde.[12] Selbst klein, unansehnlich und unsportlich, träumte er davon, eine »Rasse« großer, blonder, blauäugiger und sportlicher Frauen und Männer zu züchten.[13] Es war ein Traum, der seit dem späten 19. Jahrhundert auf einige Generationen völkischer Gesinnungsträger eine sonderbare Suggestion ausgeübt hatte.[14] »Arisch« zu sein, blond und blauäugig, war demnach nicht nur Merkmal des »höherwertigen« Menschen, sondern implizierte zugleich den Auftrag, »die Erde zu beherrschen«, wie Himmler in der Nachfolge einer umfangreichen, national-imperialistisch gefärbten rassistischen Literatur formulierte.[15]

Die SS sollte modellhaft das nationalsozialistische Menschenbild und dessen Idee darstellen. Besondere Ordensvorschriften wie rassistische Aufnahmebedingungen, bedingungslose Gefolgschaftstreue, Cliquenehre, Härte gegen sich selbst und andere sowie Privilegien wie die Errichtung von reinen SS-Wohnsiedlungen und SS-Erholungsheimen, die Einführung einer eigenen Gerichtsbarkeit und sinnstiftende Rituale sollten Gemeinschaftsgefühl und Elitebewußtsein der SS wecken und stärken.[16]

1931 holte Himmler Walter Dareé,[17] den er Anfang der zwanziger Jahre bei

---

12 Vgl. Buchheim (1955, S. 131).

13 So erläuterte er beispielsweise den SS-Gruppenführern in einer Rede am 18. 2. 1937, daß die Aufgabe der SS »ins Menschenzüchterische« gehe. Zit. n. Smith und Peterson (1974, S. 100). Himmler war, wie er seinem Masseur Felix Kersten auseinandersetzte, davon überzeugt, daß Menschenzucht genauso möglich sei wie Tierzucht. Vgl. Kersten (1952, S. 99).

14 Vgl. Mosse (1978).

15 Vgl. Himmlers Rede vor den Oberabschnittsführern und Hauptamtschefs im Haus der Flieger in Berlin am 9. 6. 1942, veröffentlicht in: Smith und Petersen (1974, S. 145–161).

16 »Treue«, »Gehorsam«, »Pflichterfüllung«, »Ehre«, »Anständigkeit« und »Kameradschaft« zählten zu den Standardthemen in Himmlers Reden; vgl. seine Rede vor der 8. Klasse der Napola, am 3. 7. 1938, zit. n. Smith und Petersen (1974, S. 80). »Treue« war für Himmler gleichbedeutend mit der freien Entscheidung für einen selbstgewählten Führer und nur »germanischen« Menschen möglich, da sie eine Frage der »Rasse« war und nur aus den »tiefen Gründen« des »nordischen Blutes« entstehen konnte. Vgl. Birn (1986, S. 365).

17 Dareé behielt die Leitung dieses Amtes mit seiner ständig wachsenden Macht bis zum 11. 9. 1938, obwohl er 1933 noch andere Ämter im Nazistaat übernommen hatte. Dareé war 1895 in Argentinien geboren und am King's College in Wimbledon, England, erzogen worden. 1925 schloß er sein Studium als Diplomlandwirt in Berlin ab. In seinen frühen Schriften »Das Bauerntum als Lebensquell der nordischen Rasse« (1928), »Um Blut und Boden« (1929) sowie »Neuadel aus Blut und Boden« (1930) behauptete er, daß

den Artamanen[18] kennengelernt hatte, in seinen Stab und beauftragte ihn, das »Rassenamt der SS« aufzubauen und zu leiten. Dareé baute dieses Amt, das später zum »Rasse- und Siedlungsamt« (RuSA) und ab 1935 zum »Rasse- und Siedlungshauptamt« (RuSHA) wurde, kontinuierlich aus.[19] Zum Schluß verfügte es über sieben Unterabteilungen: Stabsamt, Siedlungsamt, Sippenamt, Rassenamt, Ahnentafelamt, Heiratsamt und Hauptfürsorge- und Versorgungsamt. Das Rasse- und Siedlungshauptamt war verantwortlich für die Propaganda des »Rassegedankens« durch Herausgabe von Broschüren und den »SS-Leitheften«[20] sowie durch die Organisation von Vorträgen und die Ausbildung von Schulungsleitern. Seit Kriegsbeginn war das RuSHA in Gemeinschaft mit der Volksdeutschen Mittelstelle bei der Durchführung von Germanisierungsplänen in den besetzten Gebieten tätig. Sie überwachten die »Auslese« der Menschen, die als »rassisch erwünscht« Deutsche werden sollten, und sorgten dafür, daß die »rassisch unerwünschten« Teile der Bevölkerung diskriminiert, verfolgt, deportiert und getötet wurden.[21]

---

im Gegensatz zum nomadischen Judentum die nordische Rasse der wahre Schöpfer der europäischen Kultur und der deutsche Bauer die wahre Triebfeder der Geschichte sei. Deshalb schlug er die Schaffung eines germanischen Bodenadels vor. Dareé wurde am 4. April 1933 Reichsbauernführer und blieb es während der gesamten zwölf Jahre. Am 29. Juni 1933 ernannte ihn Hitler zum Reichsminister der Ernährung und Landwirtschaft. Diesen Posten verlor er 1942, da er nicht in der Lage war, die Lebensmittelversorgung der Deutschen sicherzustellen. 1945 gefangengenommen, verurteilte ihn ein amerikanisches Militärgericht am 14. 4. 1949 zu fünf Jahren Haft. Er wurde 1950 entlassen und starb am 5. September 1953 in einer Münchner Privatklinik. Vgl. Wistrich (1993, S. 59f.).

18 Die Artamanen, 1923 durch einen Aufruf Willibald Henschels ins Leben gerufen, wollten auf eigener Scholle siedeln. Sie glaubten, die »germanische Rasse« sei »zutiefst eine Bauernrasse« und ihr »Blühen« sei »daher von ihrer Verwurzelung im Boden abhängig«. In den Großstädten würde sie nur »entarten und versickern«. Weiter glaubten sie, daß nur die Siedlung die »Möglichkeit einer Unterwanderung durch fremde Völker verhindern« könne. Linse (1983, S. 327). Auch Rudolf Höß, Kommandant des Konzentrationslagers Auschwitz, gehörte zu den Artamanen. Hier hatte er sowohl seine spätere Ehefrau als auch Heinrich Himmler kennengelernt.

19 Günther Pancke war der Nachfolger von Dareé. Pancke wurde am 9. 7. 1940 von Otto Hoffmann und dieser am 20. 4. 1943 von Richard Hildebrandt in der Leitung des RuSHA abgelöst. Vgl. Bundesarchiv Koblenz, Best. NS 2, RuSHA.

20 Die »SS-Leithefte« wurden seit dem 1. Februar 1935 regelmäßig monatlich an die Schulungsleiter ausgegeben. Brief des RuSHA vom 21. Januar 1935, abgedruckt in: IMT (1947–1949, Bd. XLII, Dok. SS-1, S. 473).

21 Vgl. IMT (1947–1949, Bd. I, S. 304).

Dieses Amt legte die Normen fest, die ab sofort Voraussetzung für eine Mitgliedschaft in der SS waren. Hier wurden die sogenannten Rassereferenten ausgebildet, die die SS-Angehörigen musterten und entsprechend ihren Normen »rassisch« einstuften, und es wurden Gutachten erstellt, wenn es Zweifel an der »rassischen Abstammung« eines SS-Angehörigen gab. Das Sippenamt führte Ahnentafeln über jeden SS-Mann. In einem Sippenbuch waren seine Rechte und Pflichten verzeichnet.[22] Bis zur Gründung des Rassenamtes waren die Anforderungen an die SS-Bewerber noch recht bescheiden. Die Bewerber mußten mindestens 1,70 Meter groß sein, da Himmler davon überzeugt war, »daß Menschen, deren Größe über einer bestimmten Zentimeterzahl liegt, das erwünschte Blut irgendwie haben müssen«,[23] und ihre Gesichtszüge durften keine »Einschläge fremden Blutes« aufweisen.[24] Die Mitarbeiter des Rassenamtes erarbeiteten immer strengere Auswahlbestimmungen. So entwickelte der SS-Hauptsturmführer Prof. Dr. Bruno Schultz[25] einen Katalog, nach dem der gesamte Körperbau von der Rassekommission überprüft werden mußte. Die Mindestgröße blieb bei 1,70 Meter, der Körperbau mußte wohlproportioniert sein und durfte keine »slawischen« oder »mongolischen« Merkmale aufweisen. Die Rassekommission, die sich aus »Führern der SS, aus Rassekundlern und Ärzten«[26] zusammensetzte, hatte fünf Kategorien aufgestellt, in die sie SS-Anwärter einordnete: 1. rein nordisch; 2. vorherrschend nordisch oder fälisch; 3. harmonisch gemischt mit leichten alpinen, dinarischen oder mittelmeerischen Zusätzen;

22 Vgl. Fraenkel und Manvell (1965, S. 32); zum RuSHA siehe auch: Weingartner (1971, S. 62–77).

23 Dies behauptete er 1937 in einer Rede vor dem Nationalpolitischen Lehrgang der Wehrmacht, abgedruckt in: Poliakov und Wulf (1989, S. 24 f.).

24 Ebenda, S. 25: »...wir gingen auch damals schon daran, uns Lichtbilder kommen zu lassen. Das waren im Jahr 100 oder 150 bis 200 Leute, die wir aufnehmen konnten. Von allen habe ich persönlich das Lichtbild gesehen und überlegte mir: Sind hier im Gesicht des Mannes ganz deutlich Einschläge fremden Blutes, also überstarke Backenknochen, wozu man landläufig sagt: der sieht mongolisch oder slawisch aus?«

25 Bruno Kurt Schultz war Direktor des Biologischen Instituts der Reichsakademie für Leibesübungen, Chef des Rassenamtes im RuSHA, einer der bekanntesten »Rassenkundler« und Anthropologen der damaligen Zeit. Laut Eintrag in Kürschners Gelehrtenkalender von 1992 (S. 3392) lebte Schultz zu diesem Zeitpunkt als emeritierter Professor in Münster.

26 So Himmler in seinem Vortrag über »Wesen und Aufgabe der SS und Polizei« vom Januar 1937, IMT (1947–1949, Bd. XXIX, Dok. 1992 (A)-PS, S. 206–234, hier S. 210).

4. Mischlinge vorwiegend ostischen oder alpinen Ursprungs; und 5. Mischlinge außereuropäischer Herkunft.[27] Aufgenommen wurden nur Bewerber, die einer der ersten drei Kategorien angehörten. Außerdem hatten die SS-Anwärter nachzuweisen, daß sie »arischer« Abstammung waren, was bedeutete: SS-Führer mußten anhand von Dokumenten belegen, daß seit 1750, SS-Männer, daß seit 1800 keiner ihrer Vorfahren der jüdischen Religion angehört hatte.

Es war Himmlers »größtes Verdienst«, schreibt Hannah Arendt, »daß er in der Reorganisation der SS eine durchschlagend einfache Methode fand, das Problem des Blutes durch die Tat zu lösen«.[28] Indem er damit begann, SS-Kandidaten nicht allein nach ihrer Gesinnung, sondern aufgrund ihres »Blutes« auszusuchen, machte er mit dieser »Lösung durch die Tat« den SS-Orden unabhängig von allen Lehren der Rassenwissenschaft. »Die Rassenlehre hatte sich in eine Rassegesellschaft umgesetzt, die von einem Rassenausschuß geprüft und durch bestimmte Ehegesetze gesichert war, und war damit die lästige Wissenschaftlichkeit ideologischer Propaganda losgeworden.«[29]

Auch die zukünftigen SS-Ehefrauen wurden einer »rassischen Auslese« unterworfen. Der Chef des Rassenamtes Dareé wirkte entscheidend bei der Entwicklung der Untersuchungstests für die Bräute von SS-Männern mit.

27 Im Krieg galten diese Forderungen nur noch als Idealmaßstab, und man machte viele Ausnahmen, um die Regimenter der Waffen-SS aufzufüllen. Aber Himmler blieb bis zum Schluß bei seiner Vision eines nach rassischen Kriterien auserlesenen Ordens. Pragmatisch stimmte er den Ausnahmeregelungen für die Waffen-SS während des Krieges zu, behielt sich aber vor, nach gewonnenem Krieg neu zu entscheiden. In den Akten schlägt sich dies durch den Vermerk »Wiedervorlage nach dem Krieg« nieder. Vgl. Akten des Persönlichen Stabes Reichsführer-SS, Bundesarchiv Koblenz, Best. NS 19.

28 Arendt (1966, S. 570).

29 Ebenda.

Der Verlobungs- und Heiratsbefehl

Am 31. Dezember 1931 gab Himmler den »Verlobungs- und Heiratsbefehl« bekannt, der von grundlegender Bedeutung für die Organisation der SS war, denn er legte den Kern zu Himmlers künftiger Politik. Obgleich er manchen von Himmlers eigenen Parteigenossen zunächst lediglich als Absurdität erschien, war er doch »die giftige Wurzel, aus der die Praxis der zwangsweisen Euthanasie und des Völkermords an jenen, die als rassisch unrein angesehen wurden, erwuchs«.[1] Der Befehl lautete:

»1. Die SS ist ein nach besonderen Gesichtspunkten ausgewählter Verband deutscher Nordisch-bestimmter Männer.
2. Entsprechend der nationalsozialistischen Weltanschauung und in der Erkenntnis, daß die Zukunft unseres Volkes in der Auslese und Erhaltung des rassisch und erbgesundheitlich guten Blutes beruht, führe ich mit Wirkung vom 1. Januar 1932 für alle unverheirateten Angehörigen der SS die ›Heiratsgenehmigung‹ ein.
3. Das erstrebte Ziel ist die erbgesundheitlich wertvolle Sippe deutscher Nordisch-bestimmter Art.
4. Die Heiratsgenehmigung wird einzig und allein nach rassischen und erbgesundheitlichen Gesichtspunkten erteilt oder verweigert.
5. Jeder SS-Mann, der zu heiraten beabsichtigt, hat hierzu die Heiratsgenehmigung des Reichsführers-SS einzuholen.
6. SS-Angehörige, die bei Verweigerung der Heiratsgenehmigung trotzdem heiraten, werden aus der SS gestrichen; der Austritt wird ihnen freigestellt.
7. Die sachgemäße Bearbeitung der Heiratsgesuche ist Aufgabe des ›Rassenamtes‹ der SS.
8. Das Rassenamt der SS führt das ›Sippenbuch der SS‹, in das die Familien der SS-Angehörigen nach Erteilung der Heiratsgenehmigung oder Bejahung des Eintragungsgesuches eingetragen werden.

1 Fraenkel und Manvell (1965, S. 32).

9. Der Reichsführer-SS, der Leiter des Rassenamtes und die Referenten dieses Amtes sind ehrenwörtlich zur Verschwiegenheit verpflichtet.
10. Die SS ist sich darüber klar, daß sie mit diesem Befehl einen Schritt von großer Bedeutung getan hat.

Spott, Hohn und Mißverstehen berühren uns nicht; die Zukunft gehört uns!«[2]

Allein die Tatsache, daß der Reichsführer-SS einen solchen Befehl erließ, besagte noch nicht viel, da die eingeschränkte Brautwahl bereits zu den Regeln der bürgerlichen Gesellschaft gehört hatte. So mußte auch der Offizier der preußischen Armee bei seinem nächsthöheren Vorgesetzten die Erlaubnis zur Heirat einholen, was zur Folge hatte, daß beispielsweise kaum Jüdinnen unter den Offiziersfrauen anzutreffen gewesen waren.[3] Neu an diesem Vorgang war die gesetzliche Fixierung und genaue Festlegung der sogenannten rassenpolitischen Auswahlkriterien. Der Verlobungs- und Heiratsbefehl legte den Kern zu Himmlers künftiger Rassenpolitik. Die Kehrseite der »positiven Auslese« war die »negative Auslese« mit all ihren Konsequenzen, wie Zwangssterilisation, Euthanasie und Völkermord an jenen Menschen, die als »minderwertig« angesehen wurden. In dem Januar-Heft der Zeitschrift »Volk und Rasse« veröffentlichte 1942 der bereits erwähnte Prof. Dr. Schultz einen Aufsatz über »10 Jahre Verlobungs- und Heiratsbefehl in der Schutzstaffel«. Voller Stolz berichtet er, der Gedanke der bewußten Gattenwahl sei, obwohl er zur Zeit des Erlasses Ablehnung und Bedenken selbst bei wohlgesinnten Volksgenossen hervorgerufen habe,[4] mittlerweile bei den »weitesten Kreisen unseres Volkes geradezu selbstverständlich geworden« und habe »in vieler Hinsicht in der Gesetzgebung seit 1933 ihren Niederschlag gefunden«. Der Verlobungs- und Heiratsbefehl sei sowohl dem »Gesetz zur Verhütung

---

2 Bundesarchiv Berlin, Film 3331, Persönlicher Stab Reichsführer-SS, Folder 816; SS-Befehl – A – Nr. 65, vom 31. Dezember 1931.

3 Vgl. Arendt (1966, S. 97 f.).

4 Über die Ablehnung, die dieser Befehl zu Beginn auslöste, berichtet auch der Herausgeber der Zeitschrift »Das Schwarze Korps«: »Eines der größten und entscheidendsten Verdienste des Reichsführers-SS bleibt es, daß er in einer Zeit, als selbst oftmals noch in den eigenen Reihen der Bewegung die Rassenfrage nur ein negativer, von selbstverständlichem Antisemitismus ausgehender Begriff war, die theoretischen Erkenntnisse der nationalsozialistischen Weltanschauung gerade auf diesem Gebiet mutig und konsequent in diese seine eigene Organisationsaufgabe des Aufbaus der SS einfügte und dann auch klar durchsetzte.« d'Alquen (1939, S. 9).

erbkranken Nachwuchses«[5] wie dem »Ehegesundheitsgesetz«[6] und der Verordnung über die Unbedenklichkeitserklärung bei Eingehen einer Ehe sowie der ganzen »Rassengesetzgebung« weit vorausgeeilt und habe »somit im ganzen Volk vorbildlich gewirkt«.[7]

Mittels dieses Befehls wurde die Auslese der Frauen überwacht. Nur ausgewählte Frauen sollten die Berechtigung haben, in die »Sippe« der SS aufgenommen zu werden. Himmler in einer Rede 1938: »Früher hieß es oft: ›Du mußt die und die heiraten‹; wir sagen: ›Du darfst die und die nicht heiraten‹.«[8] Sich verlieben, verloben und dann heiraten war fortan keine Privatangelegenheit mehr. Der Befehl über die Einreichung eines Verlobungsgesuchs sollte, wie es der spätere Chef des SS-Hauptamtes, Gottlob Berger, formulierte, vor allem verhindern, »daß der SS-Mann eine nicht gleichgeartete Frau wählt. Die Frau des SS-Mannes soll in rassischer und körperlicher Hinsicht gleichwertig sein, denn eine hochwertige Nachkommenschaft, aus der sich die SS ja später wieder ergänzen soll, ist davon abhängig, daß die Eltern beide rassisch wie körperlich gleichwertig und gleichartig sind... Es soll so in der SS eine Sippengemeinschaft, zusammengesetzt aus kinderreichen hochwertigen Familien, entstehen, in der neben dem SS-Mann vor allem die deutsche Frau als Hüterin der Art eine hervorragende Stellung einnimmt.«[9]

Der Verlobungs- und Heiratsbefehl verlangte von den SS-Männern und ihren zukünftigen Bräuten ein hohes Maß an Bereitschaft, dem umständlichen und zeitraubenden Verfahren Folge zu leisten, welches das Rasse- und Siedlungshauptamt entworfen hatte. Von jedem SS-Mann, der Heiratsab-

5 Das »Gesetz zur Verhütung erbkranken Nachwuchses« wurde am 14. Juli 1933 beschlossen, am 26. Juli bekanntgegeben und trat am 1. Januar 1934 in Kraft. Vgl. Six (1942, S. 204–206). Mittels dieses Gesetzes wurden die Zwangssterilisationen an Frauen, Männern und Kindern legitimiert. Siehe: Bock (1986, S. 80ff.).

6 Das »Gesetz zum Schutz der Erbgesundheit des deutschen Volkes (Ehegesundheitsgesetz)« verbot die Ehe von »Gesunden« mit »Erbkranken« sowie mit Menschen, die an ansteckenden Krankheiten (vor allem Geschlechtskrankheiten) litten, und mit entmündigten, geistig gestörten Menschen. RGBl. I (1935, S. 1246); siehe: Czarnowski (1991, S. 64ff.).

7 Bundesarchiv Berlin, Film 3331, Folder 816, Persönlicher Stab Reichsführer-SS, Kopie des Aufsatzes »Volks-Rasse« von Schultz sowie Brief des Chefs des RuSHA an Himmler vom 10.7.1942, in dem dieser mitteilt, daß von diesem Aufsatz eine größere Zahl von Sonderdrucken hergestellt und an sämtliche RuS-Angehörigen versandt worden seien.

8 Rede vor der Auslandsorganisation am 2.9.1938; zit. n. Smith und Petersen (1974, S. 82).

9 Berger (1937, S. 849–866, hier S. 866).

sichten hatte, wurde gefordert, daß er die »Heiratsgenehmigung« des Reichsführers-SS einholte. Der Heiratswillige und seine Braut mußten den »Rasse-Fragebogen«[10] ausfüllen, einen SS-Arzt aufsuchen, der beide auf Erbkrankheiten untersuchte, die »Familienvorgeschichte« abfragte, die »Zeugungs-, Empfängnis- und Gebärfähigkeit« prüfte, kontrollierte, ob die »Fortpflanzung im völkischen Sinne wünschenswert« war.[11] Im »Ahnennachweis« mußte durch Urkunden nachgewiesen werden, daß es in keiner der beiden Familien jüdische Vorfahren gegeben hatte. Neben diesen Angaben mußte die Braut zwei unterzeichnete Leumundszeugnisse vorlegen – auf einem besonderen Formblatt in doppelter Ausfertigung, das unter anderem folgende Fragen enthielt: »Ist sie zuverlässig oder unzuverlässig? Kinderlieb oder nicht kinderlieb? Kameradschaftlich oder herrschsüchtig? Sparsam oder verschwenderisch? Häuslich oder flatterhaft, putzsüchtig? Sind Ihnen in der Familie und bei den weiteren Vorfahren Geisteskrankheiten, Nervenleiden, Tuberkulose oder sonstige Erkrankungen bekannt? Sind Selbstmord oder Selbstmordversuche vorgekommen? Hat die zukünftige Braut oder ihre Familie sich für die nationalsozialistische Erhebung eingesetzt oder sind sie heute zuverlässige Verteidiger der nationalsozialistischen Weltanschauung? Halten Sie die zukünftige Braut als Frau eines SS-Angehörigen für geeignet?«[12]

Jeder Antrag auf Verlobungs- und Heiratsgenehmigung wurde vom Heiratsamt im Rasse- und Siedlungshauptamt peinlich genau geprüft.[13] Die

---

10 Über den »Rasse-Fragebogen« schrieb der SS-Arzt Ebner am 16.8.1943 in einem Brief, er sei »ein hervorragendes Mittel für die Beurteilung der Gesamtpersönlichkeit. Die Fotos geben das äußere Erscheinungsbild wieder, die Antworten auf die gestellten Fragen aber zeichnen das seelische Bild so klar, daß in diesem Fragebogen ein einzigartiges Mittel zu Beurteilung von Rassenleib und Rassenseele zur Verfügung steht.« Zit. n. Hillel und Henry (1975, S. 123).

11 Vgl. Bundesarchiv Koblenz, NS 32 II, Bd. 5, Bl. 171–172, »Rasse- und Siedlungs-Hauptamt: Ärztlicher Untersuchungsbogen (Für Mann oder Frau sinngemäß verwenden)«. Der ärztliche Untersuchungsbogen hatte etwa zwanzig Kriterien physiognomischer Natur, darunter: Größe des Bewerbers/der Braut: stehend, sitzend; Schädel-, Gesichts- und Stirnform; Farbe, Lage und Stellung der Augen; Krümmung, Breite und Höhe der Nase; Arm- und Beinlänge sowie Rumpfhöhe; Körperbehaarung (Farbe, Wuchs und Qualität); Hautfarbe; Hinterkopf, Backenknochen, Lippen, Kinn, Lidspalte; Brustkorb (bei Männern), Becken (bei Frauen).

12 Formblatt für Leumundzeugen, ebenda.

13 Eine vollständige Heiratsakte enthielt folgende Unterlagen: Kleine Ahnentafel des SS-Mannes mit Daten über Eltern und Großeltern; Verlobungs- und Heiratsgesuch; Ver-

Unbekanntes SS-Brautpaar
(Archiv KZ-Gedenkstätte Dachau)

Umsetzung des Heiratsbefehls gelang nicht so reibungslos, wie es die Reichsführung-SS geplant hatte. Der bürokratische Regelbedarf nahm stetig zu. Trotz des Verbots kam es immer wieder zu Verlobungen oder auch Eheschließungen, ohne daß vorher die Genehmigung eingeholt worden war, ja

---

pflichtung der Braut zur Teilnahme an Mütterkursen des Deutschen Frauenwerkes; Beleg über das Reichssportabzeichen bzw. das Jugendsportabzeichen der Braut; Fragebogen über die Braut mit Auskünften von Bürgen u. a. über nationalsozialistische Zuverlässigkeit; Korrespondenzen mit den SS-Pflegestellen bei den SS-Standarten; Rasse- und Siedlungsfragebogen für beide Partner mit Angaben u. a. über beruflichen Werdegang, Führerschein, Konfession, vorgesehene kirchliche Trauung, Ehestandsdarlehn, Eltern und Großeltern, ihre Krankheiten und Todesursachen, dazu handschriftlichen Lebenslauf und drei Lichtbilder; Erbgesundheitsbogen mit Angaben (auch für die Eltern und Schwiegereltern) u. a. über Schulabschluß, Freiheitsstrafen, Alkoholismus, Krankheiten (z. B. Krebs, Tuberkulose), Mehrlingsgeburten, Selbstmordversuche; SS-Ahnentafel mit Angaben über alle Vorfahren beider Partner bis zu den Urgroßeltern für SS-Männer, bis zu den Ururgroßeltern bei SS-Führern; Ergebnis der Untersuchung beider Partner durch einen SS-Arzt.

sogar trotz Ablehnung des Antrags durch das Rasse- und Siedlungsamt. Die zuständigen Stellen äußerten die wildesten Vermutungen darüber, warum sich SS-Männer partout in die »falschen« Frauen verliebten und manchmal sogar lieber die SS als diese Frauen verließen. Als wesentliche Ursache glaubten sie den Umstand entdeckt zu haben, daß SS-Männer ihre Bräute nicht unter den sogenannten nordischen Mädchen suchen würden. Himmler meinte auch zu wissen warum: »Es ist ganz klar, daß rassisch nicht so wertvolle Blutsteile unseres Volkes immer früher reif sind als unsere eigentliche Art. Sie sind sexuell immer ansprechender und gefügiger wie unsere Art, und danach wurde dann oft oder in sehr vielen Fällen geheiratet.«[14] Franziska von Proembsky, die 1933 einen Aufsatz über »Die nordische Frau, nach Günther«[15] veröffentlichte, hatte dazu ihre eigene Theorie: »Um starke, kluge Frauen lieben zu können, muß man ein gesunder Germane sein. Es soll ja heute manchmal Männer mit Minderwertigkeitskomplexen geben, die lieber eine Frau wählen, über die sie sich erhaben fühlen – aber nordische Männer denken heute noch genau so wie jene Germanen, die eine Frau verlangten, vor der sie einen gesunden Respekt haben konnten, weil sie sich durchaus zu behaupten wußte... Es mag für Menschen, die sich nicht viel mit Vererbungs- und Rassenfragen beschäftigt haben, sehr schwer sein, alte Vorstellungen fahren zu lassen und z. B. zu erkennen, daß man nicht sagen kann ›die Frauen‹ sind so oder so, sondern daß eine nordische Frau etwas ganz anderes ist als eine ostische Frau oder eine westische Frau. Einem nordischen Mann ist die nordische Frau der verständnisvollste, brauchbarste Gehilfe.«[16] Auch Otto Heider, Chef des Heiratsamtes im Rasse- und Siedlungshauptamt, be-

14 Himmlers Rede vor der Hitler-Jugend am 22. Mai 1936, zit. n. Smith und Peterson (1974, S. 55). 1937 veröffentlichten die »SS-Leithefte« einen Artikel, in dem scharf kritisiert wurde, daß immer noch viele SS-Männer »kleine gedrungene Frauen mit rundlichen Körperformen heirateten«. Vereinigungen dieser Art waren jedoch unerwünscht: »Stark übergewichtige Frauen im heiratsfähigen Alter wirken meist auch schon erscheinungsbildlich recht ungünstig und entsprechen keineswegs unserem nordischen Schönheitsideal und damit dem Auslesegedanken der SS.« Zit. n. Hillel und Henry (1975, S. 62).

15 Prof. Dr. Hans F. K. Günther war einer der Propheten der »Rassenkunde«. Seine Bücher »Rassenkunde Europas« (1926), »Adel und Rasse« (1926), »Rassenkunde des deutschen Volkes« (1922), »Rassenkunde des jüdischen Volkes« (1930), »Führeradel durch Sippenpflege« (1936) und »Formen und Urgeschichte der Ehe« (1941) zählten zu den Standardwerken. Im September 1935 erhielt er den Preis für Wissenschaft der NSDAP. Vgl. Poliakov und Wulf (1989, S. 404).

16 Ebenda, S. 408.

schäftigte der Umstand, daß die SS-Männer immer noch die falsche Braut wählten, die »nordischen« Frauen und Mädchen aber übergingen. Deshalb schlug er Himmler, in einem Bericht über das Heiratsverhalten der SS, am 10. Dezember 1943 vor: »... eine schriftliche Ehevermittlung einzuführen, weil ein anderer Weg z. Zt. kaum gangbar erscheint. Ein Bedürfnis dafür liegt sicher vor, denn auch in der NS-Frauenschaft und im BDM wird darüber geklagt, daß rassisch wertvolle Frauen, die sich besonders zu hausfraulichen und mütterlichen Berufen hingezogen fühlen, wie Säuglingsschwester, Haushaltslehrerin u. dgl., nur sehr selten einen Ehepartner finden. Diese Frauen mit den SS-Männern bekanntzumachen und zusammenzuführen, würde sicher in Bezug auf die Qualität des Nachwuchses von ausschlaggebender Bedeutung sein. Ich würde mich ganz besonders freuen, wenn Sie, Reichsführer, befehlen würden, diese wichtige Aufgabe in Angriff zu nehmen.«[17] Gottlob Berger, Chef des SS-Hauptamtes, glaubte dagegen, daß es der immer noch vorhandene Egoismus der SS-Männer sei, der ihre Brautwahl bestimmte: »Noch oft sprechen bei der Gattenwahl nur wirtschaftliche Gründe oder gar nur reines Triebleben mit, noch immer gibt es Heiraten, die nur auf Liebe beruhen und dabei sämtliche vernünftige Überlegungen und vor allem das Wohl des Gesamtvolkes außer acht lassen.«[18] Individuelle Wünsche dürften bei der Wahl des Partners keine Rolle mehr spielen, da »die Zukunft des Volkes« wichtiger als das eigene Wohlergehen sei, verlangte auch ein Leitartikel im »Schwarzen Korps«, der Zeitschrift der SS.[19]

---

17 Bundesarchiv Berlin, Best. Persönlicher Stab Reichsführer-SS, Film 3333, Folder 315, Brief vom Chef des Heiratsamtes, Otto Heider, an Himmler vom 20. 12. 1943. Es ist kein Antwortbrief Himmlers überliefert. Heider hatte aber bereits am 3. Juni 1943 einen ähnlichen Brief geschrieben, und Brandt hatte im Auftrag von Himmler geantwortet: »... Sie könnten überzeugt sein, daß er über diese Fragen völlig im Klaren sei. Es werde eine unserer wichtigsten Friedensaufgaben sein, durch Unterricht und Unterweisung alle jungen SS-Männer zu einer richtigen artgemäßen Auswahl ihrer künftigen Frauen und Mütter ihrer Kinder zu bringen.« Brief Brandt, Pers. Stab an Heider, RuSHA, vom 16. Juni 1943.

18 Berger (1937, S. 849–866, hier S. 865 f.).

19 Das »Schwarze Korps« (1935, Folge 4, S. 10): »Da gibt es in erster Linie zu bedenken, daß sie den Vater bzw. die Mutter ihrer Kinder zu wählen im Begriff sind, und daß alle Wünsche des individuellen Lebens sich dieser überragenden Tatsache unterzuordnen haben. Unter Zurückstellung von sentimentalen Rücksichten müssen die Erbverhältnisse des Partners auf verhängnisvolle Anlagen, insbesondere Erbkrankheiten im Sinne des Gesetzes durchforscht werden. Darüber hinaus ist es die Pflicht des hochwertigen Menschen, bestrebt zu sein, sich nur an einen ihm erblich Gleichwertigen zu binden,

Die Nichtbeachtung des Heiratsbefehls war für Himmler nicht nur eine Verletzung seines Zuchtplans, sondern auch eine Mißachtung der »SS-Tugenden«, zu denen der unbedingte Gehorsam zählte.[20] Daher gab er immer wieder neue Befehle mit Strafandrohungen heraus. So den Befehl vom 21. März 1935,[21] den er am 6. Juni 1935 nochmals verschärfte:

»1.) Alle SS-Angehörigen, die sich ohne Genehmigung des R.u.S.-Hauptamtes verloben oder verheiraten, sind von diesem Hauptamt dem SS-Gericht in München zur SS-gerichtlichen Verhandlung namhaft zu machen.

2.) Für die Übergangszeit, deren Beendigung mit dem 1. August 1935 festgesetzt wird, sind die SS-Angehörigen, die aus wirklicher Unwissenheit gehandelt haben, mit einem strengen Verweis zu bestrafen. Ebenso ist der Vorgesetzte zur Bestrafung zu melden, durch dessen Nachlässigkeit den SS-Angehörigen die von mir bisher gegebenen Befehle nicht bekannt waren, oder auf dessen Dienststelle Heiratsgenehmigungs-Papiere liegen geblieben sind.

3.) Vom 1. August 1935 ab sind vom SS-Gericht München alle SS-Angehörigen, die nunmehr wissentlich diesen Befehl ausser Acht gelassen haben, aus der Schutzstaffel zu entlassen. Wenn SS-Führer sich dieses Ungehorsams schuldig machen, so sind sie mir vom SS-Gericht zur Degradierung und Ausschluss vorzuschlagen.

4.) Dieser Befehl ist monatlich einmal in allen Einheiten unter Eintragung

---

denn unweigerlich würde eine Rasseverschlechterung Folge des Außerachtlassens dieser Forderung sein.«

20 »Die vierte Richtlinie und Tugend, die für uns gilt, ist die des Gehorsams; des Gehorsams, der bedingungslos aus höchster Freiwilligkeit kommt, aus dem Dienst an unserer Weltanschauung, der bereit ist, jedes, aber auch jedes Opfer an Stolz, an äußeren Ehren und all dem, was uns persönlich lieb und wert ist, zu bringen; der Gehorsam, der nicht ein einziges Mal zaudert, sondern bedingungslos jeden Befehl befolgt, der vom Führer kommt oder rechtmäßig von den Vorgesetzten gegeben wird ...« Himmler (1936, S. 23 f.)

21 »Ich habe einen SS-Standartenführer mit einem strengen Verweis bestraft, da er sich entgegen dem allen SS-Angehörigen bekannten Befehl, dass die Genehmigung des Reichsführer-SS zur Verlobung vor dem Vollzug dieser Verlobung einzuholen ist, verlobt und das in einer Zeitung bekanntgegeben hat. In allen künftigen Fällen werde ich SS-Angehörige und insbesondere SS-Führer ohne Ansehen der Personen wegen Disziplinlosigkeit ausschliessen.« Bundesarchiv Berlin, Best. Persönlicher Stab Reichsführer-SS, Film 3975, Folder 352; Brief (SS-Befehl): Reichsführer-SS, Tgb. Nr. A/2195, vom 21. März 1935, an das SS-Hauptamt.

des Datums der Bekanntgabe in das Diensttagebuch bekanntzugeben.«[22]

Bereits einen Monat nach der Verschärfung des Verlobungs- und Heiratsbefehls führte Himmler erweiterte Vorschriften ein. Er ordnete in »Ergänzung der bisher für die Heiratsgesetzgebung ergangenen Befehle« an, daß die »lebensberuflich angestellten SS-Führer, SS-Unterführer und Männer, die Angehörigen der SS-Verfügungstruppe einschl. der SS-Schulen Tölz und Braunschweig sowie der Wachverbände« ihre Heiratsgesuche dem Rasse- und Siedlungshauptamt erst dann vorlegen durften, wenn sie entweder das 25. Lebensjahr vollendet hatten oder in einer schriftlich abgegebenen, »ehrenwörtlichen« Erklärung über Vermögens- und Schuldenstand für sich und die Braut ihre finanzielle Unabhängigkeit belegen konnten. Für die Führer der SS-Verfügungstruppe einschließlich der Führerschulen in Tölz und

22 Bundesarchiv Berlin, Film 3331, Persönlicher Stab Reichsführer-SS, Folder 816; Befehl vom 6. Juni 1935, Reichsführer-SS, Personalkanzlei an Verteiler V, außerdem R.u.S.-Hauptamt 200 Stück und S.D.-Hauptamt 200 Stück, Tgb. Nr. 4560. In den »Ausführungsbestimmungen« zu dem Befehl vom 6. 6. 35 (Tgb. Nr. 4560, Heißmeyer, Chef des SS-Hauptamtes, SS-Gerichtsamt vom 3. 7. 35, Tgb. Nr. 709) heißt es: »Zu 1.) Nach Übereinkunft mit dem R.u.S.-Hauptamt meldet dieses diejenigen SS-Angehörigen, die sich ohne Genehmigung verloben bezw. verheiraten, an den Chef des SS-Hauptamtes, SS-Gerichtsamt, zur Eröffnung des Disziplinarverfahrens. Das SS-Hauptamt, SS-Gerichtsamt führt alsdann Untersuchung und Bestrafung durch... Auf Befehl des RFSS sind bis zur Beendigung der festgesetzten Übergangszeit, d. h. bis zum 1. 8. 35, diejenigen SS-Angehörigen, die sich ohne Genehmigung verlobt bezw. verheiratet haben, grundsätzlich zu bestrafen: A.) mit einem strengen Verweis, wenn sie in fahrlässiger Unkenntnis, B.) wenn sie vorsätzlich gehandelt haben: mit Entlassung, wobei vorheriger Austritt freigestellt wird, wenn der Verstoß vor dem 25. 4. 35 begangen ist. b) mit Ausschluß, wenn die Handlung in die Zeit nach dem 25. 4. 35 fällt. Ich weise darauf hin, daß jeder einzelne Fall gesondert zu untersuchen ist. Sollten sich im Laufe der Untersuchungen Umstände ergeben, die eine milde Beurteilung der zu ahndenden Handlung rechtfertigen, so kann dem durch Abweichung von dem obengenannten Strafmaß Rechnung getragen werden. Jedoch erwarte ich von den mit Disziplinarstrafgewalt ausgestatteten SS-Führern, daß sie sich bei der Zubilligung von Milderungsgründen an anderweitigen Strafzumessungen in erster Linie stets den Grundsatz restloser Disziplin in der Schutzstaffel vor Augen halten... Nach Beendigung der Übergangszeit wird fahrlässige Unkenntnis der über Verlobung bezw. Heirat von SS-Angehörigen ergangenen Befehle nicht mehr anerkannt. Ein Verstoß gegen diese Befehle zieht alsdann unweigerlich den Ausschluß nach sich... Dieser Ausführungsbefehl ist zusammen mit dem Befehl RFSS Personalkanzlei Tgb. Nr. 4560 monatlich einmal in allen Einheiten unter Eintragung des Datums der Bekanntmachung im Diensttagebuch bekannt zu geben.«

Braunschweig sowie der Wachverbände galt ebenfalls die Altersgrenze von 25 Jahren, es sei denn sie besaßen den Dienstgrad eines SS-Obersturmführers oder konnten die bereits erwähnte Erklärung abgeben. Einfache SS-Männer sollten in keinem Fall eine Heiratserlaubnis bekommen, solange sie noch keine 25 Jahre alt waren. Die »ehrenwörtliche« Erklärung sollte in einem verschlossenen Umschlag abgegeben und als streng persönlich behandelt werden. Den Führern der SS-Einheiten wurde die genaueste Einhaltung dieser Bestimmungen befohlen. Die Gesuche von SS-Angehörigen, die die neuen Bestimmungen nicht erfüllten, sollten dennoch mit einer ausführlichen Stellungnahme der Zwischenvorgesetzten auf dem Dienstweg an das Rasse- und Siedlungsamt geschickt werden. Himmler behielt sich die Entscheidung über ein solches Gesuch in jedem Einzelfall vor.[23]

Es war nur konsequent, daß Himmler 1935 den Verlobungs- und Heiratsbefehl weiter verschärfte. Schließlich hatte Hitler am 15. September 1935, während des Reichsparteitages in Nürnberg, eine neue »Rassegesetzgebung« verkündet, die die »Auslese« des ganzen deutschen Volkes gesetzlich regulieren sollte.[24] Wollte Himmler mit den in der SS praktizierten »rassischen Ausleseverfahren« weiterhin federführend an der Spitze der Bewegung stehen, mußten die Rassegesetze der SS durch größere Radikalität unterscheidbar bleiben. Daher verschärfte er im Herbst dieses Jahres die Bestimmungen des Verlobungs- und Heiratsbefehls erneut. SS-Männer mußten danach ein Antragsformular beim Rasse- und Siedlungshauptamt anfordern, dieses ausfüllen und bei ihrem unmittelbaren Vorgesetzten einreichen.[25] Zu diesem neuen

---

23 Bundesarchiv Berlin, Film 3331, Persönlicher Stab Reichsführer-SS, Folder 816; Heißmeyer, Chef des SS-Hauptamtes, SS-Gerichtsamt an Verteiler V, Anordnung vom 6. 7. 1935.

24 Mit dem Erlaß des »Reichsbürgergesetzes« wurde festgelegt, daß Reichsbürger nur noch sein konnte, wer »deutschen oder artverwandten Blutes« ist, und nur Reichsbürger sollten »alleinige Träger der vollen politischen Rechte« sein. Jüdinnen und Juden ebenso wie Zigeunerinnen und Zigeuner deutscher Nationalität waren nun nicht mehr Reichsbürger, sie wurden zu Staatsangehörigen Zweiter Klasse. Das »Gesetz zum Schutz des deutschen Blutes und der deutschen Ehre« verbot sowohl die Eheschließung als auch den außerehelichen Verkehr zwischen jüdischen und nichtjüdischen, zigeunerischen und nichtzigeunerischen Frauen und Männern, das heißt zwischen all den Personen, die als »Träger artfremden Blutes« definiert worden waren. RGBl I 1935, S. 1146 f.; vgl. Friedrich (1983, S. 261 ff.).

25 Dieses Formular bestand aus neun Feldern, die mit folgenden Angaben ausgefüllt werden mußten:
Feld 1) Name, Vorname, Wohnort, SS-Dienstgrad, SS-Nummer, SS-Einheit, Geburts-

Formular zählte eine »Vorlagegenehmigung«, die der Vorgesetzte zu unterschreiben hatte: »Ich bin einverstanden, daß der SS-Angehörige ... (SS-Dienstgrad und Name des Antragstellers) ein Verlobungs- und Heiratsgesuch beim Rasse- und Siedlungshauptamt-SS vorlegt. Unterschrift (SS-Dienstgrad)«.[26] Dieses neue Verfahren verlagerte die erste Entscheidung über die Bräute auf die Ebene der direkten Vorgesetzten, die sich eingehend über die näheren Verhältnisse des Antragstellers und seiner Braut unterrichten sollten, um so bereits auf unterster Ebene nicht gewünschte Verlobungen und Eheschließungen zu verhindern.[27]

Im August 1935 war zudem ein Befehl erlassen worden, in dem verlangt

---

datum, -ort und Kreis sowie ob a) Allgemeine SS, b) SS-Wachmann, hauptamtlich, SS-Verfügungstruppe, SS-Totenkopfverbände, c) Ordensburgschüler auf der Ordensburg (Zutreffendes unterstreichen).

Feld 2) Namen und genaue Anschrift des Vorgesetzten (Sturmführers).

Feld 3) Geburtsname, Vorname (voll. Rufname), Wohnort, Name als Verehelichte, Verwitwete, Geschiedene, Adoptierte, Staatsangehörigkeit, Geburtsdatum und -ort sowie Familienstand der zukünftigen Ehefrau: ledig, verwitwet, geschieden.

Feld 4) Namen und genaue Postanschrift von 2 Bürgen für die zukünftige Ehefrau, die weder mit dem Antragsteller noch mit dessen zukünftiger Ehefrau verwandt sein dürfen.

Feld 5) Frühere Ehe(n) des SS-Mannes, wenn ja, seit wann, und ob verwitwet oder geschieden.

Feld 6) Konfession des Mannes und der zukünftigen Braut und ob sie eine kirchliche Trauung beabsichtigen, wenn ja, nach welcher Konfession.

Feld 7) ob der SS-Mann schon einmal mit dem RuS in Verbindung gestanden hat, wenn ja, in welcher Angelegenheit und mit welchem Aktenzeichen.

Feld 8) Blutsverwandte des Antragstellers bzw. der zukünftigen Ehefrau, die SS-Angehörige oder mit SS-Angehörigen verlobt bzw. verheiratet sind. Genaue Angaben mit Zu- und Vornamen, Anschrift, SS-Einheit, Verwandtschaftsgrad, bei weiblichen Anverwandten außerdem, mit welchem SS-Angehörigen verlobt oder verheiratet, dessen Vor- und Zuname, Anschrift und SS-Einheit. Unterschrift des Antragstellers mit SS-Dienstgrad und Einheit.

Feld 9) Erklärung, daß Anträge von Angehörigen der SS-Verfügungstruppe, SS-Totenkopfverbände, Wach- und Grenzeinheiten und hauptamtlichen SS-Angehörigen nur bearbeitet werden können, wenn nachstehende Vorlagegenehmigung ausgefüllt und vom zuständigen Führer unterschrieben wurde. Bundesarchiv Berlin, Film 3331, Persönlicher Stab Reichsführer-SS, Folder 816; Formular: Antrag auf Übersendung des Vordruckes zu einem Verlobungs- und Heiratsgesuch, inkl. »Vorlagegenehmigung«.

26 Ebenda.

27 Siehe auch: Bundesarchiv Berlin, Film 3331, Persönlicher Stab Reichsführer-SS, Folder 816; Hildebrandt, RuS-Hauptamt, an Pers. Stab, vom 15.12.43.

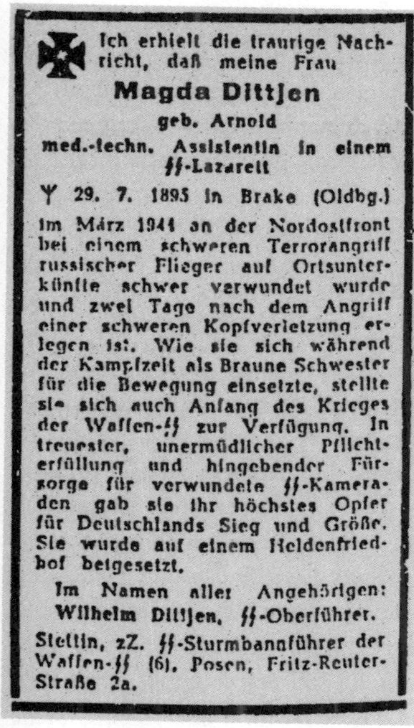

Ich erhielt die traurige Nachricht, daß meine Frau

Magda Dittjen

geb. Arnold

med.-techn. Assistentin in einem SS-Lazarett

ᛉ 29. 7. 1895 in Brake (Oldbg.)

im März 1944 an der Nordostfront bei einem schweren Terrorangriff russischer Flieger auf Ortsunterkünfte schwer verwundet wurde und zwei Tage nach dem Angriff einer schweren Kopfverletzung erlegen ist. Wie sie sich während der Kampfzeit als Braune Schwester für die Bewegung einsetzte, stellte sie sich auch Anfang des Krieges der Waffen-SS zur Verfügung. In treuester, unermüdlicher Pflichterfüllung und hingebender Fürsorge für verwundete SS-Kameraden gab sie ihr höchstes Opfer für Deutschlands Sieg und Größe. Sie wurde auf einem Heldenfriedhof beigesetzt.

Im Namen aller Angehörigen:
Wilhelm Dittjen, SS-Oberführer.

Stettin, zZ. SS-Sturmbannführer der Waffen-SS (6), Posen, Fritz-Reuter-Straße 2a.

In unbändigem Lebenswillen und nie versagender Schaffenskraft war meine Frau die Hüterin des Lebens der Sippe, in fanatischer Gefolgschaftstreue zum Führer, Frau

Magda Post

geb. Gilde

Inh. d. Gold. Ehrenkreuzes der Deutschen Mutter und d. Ehrenzeichens der Hitler-Jugend

ᛉ 18. 4. 1896 ᛣ 2. 11. 1944

Sie bleibt die Hüterin der Sippe
Dr. Post, SS-Hauptsturmführer d Waffen-SS; Gabriele Hans, SS Panzergren., Klaus, Mariacheller, Elisabeth, Hermann, Irmgard, Ute. Adelheid; Herta Gilde als Schwester.

Obersalzberg, Wick/Rügen, den 2. November 1944.

»Verdiente SS-Ehefrauen«
(links: »Das Schwarze Korps«, 18. 5. 1944, Folge 20, S. 7,
rechts: »Das Schwarze Korps«, 30. 11. 1944, Folge 48, S. 5.)

wurde, daß bereits dem Verlobungsgesuch der SS-Männer eine Bescheinigung über die Teilnahme der SS-Bräute an einem Mütterschulungskurs beiliegen mußte.[28] Bis November 1936, als in Berlin-Wannsee die erste einer ganzen Anzahl von SS-Bräuteschulen eröffnet wurde, fanden die Mütterschulungskurse in Einrichtungen der NS-Frauenschaft statt. In den sechswöchigen Kursen wurden die künftigen SS-Ehefrauen politisch und rassenpolitisch geschult und in Hauswirtschaft, Geburtshygiene sowie in die Grundsätze für die »korrekte« Erziehung ihrer künftigen Kinder eingewiesen.[29] 1937 wurde an die Erteilung der Verlobungs- und Heiratsgenehmigung für Frauen eine weitere Bedingung geknüpft: Zukünftige SS-Ehefrauen, die 1920 und später geboren waren, mußten nun bei Antragstellung im Besitz des Reichssportabzeichens sein; waren sie erst 17 oder 18 Jahre alt, genügte das Jugendsportab-

28 Befehl vom 15. 8. 1935; vgl. Scholz-Klink (1978, S. 96).
29 Vgl. Fraenkel und Manvell (1965, S. 32); siehe auch: Dannemann (1994, S. 74ff.).

zeichen.[30] Im selben Jahr befahl Himmler, daß »SS-Männer unter 50 Jahren, die nicht im Besitz des ihrer Altersstufe entsprechenden Reichssportabzeichen sind«, keine Verlobungs- und Heiratsgenehmigung erhalten sollten.[31]

Obwohl der Verlobungs- und Heiratsbefehl häufig mit den Wünschen von SS-Männern kollidierte, unterwarfen sich die meisten, wenn auch unter Protest, diesen neuen und für ihre Lebensplanung einschneidenden Bedingungen.[32] Aus dem SS-Oberabschnitt Fulda-Werra liegen »Beobachtungen auf der Besichtigungsreise vom 6.10.–24.10.1935 im Bereich des SS-Oberabschnitts Rhein« vor. Darin wird berichtet, wie die SS-Männer den Erlaß aufnahmen: »Die Behandlung der Heiratsfrage (ohne Genehmigung) hat keinen guten Eindruck gemacht. Die meisten Männer haben geheiratet, weil in Kürze Familienzuwachs zu erwarten war, also aus moralischen und guten Motiven heraus. Sie nehmen die Bestrafung entgegen, nehmen sie nicht ernst und fühlen sich voll im Recht.«[33] Doch ungeachtet der Schwierigkeiten konkretisierte Himmler den Befehl am 19.3.1936: »Wenn es in der letzten Zeit wiederholt vorgekommen ist, daß SS-Angehörige, die schon jahrelang der SS angehören, erst dann beim Rasse- und Siedlungshauptamt-SS um die Genehmigung zur Verlobung und Heirat nachsuchen, wenn sich die künftige Braut im 8. oder 9. Monat der Schwangerschaft befindet, so kann ich hierin nicht nur eine Verantwortungslosigkeit seitens der SS-Angehörigen feststellen, sondern daraus geht auch hervor, daß der betreffende Einheitsführer seine SS-Männer nicht über die Wichtigkeit des bestehenden Verlobungs- und Heiratsbefehls entsprechend aufgeklärt hat. Ich behalte mir vor, in Zukunft in derartig gelagerten Fällen nicht nur den SS-Angehörigen, sondern auch die SS-Führer zur Verantwortung zu ziehen.«[34]

---

30 Bundesarchiv Berlin, Film 2399, Persönlicher Stab Reichsführer-SS, Folder 756; SS-Befehl vom 27.4.37 und Brief: Reichsführer-SS an SS-Hauptamt (als Datum nur 5./1937).

31 Ebenda, SS-Befehl. Diese Verfügung trat am 9.11.1937 in Kraft.

32 Bis 1937 waren lediglich 300 SS-Männer wegen Nichtbeachtung der Heiratsvorschriften aus der SS ausgeschlossen worden. National Archives, RG 242, SS-Collections: RuSHA (Rasse- und Siedlungshauptamt), S. 1. Immerhin waren am 1.9.1937 72487 SS-Männer verheiratet. Die Gesamtzahl (ohne SD-Hauptamt) betrug 162442.

33 Staatsarchiv Marburg, Best. 327/2, Fulda-Werra, lfd. Nr. 34, Akten SS-O.A. Fulda-Werra; Bericht: »Beobachtungen auf der Besichtigungsreise vom 6.10.–24.10.1935 im Bereich des SS-Oberabschnitts Rhein« (S. 6).

34 Staatsarchiv Marburg, Best. 327/2, Rhein, lfd. Nr. 77, Akten SS-O.A. Rhein; Befehl Der Reichsführer-SS, Berlin, 19.3.1936, Tgb. Nr. A.R./506.

Im zweiten Halbjahresbericht 1936 des SS-Oberabschnitts Fulda-Werra hieß es daraufhin: »Eine gewisse Verbitterung ist auch durch die Frage der Heiratsgenehmigung entstanden. Die Männer geraten oft dadurch, dass sie vor Erteilung der Genehmigung aus irgendwelchen nach ihrer Ansicht massgeblichen Gründen heiraten müssen, in einen für sie kaum lösbaren Zwiespalt. Entsprechende Aufklärung und stärkere Heranziehung der Schulungsmänner bei der Erstellung der Ahnentafel hat jedoch hier schon bessernd gewirkt.«[35]

Im Sommer 1939 wurde Himmler im Zuge der Vorbereitungen auf die Mobilmachung und den Krieg von den SS-Hauptämtern ein Vorschlag unterbreitet, Männer zu amnestieren, die gegen den Verlobungs- und Heiratsbefehl verstoßen hatten und deshalb aus der SS ausgeschlossen worden waren.[36] Die Chefs der Hauptämter wollten dadurch die Zahl der SS-Männer erhöhen. Eine generelle Amnestie lehnte Himmler jedoch kategorisch ab. In einem Schreiben an den Chef des Rasse- und Siedlungshauptamtes ließ er mitteilen, »daß die Amnestie nicht für die von ihm in den letzten zwei Jahren getroffenen Entlassungsanordnungen in Frage kommt, da bei diesen Männern die Entlassung nur ausgesprochen ist, weil die Frauen tatsächlich für die SS untragbar waren. Die Amnestie kommt nach Ansicht des Reichsführers-SS nur für die in den Jahren 1935, 1936 und 1937 entlassenen SS-Männer in Frage, aber auch nur dann, wenn die Heiratspapiere eingereicht und die Frauen den Bedingungen der SS entsprechen.«[37]

---

35 Staatsarchiv Marburg, Best. 327/2, Fulda-Werra, lfd. Nr. 34, Akten SS-O.A. Fulda-Werra; 2. Halbjahresbericht 1936 des SS-Oberabschnitts Fulda-Werra … (S. 4).

36 »Das Rasse- und Siedlungshauptamt-SS überreicht anliegend den Entwurf zum Amnestie-Befehl betr. Verstöße gegen den Verlobungs- und Heiratsbefehl mit der Bitte um Kenntnisnahme. Es wird gebeten, diesen Befehlsentwurf dem Chef des Persönlichen Stabes RFSS, SS-Gruppenführer Wolff, zum Zwecke der Abzeichnung vorzulegen und nach Abzeichnung zurückzureichen. Mit Rücksicht auf die Dringlichkeit des Befehls wird um bevorzugte Erledigung gebeten.« Bundesarchiv Berlin, Film 3331, Persönlicher Stab Reichsführer-SS, Folder 816; Brief: RuSHA, der Untersuchungsführer, vom 9. Aug. 1939, an die Adjutantur des Chefs des Persönlichen Stabes Reichsführer-SS; Persönlicher Stab Reichsführer-SS, Folder 816; Brief Wolf, Chef des Pers. Stabes, vom 2. 10. 39, an Chef des RuSHA, Tgb. Nr. A/34/27/39.

37 Bundesarchiv Berlin, Film 3331, Persönlicher Stab Reichsführer-SS, Folder 816; Brief: Pers. Stab vom 27. 10. 39, Tgb. Nr. A/34/33/39, an Pancke, Chef des RuSHA; der Befehlsentwurf wurde (ohne Datum, Eingangsstempel Pers. Stab 2. 4. 40) an: 1. Chef des Pers. Stabes RFSS, 2.) Chef des SS-Hauptamtes, 3.) Chef des SD-Hauptamtes, 4.) Chef des SS-Personalhauptamtes, 5.) Chef des W- u. V.-Haupt-

Nach Beginn des Krieges, am 1. September 1939, wurden die Heiratsvorschriften kurzzeitig gelockert. Der Befehl vom 6. Juli 1935, »nach dem lebensberuflich angestellte SS-Führer, Unterführer und Männer erst nach Vollendung des 25. Lebensjahres heiraten dürfen bezw. daß SS-Männern unter 25 Jahren die Heiratserlaubnis nicht erteilt wird«,[38] wurde aufgehoben. Da Himmler und das Rasse- und Siedlungshauptamt erwarteten, daß im Falle der Einberufung SS-Männer sich noch schnell verloben oder verheiraten wollten, und weil sie glaubten, daß das Heiratsamt die große Zahl der Genehmigungen nicht rechtzeitig würde bearbeiten können, wurde ein neuer Heiratsbefehl »für die Dauer des Krieges« erlassen, die mittlerweile neunte Veränderung des ursprünglichen Befehls von 1931. Himmler ordnete an, daß im Falle der Mobilmachung SS-Angehörige, die vorher noch heiraten wollten, für die Heiratsgenehmigung lediglich die beiden Fragebogen einzureichen brauchten. Das Rasse- und Siedlungshauptamt wollte, wenn keine schwerwiegenden Bedenken vorlägen, die Ehe innerhalb weniger Stunden freigeben. Sollten sich durch eine Nachprüfung »schwere Bedenken« ergeben, müsse der Antragsteller die Folgen der Entlassung jedoch auf sich nehmen. Die zur Vorlage beim Standesamt notwendige »Heiratserlaubnis der SS« galt »im Kriegsfalle als erteilt«.[39]

Bereits vier Monate später, im Januar 1940, beantragte der Chef des Rasse- und Siedlungshauptamtes, diesen Befehl zugunsten der bisherigen Praxis wieder zurückzuziehen.[40] Himmler ging auf diesen Antrag ein und erließ am 16. 1. 1940 einen neuen Heiratsbefehl, nach dem für Kriegstrauungen (auch

---

amtes »mit der Bitte um Kenntnisnahme und Weiterleitung nach Abzeichnung übersandt«.

38 Bundesarchiv Berlin, Film 3331, Persönlicher Stab Reichsführer-SS, Folder 816; Entwurf eines Ergänzungsbefehls (ohne Datum, vermutl. 1940) Reichsführer-SS.

39 Bundesarchiv Berlin, Film 3331, Persönlicher Stab Reichsführer-SS, Folder 816; Befehl vom 1. 9. 1939, Der Chef des RuSHA, Az. 10k 10/1. 9. 39, Verteiler V.

40 »Die Bearbeitung der Heiratsgesuche kann nach dem bisherigen Verfahren in so kurzer Zeit bewältigt werden, daß einer entsprechenden Regelung nichts mehr im Wege steht. Ich bitte um Ihre Entscheidung, ob unter Aufhebung aller alten Befehle ein neuer allgemein gültiger Durchführungsbefehl ... erlassen werden soll, der die Eheschließungen von SS-Angehörigen für die Dauer des Krieges regelt. Schon im Hinblick darauf, daß für die Angehörigen der Waffen-SS die Anordnung der Wehrmacht-Personenstandsverordnungen und deren Durchführungsverordnungen (Auszug anliegend) sinngemäß angewandt werden sollen, halte ich eine klare Bestimmung für alle SS-Angehörigen für notwendig.« Bundesarchiv Berlin, Film 3331, Persönlicher Stab Reichsführer-SS, Folder 816; Brief: Pancke, Chef des RuSHA, vom 11. 1. 40, an Reichsführer-SS, Tgb. Nr. 13/30.

Ferntrauungen) nur noch folgende Dokumente nötig waren: der RuS-Fragebogen mit Lichtbildern, der Erbgesundheitsbogen, nach bestem Wissen und Gewissen vom Antragsteller selbst ausgefüllt und unterschrieben, der Untersuchungsbogen, vom SS-Arzt oder vom Militärarzt ausgefüllt, außerdem bei der Waffen-SS die Stellungnahme des Einheitsführers (Sturmführer, Kompanieführer beziehungsweise des entsprechenden Disziplinarvorgesetzten) und die Schuldenerklärung. Bei besonders begründeten eiligen Fällen wollte das Rasse- und Siedlungshauptamt von der Vorlage der oben aufgezählten Unterlagen teilweise absehen. Für normale Eheschließung sollte vorliegen: der RuS-Fragebogen mit Lichtbildern, der Erbgesundheitsbogen, vom SS-Arzt ausgefüllt und unterschrieben, der Untersuchungsbogen, vom SS-Arzt ausgefüllt und unterschrieben, die Ahnentafel mit Urkunden, darüber hinaus bei hauptamtlichen SS-Angehörigen die Stellungnahme des unmittelbaren Vorgesetzten. Bei allen Fällen, in denen eine vorläufige Freigabe erteilt wurde, sollten die fehlenden Unterlagen nach dem Krieg nachgereicht werden. Überdies wurde der SS-Mann darauf hingewiesen, daß er, »falls die spätere Prüfung der nachzureichenden Unterlagen schwere erbgesundheitliche oder abstammungsmäßige Einwände ergibt«, gegebenenfalls aus der SS ausscheiden müsse.[41] Nur zu Kriegsdienstleistung eingezogene Angehörige der Waffen-SS, die der Allgemeinen SS nicht angehörten und auch nicht beabsichtigten, nach Kriegsschluß weiterhin Angehörige der SS zu bleiben, brauchten die für die SS übliche Heiratserlaubnis nicht einzuholen. Der für sie zuständige Kommandeur hatte ihnen eine Bescheinigung auszustellen, aus der hervorging, daß sie nur während der Dauer des Krieges Angehörige der Waffen-SS seien.[42]

Trotz aller Anstrengungen und trotz des beträchtlichen bürokratischen Aufwandes blieben die Vorschriften des Verlobungs- oder Heiratsbefehls auch während des Krieges in Kraft. Himmler war nicht bereit, auch nur einen Schritt von seiner Vorstellung einer »rassereinen« Sippengemeinschaft abzuweichen. Im Gegenteil, der Verlobungs- und Heiratsbefehl war für ihn von so immenser Bedeutung, daß er Entscheidungen darüber nicht an seine Unter-

41 Bundesarchiv Berlin, Film 3331, Persönlicher Stab Reichsführer-SS, Folder 816; Entwurf: Chef des RuSHA vom 16.1.40, Az. 10k10/.

42 »Es sind vor allem SA-Männer, Politische Leiter und SS-Reservisten, die nach der Demobilisierung nicht zu den Einheiten der Allg.-SS zurückkehren. Für diese Männer trifft der Par. 13 des Ehegesetzes sowie der Par. 14 der Durchführungsbestimmungen nicht zu.« »Verordnungsblatt der Waffen-SS«, 1. Jg., Nr. 14, vom 1.12.1940.

gebenen delegierte. Bis Kriegsende entschied er allein über die Anträge aller SS-Führer, aller Angehörigen des Persönlichen Stabes RFSS sowie über alle Gesuche, »wo bei einem der Antragsteller Bedenken bestanden die evtl. zu einer Ablehnung führen mussten«, und über alle »Gesuche mit einem germanischen Antragsteller (oder einer Braut) bezw. überhaupt einem Nichtdeutschen«.[43] Bis März 1942 hatte er sich auch alle Heiratsgesuche zur Entscheidung vorlegen lassen, bei denen ein Großelternteil nicht bekannt war.[44] Er verbrachte »Stunden seiner Dienstzeit über Briefen und Denkschriften«, die sich damit befaßten, die Reinheit des Blutes seiner Mitarbeiter und der Männer unter seinem Befehl nachzuweisen.[45] Bis zum 31.12.1939 hatte Himmler die Anträge von 13788 SS-Führern studiert, die Wahl der Ehefrau für positiv befunden und die Heiratsgenehmigung erteilt, im Durchschnitt 164 Anträge pro Monat seit dem Erlaß.[46] Es ist weder bekannt, wie hoch die Zahl der Anträge aus dem persönlichen Stab war, die er außerdem begutachtete, noch wie viele Anträge er insgesamt gelesen, akzeptiert oder abgelehnt hat.

1943 beschäftigte Himmler ein Gutachten des Rassenamtschefs Prof. Dr. Bruno Schultz. Dieser hatte vorgeschlagen, den Ahnennachweis auf sechs Generationen zu beschränken und, falls noch jüdisches Blut nachweisbar sei, durch »rassische« Musterung bzw. charakterliche Beurteilung durch Vorge-

43 Bundesarchiv Berlin, Film 3331, Persönlicher Stab Reichsführer-SS, Folder 816; Vermerk für SS-Hauptsturmführer Ackthun, vom 3.7.1944. Siehe auch den Befehl vom 28.3.1939: »1. Die Genehmigung zur Verlobung und Heirat sämtlicher SS-Führer wird vom Reichsführer-SS persönlich erteilt oder verweigert. 2. In allen Fällen, bei denen eine Ablehnung des Gesuches in Frage kommt, werden die Verlobungs- und Heiratsgesuche der Führer und Männer der SS dem Reichsführer-SS vorgelegt und von diesem persönlich entschieden. 3. Der Reichsführer-SS entscheidet persönlich bei allen Heiratsgesuchen, in denen um Genehmigung einer Verlobung bezw. Heirat mit einer Braut nichtdeutscher Staatsangehörigkeit gebeten wird. Es wird um Bekanntgabe gebeten.« Anordnung: Heißmeyer, Chef des SS-Hauptamtes, vom 31.3.39, ZK/Az. 10k/28.3.39 W./H; Verteiler III.

44 Erst in diesem Monat gab er einen Befehl heraus, daß ab sofort das RuSHA selbständig darüber entscheiden konnte. Vgl. Bundesarchiv Berlin, Film 3331, Persönlicher Stab Reichsführer-SS, Folder 816; Brief: Brandt, Pers. Stab, RFSS, vom 23.3.42, an Chef des RuSHA.

45 Fraenkel und Manvell (1965, S. 63).

46 Heiratsgenehmigungen und Freigaben bis 31.12.1939; Bundesarchiv Berlin, Film 3331, Persönlicher Stab Reichsführer-SS, Folder 816; Brief: Pancke, Chef des RuSHA, vom 27.2.1940, an Reichsführer-SS und an Schmitt, Chef des SS-Personalhauptamtes.

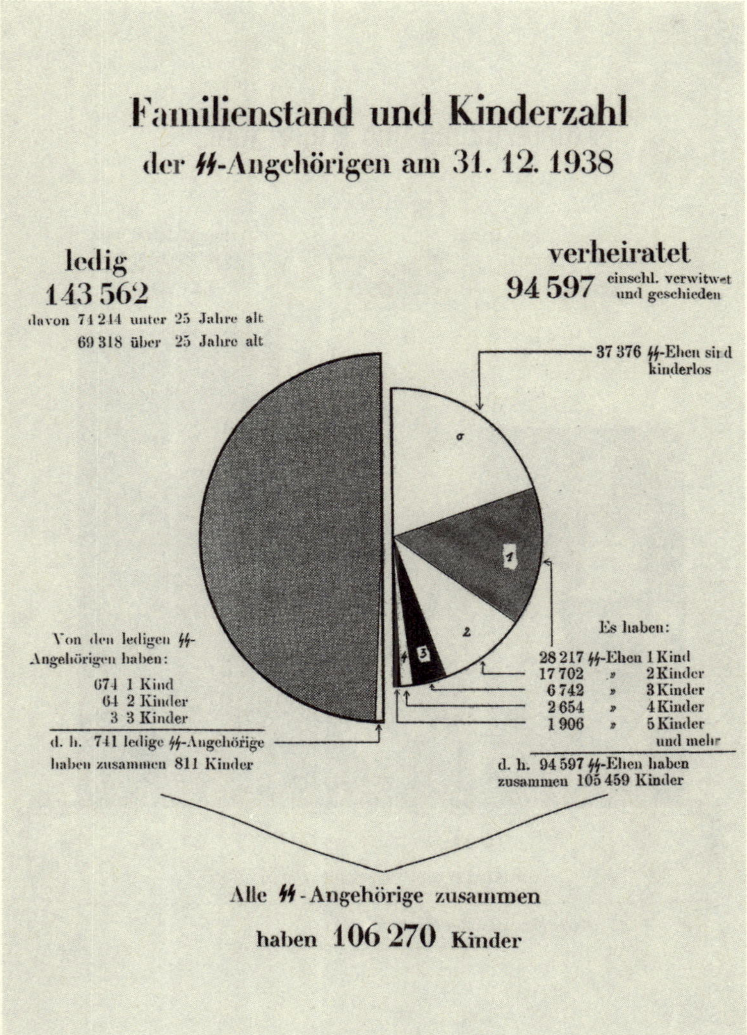

(Statistisches Jahrbuch der Schutzstaffel der NSDAP, 4. Jg., Berlin 1938, S. 90)

(Statistisches Jahrbuch der Schutzstaffel der NSDAP, 3. Jg., Berlin 1937, S. 62)

1937

sind in den einzelnen Oberabschnitten geboren

	insgesamt	als 1.	2.	3.	4.	5.	6.	7.	8.	9.	10.	11.	12.	13. Kind
Süd	180	104	35	26	12	1	1	–	1	–	–	–	–	–
Südwest	449	224	117	69	27	8	1	1	1	1	–	–	–	–
Rhein	458	261	119	47	16	7	2	4	1	1	–	–	–	–
West	513	252	140	66	31	10	8	4	1	1	–	–	–	–
Nordwest	573	299	161	69	25	10	5	1	2	1	–	–	–	–
Nord	397	193	117	48	24	7	3	2	1	1	1	–	–	–
Nordost	493	226	128	81	31	13	6	1	5	2	–	–	–	–
Ost	542	293	152	61	21	5	6	2	1	1	–	–	–	–
Südost	417	177	114	56	36	16	5	6	3	2	1	–	–	1
Elbe	460	247	135	48	16	9	2	2	1	–	–	–	–	–
Main	239	133	62	29	11	4	–	–	–	–	–	–	–	–
Fulda-Werra	486	283	137	38	14	8	3	2	1	–	–	–	–	–
Mitte	291	174	83	17	14	1	1	–	1	–	–	–	–	–
Sond.Einh.	275	159	71	25	14	1	–	1	2	2	–	–	–	–
V.T.	288	213	54	17	1	1	2	–	–	–	–	–	–	–
T.V.	93	69	16	6	2	–	–	–	–	–	–	–	–	–
Gesamt SS	6154	3307	1641	703	295	101	45	26	21	12	2	–	–	1

Auf 1000 verheirateten SS-Angehörigen trafen durchschnittlich 85 Geburten.

(Statistisches Jahrbuch der Schutzstaffel der NSDAP, 3. Jg., Berlin 1937, S. 64)

Ehescheidungen von SS-Angehörigen 1937

Unterführer und Männer	Von den SS-Angehörigen waren:	Gesamt	Scheidungsgrund: Ehebruch	Lebens-nachstellung	Böswilliges Verlassen	Verstoß geg. ehel. Pflicht.	Geistes-krankh.
	alleinschuldig	18	9	—	1	8	—
	mitschuldig	11	5	—	—	6	—
	schuldlos	13	8	—	1	3	1
→		42	22	—	2	17	1
Führer →		22					
Insgesamt		64					

Außerdem wurde in 3 Fällen die Ehe für nichtig erklärt.

Von den 64 geschiedenen Ehen waren:

28 kinderlos
21 mit 1 Kind
10 " 2 Kindern
4 " 3 Kindern
1 " 4 Kindern

64 Ehen mit insgesamt 57 Kindern

(Statistisches Jahrbuch der Schutzstaffel der NSDAP, 3. Jg., Berlin 1937, S. 65)

setzte und Bürgen zu entscheiden, ob der Betreffende in der SS bleiben könne oder nicht. Er glaubte, daß das »Ausmendeln des jüdischen Blutes wahrscheinlich ist, wenn sich durch die rassischen und charakterlichen Beurteilungen keine jüdischen Züge mehr nachweisen lassen«. Dieses Gutachten führte, ohne es zu wollen, die gesamte Rassentheorie ad absurdum. Himmler lehnte es empört ab. »Denn mit derselben Berechtigung, mit der er erzählt, daß in der dritten Generation von dem Vorhandensein auch nur eines vom Juden stammenden Chromosoms nicht mehr gerechnet werden kann, könnte man behaupten, daß die Chromosome aller anderen Vorfahren ebenfalls verschwinden. Dann muß ich die Frage stellen: woher bekommt der Mensch überhaupt das Erbgut, wenn nach der dritten Generation von den Chromosomen seiner Vorfahren nichts mehr vorhanden ist? Für mich steht eines fest: Herr Prof. Dr. Schultz ist als Chef des Rassenamtes nicht geeignet.«[47] Weder der enorme Aufwand, der erforderlich war, um den Heiratsbefehl der jeweiligen gesellschaftlichen und politischen Situation anzupassen, noch wissenschaftliche Gutachten ehemaliger Mitstreiter konnten Himmler dazu veranlassen, seine Idee einer Rassenelite in Frage zu stellen.

Viele SS-Männer und deren Bräute mußten erhebliche Schwierigkeiten überwinden, um die notwendigen Papiere zu beschaffen, die zur Erlangung der Verlobungs- oder Heiratsgenehmigung vorgeschrieben waren. Das minderte aber nicht ihren Eifer, Aufnahme in den SS-Sippenorden zu erlangen.

Ein SS-Führer und seine zukünftige Braut mußten allein für das korrekte Ausfüllen der »SS-Ahnentafel« mindestens 186 Dokumente herbeischaffen: jeweils 62 Geburtsurkunden oder Taufscheine, 31 Heiratsurkunden oder Trauscheine ihrer Eltern, Großeltern, Urgroßeltern, Ururgroßeltern und Urururgroßeltern sowie die eigenen Geburtsurkunden, »als Beleg für die Richtigkeit« der Angaben.[48] Dazu kamen noch die Sterbeurkunden der Vorfahren, die zwar nicht zwingend vorgeschrieben, aber erwünscht waren. Da die meisten SS-Angehörigen keine Fachleute für Ahnenforschung waren, mithin nicht wußten, wie sie ihre Ahnentafel anfertigen sollten, hatte das Rasse- und Siedlungshauptamt verschiedene Anleitungen herausgegeben, in denen genauestens beschrieben wurde, welche Angaben die »SS-Ahnentafel«

47 Briefwechsel zwischen dem Chef des RuSHA, Hildebrandt, und Himmler am 1.12.43 und 17.12.43. Zit. n. Heiber (1970, S. 310f.).

48 Vgl. Anleitung für die »SS-Ahnentafel«; Bundesarchiv Berlin, Document Center, RuSHA-Akten.

enthalten mußte und wie diese Informationen zu erlangen seien. Der SS-Angehörige und die jeweilige Braut sollten, wenn sie aus eigener Kenntnis die Angaben über ihre Vorfahren nicht machen konnten, durch Rücksprache mit den Verwandten versuchen, alles Notwendige mündlich oder schriftlich zu erfragen. Dann sollten sie alle Angaben auf einem besonderen Bogen zusammenstellen und »unter ausdrücklichem Hinweis, daß die Urkunden zum Nachweis der arischen Abstammung für die Reichführung-SS benötigt werden«, diese für die Zeit nach 1876 bei den Standesämtern, für die Zeit vorher bei den zuständigen Pfarrämtern anfordern. Urkunden aus dem Ausland sollten sie sich durch die »Hauptstellen für ausländische Sippenkunde beim Deutschen Auslands-Institut« in Stuttgart oder die jeweiligen deutschen Konsulate vermitteln lassen. Alle bekannten Daten sollten immer schon in den Schriftwechseln mit den entsprechenden Stellen genauestens angegeben werden. War ein Datum nicht zu ermitteln, sollten sie sich Hilfe bei dem örtlichen Schulungsleiter des Rasse- und Siedlungshauptamtes holen. Die Urkunden und Belege über die Angaben in der Ahnentafel mußten mitsamt der Ahnentafel an das Rasse- und Siedlungshauptamt geschickt, zuvor aber dem zuständigen Schulungsleiter zwecks Überprüfung vorgelegt werden.[49]

Dies alles bedeutete in jedem Fall einen enormen Aufwand an Zeit und auch Geld für Porto oder professionelle Hilfe. Ungeachtet der Schwierigkeiten schwärmten die SS-Männer und die auserkorenen zukünftigen Ehefrauen aus, versuchten ihre Ahnenreihe lückenlos zu dokumentieren und mußten feststellen, daß das häufig unmöglich war. Obwohl sich Standesämter und Kirchen nach besten Kräften bemühten, die erforderlichen Geburts-, Heirats- und Sterbeurkunden in ihren Karteien und Büchern ausfindig zu machen, und »Sippenforscher«, die sich in den dreißiger Jahren als neuer Berufsstand etablierten,[50] bei der Beschaffung von Unterlagen behilflich waren, gelang es vielen SS-Angehörigen nicht, die geforderten Unterlagen für die Ahnentafeln beizubringen. Fehlende Urkunden führten in der Regel jedoch dazu, daß die Ehegenehmigung nur vorläufig freigegeben[51] und dem nicht

49 Ebenda. In der Ahnentafel sollte für jeden Vorfahren angegeben werden: 1. Name (bei Frauen nur Geburtsname) und sämtliche Vornamen. 2. Geburtsort, -jahr, -monat, -tag. 3. Sterbeort, -jahr, -monat, -tag. 4. Religion. 5. Beruf. 6. Heiratsort, -jahr, -monat, -tag.

50 Vgl. Hilberg (1990, S. 77f.).

51 In den Formularen der Sippenakte: »Erhebungsblatt zur Heiratsamts-Statistik« gibt es die Rubriken: Vorläufige Freigabe, Endgültige Entscheidung, Nachzureichen und hier: Wiedervorlage RFSS. Bundesarchiv Berlin, Document Center, RuSHA-Akte Ö. Wie viele Ehen lediglich mit einer »vorläufigen Freigabe« geschlossen wurden, ist

erwiesenermaßen vollständig »rassereinen« Ehepaar der Eintrag ins »Sippenbuch« verweigert wurde. Das »Sippenbuch« der SS nahm den Platz eines heiligen Buches ein. Hier sollte für »alle Zukunft« der Stammbaum der SS festgeschrieben werden. Daher sah Himmler vor, daß nur die Ehepaare, die lückenlos nachweisen konnten, daß ihre Vorfahren echte »Arier« waren, in dieses Buch eingetragen werden durften. Nach dieser Vorgabe hätte er sich selbst und seiner Familie allerdings das Privileg des Eintrags verweigern müssen. Obwohl mehrere Ahnenforscher sich darum kümmerten, blieben in seinem Ahnennachweis bis zum Schluß Lücken, die sich nicht füllen ließen, da seine Vorfahren mütterlicherseits aus Ungarn kamen und die fehlenden Dokumente unauffindbar waren.[52]

Der SS-Oberscharführer T. beispielsweise mußte auf den Eintrag verzichten. Er hatte am 9. Januar 1939 einen Vordruck zu einem Verlobungs- und Heiratsgesuch bei der SS-Standarte Germania eingereicht, die das ausgefüllte Formblatt begutachtet und es mit der Bitte um Übersendung der Vordrucke an das Rasse- und Siedlungshauptamt gesandt hatte. Drei Monate später, am 31. März 1939, überreichte T. den Verlobungs- und Heiratsantrag seinem Schulungsleiter bei der SS-Standarte, der ihn prüfte und an das Rasse- und Siedlungshauptamt weiterleitete. Als Belege für die Ahnentafel hatte T. 67 Urkunden und 17 Schriftwechsel und seine zukünftige Braut 58 Urkunden, zwei Familienstammbücher und acht Schriftwechsel zum Ahnennachweis eingereicht. Am 8. Juli 1939 erreichte ihn ein Schreiben des Rasse- und Siedlungshauptamtes, in dem ihm mitgeteilt wurde, die Verlobung und Heirat würde nur »auf eigene Verantwortung vorläufig freigegeben, da der Großvater väterlicherseits Ihrer zukünftigen Ehefrau unbekannt und somit eine abstammungsmäßige Beurteilung nicht möglich ist. Mit einer Eintragung in das Sippenbuch der SS können Sie nicht rechnen. Die fehlenden Urkunden zu den Abstammungsnachweisen bis 1. 1. 1800 aus dem Reichsgebiet... sind spätestens bis zum 8. 7. 1940 nachzureichen. Von der Beschaffung der Geburtsurkunde zu Ahn Nr. 31 [das ist einer der Ururgroßväter, G. S.] in Ihrer Ahnentafel aus Polen wird zur Zeit abgesehen.

---

nicht bekannt, es scheinen aber nicht wenige gewesen zu sein. Von den 14 RuSHA-Akten, die ich eingesehen habe, waren sechs Heiratsgenehmigungen nur vorläufig oder auf Verantwortung der Braut freigegeben worden. Dazu zählen neben dem Ehepaar T. die Ehepaare Mengele (S. 122ff., S. 314ff.), Delmotte (S. 129ff.), Boger (S. 134ff.), Kitt (S. 159ff.), Landau (S. 202ff.) und Mennecke (S. 270ff.).

52 Vgl. Heiber (1970, S. 30); Hillel und Henry (1974, S. 28).

Diese Urkunde ist nachzubringen, sobald eine Anforderung wieder erfolgen darf.«[53]

Der SS-Arzt Friedrich Mennecke war seit dem 1. Januar 1936 Leiter der Landesheilanstalt Eichberg im Rheingau. Im Oktober 1936 stellten er und Eva Wehlan ihren Heiratsantrag beim Rasse- und Siedlungshauptamt-SS. Auch Mennecke hatte Schwierigkeiten, die erforderlichen Urkunden beizubringen. Daher schrieb er am 27.4.1937: »Im Hinblick auf die in *meiner* Sippe noch fehlenden Nachweise bis 1800 gebe ich die Versicherung ab, dass alle meine Ahnen mit an Sicherheit grenzender Wahrscheinlichkeit rein arisch waren. Ich bin in meinem Beruf (Erbbiologe und Sterilisierungsoperationen), sowie nebenamtlich im Amt für Volksgesundheit (als rassenbiologischer Referent) täglich auf dem Gebiet der erbbiologischen Bestandsaufnahme und der Erb- und Rassenpflege tätig; dieses Arbeitsgebiet ist mir also nicht unbekannt. Ich würde – unvoreingenommen – bei der Beurteilung meiner Sippentafel keinerlei Bedenken hegen, und ich bitte Sie deshalb herzlichst, mir die Genehmigung zu unserer Heirat am 30. Mai 1937 zu erteilen, da mir sonst wirtschaftliche und auch zukünftige eheliche Nachteile erwachsen.«[54]

Die Eheschließung wurde am 7. Mai 1937 freigegeben, Mennecke jedoch angehalten, die »fehlenden Urkunden zum Ahnennachweis bis 1.1.1800 ... innerhalb eines Jahres nachzubringen«.[55] Noch 1938 korrespondierte Men-

---

53 Bundesarchiv Berlin, Document Center, RuSHA-Akte T. Frau T. trat am 14.5.1943 dem SS-Helferinnenkorps bei. Bis März 1938 war es laut Befehl verboten, aus Österreich Urkunden für Heiratsbefehle anzufordern. Vgl. Bundesarchiv Berlin, Film 3331, Persönlicher Stab Reichsführer-SS, Folder 816; Aktennotiz für Reichsführer-SS, vom 22. März 1938. Siehe auch: »In letzter Zeit häufen sich Anfragen über die Behandlung der Heiratsgesuche von Sudetendeutschen. Da das Verbot der Urkundenbeschaffung im Gebiet der ehemaligen Tschechoslowakei noch nicht aufgehoben ist, wird um eine grundsätzliche Entscheidung des Reichsführers-SS gebeten. In der Anlage wird ein diesbezüglicher Befehls-Entwurf beigefügt, der in Anlehnung an die Regelung in der Ostmark erstellt wurde.« Bundesarchiv Berlin, Film 3331, Antwort von Brandt, Pers. Stab, vom 10.12.38, Tgb. Nr. A/34/50/38.

54 National Archives, 242 (roll A 3343-RS-D 5465) RuSHA-Akte Mennecke, Brief Menneckes an den Chef des RuSHA vom 27.4.1937. Zu Mennecke s. a. S. 270ff.

55 Ebenda, Brief vom Chef des RuSHA vom 7.5.37. Am 26.10.1936 hatte Mennecke 26 Urkunden und Schriftwechsel seiner »Sippe« und 68 Urkunden der »Sippe« seiner Braut eingereicht. Brief Menneckes an das RuSHA vom 26.10.36. Am 22.2.37 forderte das RuSHA Mennecke auf, weitere 13 Geburtsurkunden und 6 Trauurkunden sowie von Eva W. eine Geburtsurkunde und eine Trauurkunde nachzureichen. Sie empfahlen ihm, sich »für die Weiterforschung« die im »SS-Vor-Druck-Verlag W. F. Mayr, Mies-

necke mit dem Rasse- und Siedlungshauptamt-SS wegen fehlender Urkunden.[56]

Die Suche nach den Ahnen hatte häufig einen für überzeugte Antisemiten verheerenden Effekt, der sie aber nicht dazu veranlaßte, die Notwendigkeit des Nachweises ihrer Abstammung in Frage zu stellen: Anstelle des Nachweises »arischer« Abstammung fanden etliche SS-Angehörige oder die erwählten Bräute Dokumente, die belegten, daß ein Mitglied ihrer Familie – ein Urgroßvater oder eine Ururgroßmutter – der jüdischen Religion angehört hatte. Für die SS-Administration eine Todsünde, in den meisten Fällen ein Grund, diesen Mann oder die Frau sofort zu entlassen oder sie zumindest in der Sippengemeinschaft zu degradieren, wie folgendes Beispiel zeigt.

Der SS-Obersturmbannführer Mayr, SS-Nr. 1529, seit 1930 in der SS, war mit Sigrid, geborene Magnussen, verheiratet. Mitte der dreißiger Jahre stellte er, da die Eheschließung vor 1931 stattgefunden hatte, den Antrag auf nachträgliche Genehmigung der Heirat. Weil in der Ahnentafel der Ehefrau ein Vorfahre »jüdischer Abstammung« gefunden wurde, entschied Himmler am 13. September 1939, daß die SS-Familie Mayr zwar in der Sippengemeinschaft verbleiben durfte, allerdings mit geminderten Rechten: »SS-Obersturmbannführer Mayr hat sich verpflichtet, keine weiteren Kinder mit seiner Frau zu erzeugen und weiß, daß die 3 vorhandenen Kinder niemals die Genehmigung zur Verheiratung mit einem SS-Angehörigen bekommen werden.«[57] Da der Bruder von Sigrid Mayr, ein Oberleutnant, am 12. Mai 1939

---

bach/Oberbayern erschienene Ahnentafelfibel« zu besorgen oder »sich an den zuständigen Schulungsleiter, der befehlsmäßig verpflichtet ist, Ihnen bei der Aufstellung der Ahnentafel behilflich zu sein«, zu wenden. Für den eitlen Mennecke sicherlich ein herber Tadel.

56 Ebenda, Brief Menneckes an das RuSHA vom 22. 10. 1938: »Auf das dortige Schreiben vom 29. 8. 38 teile ich mit, daß es mir nicht möglich war, den geforderten Termin einzuhalten, da ich in den letzten 2 Monaten nicht zu Hause war... Was meine Personalien betrifft weise ich auf zwei Fehler in Ihrer Anschrift hin: meine SS-Nr. ist: 142 813, mein Dienstrang: SS-Untersturmführer.«

57 Brief Himmlers an SS-Gruppenführer Walter Schmidt, Chef des SS-Personalhauptamtes, vom 13. 9. 39, in: Heiber (1970, S. 81). Siehe auch den Brief Himmlers an den Chef des RuSHA Dareé vom 29. 3. 38, in dem Himmler vorschlägt, daß der SS-Standartenführer Engler-Füßlin und seine Frau nur dann in der SS bleiben können, »wenn er sich verpflichtet, von dieser Frau keine Kinder mehr haben zu wollen, und wenn weiter stillschweigend darüber Klarheit herrscht, daß die Kinder aus dieser Ehe nicht in die SS aufgenommen werden«. Auch hier war im Abstammungsnachweis der Ehefrau ein jüdischer Vorfahr entdeckt worden; in: Heiber (1970, S. 64).

von Hitler für »arisch« erklärt worden war,[58] beantragte Mayr denselben »Gnadenakt« auch für seine Frau. Der Briefwechsel zwischen Mayr, dem Persönlichen Stab des Reichsführers-SS und dem Rasse- und Siedlungshauptamt begann 1939 und zog sich hin bis zum 19. April 1943, ohne daß es zu einer Änderung der Entscheidung Himmlers gekommen wäre.[59]

Nicht nur in diesem Fall wurden Frauen und Männer unterschiedlich behandelt, wenn es darum ging, über einen jüdischen Vorfahren entweder hinwegzusehen oder diesen zum Grund des Ausschlusses beziehungsweise der Degradierung zu machen. Dies läßt sich am Beispiel von Elisabeth Krüger aufzeigen, der Tochter eines SS-Gruppenführers, die einen SS-Sturmbannführer heiraten wollte. In der von Elisabeth Krüger vorgelegten Ahnentafel fand sich »in der mütterlichen Linie im Jahr 1711«[60] ein jüdischer Ahn. Himmler entschied, daß nach den Gesetzen der SS eine Verheiratung des Sturmbannführers mit Fräulein Krüger nicht möglich sei.[61] Da es sich hier jedoch um eine Liaison innerhalb der SS-Sippengemeinschaft handelte und alle davon ausgehen konnten, daß es keine Ehehindernisse geben würde, schrieb Himmler dem Vater einen Brief, in dem er ihm riet, »mit der Begründung ›Sie wollten wegen der Jugend Ihrer Tochter noch keine Verheiratung und gäben von sich aus Ihre väterliche Genehmigung dazu nicht‹, dem SS-Sturmbannführer Klingenberg ihre Einwilligung zur Verheiratung mit Ihrer Tochter« abzulehnen. »Auf diese Weise ginge die Ablehnung von Ihnen und Ihrer Familie aus und würde in keiner Weise von Seiten der SS ausgesprochen.«[62] Der Makel, daß eine nicht »rassereine« Familie in die SS-Sippengemeinschaft aufgenommen worden war, sollte allein die Familie und nicht die SS treffen. Dies und die gleichzeitig durch Himmler ausgesprochene Bestätigung, daß die Stellung des Vaters in der SS durch »das ganze Unglück, das in der Ahnentafel Ihrer Frau beruht«,[63] keinesfalls berührt werden sollte, sowie die Tatsache, daß auch den Sohn der SS-Familie Krüger das mütterliche »Unglück« nicht traf, demonstriert erneut den Irrsinn und die Willkür der soge-

58 Bundesarchiv Berlin, Film 2399, Persönlicher Stab Reichsführer-SS, Folder 294, Brief: Der Reichsminister der Luftfahrt und Oberbefehlshaber der Luftwaffe an Oberleutnant Magnussen, vom 12. Mai 1939.

59 Bundesarchiv Berlin, Film 2399, Persönlicher Stab Reichsführer-SS, Folder 294.

60 Stellungnahme des Reichsführers vom 22. 8. 43, in: Heiber (1970, S. 291).

61 Ebenda.

62 Brief: Reichsführer-SS an SS-Gruppenführer Walter Krüger, Kommandeur SS-Panzergrenadier-Division »Das Reich«, vom 22. 8. 43, in: Heiber (1970, S. 290).

63 Ebenda.

nannten rassischen Auslese. Der Sohn durfte als Freiwilliger in die SS eintreten, später heiraten und eine Sippe gründen; die Tochter mußte, da der Vater Himmlers Rat befolgte, die Verlobung lösen und die Sippengemeinschaft verlassen.[64] Die Beschwerde der Mutter ob der ungleichen Behandlung von Sohn und Tochter fand Himmler »zumindest merkwürdig, um nicht zu sagen nicht ganz anständig... Mit Frau Krüger möchte ich in diesen schwierigen Fragen, da sie wohl als Mutter zu befangen ist, keine Verhandlungen führen. Alle Dinge bitte ich in Zukunft nur mit dem Haupt der Familie, SS-Gruppenführer Krüger, abzusprechen.«[65]

Die Entscheidung, den Ahnennachweis von Männern großzügiger zu handhaben, hängt offensichtlich mit Himmlers Überzeugung zusammen, daß ein Mann, der sich als Soldat im Kampf bewährte, sein Blut verbessern könne. Frauen hatten keine Chance zur Verbesserung ihres Blutes. Ihre Aufgabe war es, ihr »gutes Blut« an die nächste Generation weiterzugeben. Sie mußten, so glaubten Himmler und seine »Rassegutachter«, strenger bewertet werden,[66] es sei denn, sie hatten das gebärfähige Alter bereits überschritten.[67]

Selbst der SS-Arzt Josef Mengele hatte Schwierigkeiten mit seinem Heiratsantrag. Bei der Erforschung des »Familienstammbaumes« der Braut,

64 Brief: Reichsführer-SS an SS-Obergruppenführer Gottlob Berger, Chef des SS-Hauptamtes, vom 30.10.43, in: Heiber (1970, S. 291 f.). Was später aus der Tochter wurde, ist nicht bekannt.

65 Ebenda.

66 Siehe dazu den Brief des Chefs des RuSHA, Hildebrandt, an Himmler vom 1.12.43. Hildebrandt berichtet von drei SS-Männern, deren Heiratsakten er an Himmler weiterschickte. Diese drei Männer hatten alle denselben jüdischen Vorfahren, den um 1663 geborenen Abraham Reingau, der 1685 getauft wurde. Hildebrandt erklärt, er habe Bedenken, die drei Männer, im Feld gut bewährt und ausgezeichnet mit diversen Medaillen, aus der SS zu entfernen. Über die drei Männer schreibt er, sie machten »rassisch gesehen einen guten Eindruck«, und der »jüdische Bluteinschlag« sei im Erscheinungsbild nicht festzustellen. Himmler antwortete am 17.12.43, daß die drei Männer in eigener Verantwortung der Braut heiraten dürften. Er habe jedoch die Wiedervorlage der Akten nach dem Krieg angeordnet. Die Kinder aus diesen drei Ehen sollten sowohl für die SS als auch für die Sippen der SS gesperrt werden. Zit. n. Heiber (1970, S. 310f.).

67 Vgl. Brief Himmlers an den Gefreiten Walter Küchlin, vom 3.4.40. Hier schreibt Himmler: »Milder rechne ich, wenn bei der Frau in der Ahnenreihe weit zurückliegend ein jüdischer Vorfahr ist. Hier habe ich in manchen besonders gelagerten Fällen – es hat sich hier um Frauen in einem höheren Alter gehandelt, die keine Kinder mehr bekamen – den Mann in der Schutzstaffel belassen, weil ja nicht er selbst Träger dieses Blutes ist.« Zit. n. Heiber (1970, S. 92).

Irene Schoenbein, Tochter eines Leipziger Universitätsprofessors, stellte sich heraus, daß der Großvater der Braut als uneheliches Kind auf die Welt gekommen war. Seine »blutsmäßige Herkunft« galt deshalb als nicht gesichert. Trotz umfassender Ahnenforschung ließ sich nicht einwandfrei nachweisen, daß die Familie Schoenbein frei von »jüdischem Blut« war. Die von Irene vorgelegten Fotos, die ihre Vorfahren zeigten, sowie die leidenschaftlich vorgetragenen Aussagen ihrer Freunde, die alle von ihrem »sehr nordischen Wesen« sprachen, gaben schließlich den Ausschlag, und Mengele durfte heiraten. Auch ihm wurde die Eintragung in das Sippenbuch verwehrt und damit das Zertifikat vorenthalten, daß seine Frau und die künftigen Kinder »rassisch rein« seien.[68]

Mengele teilte dieses Schicksal mit vielen anderen SS-Männern, die zwar die Erlaubnis zur Eheschließung bekommen hatten, jedoch akzeptieren mußten, daß ihre Sippen für die SS gesperrt waren und ihre Kinder für eine Aufnahme in die SS oder für die Genehmigung einer Verheiratung mit einem SS-Mann nicht in Frage kamen. Sie zählten damit zwar dazu, doch wurde ihnen aufgrund der diagnostizierten »rassischen« Unzulänglichkeit die »Sippenzukunft« im SS-Orden abgesprochen.

68 National Archives, RG 242, roll 3343-RS-D 5462; RuSHA-Akte Mengele; vgl. auch Posner und Ware (1993, S. 34).

Eheweihe

Da das pseudogermanische Brauchtum, das in der SS-Sippengemeinschaft praktiziert wurde, eine Mitgliedschaft in der Kirche nicht mehr länger zuließ, sollten die SS-Männer und ihre Familien aus der Kirche austreten.[1] Die SS sollte sich durch konsequentes Neuheidentum von der christlichen Umwelt absetzen. Diese Haltung wurde »Gottgläubigkeit« genannt.[2] Die Ritualdefizite, die der Austritt aus den Kirchen nach sich zog, wurden durch SS-eigene Bräuche ersetzt, die dem germanisch-heidnischen Brauchtum nachempfunden waren. Statt der kirchlichen Taufe gab es nun die feierliche Namensweihe und Aufnahme in die SS-Sippe, die Eheweihe ersetzte die kirchliche Trauung, statt Ostern wurde die Mittsommernacht,[3] die den Sieg des Lichts über die

---

1 Der Austritt aus der Kirche war erwünscht, Atheisten wurden allerdings nicht geduldet. Himmler: »Wenn ich von meinen SS-Männern verlange, daß sie gottgläubig sein müssen, ist das nicht, wie mir dies oft ausgelegt wird, eine Tarnung oder eine Konzession, sondern es ist mir damit sehr ernst. Menschen, die kein höheres Wesen oder eine Vorsehung – oder wie Sie das sonst nennen wollen – anerkennen, möchte ich nicht in meiner Umgebung haben.« Kerstens (1968, S. 186).

2 In ihrem Glaubensbekenntnis kam zum Ausdruck, daß sie an Gott glaubten – sie nannten ihn den »Uralten« oder »Altvater«. Vgl. Heiber (1968, S. 158). Und sie glaubten an Hitler als Boten Gottes. Gegenüber seinem Masseur Felix Kersten hatte Himmler bemerkt: »Er (Hitler) ist dazu von dem Karma des Germanentums der Welt vorbestimmt, den Kampf gegen den Osten zu führen und das Germanentum der Welt zu retten, eine der ganz großen Lichtgestalten hat in ihm ihre Inkarnation gefunden..., zu der nach Jahrhunderten die Menschen ebenso gläubig aufschauen würden, wie sie es zu Christus getan hätten.« Kersten (1952, S. 189f.).

3 Himmler in einer Rede vor unbekanntem Publikum in Alt-Rehse im Jahr 1938: »Die Sonnwendfeiern bedeuten mehr als die äußere Dankbarkeit des Menschen an das Wirken der Sonne. Bei der Sonnenwende geht etwas voraus, geht etwas voraus in der SS: der Sommersonnenwendwettkampf. Es werden die Besten des Sturmes und der Standarte ermittelt. Bei der Sommersonnenwende erhält nun dieser Beste den Preis an der Sommersonnwendfeier... So wie die Sonne geht, so muß ewig gehen der Gang der Menschen. Das müssen wir unseren Menschen allmählich wieder nahebringen. Ganz allmählich wird in unseren Männern und den Frauen und Mädeln der Gedanke an etwas Ewiges, an

Dunkelheit symbolisierte, statt Weihnachten die Wintersonnenwende und das Julfest[4] gefeiert.

Darüber, wie eine Eheweihe gefeiert werden sollte, hatte das Rasse- und Siedlungshauptamt der SS genaueste Vorstellungen. Im Mai 1937 versandte diese Dienststelle einen dreiseitigen Entwurf »Feier der Eheschließung von Angehörigen der Partei und ihrer Gliederung«, aufgeteilt in zwei Abschnitte »Grundsätzliches« und »Plan für die Durchführung einer Hochzeitsfeier«.

Feier der Eheschließung von Angehörigen der Partei und ihrer Gliederungen.

Grundsätzliches:

Die Tatsache, daß für den Teil der SS-Angehörigen, die keiner Konfession angehören, die Frage einer feierlichen Ausgestaltung der Hochzeit immer brennender wurde, führte in den letzten Jahren dazu, eigene Wege in der Ausgestaltung der Hochzeitsfeiern zu gehen.

Da die Ehe im nationalsozialistischen Staat unter ganz besonderem Schutze steht, ergab sich die Notwendigkeit einer ernsten und würdigen Ausgestaltung.

Das Brauchtum für die Hochzeitsfeier darf weder antik, noch konstruiert sein. Darum wurde planmäßig jede voreilige Festlegung auf einen bestimmten »Ritus« vermieden. Das Brauchtum soll sich im Laufe der Jahrzehnte selbständig entwickeln. Darum wurden bisher ausschließlich Hinweise für die Ausgestaltung, nie aber Vorschriften gegeben.

Die Eheschließung in der germanischen Zeit war eine betont öffentliche Angelegenheit: Die jungen Paare traten gemeinschaftlich in den

einen selbstverständlichen Kreislauf, an einen selbstverständlichen Glauben wieder einkehren. Ich glaube, daß man von hier aus unserem Volk die Möglichkeit geben kann…, daß wir das Wunder zusammenbringen, aus einem sterbenden Volk ein wiedergeborenes und wiedergebärendes zu machen. Das sind die Gedanken, warum wir in der SS Sommer- und Wintersonnenwende feiern.« Zit. n. Smith und Peterson (1974, S. 77f.).

4 Ursprünglich germanisches Wintersonnenwendfest; in Skandinavien Name des Weihnachtsfestes.

Ring. Im bewußten Anschluß an das germanische Denken, kann erwogen werden, eine gemeinsame Hochzeitsfeier mehrerer SS-Angehöriger durchzuführen. Der Charakter der Sippengemeinschaft der SS bürgt dafür, daß das persönliche Moment der Eheschließung nicht verloren geht.

Die Diktatur des Christentums zerschlug den öffentlichen Charakter der germanischen Eheschließung: Die Ehe wurde eine Angelegenheit erbsündiger Menschen, zu der die Kirche gewissermaßen nur um das größte Unglück abzuwenden, einige Beschwörungsformeln lieferte. Die Eheschließung wurde eine rein individualistische Angelegenheit, als die sie zum Teil auch heute noch aufgefaßt wird.

Ein unhaltbarer Zustand ist die Trennung der Eheschließung in einen nüchternen Staatsakt und eine privat durchgeführte Trauungsfeier.

Grundsätzlich wird darum darauf hingezielt, daß die standesamtliche Eheschließung ein Teil der allgemeinen SS-Hochzeit wird (vergleiche die Planung in der Anlage). Die Versuche auf dem Gebiete der Gestaltung von Hochzeitsfeiern innerhalb der SS haben allmählich das Ergebnis gebracht, daß alles Überflüssige und Romantische verschwand, und nur das Wesentliche in der Form sich durchsetzte.

<u>Zum Wesentlichen der Feier gehören:</u>
Ansprache, Verpflichtung und Gelöbnis.

<u>An Brauchtum hat sich durchgesetzt:</u>
1.) Die Überreichung des Buches des Führers »Mein Kampf« (Gegebenenfalls eines anderen weltanschaulich verpflichtenden Werkes)
2.) Die Übergabe von Salz und Brot.
3.) Das Anzünden eines Feuers durch das junge Paar.

Auch auf dem Gebiet der Bekleidungsfrage hat sich ein gemeinsamer Stil entwickelt: Der aus dem Orient stammende Schleier und der Myrtenkranz sind verschwunden. Die Braut trägt ein schlichtes weißes Kleid ohne Schleier, allenfalls einen Blumenkranz.

Bei der Durchführung der Hochzeitsfeier wurde jeder überflüssige Prunk vermieden und ein möglichst einfacher Stil angestrebt.

Die Wirkung der Hochzeitsfeier war sowohl bei den jungen Paaren, als auch bei den größtenteils noch konfessionell gebundenen Angehörigen durchweg gut. Grundsätzliche Zwistigkeiten ernsthafter Art infolge der konfessionell nicht gebundenen Feiern, sind nicht bekannt geworden.

Plan für die Durchführung einer Hochzeitsfeier!

1. Musikalische Einleitung.
(Zeitgemäße Hochzeitsmusiken sind bisher nicht vorhanden, sollen aber weltanschaulich klar ausgerichteten Komponisten in Auftrag gegeben werden. Grundsätzlich wird an Streichmusik gedacht.)
2. Ein Einzelsprecher spricht einen Vorspruch oder ein Gedicht.
(Für die Vorsprüche besonders geeignet sind Zitate aus den Reden und dem Buche des Führers).
3. Vorlesung des bekannten Wortes Nietzsche's über »Kind und Ehe«.
(Gegebenenfalls können auch Vorlesungen aus anderen Werken vorgenommen werden.)
4. Ansprache eines SS-Führers.
(Der SS-Führer soll grundsätzlich ein unmittelbarer Vorgesetzter sein, damit die Gefahr eines neuen Priestertums vermieden wird.)
5. Musikalisches Zwischenspiel.
(Vergleiche zu 1.)
6. Verpflichtung durch den Standesbeamten.
(Namenseintragung und Übergabe des Buches »Mein Kampf«)
7. Das junge Paar entzündet zum Zeichen des beginnenden neuen gemeinsamen Blutstromes ein Licht.
(Der vom Reichsführer-SS gestiftete Leuchter soll tunlichst bei diesem feierlichen Anlaß eingeweiht werden)
8. Überreichung von Salz und Brot auf einem Holzteller.
(Salz und Brot sollen von einem Freund überreicht werden)
9. Verpflichtung des Paares auf ein gemeinsames Leben und Wirken für die Nation.
(Die Verpflichtung soll durch Handschlag nach einer Frage, auf die als Antwort das Gelöbnis gegeben wird, erfolgen)

10. Der dienstälteste SS-Führer erklärt die Aufnahme der jungen Frau in die SS-Sippengemeinschaft. Aushändigung eines SS-Sippenbuches oder einer Urkunde.
11. Gemeinsames Lied: »SS-Treuelied«.

(Bundesarchiv, Akten der Parteikanzlei, Mikrofilm Nr. 10200661-10200663).

Die Hochzeitsfeier von Ilse und Karl Koch, Kommandant des Konzentrationslagers Buchenwald, fand um Mitternacht in einem Eichenhain bei Sachsenhausen statt. Braut und Bräutigam standen zwischen nachgefertigten Runensteinen. Rund um die Lichtung waren zur Beleuchtung SS-Männer aus dem Führungskorps des Konzentrationslagers aufgestellt, sie trugen die Paradeuniformen des SS-Totenkopfverbandes. Hochzeitsfotos zeigen die Braut in einem langen geblümten Abendkleid und den KZ-Kommandanten in schwarzer SS-Uniform mit Paradesäbel.[5]

Um den Elitecharakter der SS zu betonen, das Innenleben des Ordens und der Sippengemeinschaft mit einem Schleier des Geheimnisses zu umgeben, war es strikt verboten, SS-Feiern, darunter auch die »Eheweihen in der SS«, zum Gegenstand öffentlichen Interesses zu machen.[6] Trotz dieses Verbotes wurden Berichte über SS-Hochzeiten publiziert, so auch im Juli 1936 im »Pfaffenhofener Volksblatt« über die Hochzeitsfeier des SS-Hauptsturmführers Kaspar Schwarzhuber mit Fräulein Maria Margarete Fleißner.

---

5 Vgl. Smith (1994, S. 18).

6 Siehe den Brief vom Chef des SS-Hauptamtes, Heißmeyer, Berlin, 25. 10. 35: »Es besteht Veranlassung, darauf hinzuweisen, dass Berichte in der Presse über Eheweihen in der SS unangebracht sind. Es wird daher untersagt, derartige Berichte an Zeitungen einzusenden oder die Schriftleitung zur Berichterstattung aufzufordern. Bei Feststellung derartiger Berichte in Zeitungen und Zeitschriften ist von der zuständigen SS-Dienststelle bei der in Frage kommenden Schriftleitung in höflicher Form vorstellig zu werden und darauf hinzuweisen, dass seitens der Reichsführung-SS derartige Berichte nicht erwünscht sind.« Staatsarchiv Marburg, 327/2, Rhein, lfd. Nr. 78.

»Die Hochzeitsfeier des mit der Führung des SS-Sturmbannes II/92 beauftragten SS-Hauptsturmführers Kaspar Schwarzhuber mit Fräulein Maria Margarete Fleißner war eine Weihestunde in tiefstem Sinne, und für alle Teilnehmer bleibt es ein unvergeßliches Ereignis. Das sieghafte Banner des Nationalsozialismus und das erste schwarze Fahnentuch der SS schmückten den Rathaussaal, in dessen Mitte die Büste des Führers stand. Die in Rot und Grün gehaltene Dekoration verlieh dem historischen Raum eine sehr vornehme Note. Der Bedeutung des Tages entsprach es, daß zahlreiche führende auswärtige Persönlichkeiten der SA und SS als Ehrengäste zugegen waren. HJ, BDM, Jungmädel und Jungvolk bildeten im Rathausinnern die Treppen entlang Spalier. Kreisleitung, Ortsgruppe, SS-Kameraden von auswärts, denen Hauptsturmführer Schwarzhuber den Weg zum Nationalsozialismus bereitete, SA, SS, die Führer die verschiedenen Untergliederungen, die Ratsherren, die Stadtverwaltung mit sämtlichen Arbeitern, Angestellten und Beamten waren zugegen.

Bürgermeister Otto Bauer nahm die standesamtliche Trauung vor; seine von echt kameradschaftlichem Geist getragene tief wurzelnden Worte lassen wir nachstehend folgen:

Mein sehr verehrtes Brautpaar!

Ihr beide erscheint heute vor mir, dem Bürgermeister und Standesbeamten der Stadt Pfaffenhofen, in der Absicht, den Bund der Ehe zu schließen. Die Ehe ist von der Volksgemeinschaft anerkannt. Die Liebe, Treue und Achtung zueinander sind die Grundpfeiler dieser Lebensgemeinschaft. Nur das Gesetz oder der Tod kann diesen Bund trennen.

Pg. Kaspar Schwarzhuber – Kampfgenossin Maria Margarete Fleißner! – Wenn im Reiche Adolf Hitlers Mann und Frau die Gemeinschaft für das Leben bauen, dann ist das wie Heimkehr zu den Urvätern – und wie ein Vormarsch in des Volkes Zukunft – wie ein Appell an der ewigen Wache – und wie ein Lagerbau des jungen Volkes.

Nicht wie in vergangenen Zeiten wünschen wir uns Glück, sondern wir wünschen uns Kampf mit doppelten Waffen und Ehre mit doppelter Treue.

Ich stelle Dir Kamerad und Dir Kameradin die Fahne des Führers, das Hakenkreuzbanner, hierher; legt im Geiste Eure reinen Hände gemeinsam an ihren Schaft; diese Fahne der Freiheit ist die neue Zeit, für die Du Kamerad Schwarzhuber 14 Jahre kämpftest, für die Du gestritten und gelitten hast. Auch Deine Hand Kameradin Maria Margarete umklammert die Fahne, für die Dein Mann gekämpft hat. Dies bedeutet für Dich höchste Verpflichtung im Kampf um die Erhaltung unseres deutschen Volkes. Strebe in schweren und guten Zeiten treu und unbeirrbar hinter diesem Manne. Blutorden und Ehrenzeichen zeugen, daß der Mann, der mit Dir nun durchs Leben geht, in Treue und höchster Pflichterfüllung für sein Volk kämpfte. Als sein bester Kamerad weiß ich, daß er immer bereit war, alles zu geben und zu opfern für unsere herrliche Freiheitsbewegung. – Allen, die da glauben, wir hätten keine Religion, weil wir uns selbst weihen, denen sage ich: »Wer für Adolf Hitler kämpft, kämpft für Deutschland, und wer für sein Vaterland kämpft, kämpft für Gott.«

Unsere Fahne ist die neue Zeit, und diese Fahne führt uns in die Ewigkeit. – – –
Und nun wollen wir heimkehren zu unseren Urvätern. – – –
Sie sind Eure ersten Trauzeugen.

Ihr Blut, rein und unverfälscht seit Jahrtausenden, gesund und widerstandsfähig, meldet sich in dieser Stunde zu neuem Leben. – Und da werden sie wieder lebendig die Urahnen und die allernächsten, die noch hier stehen bei uns in stolzer Freude, die fernen, die wir nach Namen und Aussehen nicht mehr erkennen. – – –

Alle aber sind deutschen Blutes – alle tragen in den Augen und auf der Stirn das stolze Leuchten ihrer Rasse – unseres Stammes.

Alle stehen sie hier unter uns im Geiste und fragen uns: ›Woher kommt Ihr? – Wo steht Ihr? – Wohin geht Ihr!‹

Und wir Nationalsozialisten antworten mit sieghaftem Glauben: ›Wir kommen aus dem Volke – Wir stehen in unserem Volke – Und wir gehen heim zu unserem Volke.‹

(Pfaffenhofener Volksblatt vom 14. Juli 1936)

(aus: Dr. Kurt Zentner: »Illustrierte Geschichte des Dritten Reiches«. München 1965, S. 393.)

Ein wesentliches Prinzip der SS lautete, daß, wer nicht ausdrücklich eingeschlossen war, außen vor blieb. Durch ihre Einwilligung in das erschwerte und zeitaufwendige Verlobungs- und Heiratsverfahren der SS bewies die zukünftige SS-Ehefrau, daß sie die rassistische Ideologie und Praxis des SS-Ordens akzeptierte. Ihre Aufnahme in den »Sippenorden« band sie in die elitären Ordensgesetze der SS ein. Anläßlich der Hochzeitsfeier eines SS-Obergruppenführers formulierte Himmler: »Und so nehme ich Dich nun, Rosemarie W., die Du ab heute Rosemarie S. bist, in unsere Gemeinschaft der SS auf. Ich erwarte von Dir, wie von jedem SS-Mann, daß Du treu und gehorsam der SS, der Bewegung und dem Führer bist.«[7]

Die Vorstellung, was die SS-Ehefrauen im Sippenorden tun und welchen Platz sie einnehmen sollten, war inszenierte Tradition. Sie sollten »dem Patriarchat des Mannes als Schützers der Sippenehre und des Blutes« unterstellt sein.[8] Die Beziehung war durch die Polarität der Geschlechter gekennzeichnet: »Vater und Mutter sind die Träger des Familiengedankens... Dabei fällt dem Manne von Natur aus die geistige Ausrichtung der Familie zu; er gründet sie, er führt sie, er kämpft um sie, er verteidigt sie. Die Frau dagegen gibt der Familie die innere Haltung, sie beseelt sie; in stiller kaum gesehener Pflichterfüllung erhält sie, was der Mann erschuf und bildet im Familienverband das ruhende Moment.«[9] Die Frauen sollten Kinder bekommen, möglichst viele. Als »Heldenmütter« sollten sie den Nachwuchs für den heroischen Kampf aufziehen, ihre Männer und Söhne in ihrer Kampf- und Kriegsbegeisterung bestärken, sie stolz und sendungsbewußt in den Kampf/Krieg schicken, verwundete Kämpfer/Krieger pflegen und den Heldentod ihrer Männer und Söhne als ein Geschenk für das Vaterland betrachten. Mutterschaft und Opferbereitschaft für Volk und Vaterland waren die Attribute, die den Frauen als »höchste Verpflichtung« auferlegt wurden, aus denen aber auch die Frauen selbst ihren Wert bezogen. Sie erlaubten ihnen, sich als Teil der »rassischen Erneuerungsbewegung« zu fühlen, denn das SS-Frauenbild »forderte von vornherein und explizit die tätig werdende rassistische Identität der zugehörigen Frauen und damit ihre Bereitschaft, der Lehre von der Höherwertigkeit der eigenen ›Rasse‹ zuzustimmen und sich der letzteren zuzuzählen... Passiv sollten Frauen sich der natürlichen Geschlechterhierar-

---

7 Bundesarchiv Koblenz, NS 19/422. Namen wurden aus Gründen des Datenschutzes anonymisiert.

8 »Das Schwarze Korps«, 8. Jg. (1942), Folge 33, S. 4.

9 »Das Schwarze Korps«, 5. Jg. (1939), Folge 13, S. 10.

chie unterwerfen, aktiv sollten sie den Rassenkampf vorantreiben.«[10] Emphatisch stilisierte sich eine Frau in der Zeitschrift der SS zur Retterin des deutschen Volkes: »Und dieser Instinkt, der in uns Frauen stärker ist als jedes andere seelische Vermögen, wurde erweckt, weil der Führer als ganzer Mann an jene Seiten unseres Frauentums rührte, deren Klang beschlossen ist in den heiligen Begriffen des Opferns und des Sich-selbst-Vergessens, weil er, ganz kurz gesagt, das in uns weckt, was ewig ist und unabänderlich im deutschen Frauenbild: die heldische Liebe, die berufen ist, dem deutschen Volke über Not und Tod hinaus das unsterbliche Leben zu retten.«[11]

Zwar sollten die SS-Ehefrauen sich ihren Ehemännern unterordnen, vergolten wurde ihnen diese Akzeptanz jedoch dadurch, daß sie als Teil des SS-Ordens allen deutschen Männern, die nicht der SS angehörten, aber erst recht allen als »minderwertig« definierten deutschen und nichtdeutschen Männern »rassisch« übergeordnet waren – was die rassistische Umwertung der Gesellschaft innerhalb der Geschlechterhierarchie implizierte. Die SS-Ehefrauen sollten nach Himmlers Willen die »Herrinnen der Zukunft« sein und nach gewonnenem Krieg von Himmler Gutshöfe im Osten erhalten, um dort mit ihren Familien über die als »minderwertig« definierten Frauen und Männer zu herrschen.

---

10 Thürmer-Rohr (1996, S. 30).

11 »Das Schwarze Korps«, 5. Jg. (1939), Folge 16, S. 12.

Himmlers Sorge und Fürsorge

Beharrlich verfolgte Himmler sein Ziel, die Frauen, die vom Rasse- und Siedlungshauptamt als Ehefrauen zugelassen worden waren, in die SS-Sippengemeinschaft zu integrieren. Er war überzeugt, daß seine Vision nur im Zusammenspiel des rationalen, »kalten Enthusiasmus«[1] der Männer und des heißen, gefühlsbetonten Fanatismus der Frauen Realität werden könne. Daher tat er alles Erdenkliche, um die Frauen und Bräute in die SS einzubinden und die SS-Männer, die lieber unter sich blieben, auf die Mitwirkung ihrer Frauen zu verpflichten. Entschieden ging er deshalb gegen männerbündische Tendenzen in der SS vor, beispielsweise in seiner Rede vor SS-Gruppenführern am 18.2.37, wo er davor warnte, »Frauen möglichst von allen Veranstaltungen und Festen auszuschließen. Dieselben Leute beklagen sich aber dann darüber, daß die Frauen da oder dort an der Kirche hängen, oder nicht absolut 100prozentig für den Nationalsozialismus gewonnen sind. Die brauchen sich jedoch nicht zu beschweren, wenn sie die Frauen als Menschen zweiter Klasse behandeln und von allem unserem Innenleben fernhalten. Es braucht sich dann niemand zu wundern, wenn sie für dieses Innenleben noch nicht völlig gewonnen sind. Wir gerade müssen uns darüber klar sein, daß die Bewegung, die Weltanschauung dann Bestand hat, wenn sie von der Frau getragen wird, denn Männer erfassen alle Dinge mit dem Verstand, während die Frau alle Dinge mit dem Gefühl erfaßt. Die größeren Blutopfer in den Hexen- und Ketzerprozessen hat die deutsche Frau gebracht und nicht der Mann. Die Pfaffen wußten genau, warum sie 5–6000 Frauen verbrannten, eben weil sie gefühlsmäßig an dem alten Wissen und der alten Lehre festhielten und sich gefühlsmäßig mit dem Instinkt nicht davon abbringen ließen, während der Mann sich schon logisch gedankenmäßig umgestellt hatte: Es hat ja keinen Sinn. Wir gehen politisch unter, ich füge mich, ich lasse mich taufen.«[2]

1 Vgl. Bielefeld (1997, S. 4–19), der den Typus des »kalten Enthusiasmus« der Männer herausgearbeitet hat.

2 Vgl. Smith und Petersen (1974, S. 83). An anderer Stelle führt er aus: »Nur wenn es uns

Um die Frauen in die SS-Rituale einzubinden, hatte Himmler im November 1937 einen Befehl erlassen, in dem angeordnet wurde, daß jede SS-Einheit im Anschluß an die »Sonnenwendfeier« gemeinsam mit den Frauen oder Verlobten der Männer das Julfest zu feiern habe. Nach dem Entzünden des Weihnachtsbaumes sollte der Sturmführer beziehungsweise der zu Gast weilende höchste SS-Führer den neu verheirateten SS-Angehörigen ihren, von Himmler gestifteten, Julleuchter überreichen. Männer und Frauen sollten in bunter Reihe sitzen, die Sitzordnung der Frauen durch das Los bestimmt werden.[3]

Ab Kriegsbeginn ließ Himmler die Julleuchter zusammen mit seinen Wünschen zum Julfest verschicken. Viele der Beschenkten bedankten sich schriftlich bei Himmler, besonders die Frauen schickten überschwengliche Dankesbriefe. Seine Intention, die Ehefrauen »gefühlsmäßig« an die SS und ihre Ideologie zu binden, scheint zumindest bei diesen Frauen erfolgreich gewesen zu sein. So beispielsweise bei Helene P. aus Klagenfurt, die ihm am 5. Januar 1944 schrieb: »Die wohltuende Fürsorge der Schutzstaffel nach dem Heldentode meines unvergeßlichen Mannes gibt mir in so großem Maße das Gefühl der Zugehörigkeit zur großen Sippengemeinschaft der SS. Daraus werde ich immer die Kraft nehmen, meine vier Kinder im Geiste meines Mannes zu echten deutschen Menschen und treuen Gefolgsleuten unseres Führers zu erziehen.«[4] Ähnlich der Brief von Maria K. aus Heidelberg: »Es ist nicht das Geschenk in erster Linie, das mich so bewegt, sondern die Gewißheit, daß mein gefallener Ehemann und Vater seiner Kinder stolz und ohne Zagen in den uns aufgezwungenen Kampf gegangen ist und als Idealist bis zu seinem Tode gekämpft hat. Der Glaube und die unerschütterliche Ge-

---

gelingt, als Sippenorden mit der Frau zusammen, die Frau mit einzubeziehen in unsere Aufgaben, in die Zukunft zu gehen, dann werden wir das erreichen, was wir uns als Ziel gesteckt haben.« Vgl. Bundesarchiv Koblenz, NS 19/422.

3 Bundesarchiv Koblenz, NS 19/320, Schreiben Himmlers an das SS-Hauptamt und das RuSHA, 16. November 1937, zit. n. Ackermann (1970, S. 65).

4 Bundesarchiv Berlin, Film 3359, Persönlicher Stab Reichsführer-SS, Folder 1312, Brief vom 5. 1. 1944; siehe auch den Brief des Vaters eines SS-Mannes, der schrieb: »Es war uns eine Wohltat, aufs neue die Verbundenheit der grossen SS-Familie zu verspüren, der wir im Gedanken an unseren Sohn immer die Treue halten werden. Im festen Glauben an den deutschen Endsieg und an unseren Führer grüssen wir Sie, Reichsführer-SS, zur Jahreswende mit den besten Wünschen für Ihr Wohlergehen.« Brief vom 1. 1. 1944.

wißheit an den Endsieg gibt mir die Kraft, den herben Verlust, den ich und die Kinder erlitten haben, mit Stolz zu tragen.«[5]

Himmler ließ von den Mitarbeitern seines Persönlichen Stabes regelmäßig die Namen und Anschriften von SS-Ehefrauen ermitteln, die mehr als zwei Kinder geboren und eine Geburtsanzeige im »Schwarzen Korps« veröffentlicht hatten. Diese Frauen wurden mit Glückwünschen, einem »Lebensleuchter« für das Kind und Vitabornsäften bedacht.[6] Auch hier ging seine Strategie auf. Die beschenkten Frauen dankten ihm in begeisterten Briefen, häufig mit Fotos der Neugeborenen. Sie betrachteten es als eine besondere Ehre, daß er sich trotz seiner »großen Belastung« Zeit für sie genommen hatte.[7] Auch versicherten sie ihm ihre Treue, beispielsweise Else K. aus Mährisch-Ostrau: »Möge mein Töchterchen das Lebenslicht alljährlich aufleuchten sehen im Gedenken an unsere SS-Sippentreue und seinen Vati, der als treuer SS-Mann sein Leben gab für unsern geliebten Führer und ein ewiges Deutschland. Diese Jugend wird dereinst, so glauben wir unerschütterlich,

---

5 Ebenda, Brief vom 17.7.1943.

6 Vgl. Bundesarchiv Berlin, Film 3332, Persönlicher Stab Reichsführer-SS, Folder 1189, Brief von Brandt, Pers. Stab, an Frau Gertrud N. vom 19. August 1943: »Der Reichsführer-SS hat durch das Schwarze Korps von der Geburt Ihres dritten Kindes erfahren. Er hat mich beauftragt, Ihnen und Ihrem Mann seine herzlichen Glückwünsche zu übermitteln. Der beigefügte Lebensleuchter ist für die kleine G. bestimmt. Ferner werden Ihnen in den nächsten Tagen einige Flaschen Vitabornsäfte zugehen, die Sie für sich und die Kinder sicherlich gut verwerten können.« War die Mutter Witwe, wurde der Brief wie folgt abgeändert: »Der Reichsführer-SS hat... von der Geburt Ihres dritten Kriegskindes erfahren, das Ihnen Ihr gefallener Mann als Vermächtnis zurückgelassen hat...« Ebenda, Folder 1204. Brief von Brandt an Paula G. vom 14. Januar 1945. Im März 1945 mußte Himmler allerdings Frau Trude M. aus Undingen mitteilen lassen, daß der Lebensleuchter erst nach dem Krieg abgeschickt werden könne, da der Versand »wegen der schwierigen Transportlage zurzeit nicht möglich« sei. Ebenda, Folder 1193, Brief von 3.45.

7 Bundesarchiv Berlin, Film 3359, Persönlicher Stab Reichsführer-SS, Folder 1312, vgl. folgende Briefe: Hildegard B. aus Wien dankte Himmler am 13.11.1941 dafür »daß Sie trotz der ungeheuren Arbeit, die Sie zu verrichten haben, noch Zeit fanden, an unserem freudigen Ereignis Anteil zu nehmen«. Milly T. schrieb am 2.8.43: »Gerade wir, die wir viele Jahre im Ausland verbrachten, sind von dieser unerwarteten persönlichen Fürsorge stark beeindruckt.« Und Margarete D. aus Berlin erklärte am 25.10.1942: »Ihre Fürsorge ließ mich das Alleinsein, beschwert durch den Fronteinsatz meines Mannes gut ertragen.«

das Erkämpfte erhalten und mehren und verteidigen!«[8] Hilda M. aus Kirchbichl drückt ihre Überzeugung so aus: »Das sollten unsere Feinde sehen, wie in unserem Reich, im 5. Kriegsjahr, unsere Kleinsten noch beschenkt werden; trotz Luftkrieg und Bombenterror. Es ist wirklich eine Freude, solchem Staate gesunde Nachkommen schenken zu können.«[9]

Ihre fanatische Übereinstimmung mit den Idealen der SS zeigt sich im immer wieder geäußerten Stolz über den Heldentod ihrer Männer und ihre eigene Bereitschaft, Opfer zu bringen. Sie bekunden voller Stolz, ihre Kinder im SS-Sinne erziehen, sie ebenfalls in künftigen Kriegen opfern zu wollen, wie Luise N. aus Eichwalde: »Das Licht will ich meinem Jungen zum ersten Mal zu seiner Namengebung anzünden. Das schöne Geschenk wird meinen Sohn bestimmt immer mit Stolz erfüllen, es wird für ihn auch eine wertvolle Erinnerung an die Zeit sein, da er das Licht der Welt erblickte... Die Geburt meines Sohnes hat mir nun wieder eine schöne und große Aufgabe geschenkt. Wenn mir der Heldentod meines Mannes auch immer noch unfaßbar ist, so gibt mir doch sein tapferes Sterben immer wieder die Stärke und Kraft, das Leben in seinem Sinne weiterzuleben. Sein Kind ist mir nicht nur heiligstes Vermächtnis, sondern auch größte Verpflichtung. Mein Wunsch ist, daß mein Junge so wird, wie sein Vater war, der freudig sein Leben seinem Führer und seinem Vaterland gab. So will ich denn mein Schicksal mit Stolz tragen, in dem Bewußtsein, meinem Volk in seinem größten und gewaltigsten Ringen mein Liebstes gegeben zu haben.«[10] Auch Marielies S. gelobt, daß es ihr Bestreben sei, ihre »beiden Söhne in demselben Geist für Deutschland zu erziehen, in dem mein Mann sich freudig bis zur Hingabe seines Lebens eingesetzt hat«.[11] Und die Parteigenossin Traudel W. aus Saupersdorf beschwört: »Mögen die Kleinen in ein stolzes, freies Deutschland hineinwachsen und dieses heiligen Deutschen Reiches voll und ganz würdig sein. Wir sind ja so stolz auf unsere 4 Jungs und ich bitte täglich den Allmächtigen, daß er mir die Buben gesund erhält. Es sollen ja einmal rechtschaffene, echte Deutsche werden, denn solche brauchen wir ja.«[12]

---

8 Ebenda, Brief vom 13.7.1943.

9 Ebenda, Brief vom 5.7.1944. Auch Isor B. aus Sabach versichert ihn: »Vom Schicksal erbitte ich mir nur Gesundheit, um noch mehr Kinder zu bekommen. Ist dies doch ein kleiner Dank unserem Führer«; Brief vom 25.5.1942.

10 Ebenda, Brief vom 11.3.1943.

11 Ebenda, Brief vom 18.11.1943.

12 Ebenda, Brief vom 18.8.1943.

Und immer wieder bringen sie zum Ausdruck, wie glücklich sie seien, »gerade im Krieg unserem Volk drei Kinder schenken«[13] zu dürfen, gern berichten sie über die Reaktionen der Kinder auf das Geschenk: »...und der Älteste fragte voller Neid, warum er denn nicht der Fünfte hätte sein können, das Hermännchen sei noch so klein und habe schon einen Leuchter und einen Glückwunsch vom Reichsführer und könnte ihn noch nicht mal lesen...«[14] Oder: »Die Kinder rechnen schon aus, ob nun Heinerles Lebenslicht, wenn es jedes Jahr eine Stunde brennt, sein ganzes Leben lang reichen würde.«[15]

Sie erzählen in ihren Briefen von ihren kleinen Heldentaten, wie beispielsweise Käthe M. aus Parchim: »Wenn es auch jetzt im 5. Kriegsjahr schwierig ist, die kleinen Kinder aufzuziehen, so kann doch jede Mutter bei gutem Willen zurechtkommen. Dazu gehört vor allem ein gläubiges Herz. Es ist mir auch klar, daß unsere Führung alles Menschenmögliche macht, um die vielen jungen Mütter zufriedenzustellen. Aber der totale Krieg kennt heute nur eine Lösung: ›Alles für den Sieg.‹ Sieht man sich überhaupt den Führer und seine tapferen Soldaten an, dann wagt man gar nicht, die eigenen Schwierigkeiten beim Namen zu nennen, so klein sind diese dagegen. – Eine besondere Freude macht es mir, Ihnen sagen zu können, daß der Wille zum Kind hier in Mecklenburg immer festeren Boden gewinnt. Aus eigenem Erleben will ich hierzu anführen: Als gerade an meinem 18. Geburtstag unser erstes Kind geboren wurde (kurz vor Kriegsausbruch haben wir geheiratet), hörte ich von vielen jüngeren und älteren Bekannten nur die Antwort: ›Warum schon so früh mit Kindern anfangen. Sie haben ja noch nichts vom Leben gehabt!‹ Für viele Bekannte war es dann einfach unfaßbar, daß bald darauf das 2. Kind kam. Was bekam ich alles zu hören. ›Ich sollte mich lieber schonen, ich wäre ja noch so jung, ich soll doch erst lieber das Leben genießen usw.‹ Anstatt mir das Herz zu erleichtern, erschwerten sie es mir. Ganz anders jetzt beim dritten Kind. Keiner sagte mehr etwas, im Gegenteil. Auch haben in der Zwischenzeit mehrere Bekannte das 2. Kind bekommen oder sich zum 2. Kind entschlossen. Man hat eben im Laufe des Krieges eingesehen, daß es etwas wertvolleres als eine gesunde Kinderschar überhaupt nicht geben kann.«[16]

Im Verlauf des Krieges hatte Himmler die Richtlinie herausgegeben, daß

13 Ebenda, Brief von Erna L., vom 1. 10. 1941.
14 Ebenda, Brief von Bringfriede K. aus Opeln, vom 10. 9. 1943.
15 Ebenda, Brief von Nanni G. aus Deutsch-Hammer, vom 9. 1. 1944.
16 Ebenda, Brief von Käthe M. aus Parchim, vom 11. 2. 1944.

sich jede SS-Witwe jederzeit an ihn wenden könne, wenn sie Hilfe bräuchte.[17] In ihren Briefen bedankten sich diese Witwen besonders für dieses Hilfsangebot. Auch sorgte er dafür, daß der »Lebensborn«[18] sich der schwangeren SS-Witwen annahm.[19] In den Mütterheimen des »Lebensborns« konnten aber auch Ehefrauen von SS-Männern ihre Kinder zur Welt bringen, was besonders nach Kriegsbeginn viele taten, die in bombengefährdeten Großstädten lebten, wie Lisel P., die Himmler im Oktober 1942 einen Brief über ihre Erfahrungen im »Lebensborn« schrieb: »Aus Ihrem so schönen Lebensborn-Mütterheim sende ich Ihnen die fröhlichsten, dankerfüllten Grüße! Zum zweiten Mal nun schon in diesem Krieg darf ich eine herrliche, ausruhende Zeit in einem Ihrer Heime verbringen. Im Winter 1940/41 war ich schon im Heim Friesland-Hohehorst und war dort sehr zufrieden mit allem, aber dieses Mal übertrifft dieses Heim noch das andere. Hauptsächlich gefällt es mir hier landschaftlich so außerordentlich. Ich erwartete mein zweites Kind hier in Hinterpommern im ›Heim Pommern‹ in Bad Polzin. Von der

---

17 Vgl. Brief an Paula G. in Marienbad. Ihr hatte er am 19. Januar 1945 schreiben lassen: »Sollten Sie einmal Rat oder Hilfe brauchen, wird Ihnen der Führer des für Ihren ständigen Wohnsitz Gotenhafen zuständigen SS-Oberabschnitts Weichsel, Danzig... gern zur Seite stehen. Sie können sich aber auch unmittelbar an den Persönlichen Stab des Reichsführers-SS wenden.« Ebenda, Film 3332, Folder 1204. Vor Ort kümmerten sich die Fürsorgestellen der SS um die Witwen. Etliche Fürsorgestellen wurden, je länger der Krieg dauerte, ehrenamtlich von SS-Ehefrauen geleitet, wie einem Bericht des Betreuers des SS Sturm 1/57 Römhild entnommen werden kann. Nicht nur in seinem SS-Sturm wurde die »Hinterbliebenen-Betreuung« und die »Betreuungsarbeit an verwundeten SS Männern« von den SS-Ehefrauen, Witwen und Bräuten erledigt, auch die Witwe des »Fürsorge-Mannes« in Witzenhausen war in der Verwundetenbetreuung aktiv. Staatsarchiv Marburg, Best. 327/2, Fulda-Werra, lfd. Nr. 229, Akten SS-O.A. Fulda-Werra.

18 Der »Lebensborn e. V.« war 1936 von Himmler gegründet worden. Gemäß der Satzung diente er als eine Art Adoptionsstelle, die den SS-Führern zur Zuweisung »rassisch und erbgesundheitlich wertvoller Kinder« verhelfen sollte. In den Mütterheimen des »Lebensborns« konnten ledige Frauen, die von einem SS-Mann schwanger waren, nach gründlicher rassischer und politischer Überprüfung ihr Kind zur Welt bringen. Es gab dort ein eigenes Standesamt. Die Frauen konnten also, wenn sie wollten, ihre Kinder dem »Lebensborn« überlassen, in ihre Heimatstädte oder -dörfer zurückkehren, ohne daß irgend jemand etwas von ihrer Mutterschaft mitbekam. Vgl. Lilienthal (1993, S. 101 f.); Hillel und Henry (1974).

19 Staatsarchiv Marburg, Best. 327/2, Rhein, lfd. Nr. 82, Akten des SS-O.A.-Rhein, Rundschreiben des »SS-Oberabschnitt Rhein«, Wiesbaden, 24. 10. 1939, in dem angeregt wird, daß schwangere Witwen von SS-Männern in ein »Lebensborn«-Heim überwiesen werden.

einfachen Schlichtheit bin ich ganz begeistert – kann man sich doch gänzlich wie zu Haus hier fühlen. Überall die hübschen Bilder und Sprüche, Vasen und nicht zu vergessen die herrlich gepolsterten Betten – wie gesagt: von allem wohl das Beste? Für die Unterhaltung der Mutter wird auch genug gesorgt: Wir nehmen an Kursen teil, die für uns Mütter nur wichtig und von Vorteil sind – kann man als Mutter, die ihrem Liebsten und den Kindern gerne alles sein will – doch nie genug werden. Ebenso ist es schön eingeteilt, daß wir jeder unser Amt haben, irgendeine Pflicht eine hausfrauliche kleine Pflicht, die wir zu erfüllen haben. Wenn auch vielleicht so manch eine Mutti über diese ›Arbeit‹ knurrte, so verging auch das, weil eine andere sie aufmerksam machte auf die Anordnung von Ihnen, mein Reichsführer, die auf dem Flur am ›schwarzen Brett‹ angeheftet ist…«[20]

Die Verbindung zur SS-Sippengemeinschaft sollten auch die Bräute nicht verlieren, die ihre Heiratsgenehmigung bereits erteilt bekommen hatten, deren Verlobter aber kurz vor der Hochzeit gefallen war. Durch eine nachträgliche Eheschließung wurden die Bräute in den SS-Sippenorden aufgenommen, sie durften sich fortan »Frau« nennen.[21]

Himmler kümmerte sich intensiv um die SS-Ehen. Im Herbst 1939 entließ er den Kommandanten des Frauenkonzentrationslagers Lichtenburg, Günther Tamaschke, weil dieser seine Frau vernachlässigt hatte.[22] Vorausgegangen war ein längerer Schriftwechsel, in den der Kommandeur der SS-Totenkopfstandarten, Eicke, der Chef des Persönlichen Stabes Reichsführer-SS, Wolff, und andere höhere SS-Führer verwickelt waren. Himmler hatte Eicke durch Wolff im August 1939 aufgefordert, Tamaschke zur Räson zu bringen. Eicke antwortete am 30.8.39: »Tamaschke, dem ich genügend zugeredet

---

20 Bundesarchiv Berlin, Film 3359, Persönlicher Stab Reichsführer-SS, Folder 1312, Brief von Lisel P. von Mitte Oktober 1942.

21 Staatsarchiv Marburg, Best. 327/2, Fulda-Werra, lfd. Nr. 57, Akten SS-O.A. Fulda-Werra. SS-Fürsorge- u. Versorgungsbefehlsblatt des SS-Oberabschnitts Fulda-Werra (Sonderverteiler), Jg. 1, Nr. 3, Arolsen, den 15. April 1942.

22 Bundesarchiv Berlin, Film 3334, Persönlicher Stab Reichsführer-SS, Folder 332. Günther Tamaschke, geb. am 26.2.1896 in Berlin, gehörte seit dem 17.5.1926 der NSDAP und seit dem 1.8.1926 der SS an, war ein sogenannter alter Kämpfer. Er hatte kurz nach dem Ersten Weltkrieg geheiratet. Seit Mai 1934 gehörte er zur SS-Verfügungstruppe, der Totenkopfstandarte im Konzentrationslager Dachau, wo er bald schon zum Schutzhaftlagerführer ernannt wurde. Von März 1935 bis Herbst 1937 war er Führer der Inspektion der Konzentrationslager, ab. 1.12.1937 Kommandeur des KZ Lichtenburg. Vgl. Bundesarchiv Berlin, Document Center, SSO-Akte Tamaschke.

habe, ist ein unvernünftiger, alter Bock, schwach umsäuselt von Frühlingsdüften, die ihm früher oder später grimmige Kopfschmerzen verursachen werden... Als er Direktor des Frauenlagers Lichtenburg war, verliebte sich der Mann, den ich auf diesem Gebiet für eine totale Nulpe hielt in eine Aufseherin des Lagers, die mit 43 Jahren zwar schon über die Brutzeit hinaus, noch so viel Raffinesse besass, den klapprigen Tamaschke in der Zange festzuhalten. Seine Frau, deren schwache Konstitution dem seelischen Schmerz nicht gewachsen war, fiel auf's Krankenlager und wurde auf meine Veranlassung im Urbankrankenhaus wieder auf die Beine gestellt. Alles Zureden konnte Tamaschke nicht davon abhalten, sein Liebesverhältnis abzubrechen. Seine Frau erhielt Absage auf Absage und nicht mehr genügend Geld, um den Lebensunterhalt für sich und das 14 Jahre alte Töchterchen zu fristen... Den Tamaschke habe ich nach Feststellung seiner Liebelei zunächst nach Weimar und später nach Fürstenberg geschickt. Ein ehrenwörtlich nicht zu verlassender Sperrkeis von 50 km, sollte weitere Zusammenkünfte mit seinem Weibsstück vermeiden. Anfangs ging es ganz gut, bis er eines Tages zu mir auf die Dienststelle kam und mir etwas von ›wahrer‹ Liebe erzählte, für die ich wirklich keine Gefühle aufbringen konnte, weil es dafür volkstümlichere Bezeichnungen gibt. Als ich Tamaschke eröffnete, dass er seine Stellung als Lagerdirektor zu verlieren habe, erklärte er mir, dass er auch unter diesen Umständen seine Geliebte nicht lasse und nun gezwungen sei, die Scheidung gegen seine Frau zu betreiben. Tamaschke wurde hierauf mit 3 monatiger Frist vom Amte entfernt und dem SS-Personalhauptamt zur Verfügung gestellt.«[23]

Himmler und die Führung der SS hatten nichts dagegen, wenn ein SS-Führer neben seiner Ehefrau noch mit einer Freundin zusammenlebte.[24] Allerdings erwarteten sie, daß diese Frau gebärfähig war, aus der Verbindung Nachwuchs hervorgehen und der Mann seine Familie nicht vernachlässigen würde. Tamaschke hatte in jeder Hinsicht diesen SS-Ehrenkodex verletzt. Zum einen entsprach die Freundin, wie die Beschreibung durch Eicke zeigt, nicht im mindesten den Vorstellungen der SS, und zum anderen kümmerte sich Tamaschke nicht um Frau und Tochter. Daher hatte er nach seiner Entlassung aus der SS-Totenkopfstandarte große Schwierigkeiten, wieder Fuß

23 Bundesarchiv Berlin, Film 3334, Persönlicher Stab Reichsführer-SS, Folder 332, Brief vom Kommandeur der SS-Totenkopfstandarten, Eicke, an den Chef des Pers. Stabes, Wolff, vom 30. 8. 1939.

24 Siehe Abschnitt: Zweitfrauen: die »Friedel-Ehe«, S. 89.

zu fassen. Kein SS-Amt wollte ihn einstellen.[25] Und Himmler drohte, daß er »seine Entlassung aus der SS, aus der Partei und den Entzug des goldenen Parteiabzeichens veranlassen wird, wenn Tamaschke sich weiterhin gegenüber seiner Frau und seinem Kind so unanständig benimmt...«.[26] Als Tamaschke im November 1939 endlich schriftlich belegen konnte, daß er ausreichend Unterhalt an seine Frau und Tochter zahle,[27] endete der Schriftwechsel. Durch die Vermittlung eines Freundes, des Höheren SS- und Polizeiführers »Warthe« im Gau Wartheland, trat er im Februar 1940 eine neue Stellung als »Treuhänder in der Privatwirtschaft« an.[28]

---

25 Tamaschke bewarb sich bei der Braunkohle-Benzin A. G. (Brabag) um Einstellung als Werkschutzleiter und wurde abgelehnt. Vgl. Bundesarchiv Berlin, Film 3334, Persönlicher Stab Reichsführer-SS, Folder 332, Brief vom Chef des Sicherheitshauptamtes, Leiter der Zentralabteilung III 2, an SS-Personalhauptamt/Amt Führerpersonalien vom 2.9.39. Tamaschke war Mitte August bei der Brabag eingetroffen und hatte dort auf Probe gearbeitet. Bereits Ende August wurde er entlassen. Vgl. Brief des SS-Standartenführers Kranefuss an den Chef des Pers. Stabes, Wolff, 22.9.39. Im Oktober wurde Tamaschke vom SS-Personalhauptamt zur Probedienstleistung an das Bodenamt in Prag versetzt. Vgl. Fernschreiben vom Chef des SS-Personalhauptamtes, Schmitt, an den Chef des Persönlichen Stabes, Wolff, vom 11. Oktober 1939. Ende Dezember wurde er bereits wieder entlassen. Vgl. Brief des Reichsführers-SS an Tamaschke vom 5.1.1942. Am 29. November bewarb sich Tamaschke beim Chef der Sicherheitspolizei und des SD um eine Anstellung und wurde ebenfalls abgelehnt. Vgl. Brief vom Chef der Sicherheitspolizei und des SD an Tamaschke vom 22.12.1939. Im Januar 1940 teilt ihm das Fürsorge- und Versorgungsamt SS mit, daß man trotz intensivster Suche noch keine Arbeitsstelle für ihn gefunden habe. Vgl. Brief vom Fürsorge- und Versorgungsamt SS, Berlin, an Tamaschke, Prag, Pension Sohol, vom 5.1.1940.

26 Ebenda, Brief vom Chef des Pers. Stabes, Wolff, an SS-Standartenführer Kranefuss, vom 19.9.39. Weiter heißt es: »Ich ermächtige Sie, in einem Schreiben an Tamaschke darauf Bezug zu nehmen, daß diese Weisungen vom Reichsführer-SS kommen.« Am 21.9.1939 schrieb Wolff an Leonore K., die Schwester von Tamaschkes Frau, daß er Tamaschke an seine Unterhaltspflicht gegenüber seiner Frau »eindringlichst erinnert« habe. Und ihm »unzweideutig eröffnete..., daß er mit seiner Entlassung aus der SS zu rechnen hat, falls er sich dieser primitivsten Ritterlichkeit gegenüber seiner Frau auch weiterhin entziehen sollte«. Am 30. Oktober 1939 forderte Wolff Tamaschke erneut auf, seiner Unterhaltspflicht gegenüber seiner Familie nachzukommen.

27 Ebenda, Brief: Tamaschke an Chef des Pers. Stabes, Wolff, vom 6.11.1939.

28 Ebenda, Brief: Tamaschke an Reichsführer-SS, vom 11.1.1942. Er war nun zuständig für die »Arisierung« von Betrieben, die zuvor jüdische Besitzer hatten. Zwei Jahre später, am 5. Januar 1942, wurde Tamaschke durch einen Befehl Himmlers aus der SS entlassen: »Ich habe einen SS-Führer mit sofortiger Wirkung aus der SS entlassen, weil er sich in der

Tamaschke hatte seine Stellung als KZ-Kommandant verloren, weil er den SS-Ehrenkodex verletzt hatte, der ritterliches Verhalten gegenüber der Ehefrau verlangte, wie Himmler in einer Rede am 9. 6. 1942 erklärte: »Ich bin bestimmt – darüber können Sie sich, glaube ich, nie beschweren – noch nie engherzig auf dem Gebiet Frauen gewesen. Wenn jemand anständig und ritterlich ist, kann er machen was er will. Er darf aber nie gegen die Gesetze unseres Blutes verstoßen. Bei Fremdvölkischen und in dem Fall, daß etwas unritterlich geschieht, verstehe ich keinen Spaß. In jeder anderen Beziehung werden Sie mich immer als den Großzügigsten finden, den es überhaupt gibt. Ich muß wirklich sagen, ich bin froh über jedes Kind, auf welche Weise es auch kommt.«[29] Ein anderer SS-Ehemann hatte gleich in doppelter Weise Himmlers Zorn auf sich gezogen: Er hatte sich beim verbotenen Geschlechtsverkehr mit polnischen Frauen mit Syphilis infiziert und diese Infektion an seine Frau und ein sogenanntes volksdeutsches Mädchen weitergegeben. Er wurde aus der SS entlassen und in ein Konzentrationslager eingeliefert.[30]

Himmler griff nicht nur in die Ehen ein, wenn der Mann sich nicht »ritterlich« gegenüber seiner Frau verhielt, er verschickte auch Ermahnungen, wenn er der Meinung war, eine SS-Ehefrau hätte »die Führung in der Ehe« übernommen,[31] oder glaubte, ein SS-Führer habe »die Erziehung« seiner »jun-

---

jetzigen Zeit, in der Millionen an den Fronten den schwersten Kampf kämpfen, unter Ausnützung seiner Stellung als SS-Führer bemühte, einen jüdischen Besitz zu erhalten, in dessen Besitz er durch eigene Kraft und Tüchtigkeit sonst nicht gekommen wäre.« Ebenda, SS-Befehl vom 5. 1. 1942. Die Entlassungsverfügung wurde am 1. 10. 1944 nach Klärung der Vorwürfe aufgehoben und Tamaschke als Führer zum Stab des SS-Oberabschnitts Böhmen und Mähren versetzt. Bundesarchiv Berlin, Document Center, SSO-Akte Tamaschke. Er starb am 14. 10. 1959.

29 Rede vor den Oberabschnittsführern und Hauptamtchefs im Haus der Flieger, Berlin, am 9. 6. 1942, zit. n. Smith und Peterson (1974, S. 156).

30 Staatsarchiv Marburg, Best. 327/2, Fulda-Werra, lfd. Nr. 57, Akten SS-O.A. Fulda-Werra; Brief vom SS-Führungshauptamt, Kommandoamt der Waffen-SS, Berlin, den 3. Juli 1941, Abt. III, Tgb. Nr. 1134/41 N/E, an Verteiler A/III. Himmler benutzte diesen »Fall« für einen Befehl, den er am 21. Juni 1941 erließ und der allen SS-Männern »eindringlichst bekanntzugeben« war: »Ich werde auch in Zukunft jeden Verstoss gegen meinen obengenannten Befehl, durch den ich den Angehörigen der SS und Polizei jede geschlechtliche Verbindung mit Frauen und Mädchen einer anderrassigen Bevölkerung verboten habe, nachdrücklichst ahnden.«

31 Dieser Vorwurf wurde dem Höheren SS- und Polizeiführer Behrends gemacht: »... so wäre Herrn Behrends mitzuteilen, bei aller Liebe zu seiner Frau die Führung in dieser

gen Frau noch nicht in dem Maße übernommen«, wie er es »von einem SS-Führer erwarten muß«.[32] Auch rügte er die Frauen selbst: »Auch die Frau hat hier zu gehorchen. Ich habe schon manche Frau bestellt und ihr gesagt: Ich wünsche dieses und jenes nicht.«[33] Nicht immer gelang es, renitente Ehe-

---

Ehe allmählich zu übernehmen.« Brief Himmlers an Werner Lorenz, Chef der Volksdeutschen Mittelstelle, vom 16.12.44, in: Heiber (1970, S. 217).

32 Vgl. Brief Himmlers an SS-Obergruppenführer Pancke, vom 16.5.44, in: Heiber (1970, S. 332); siehe auch Bundesarchiv Berlin, Best. NS 19/3142; Himmlers Briefwechsel mit der SS-Familie Pancke.

33 Rede Himmlers vor den Gruppenführern am 8.11.1937; zit. n. Smith und Petersen (1974, S. 83). Nicht nur Himmler, auch die Partei glaubte die Ehefrauen reglementieren zu müssen. Am 4.2.44 wurde vom Leiter der Parteikanzlei Bormann die Anordnung 22/44 erlassen, die sich mit dem »Verhalten der Ehefrauen und Familienangehörigen führender Parteigenossen« befaßte. Darin heißt es: »Im Auftrage des Führers bringe ich folgende Grundsätze in Erinnerung.
1.) Die Ehefrauen führender Parteigenossen müssen sich jeglicher Einmischung in die Dienstgeschäfte ihrer Männer enthalten. Es ist geradezu widerwärtig, wenn Frauen Entscheidungen ihrer Ehemänner oder Personalbeurteilungen, die diese abzugeben haben, irgendwie zu beeinflussen suchen.
2.) Frauen lassen sich auf keinen Fall mit dem Titel oder dem Dienstrang ihres Mannes ansprechen. Sie führen den Titel lediglich dann, wenn sie diesen selbst erworben haben.
3.) Titel und Dienstrang eines Parteigenossen dürfen für seine Ehefrau und seine sonstige Familienangehörigen nie Anlaß zu Angeberei oder Prahlsucht geben. Bescheidenheit und eine vorbildliche Haltung machen stets einen weit günstigeren Eindruck als offene oder versteckte Hinweise auf Titel und Dienstrang.
4.) Sogenannte gesellschaftliche Veranstaltungen, die Ehefrauen führender Parteigenossen ohne zwingenden dienstlichen Anlaß der Stellung ihres Mannes schuldig zu sein glauben, sollen ausnahmslos unterbleiben.
5.) Je länger der Krieg dauert, desto stärker tritt die Verpflichtung der führenden Parteigenossen in den Vordergrund, allen übrigen Volksgenossen ein Vorbild an Kampfbereitschaft, Siegeszuversicht und bescheidener Zurückhaltung in persönlichen Dingen zu sein. Das gilt im gleichen Maße für ihre Ehefrauen und sonstigen Familienangehörigen. Dazu gehört insbesondere, daß ihre Ehefrauen
a) sich vorbehaltlos und beispielgebend in die vielfältigen Einschränkungen und Belastungen der Kriegszeit einfügen und auch den Schein vermeiden, als verlangten sie irgendwie bessergestellt zu werden als andere Volksgenossen;
b) ihre Arbeit im Kriegseinsatz mustergültig erfüllen;
c) in der Anforderung und Verwendung von Hauspersonal im Rahmen der für alle geltenden Vorschriften die gebotene Zurückhaltung üben;
d) Reisen jeder Art nur in wirklich notwendigen Fällen vornehmen.« Bundesarchiv Berlin, Film 3332, Persönlicher Stab Reichsführer-SS, Folder 00080.

frauen fügsam zu machen. Im August 1941 hatte Himmler Gruppenführer Berger nach Wien geschickt, um mit Gruppenführer Rodenbücher über dessen weiteres berufliches Fortkommen in der SS zu sprechen. Im Anschluß an dieses Gespräch schrieb Berger an Himmler, daß er seinen Auftrag nicht habe erfüllen können. Es sei unmöglich gewesen, mit Rodenbücher allein zu sprechen, da sich dessen Ehefrau, »die ganz eigenartig auf ihren Mann einwirkt und deren Redestrom, wenn die Schleusen erst einmal geöffnet sind, nicht mehr gebändigt werden kann«, ständig in das Gespräch eingemischt habe. Weiter berichtete er, daß er das Gespräch, in der Hoffnung, allein mit Rodenbücher sprechen zu können, auf einen anderen Tag verlegt habe, doch vergebens: »Ich hatte Rodenbücher schon beinahe so weit, als seine Frau in das Gespräch eingriff und mich leider – ich kann es nicht anders sagen – im Dauerfeuer erledigte.« Sein abschließendes Resümee: »Wenn die Frau nicht gewesen wäre, wäre mir das sicher gelungen.«[34] Himmlers Antwort: »Wenn unser guter Rodenbücher sich von seiner sicherlich sehr netten aber unerfahrenen Frau dirigieren läßt, dann ist eben nichts zu machen. Auf jeden Fall danke ich Ihnen für die Mühe, die Sie hatten.«[35]

Auf der Gruppenführertagung vom 8. November 1937 hatte Himmler betont: »Ich habe für noch etwas kein Verständnis, nämlich wenn dieser oder jener Führer – ich habe das neulich einmal bei einem Standartenführer oder Oberführer gemerkt – so ein entsetzlicher Pantoffelheld ist. Ich sprach schon oft aus: Führer, die nicht fähig sind, eine Rotte zu führen, nämlich sich und ihre Frau, die sind auch nicht fähig zu größeren Dingen. Ich bitte Sie, dafür zu sorgen – Sie kennen die Helden wahrscheinlich ebenso wie ich, und wenn Sie es nicht wissen, kann ich Sie Ihnen nennen –, daß Sie solche Kameraden zu sich holen und in ganz taktvoller und klarer Form einmal sagen: Mein Guter, das geht nicht, daß Du in der Öffentlichkeit von Deiner Frau blamiert wirst. Es geht nicht, daß man überall merkt, Du darfst eigentlich nicht, Deine Frau erlaubt Dir das nicht.«[36]

Glaubt man den Ausführungen Lina Heydrichs, dann war es ihre Ehe

34 Ebenda, Film 3334, Folder 308, Brief SS-Gruppenführers Berger an Reichsführer-SS, vom 30. 8. 1941. Rodenbücher war nicht einverstanden damit, daß er nur SS- und Polizeiführer im Osten werden sollte, er forderte das Amt eines Höheren SS- und Polizeiführers. Da er nicht einlenkte und Himmler ihm auch den höheren Posten nicht geben wollte, meldete er sich »an die Front«, er trat der Marine bei.

35 Ebenda, Brief Himmlers an Berger, vom 6. 9. 1941.

36 Zit. n. Smith und Petersen (1974, S. 83).

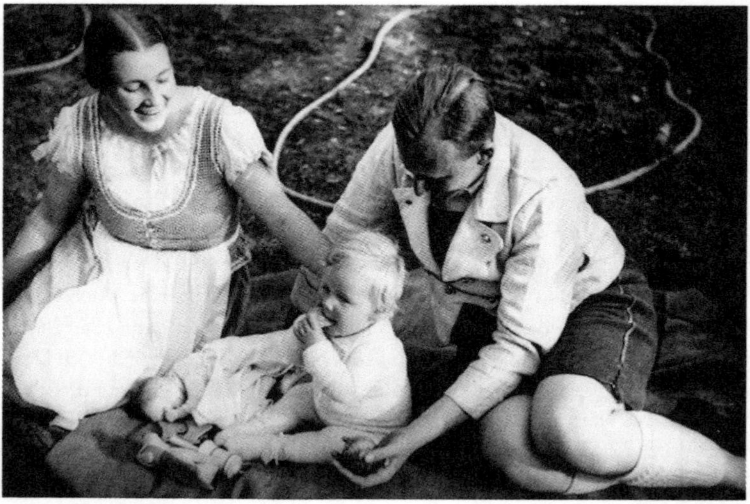

Familie Heydrich in München 1934
(Bundesarchiv / A6 / 52 / 4)

mit Reinhard Heydrich[37], die Himmler Anlaß zu dieser Bemerkung gegeben hatte. In ihrer autobiographischen Schrift über das »Leben mit einem Kriegsverbrecher« berichtet sie: »Frieda Wolff ist ausersehen worden, mich zu informieren, daß gegen uns eine Aktion nach dem Motto ›Wer seine eigene Rotte nicht führen kann, kann auch keinen Haufen führen‹, ins Rollen gekommen ist.«[38] Der ehemalige SS-Obergruppenführer Karl

37 Reinhard Heydrich war die »rechte Hand« des Reichsführers-SS Heinrich Himmler. Als Chef der Sicherheitspolizei und des Sicherheitsdienstes (SD) war Heydrich der führende Organisator der Vernichtung des europäischen Judentums: Am 20. Januar 1942 hatte er verschiedene Regierungs- und Parteistellen zu der sogenannten Wannsee-Konferenz geladen, um Mittel und Wege der »Endlösung der europäischen Judenfrage« zu erörtern. Vgl. Hilberg (1990, Bd. 2, S. 423).

38 Heydrich (1976, S. 58); weiter schreibt sie: »›Man‹ ist mit mir nicht zufrieden. Ich mucke gegen alles auf, was meine eigene Bewegungsfreiheit einengt. Ich lasse mich nicht kommandieren, solange es sich um private Angelegenheiten handelt. Mit wem ich mich anfreunde, mit wem ich mich unterhalte, was immer ich auch unternehme, solange es nicht in dienstliche Bereiche meines Mannes fällt, will ich allein entscheiden. Wenn ich es

Wolff[39] bestätigte diese Annahme. Wolff war seit 1932 mit Heydrich befreundet, sie duzten einander. Heydrich wurde Pate eines Sohnes von Wolff, und dieser übernahm die Patenschaft eines Sohnes von Heydrich. Wolff erzählte, daß sich »Deutschlands oberster Polizist« schwer getan habe, »bei Lina, geborene von Osten, dieser dickköpfigen Friesin, gegen ihre Pantoffel anzukommen«.Und daß »Freund Reinhard« ihm dann und wann über sein »häusliches Leid geklagt« habe. »Da Heydrich da und dort eine kleine Liaison unterhielt, mußte er es hinnehmen, daß seine Frau mit einem seiner Amtschefs, Walter Schellenberg,[40] so sichtbar flirtete, daß man in Nazikreisen darüber klatschte. Laut Wolff tat Lina dies aber nur, um ihren Ehemann zu zwingen, ihr mehr Aufmerksamkeit zu schenken. In der SS-Führungsspitze lästerte man laut Wolff über den hochrangigen Kameraden, der nicht einmal seine Frau zum Gleichschritt zwingen konnte und damit Zweifel weckte, daß er große Führungsaufgaben meistern könnte. Das war leider ein Irrtum, denn die Judenmorde organisierte Heydrich teuflisch perfekt.«[41] Lina Heydrich kommentiert dies so: »Von einem Familienleben kann bald (schon vor Beginn des Krieges) keine Rede mehr sein. Die Erziehung der Kinder, die Verbindung zu den Eltern und Geschwistern, ja selbst die wenigen Einladungen,

---

nicht als schicklich betrachte, Heinrich Himmler als ›Mein Reichsführer‹ anzusprechen oder Hofdienste für seine Frau Marga zu leisten, denke ich, ist dies meine rein private Angelegenheit.«

39 Karl Wolff war bis 1943 Himmlers Adjutant und Verbindungsoffizier zu Hitler. Im Januar 1942 wurde er zum SS-Obergruppenführer und General der Waffen-SS befördert und im September 1943 als Bevollmächtigter General der Deutschen Wehrmacht nach Italien gesandt. Am 30. September 1964 verurteilte ihn das Landgericht München wegen »Beihilfe zum Mord in wenigstens 300000 untereinander in Tateinheit stehenden Fällen« zu 15 Jahren Zuchthaus und zu 10 Jahren Verlust der bürgerlichen Ehrenrechte. Vgl. Urteil des LG München vom 30.9.64, veröffentlicht in: »Justiz und Verbrechen« (1979, Bd. XX, S. 385). Bereits 1971 erhielt Wolff jedoch Haftverschonung. Er starb am 15. Juli 1984 in Rosenheim. Vgl. Wistrich (1993, S. 382).

40 Walter Schellenberg war der Leiter des SS-Auslandsnachrichtendienstes und im Zweiten Weltkrieg einer der engsten Berater Himmlers. Während des Nürnberger Prozesses wurde er am 11. April 1949 der Beihilfe zum Mord an sowjetischen Kriegsgefangenen für schuldig befunden und zu sechs Jahren Gefängnis verurteilt. Bereits im Dezember 1950 wurde er krankheitshalber begnadigt und aus der Haft entlassen. Er starb am 31. März 1952 in Turin. Vgl. Wistrich (1993, S. 307).

41 von Lang (1985, S. 66f.).

die wir geben, alles das muß ich allein bewältigen und verantworten. Und dann beginne ich Reinhard Vorwürfe zu machen und ihn zu bedrängen, doch wenigstens übers Wochenende bei uns zu sein... Eines Tages stehe ich zwangsläufig vor der Frage ob es lohne, durch mein Verhalten die Ehe aufs Spiel zu setzen. Doch zur immer nur wartenden Hausfrau habe ich kein Talent. Es muckt und rumort in mir... Ein Zufall kommt mir plötzlich zu Hilfe. In Reinhards Amt gibt es einen jungen Assessor, Walter Schellenberg. Er hat soeben geheiratet und kommt mit seiner Frau nicht zurecht. Er vertraut sich mir an und bittet mich, ihm zu helfen. Ich möge doch, so drückt er sich aus, seiner Frau ›den Kopf zurechtsetzen‹. Ich bin gern dazu bereit und lade Frau Schellenberg ein, mit mir zu unserer Jagdhütte zu fahren. Im Wald, bei einem Spaziergang, wird sie, wie ich hoffe, sich alles von der Seele reden können. Sie, eine ehemalige Schneiderin, ist viel älter als ihr Mann, dem sie – im Hinblick auf eine spätere Ehe – das Studium finanziert hat. Inzwischen haben beide jedoch einen Wandlungsprozeß durchgemacht; nun stimmt es vorn und hinten nicht mehr. Es kommt zu heftigen Auseinandersetzungen. Ich soll also schlichten. Ich versuche Frau Schellenberg klarzumachen, daß Großzügigkeit die einzige Möglichkeit sei, diesen Anpassungsprozeß zu bewältigen. Den Ehemann bitte ich einige Tage später zu mir und berichte ihm von der Unterhaltung von ›Frau zu Frau‹. Dabei erfahre ich, daß das größte Verständigungshindernis die ungewöhnliche Eifersucht der älteren Frau darstellt... Eifersucht? Bei mir fällt der Groschen. Reinhard ist ebenfalls sehr eifersüchtig. Damit müßte ich etwas beginnen können, und ich beschließe, den in Ehenot befindlichen Schellenberg ›zwecks Regulierung seiner Ehe‹ häufiger – und betont ostentativ einzuladen. Schellenbergs Ehe war nicht mehr zu retten, unsere dagegen überlebte und wurde wieder gut... Bei uns ist die Familie, für Reinhard lange nur so etwas wie ein ›Refugium‹, wieder zu einem fest umrissenen Bestandteil des gemeinsamen Lebens geworden.«[42]

Himmler verteilte auch Lob, wie etwa an Ilse Koch, die Frau des Kommandanten des KZ Buchenwald, der er schrieb: »Die Frau eines SS-Führers

---

42 Heydrich (1976, S. 75 f.). Schellenberg äußert sich in seinen Memoiren mit keinem Wort über diese erste Ehefrau. Der Kommentator seiner Biographie, Harpprecht, interpretiert Schellenbergs Scheidung als Opportunismus. »Die Trennung im Jahr 1941 mag auch für Schellenberg schmerzhaft gewesen sein, aber er vollzog sie mit einer kal-

muß besonders elegant sein; Sie sind darin vorbildlich, liebe Frau Koch.«[43] Oder er tadelte, wie beispielsweise die Witwe Lina Heydrich: »Ich glaube, daß Sie innerlich zu dem großen Schluß kommen und sich durchringen müssen, aus dem reichen politischen Leben, in dem Sie mit Ihrem Mann gelebt haben, als mitwirkende Frau auszuscheiden, um jetzt nur Bäuerin und Mutter Ihrer Kinder zu sein... Ich bitte Sie herzlich, haben Sie die Klugheit der Selbstbescheidung, seien Sie Bäuerin und nicht herumreisende und politisierende Witwe.«[44]

Himmler korrespondierte mit SS-Führern, deren Ehefrauen ihren Vornamen ändern wollten: »Daß Deine gute Frau einen anderen Namen bekommen soll, halte ich für sehr richtig und gut, denn daß eine Germanin wie Deine Frau ›Sara‹ heißen soll, ist mir noch nie eingegangen. Warum macht Ihr es aber nicht einfacher? Laßt einfach das ›S‹ weg, so daß der ohne Zweifel arische Name ›Ara‹ daraus entsteht.«[45] Wurde er darüber unterrichtet, daß ein SS-Führer oder seine Frau krank waren, schickte er ein paar Flaschen Vitabornsäfte.[46] Himmler erteilte Ratschläge, wenn die Ehe eines SS-Paares ohne Kinder blieb.[47] Um die Geburtenrate der SS zu steigern, gab er

---

ten Härte, die man diesem eher sentimentalen Mann auf den ersten Blick nicht zugetraut hätte. (Es gibt Berichte, in denen sich der Hinweis findet, Schellenberg habe zusammen mit seinem Freund Professor de Crinis versucht, die Scheidung durch die Feststellung der geistigen Unzurechnungsfähigkeit der ersten Frau zu erzwingen.) Der Respekt vor dem privaten Schicksal eines Menschen verlangt, daß als Motiv seiner zweiten Heirat eine aufrichtige Neigung vermutet wird. Dennoch ist es ein wenig fatal, daß er sich von der biederen Gefährtin seiner Aufstiegsjahre in einem Augenblick trennte, da er ein erstes wichtiges Ziel seines Ehrgeizes erreicht hatte: die Leitung der Auslandsabteilung des SD. Die etwa gleichzeitigen Zäsuren in seinem privaten und beruflichen Leben entsprechen den Regeln, nach denen der Arrivierte zu handeln pflegt. Gefühl und Berechnung sind nicht immer Gegensätze, sondern oft genug eine Einheit. Wie überhaupt Opportunismus nicht nur eine Schwäche, sondern auch eine Begabung ist. Schellenbergs Karriere wäre ohne dieses Talent unmöglich gewesen.« Zit. n.: Schellenberg (1959, S. 13).

43 Zit. n. Durand (1985, S. 52).

44 Brief Himmlers an Lina Heydrich, vom 7.8.43, in: Heiber (1970, S. 286f.).

45 Brief Himmlers an den SS-Obergruppenführer Dr. Hans Deuschl, vom 19.8.39, ebenda, S. 80.

46 Vgl. die Briefe Himmlers an SS-Oberstabsführer Dr. Brandt, vom 14.5.43, ebenda, S. 266.

47 Vgl. Brief Himmlers an SS-Gruppenführer Becker, vom 20.2.43, in: Heiber (1970, S. 241).

verheirateten SS-Männern regelmäßig Sonderurlaub und empfahl ihnen, daß die Frauen sich vorher von einem Frauenarzt untersuchen lassen sollten, um die günstigste Zeit für die Empfängnis zu ermitteln.[48] Konnten die Männer nicht zu ihren Frauen zurückgeschickt werden, wurden die Frauen zu ihren Männern gebracht. Die Anreise und Rückreise der Frauen sollte, wie Himmler an den SS-Obergruppenführer Steiner schrieb, »aus den Mitteln des Reichsführer-SS gewährt« und »vom Korps mit dem Persönlichen Stab« abgerechnet werden.[49] Dem Höheren SS- und Polizeiführer Main, Dr. Martin, befahl Himmler, sofort mit Steiner Kontakt aufzunehmen und in der Nähe des Truppenübungsplatzes Grafenwöhr Hotelzimmer anzumieten, in denen die Ehefrauen der dort stationierten SS-Männer für fünf bis sechs Tage wohnen sollten. Weiter teilt er ihm mit, daß er an das Hotel »Bube« in Bayreuth gedacht hätte, aber auch an Gasthäuser mit guten Verpflegungsmöglichkeiten irgendwo im oberpfälzischen oder niederbayerischen Teil des Bayerischen Waldes.[50] Dr. Martin antwortete zehn Tage später per Fernschreiben, er habe etwa 250 bis 300 Zimmer in Hotels, Gasthöfen und Privathaushalten im Bayerischen Wald, der Oberpfalz und in Ober-

48 Bundesarchiv Berlin, Film 3334, Persönlicher Stab Reichsführer-SS, Folder 328; Brief vom Chef des Pers. Stabes, Brandt, an Frau Paula W., vom 14.5.43: »Sehr geehrte Frau W.! Ich bestätige den Empfang Ihres Briefes vom 4.5.1943, den ich zum Anlaß genommen habe, um an das SS-Führungshauptamt die Frage eines Urlaubs für Ihren Mann heranzutragen. Ich hoffe, in absehbarer Zeit die Stellungnahme des SS-Führungshauptamtes zu erhalten. Ich will hoffen, dass es möglich ist, Ihren Wunsch nach einem Urlaub Ihres Mannes zu erfüllen. Ich möchte Ihnen aber heute schon raten, sich von einem Frauenarzt vorher untersuchen zu lassen, damit festgestellt wird, wann die für eine Empfängnis günstigste Zeit vorliegt, denn nur ein zu einer richtigen Zeit genommener Urlaub bietet nach menschlichem Ermessen einigermaßen Gewähr dafür, dass Ihr und Ihres Mannes Wunsch nach einem Kind erfüllt wird.« In seinem Brief an das SS-Führungshauptamt hatte Brandt u.a. geschrieben: »Unterscharführer W. hat letztmalig im Dezember 1942 Urlaub gehabt. Dass der von seiner Frau und ihm gewünschte Erfolg dabei nicht eingetreten ist, hängt ohne Zweifel damit zusammen, dass der Urlaub zu einem falschen Zeitpunkt angetreten worden ist. Die Empfängnisfähigkeit der Frau richtet sich ja nicht nach dem Urlaub, sondern im Gegenteil, der Urlaub muss sich nach der günstigsten Zeit richten.« Brief von Brandt an SS-Hauptsturmführer Grässler, SS-Führungshauptamt, vom 14.5.1943.

49 Bundesarchiv Berlin, Film 2339, Persönlicher Stab Reichsführer-SS, Folder 294, Brief Himmlers an SS-Obergruppenführer Felix Steiner, vom 9.7.43.

50 Ebenda, Brief Himmlers vom 9.7.1943. Weiter schreibt er: »Ich will dieses Zusammen-

franken angemietet und mit der Belegung der Quartiere bereits begonnen.[51] Unverheiratete Führer und Unterführer wurden befragt, »was sie bisher getan haben, um ihr Ledigsein bald aufhören zu lassen bzw. was sie in absehbarer Zeit zu tun gedenken«.[52] Dem SS-Hauptsturmführer Alfred Arnold schrieb Himmler: »Lieber Arnold! Soviel ich weiß, sind Sie der einzige Sohn Ihrer Eltern. Meines Erachtens hätten Sie die Verpflichtung, nun endlich zu heiraten und dafür zu sorgen, daß die Sippe Arnold nicht ausstirbt. Ich erwarte auf diesen Brief eine Antwort.«[53]

Mit dem Liebesleben des SS-Gruppenführers Globocnik[54] beschäftigte sich Himmler persönlich intensiv im Jahre 1938. Globocnik war seit Anfang der dreißiger Jahre mit der Tochter des Oberstleutnant a. D. Michner verlobt. Er weigerte sich, die Verlobung zu lösen, obwohl er dem Gauleiter von Salzburg anvertraut hatte, er liebe seine Braut nicht mehr. Gauleiter Rainer teilte dies Himmler im November 1938 mit, um ihn zu veranlassen, auf Globocnik einzuwirken.[55] Im Herbst 1939, kurz vor seiner Versetzung nach Lublin, löste Globocnik die Verlobung und teilte dies Himmler schriftlich mit. Im November desselben Jahres erreichte Himmler ein Brief von Hitlers Sekretär

sein von den verheirateten Männern mit ihren Frauen bewußt fördern, da wir sonst nicht erwarten können, dass aus diesen Ehen die so gewünschten und notwendigen Kinder entspringen.« Am selben Tag ließ Himmler Briefe an alle Höheren SS- und Polizeiführer und Hauptamt-Chefs schicken, in denen er diese um Vorschläge für die Unterbringung bat.

51 Ebenda, Fernschreiben vom 19.7.1943.

52 Vgl. den Brief von Brandt, Chef des Pers. Stabes, an SS-Oberstabsführer Frank, vom 6.12.44, in: Heiber (1970, S. 375). Brandt gibt hier eine Rüge Himmlers weiter. In einem Brief an das SS-Personalhauptamt (22.10.43) schreibt Brandt, daß Himmler angeordnet habe, dem SS-Hauptsturmführer Schwarz »sein schärfstes Mißfallen« darüber auszusprechen, »weil er mit 44 Jahren noch nicht verheiratet ist«. Ebenda, S. 302.

53 Zit. n. Ackermann (1970, S. 136); siehe auch: Heiber (1970, S. 215).

54 Odilo Globocnik, geb. 21.4.1904 in Triest, trat 1922 der NSDAP in Kärnten bei. 1932 wurde er Mitglied der SS und stellvertretender Gauleiter in Kärnten. Ein Jahr lang war er wegen politischer Delikte in Haft. Nach seiner Entlassung aus dem Gefängnis beteiligte er sich an Aktionen, die mit dem Anschluß Österreichs an Nazi-Deutschland zusammenhingen. Am 24. Mai 1938 erhielt er seine Ernennung zum Gauleiter von Wien. Wegen Devisenschiebung wurde er am 30.1.1939 seiner Posten enthoben. Himmler gab ihm am 9.11.1939 eine neue Chance und ernannte ihn zum SS- und Polizeiführer im Distrikt Lublin, Polen. Vgl. Wistrich (1993, S. 109).

55 Bundesarchiv Berlin, Film 3358, Persönlicher Stab Reichsführer-SS, Folder 160, Brief des Gauleiters Rainer an Himmler, 24. November 1939.

Bormann, in dem dieser ihm mitteilte, daß der Oberstleutnant a. D. Michner sich beim Führer über das gebrochene Ehrenwort des SS-Führers Globocnik beschwert habe.[56] Dieser Brief zog einen umfänglichen Schriftwechsel nach sich, in dem geklärt werden sollte, ob der SS-Führer Globocnik ein Ehrenwort gebrochen hatte – ein Vergehen gegen die SS-Tugenden – oder nicht. Himmler beauftragte den Leiter des Gaues Salzburg, sich persönlich mit der Familie Michner in Verbindung zu setzen, um für die Auflösung der Verlobung um Akzeptanz zu werben. Nach anfänglichem Zögern erklärte sich die Familie dazu bereit. Vater und Tochter wollten aber ein persönliches Gespräch mit Himmler, welches dieser zusagte – »wohl am besten nach dem Krieg«.[57]

Im Mai 1943 mußte sich Himmler erneut mit Globocniks Liebesleben beschäftigen. Der Chef im SS-Personalhauptamt, Maximilian von Herff, hatte in seiner Beurteilung angemahnt: »Wichtig ist, daß der SS-Gruppenführer Globocnik bald heiratet, um in diesem ruhelosen ihn zermürbenden Pionierleben einen festen Pol in Frau und Heim zu haben. Dies würde unbedingt dazu beitragen, daß SS-Gruppenführer Globocnik mehr haushält mit seinen Kräften und damit heranreift für größere Aufgaben, zu denen er unbedingt das Zeug hat. Andernfalls besteht die Gefahr, daß er in dem rauhen und männlich betonten Pionierleben des Ostens sich zwar nicht verliert, aber doch Energien verbraucht, die er in der Zukunft besser gebrauchen kann.«[58] Globocnik war von Himmler die Verantwortung für den wichtigsten Teil der »Endlösung der europäischen Judenfrage« übertragen worden: die »Aktion Reinhart«, das heißt die Vernichtung der Juden im sogenannten Generalgouvernement und damit die Ermordung der großen Mehrheit des polnischen Judentums. Die Forderung, Globocnik solle endlich heiraten, läßt ahnen, daß die Frauen der SS-Sippengemeinschaft weitergehende Aufgaben hatten als bislang skizziert.[59] Die SS-Führung erwartete von ihren Männern, daß sie mit ihren Frauen und Kindern an ihren jeweiligen Einsatzorten lebten. Sie war überzeugt, nur ein »normales« Familienleben vor Ort, nur die Fürsorge der Ehefrauen könne helfen, die Energien der Männer zu bündeln und sie zu neuen, größeren Aufgaben innerhalb des Vernichtungsapparats der SS zu be-

56 Ebenda, Brief vom 14. 11. 1939.

57 Ebenda, Briefwechsel zwischen dem Leiter der Parteikanzlei, Bormann, Himmler, dem Gauleiter von Salzburg, Rainer, und Globocnik.

58 Aus der Beurteilung des Chefs im SS-Personalhauptamt, Maximilian von Herff, vom Mai 1943, abgedruckt in: Wulf (1989, S. 271).

59 Siehe dazu Kapitel 2: »Schuld und Verantwortung von SS-Ehefrauen«.

fähigen. Globocnik tat alles, um dieser Forderung gerecht zu werden. Er suchte eine Braut, die die Bedingungen des Verlobungs- und Heiratsbefehls erfüllte und die auch Himmler gefallen würde.

Globocnik, seit September 1943 Höherer SS- und Polizeiführer Adriatisches Küstenland in Triest, hatte im August 1944 endlich eine Braut gefunden. Er bat Himmler persönlich um die Erlaubnis zur Eheschließung.[60]

Die Genehmigung von Himmler kam sehr schnell, bereits am 12. September 1944 korrespondierte Globocnik mit SS-Standartenführer Brandt vom Persönlichen Stab Himmlers und unterrichtete diesen darüber, daß seine Braut, die ja »immerhin Gebiets-Mädelführerin von Kärnten« sei, den »Reichsschatzmeister und Reichsjugendführer als Trauzeugen« benannt habe. Er bat daher darum, daß der Reichsführer-SS sein Trauzeuge werden möge.[61] Da Himmler, wie Brandt Globocnik mitteilte, nicht »abkömmlich« war, wurde Globocniks alter Freund Gauleiter Rainer angewiesen, diese Funktion zu übernehmen.[62]

---

60 »Ich bitte nicht ungehalten zu sein, wenn ich gerade jetzt mit einem Anliegen komme. Aber ich glaube die ganze Schwere verpflichtet umsomehr allen nachzukommen, was man versäumt hat. Ich glaube das Mädchen gefunden zu haben, das zu heiraten Sie, Reichsführer, mir die Bewilligung geben würden. Friedl, mit dem ich darüber sprach, beurteilte es sehr positiv. Ich habe ihn gebeten, Ihnen, Reichsführer, seine Meinung mitzuteilen, vielleicht gibt sich eine Gelegenheit, das Mädchen sehen zu können, und ich dann den richtigen Bescheid erhalte. Ich möchte gern im heurigen Jahr dann heiraten. Mit gehorsamen Grüßen Heil Hitler! Ihr dankbarer Globocnik.« Brief Globocniks an Himmler, abgedruckt in: Wulf (1989, S. 273).

61 »Ich selbst wollte beim Reichsführer dieserhalb nicht anstoßen, weil ich auf der anderen Seite seine Freude gesehen habe, daß es nun im Ernst jetzt bei mir so weit ist, auch möchte ich bis ungefähr 10. Oktober geheiratet haben, selbstverständlich nur, wenn der Reichsführer ja sagt und Zeit hat.« Ebenda.

62 Ebenda. Weiter schrieb Brandt: »Ein Eß- und Teeservice für das Brautpaar sei als Geschenk des Reichsführers bereits an die Adresse Rainers zur Absendung gebracht worden.« Globocnik wurde im Mai 1945 von den Briten in Kärnten verhaftet und beging in der Haft Selbstmord, über das weitere Leben seiner Frau ist nichts bekannt.

Prominente Ehefrauen

Die erste Frau in der SS-Sippengemeinschaft war Margarete Himmler, die Ehefrau des Reichsführers. Himmler hatte seine spätere Ehefrau, die acht Jahre ältere Krankenschwester Margarete Boden, 1926 in Berlin kennengelernt. Margarete, blond, blauäugig, Tochter eines deutschen Gutsbesitzers in Westpreußen, besaß ein kleines Pflegeheim in Berlin, in dem sie Kranke mit Kräuterkuren und Homöopathie zu heilen suchte.[1] Das gemeinsame Interesse für Medizin und Kräuter bildete laut Fraenkel die Basis, die zur Eheschließung im Jahre 1928 führte. Margarete Himmler verkaufte ihr Pflegeheim in Berlin und kaufte statt dessen ein kleines Haus mit Garten in Waldtrudering, in der Nähe von München. Sie hielt etwa 50 Hühner und verkaufte ihre landwirtschaftlichen Produkte. 1929 wurde das einzige eheliche Kind, die Tochter Gudrun, geboren.[2] Ebenfalls 1929, am 6. Januar, wurde Himmler von Hitler zum Reichsführer-SS ernannt, und bald schon zog die Familie um nach Gmund. Ab 1933 lebten sie teilweise in Berlin-Dahlem.

Der »Spiegel« druckt 1950 Lina Heydrichs Charakterisierung: »Im ersten Krieg hat sie als Krankenschwester sicher verdienstvoll ihren Mann gestanden. Als ich sie zum erstenmal sah, war ich entgeistert. Und diese spießige, humorlose und von Platzangst besessene blonde Frau mit ihrem Gesichtszucken beherrschte ihren Mann bis mindestens 1936 und hatte allen Einfluß auf ihn. So kleinbürgerlich und geizig wie sie selbst war auch ihre Einrichtung in Dahlem.«[3]

Ab 1936 lebten in Gmund Frau und Tochter, Himmler in Berlin. Der Kontakt zwischen den Eheleuten bestand aus Briefen, die Margarete stets mit »Mein lieber Guter« begann. Fraenkel schreibt über Himmlers Familienleben: »Himmlers häusliches Leben war bescheiden. Für die Frau, die er geheiratet hatte, empfand er keine starken Gefühle. Seine leidenschaftliche Hin-

1 Breitman (1996, S. 27f.).

2 Fraenkel und Manvell (1965, S. 27f.).

3 »Der Spiegel«, 9. 2. 1950, S. 24–28, hier S. 24.

gabe galt seiner Arbeit in Berlin, und das führte nach und nach zu einer Trennung, die zwar niemals formell erfolgte, aber deswegen nicht weniger real war. Marga blieb in Gmund, und das Haus war bis zum Ende von Himmlers Leben sein solides bürgerliches Familienheim.«[4]

Margarete Himmler machte sehr energisch von ihren Vorrechten als Frau des Reichsführers Gebrauch. Während des Parteitages 1938 hatte sie die Ehefrauen der ranghöchsten SS-Führer eingeladen »und sie mit verbindlichen Tagesprogrammen unter ihre Fittiche genommen. Als Lina Heydrich und Frieda Wolff aus dieser Bevormundung ausscherten und sich auf eigene Faust im Gewühl der Parteigenossen vergnügten, wurden sie feldwebelmäßig zur Ordnung ermahnt. Sie beklagten sich bei ihren Ehemännern, die ihrerseits gegen das Auftreten ›einer Reichsführerin-SS‹ protestierten – mit dem Erfolg, daß der mächtige Mann die Schultern hob, ratlos dreinblickte und damit ausdrückte: So ist sie eben!«[5]

Lina Heydrich, von Adolf Eichmann als »echte Friesin«, die »an allen Kameradschaftsabenden« teilnahm, und von Wilhelm Höttl als ein »vom Ehrgeiz gepeitschtes Weib«[6] beschrieben, führte einen ständigen Konkurrenzkampf mit Himmlers Frau: »Mittwochs lud Marga Himmler die höheren SS-Frauen zum Kränzchen. Aber Frau Heydrich legte ihren Gymnastik-Nachmittag mit den Frauen der höheren Beamten ihres Mannes ebenfalls auf Mittwoch. Dort haben sowohl Frau Nebe wie Frau Lobbes geturnt. Aber Frau Lisel Nebe konnte es sich eher erlauben, sich krank zu melden.«[7] Lina Heydrich selbst erzählt: »Ich gründe einen Turnverein. Reinhard stellt spontan sowohl eine Halle als Sportlehrer seines Amtes zur Verfügung, in dem Sport infolge einer seiner Anweisungen längst dienstliche Pflicht ist. Zuerst kommen die Frauen zögernd – und eigentlich nur, weil sie meinen, sie könnten sich diesem ›Angebot‹ nicht entziehen. Alle sind verlegen, steif und unsicher... Acht dieser Frauen haben erfolgreich

4 Fraenkel und Manvell (1965, S. 47).

5 von Lang (1985, S. 100).

6 Eichmann (1980, S. 448); der SS-Sturmbannführer Wilhelm Höttl gehörte zur Auslandsabteilung des Reichssicherheitshauptamtes.

7 »Der Spiegel«, 9.2.1950, S. 24–28, hier S. 24. Lisel Nebe war die Frau des SS-Gruppenführers Arthur Nebe. Von 1937 bis 1944 war er Chef des Reichskriminalpolizeiamtes, und vom Juni bis November 1941 befehligte er die Einsatzgruppe B, ein Todeskommando, dessen Hauptquartier sich zeitweise in Minsk (Weißrußland) befand. Während der fraglichen viereinhalb Monate meldete Nebe die Zahl von 45 467 »liquidierten Personen« an seine vorgesetzte Dienststelle, das Reichssicherheitshauptamt.

Heinrich Himmler mit Familie
(Peter Ferdinand Koch)

die Prüfung für das goldene, zwanzig für das silberne Sportabzeichen absolviert.«[8]

Durch Frieda Wolff hatte Lina Heydrich erfahren, Himmler habe auf »Drängen seiner Frau« von Heydrich verlangt, sich von seiner Frau Lina scheiden zu lassen. Als Grund nannte Frieda Wolff: »Du könntest Dich nicht unterordnen. Und Frau Himmler weiß, daß Du sie überall als alte Ziege verschreist.«[9] Lina Heydrich war jedoch noch stärker als die Frau

8 Heydrich (1976, S. 78). Weiter erzählt sie von den Aktivitäten der SS-Frauen: »Bei den Sportabzeichen der ›Gestapo-Frauen‹ bleibt es nicht. Im Verein haben wir eine ehemalige Tänzerin, die Frau eines Beamten, die uns den Vorschlag unterbreitet, uns tanzen zu lehren... Wir versteigen uns bald darauf, einen großen Kameradschaftsabend zu veranstalten. Die Ehefrauen, Bräute und Freundinnen der Männer der Geheimen Staatspolizei und des SD geben sich die Ehre, ihre Männer und Freunde zu einem geselligen Abend in die Berliner Krolloper einzuladen. Die Gestaltung des Abends haben die Frauen übernommen... Wir produzieren uns als Revuegirls und tanzen Cancan. Noch heute sehe ich mich als ›Froufrou‹ mit schwarzen Strümpfen und hohen Lackstiefeln. Die Männer, Beamte der Gestapo und des Sicherheitsdienstes, produzieren sich ebenfalls ganz besonders. Sie sind unter sich – und sehen ihren hohen Chef.«

9 Der »Spiegel« schreibt, daß Himmler zu diesem Zeitpunkt »tatsächlich von seinem SD-

Heinrich Himmler und Hedwig Potthast
(Peter Ferdinand Koch)

Himmlers. Bei einem Gartenfest Hermann Görings schlug sie zurück. Der Zufall hatte es gewollt, daß Himmler zum Tischherrn von Frau Heydrich auserwählt worden war. Lina Heydrich erzählt: »Es waren traurig-komische Stunden. Ich machte meine allertraurigste Miene und saß stocksteif. Da fragte Himmler: ›Sie sind ja so still?‹ Darauf ich: ›Wundert Sie das?‹ Dann tanzten wir. Himmler tanzte schlecht. Da sagte er: ›Ach Frau Heydrich, es wird schon alles gut werden‹. Sehen sie, das war wieder typisch für Himmler. Theoretisch befahl er die Scheidung, und als er mich sah, hatte er keinen Mut mehr. Es wurde nie wieder von der Sache gesprochen.«[10]

Auch nachdem Frau Himmler die Gunst ihres Mannes bereits an die Zweitfrau, die Sekretärin Hedwig Potthast, verloren hatte, war sie noch aktiv im SS-Orden. Mit Hilfe der SS-Industrie sammelte sie Kinderspielzeug. Weihnachten 1944 bestellte sie »für die Betreuung der Verwundeten und

Chef die Scheidung oder Ausscheiden« mit dem Argument »wer seine eigene Rotte nicht führen kann, kann auch keinen Haufen führen« gefordert hatte. »Der Spiegel«, 9. 2. 1950, S. 24–28, hier S. 24.

10 Ebenda. 1941 bereitet Lina Heydrich Himmler eine besondere Freude: Sie, die seine Idee vom »Adel aus Blut und Boden« besonders ernst nimmt, erlernt den Beruf der Landwirtin und legt vor der Landesbauernkammer in Brandenburg ihre Prüfung ab. Heydrich (1976, S. 91).

der Waffen-SS 181 Holzgegenstände, die in den SS-eigenen ›Deutschen Ausrüstungswerken‹ von KZ-Häftlingen zusammengeklebt wurden. Unter Schwänen, Puppen, Pferdewagen und Lokomotiven befanden sich – nun erst recht – Amboßschläger, Kanonen und Seitengewehre.«[11]

Einige SS-Ehefrauen hatten hohe gesellschaftliche Stellungen innerhalb des nationalsozialistischen Staates inne: Die Reichsfrauenführerin, Gertrud Scholtz-Klink, heiratete im Dezember 1940 den SS-Obergruppenführer und Inspekteur der »nationalpolitischen Erziehungsanstalten« (Napola) August Heißmeyer. Gertrud Scholtz-Klink, Jahrgang 1902, wurde 1930 Gau-Frauenschaftsleiterin der NSDAP in Baden. Im November 1934 wurde sie von Hitler offiziell zur Reichsfrauenführerin ernannt und war somit die ranghöchste Frau im »Dritten Reich«.[12]

Prinzessin Ingeborg Alice von Schaumburg-Lippe besuchte gemeinsam mit ihrem Ehemann, Prinz Stephan, dem Mann ihrer Schwester, Erbprinz

---

11 Koch (1977, S. 23).

12 Vgl. Munzinger-Archiv/Internationales Biographisches Archiv, Lieferung 30/50, S. 1586, Gertrud Scholtz-Klink; siehe auch: Koonz (1987); Böltken (1995); Wagner (1996). August Heißmeyer war bereits 1925 der NSDAP und 1930 der SS beigetreten und hatte hier rasch Karriere gemacht, 1932 war er SS-Abschnittsführer der Gaue Nord- und Südwestfalen, 1933 wurde er zum SS-Brigadeführer, 1935 zum Chef des SS-Hauptamtes ernannt. Nach Ende der Naziherrschaft verwandelte sich das prominente SS-Ehepaar Heißmeyer/Scholtz-Klink in die einfachen Eheleute Heinrich und Maria Stuckebrock – dies war der Name von Heißmeyers Mutter – und floh von Berlin Richtung Westen. Unterschlupf fanden sie bei einer alten Bekannten: der Fürstin Pauline zu Wied, Tochter des letzten Königs von Württemberg und frühe Anhängerin der NS-Bewegung – ausgezeichnet mit dem »Goldenen Parteiabzeichen« –, im Schloß Bebenhausen nahe Tübingen. Zweieinhalb Jahre lebten sie hier, ließen sich als Ehepaar Stuckebrock, das nie etwas mit dem Nationalsozialismus zu tun gehabt hatte, entnazifizieren, bevor sie am 29. Februar 1948 entdeckt und verhaftet wurden. Am 14. April 1948 verurteilte sie ein französisches Militärgericht wegen Verwendung falscher Papiere zu 18 Monaten Gefängnis. Die Spruchkammer in Tübingen stufte beide am 5. Mai 1950 in die Gruppe der Hauptschuldigen ein und bestrafte Heißmeyer mit drei Jahren Internierungslager und seine Frau mit 30 Monaten Arbeitslager. Nach Verbüßung der Strafe lebte das Ehepaar in Tübingen-Bebenhausen, wo Heißmeyer am 16. Januar 1979 verstarb. Seine Frau Gertrud Scholtz-Klink lebt noch heute dort. Vgl. Munzinger-Archiv/Internationales Biographisches Archiv, Lieferung 30/50, S. 1651 f., August Heißmeyer; S. 1586f. Gertrud Scholtz-Klink; vgl. Birn (1986, S. 335).

SS-Führerin Ingeborg Alice von Schaumburg-Lippe
(Bundesarchiv / BDC)

von Waldeck-Pyrmont,[13] und dem Bruder ihres Mannes, Prinz Friedrich Christian von Schaumburg-Lippe,[14] bereits 1928 Versammlungen der NSDAP in München. 1930 wurde sie Parteimitglied. Ihr Ehemann trat 1936 der SS bei und bekam sofort den Rang eines SS-Hauptsturmführers beim Stab des SS-Hauptamtes.[15] Er wurde im Sommer 1933 Legationssekretär an der Gesandtschaft in Sofia, sie einige Wochen später Referentin für Frauenfragen bei der Landesgruppe der Auslandsorganisation der NSDAP. Bis zur Versetzung ihres Mannes nach Rom war sie »Landesleiterin« und stellvertretende Mädelführerin in Bulgarien. In Italien arbeitete sie auf dem gleichen Gebiet, bis zur Versetzung nach Rio de Janeiro. Hier war es ihre Aufgabe, die »deutschstämmigen« Frauen zu organisieren. 1940 wurde das Ehepaar nach Buenos Aires versetzt. Sie übernahm dort die Leitung der Frauengruppe der Deutschen Arbeitsfront (DAF) und die »Betreuung der Familien der DAF«, leitete die Wohlfahrtsarbeit und redigierte die Zeitschrift »Der Trommler«. In allen Ländern arbeitete sie zudem für das Rote Kreuz. Nach ihrer Rückkehr 1943 trat sie dem SS-Helferinnenkorps bei und avancierte schon bald zur SS-Führerin.[16]

---

13 Josias Erbprinz von Waldeck-Pyrmont gehörte seit November 1930 der NSDAP und seit März 1930 der SS an. Bereits 1936 avancierte er zum SS-Obergruppenführer des Oberabschnitts Rhein, 1937 des Oberabschnitts Fulda-Werra. 1939 wurde er zum Höheren SS- und Polizeiführer im Wehrkreis IX (Weimar) ernannt. Nach dem Krieg wurde er verhaftet und 1947 zu einer lebenslänglichen Gefängnisstrafe verurteilt. Bereits im September 1950 wurde er aus gesundheitlichen Gründen entlassen. Seine beiden Töchter traten in den vierziger Jahren dem SS-Helferinnenkorps bei.

14 Prinz Friedrich Christian von Schaumburg-Lippe trat 1929 der NSDAP bei. Von 1933 bis 1945 war er persönlicher Adjutant von Goebbels; ab 1935 Regierungsrat, dann Oberregierungsrat und Ministerialrat, Referent im Propagandaministerium, Abteilung Ausland. 1943 wurde er zum SA-Standartenführer ernannt. Nach seiner Verhaftung 1945 blieb er bis 1948 in Internierungshaft und wurde 1950 entnazifiziert. Nach seiner Entlassung betätigte er sich als Schriftsteller. Er starb am 20.9.1983. Vgl. Munzinger Archiv / Internationales Biographisches Archiv – Personen aktuell, CD-Rom, 2 / 1996.

15 Prinz Stephan von Schaumburg-Lippe wurde 1937 zum SS-Sturmbannführer und 1939 zum SS-Obersturmbannführer befördert. 1943 schied er in »Ehren« aus dem Dienst im Auswärtigen Amt aus (gemäß Führererlaß zur Fernhaltung international gebundener Männer von maßgebenden Stellungen in Partei, Staat und Wehrmacht vom 19.5.43); 1944 diente er der Firma Thomsen als Abwehr- und Werkschutzbeauftragter. Vgl. Bundesarchiv Berlin, Document Center, SSO-Akte Stephan Prinz zu Schaumburg-Lippe. Was nach dem Krieg aus ihm wurde, ist nicht bekannt.

16 Vgl. Bundesarchiv Berlin, Document Center, SS-Akte Schaumburg-Lippe, Ingeborg Alice von, Lebenslauf; siehe auch Bundesarchiv Koblenz NS 32 II. Nach dem Krieg engagierte sich die Prinzessin in der »Stillen Hilfe« (s. a. Fußnote 42, S. 254)

Zweitfrauen: die »Friedel-Ehe«

In der SS-Sippengemeinschaft sollte nicht nur Platz für eine Ehefrau sein. In Anlehnung an »germanische Sitten« war Himmler davon überzeugt, daß er und seine SS-Männer das Recht zu einer Zweitehe hätten. Mit Verweis auf die »Friedel-Ehe, die jeder gutrassige freie Germane eingehen konnte«,[1] legitimierte er diese Ehe. Wie Himmlers Masseur Felix Kersten berichtete, hielt der Reichsführer-SS die »Einehe« für ein »Satanswerk« der katholischen Kirche. Seiner Ansicht nach sollte man sie abschaffen. Die Ehegesetze fand er ebenfalls unmoralisch. Sie verführten Frauen dazu, sich nach der Eheschließung gehenzulassen.[2] Himmler erhoffte sich, daß »im Falle der Doppelehe... die eine Frau für die andere der Ansporn sein (würde), dem Idealbild in jeder Beziehung nahezukommen«, und daß »die Haare auf den Zähnen« sowie »die Schlampigkeit« der Frau durch die Konkurrenz der »anderen Frau« verschwinden würden.[3] Außerdem fand Himmler es für den normalen Mann unzumutbar, das ganze Leben mit einer einzigen Frau zu verbringen, er würde dadurch nur »zur Untreue und, um dies zu verdecken, zur Heuchelei« gezwungen. Diese Heuchelei würde dann zu Zerwürfnissen in der Ehe, zur Abneigung der Gatten gegeneinander und zur Kinderarmut führen. Ebenso führte Himmler an, daß ein Mann es nicht wagen würde, »mit derjenigen Frau, mit der er ein sogenanntes Verhältnis unterhält«, Kinder zu zeugen, »obwohl er es gerne tun

1 Den Begriff »Friedel-Ehe« benutzte Himmler am 17.8.44 in einem Brief an den Kurator, SS-Oberführer Prof. Dr. Walther Wüst, und SS-Stabsführer Wolfram Sievers, Reichsgeschäftsführer des Ahnenerbes; veröffentlicht in: Heiber (1970, S. 356).

2 Kersten (1952, S. 224). Himmler erklärte seinem Masseur: »Wie oft begegnet man in der verbrieften Einehe der Auffassung einer Frau: Wozu auf mein Äußeres noch so sorgfältig achten wie vor der Ehe? Ich habe ja meinen Schein, der den Mann bindet, ob ich weiterhin noch freundlich und sorgsam bin oder nicht, ob ich mich für ihn noch schmücke oder nicht, ob ich die Grazie seiner Träume noch habe oder mich gehen lasse.«

3 Ebenda.

würde, weil ihn die doppelte Moral der sogenannten bürgerlichen Gesellschaft und ihr drohender Boykott« davon abhalten würde.[4]

Himmler war nicht der einzige Naziführer, der sich Gedanken über die »Doppelehe« machte. Auch Hitler und seine engere Umgebung stellten Überlegungen an, was mit den drei bis vier Millionen Frauen, die nach dem gewonnenen Krieg unverheiratet bleiben müßten, da die Männer fehlten, passieren sollte. Auch diese Frauen sollten die Möglichkeit haben, Kinder zu gebären und aufzuziehen. »Nach dem Dreißigjährigen Krieg wurde weithin die Vielweiberei wieder gestattet: Durch das illegitime Kind ist eine Nation wieder in die Höhe gekommen«, erklärte Hitler 1942.[5] Vielweiberei gehörte deshalb auch zu Hitlers Plänen. Der Staat habe dafür zu sorgen, daß sich »die anständigen, charaktervollen, physisch und psychisch gesunden Männer... verstärkt fortpflanzen! Nach einem besonderen Ausleseverfahren sollte es ihnen ermöglicht werden, nicht nur mit einer Frau, sondern mit einer weiteren ein festes Eheverhältnis eingehen (zu) können, in dem die Frau dann ohne weiteres den Namen des Mannes erhält, die Kinder ohne weiteres den Namen des Vaters.«[6] Himmler wollte nach gewonnenem Krieg neue Ehegesetze erlassen.[7] Die Einehe sollte jedoch nicht generell aufgehoben werden, »vielmehr soll als hohe Auszeichnung den Helden dieses Krieges, den Trägern des deutschen Kreuzes in Gold sowie Ritterkreuzträgern, das Recht verliehen werden, eine zweite Ehe einzugehen. Dieses Recht werde dann auf die Träger des eisernen Kreuzes 1. Klasse, sowie auf diejenigen, die die silberne Nahkampfspange trügen, ausgedehnt werden. Damit habe man zunächst einmal den größten Teil derer erfaßt, deren kämpferische Eigenschaften im Einsatz festgestellt worden seien, und an deren weitestgehender Vererbungsmöglichkeit das Reich das größte Interesse habe, weil von ihnen zu erwarten sei, daß

4 Ebenda.

5 Picker (1951, S. 324).

6 Fest (1963, S. 368).

7 Schon am 8. Mai 1942 hatte Himmler in einem Brief an den Chef des SS-Wirtschaftsverwaltungshauptamtes, Oswald Pohl, darauf hingewiesen, daß er SS-Standartenführer Sollmann, dem Chef des »Lebensborns«, den Geheimauftrag gegeben habe, die Zentrale des Lebensborns »unter dem Gesichtswinkel der rund 400000 heute wohl schon vorhandenen Frauen, die durch den Krieg und seine Gefallenen keine Männer bekommen können, zu planen und auszubauen. Das Gebäude muß entsprechend den edelen Gedanken und der Ehre der nicht verheirateten Mutter anständig und repräsentativ sein.« Zit. n. Hillel und Henry (1974, S. 125).

sie Kinder mit besten Qualitäten in die Welt setzen würden.«[8] Dieses stufenweise Vorgehen wollte Himmler als »Versuchsphase« einführen, da er sich nicht im klaren darüber war, wie die Bevölkerung und besonders die Frauen auf die Einführung der Mehrehe reagieren würden. Die gesammelten Erfahrungen sollten bei der Entscheidung helfen, »ob man allgemein mit der Einehe brechen« oder ob man die Doppelehe nur für die SS und die oben aufgeführten ausgezeichneten Soldaten zulassen sollte. Die Doppelehe war hierarchisch gedacht: »Die erste Frau behält besondere Rechte. Sie führt die Bezeichnung ›Domina‹, die das auch amtlich zum Ausdruck bringt. Die zweite Frau weiß das von vornherein. Im übrigen ist das eine Sache der Gewohnheit. Lassen Sie einmal ein oder zwei Generationen darüber hingegangen sein, dann wird es als selbstverständlich betrachtet, daß der Mann eben zwei Frauen statt einer hat. Im übrigen werden wir der ersten Frau, wenn sie nicht mit der zweiten einverstanden ist, das Recht einräumen, sich von ihrem Manne zu trennen, doch ohne daß dieser dann verpflichtet ist, ihr Unterhalt zu gewähren. In anderen Ländern besteht ja auch die Mehrehe, warum sollte es bei uns nicht gehen.«[9] Wohnen würden diese Frauen mit ihrem Mann auf Gutshöfen im Osten. Dies sei auch der Wunsch Hitlers, erläuterte Himmler: »Voraussetzung für die Doppelehe ist nach den klaren Weisungen des Führers, daß derjenige, dem das Recht zugesprochen wird, eine solche Ehe einzugehen, einen Gutshof besitzt.«[10] Den Männern, die das Recht auf eine Doppelehe verliehen bekämen, wurden gleichzeitig gute Stellungen beim Staat in Aussicht gestellt. Zudem sollten sie von der Einkommensteuerpflicht befreit werden.[11]

Einige hohe SS-Führer – darunter auch Himmler selbst – warteten jedoch nicht auf die Zeit nach dem »gewonnenen« Krieg, um mit ihrer Zweitfrau eine »Friedel-Ehe« einzugehen.[12] Himmlers Zweitfrau, Hedwig Potthast, arbeitete seit Januar 1938 als Sekretärin in seinem Vorzimmer. Sehr bald wurde aus dem Dienstverhältnis ein privates. Lina Heydrich erinnerte sich, daß, als

8 Kersten (1952, S. 223).
9 Ebenda, S. 226.
10 Ebenda, S. 227.
11 Ebenda, S. 235.
12 Auch NS-Größen wie beispielsweise Martin Bormann, Hitlers Stellvertreter, lebten mit zwei Frauen. Frau Bormann, die brieflich von ihrem Ehemann über die neue Eroberung informiert wurde, beglückwünschte ihn, bat ihn aber, darauf zu achten, daß nicht beide Frauen gleichzeitig schwanger würden: »So wirst Du immer eine Frau zu Deiner Verfügung haben.« Vgl. Hillel und Henry (1974, S. 48).

Oswald Pohl mit seiner Sekretärin und Geliebten Rosemarie Fauler (rechts), im Mai 1944, auf dem Gut des SS-Gruppenführers Georg Lörner (links: Gattin Rosa Lörner) (Peter Ferdinand Koch)

Hedwig Potthast »begann, auf das Leben und Denken Himmlers einzuwirken«, dieser sich »zu einer Weite, die wir damals unter uns bewundert haben«, entwickelt habe. »Erst da bekam er wirkliches Format. Diese Frau war weder kleinbürgerlich noch exzentrisch, nicht SS-mondän, sondern klug und von einer inneren Herzlichkeit geprägt. Reinhard sagte einmal, daß man sich an ihr die Hände und Füße wärmen könnte.«[13] Hedwig Potthast gebar zwei Kinder, einen Sohn und eine Tochter. »Für den Herrn der Polizei und Konzentrationslager war sie aber weit mehr als einfach nur die Mutter seiner unehelichen Kinder: die einzige Vertraute, mit der er – wenn die Sorgen

13 Heydrich (1976, S. 130).

besonders drückten – über alles und zu jeder Stunde hatte reden können.«[14] Sie bewohnte mit Himmler und ihren Kindern das sogenannte Försterhaus in der Nähe des Frauenkonzentrationslagers Ravensbrück. In dessen Nähe lag ebenfalls das Gut Comthurey, wo der Chef des SS-Wirtschafts-Verwaltungshauptamtes, Oswald Pohl, mit Frau und Kindern lebte.[15] 50 bis 60 Häftlinge des KZ Ravensbrück arbeiteten auf dem Gut. Auch Oswald Pohl hatte neben seiner Ehefrau eine Zweitfrau: seine Sekretärin Rosemarie Fauler. Auch diese Beziehung war fruchtbar, 1942 gebar Frau Fauler ein Kind.[16]

Eine Zweitfrau und Kinder von dieser hatte auch der Chef des Reichssicherheitshauptamtes Ernst Kaltenbrunner. Gräfin Gisela von Westarp bewohnte Anfang 1945 ein kleines Landhaus im steiermärkischen Luftkurort Alt-Aussee, einem der Fluchtpunkte der SS. Kaltenbrunner, der am 1. Mai 1945 sein Hauptquartier in Salzburg und seine Familie in Strobl verlassen hatte, zog auf die sogenannte Alpenfestung zur Geliebten, die ihm sechs Wochen zuvor Zwillinge geboren hatte.[17] Wie der »Spiegel« 1947 berichtete, anerkannte Kaltenbrunner »vor seiner Nürnberger Hinrichtung zwei amerikanischen Heerespfarrern gegenüber die Vaterschaft der beiden Kinder«. Gräfin von Westarp lebte zu diesem Zeitpunkt in der Nähe Münchens.[18] Simon Wiesenthal berichtet, daß er allein neun Frauen kennen würde, die »für kurze oder längere Zeit« intime Beziehungen mit Adolf Eichmann gehabt hätten.[19]

Der Leiter der Lehr- und Forschungsstätte für Runen und Sinnbildkunde des Ahnenerbes, Obersturmbannführer Weigel, bekam 1944 von Himmler die Erlaubnis, mit der geschiedenen Frau eines SS-Untersturmführers eine Zweitehe einzugehen. Er wollte sich von seiner Frau nicht scheiden lassen, da diese nervenkrank war. Die einzige Bedingung, die Himmler stellte, war:

---

14 Koch (1977, S. 177).

15 Pohl war in zweiter Ehe verheiratet. Von der ersten Ehefrau hatte er sich 1938 scheiden lassen. Die drei Kinder aus dieser Ehe verblieben in der SS, der Sohn Ortwin als SS-Obersturmführer in der Waffen-SS, die beiden Töchter, Nortrud und Sigrid, als Ehefrauen von SS-Männern in der Sippengemeinschaft. Ebenda, S. 96.

16 Ebenda.

17 Siehe Black (1996, S. 269, S. 281). Die Ehefrau Kaltenbrunners wird von Lina Heydrich als eine »fröhliche, mit Charme und Schönheit ausgezeichnete Frau« beschrieben. Vgl. Heydrich (1976, S. 82).

18 »Der Spiegel«, 1. März 1947, S. 13.

19 Aharoni und Dietl (1996, S. 77).

Gräfin Gisela von Westarp mit ihren Zwillingen, für die der ehemalige Gestapo-Chef, der in Nürnberg gehängte Ernst Kaltenbrunner, seine Vaterschaft anerkannte (Associated Press)

Aus dem Zusammenleben müßten Kinder hervorgehen.[20] Auch den stellvertretenden Gauleiter von Essen, SS-Obergruppenführer Pleßmann, der ebenfalls verheiratet war, hatte Himmler während eines Besuches gefragt, ob er »nicht eine liebende Frau hätte, die bereit wäre«, mit ihm »dem deutschen Volk Kinder zu schenken«. Im Januar 1945 meldete Pleßmann, daß »diese liebende Frau da ist und mir auch ein Kind schenken wird«. Diese »liebende Frau«, seine Sekretärin, war bereits im dritten Monat schwanger.[21] 1943 erkundigte sich der SS-Mann Quenstedt bei Himmler nach der Möglichkeit, eine

20 Briefwechsel zwischen SS-Obersturmbannführer Weigel und Himmler, vom 26.6.44 und 2.10.44, in: Heiber (1970, S. 339f.).

21 Brief SS-Obergruppenführer Pleßmann an Himmler, vom 30.1.45, in: Heiber (1970, S. 383f.).

gleichzeitige zweite Ehe, die wegen der Kinderlosigkeit der ersten Frau geschlossen würde, gesetzlich anzuerkennen.[22]

Ob sich alle SS-Ehefrauen ohne Widerstand mit der Existenz von »Zweitfrauen« abfanden und damit akzeptierten, daß die eigene Familie nur einer der Orte war, an dem die »neue Rasse« gezüchtet werden sollte, muß offenbleiben. Nennenswerte Proteste scheinen Himmler jedoch nicht erreicht zu haben, glaubte er doch, nach gewonnenem Krieg das Einverständnis der Frauen für die Abschaffung der »Einehe« ohne große Probleme zu bekommen.

Himmlers Forderung, die Geburtenzahlen zu erhöhen, trieb die absurdesten Blüten. So bekam der Verein »Lebensborn« Briefe von SS-Männern, in denen diese um die Vermittlung von Frauen baten, die ihnen Kinder gebären sollten. Beispielsweise vom SS-Führer Wieber, der zugunsten eines seiner Männer, dessen Frau im Anschluß an eine Unterleibsoperation keine Kinder mehr bekommen konnte, bat: »Da durch die Tüchtigkeit und sonstigen Charaktereigenschaften der Ehefrau eine Ehescheidung außer Frage steht, tritt der SS-Unterscharführer R. durch mich an Sie mit der Frage heran, ob es eine deutsche Frau auf sich nehmen würde, ihm in der heutigen schicksalhaften Zeit diese Kinder zu schenken... Zu erwähnen wäre noch, daß Frau R. mit dem Plan einverstanden und jederzeit bereit ist die Kinder gewissenhaft aufzuziehen.«[23] Der »Lebensborn« reagierte verärgert: »Die ganze Sache scheitert also immer daran, daß der betreffende kinderlose Ehemann die Frau findet, die seinen Wünschen entspricht...«[24], und weigerte sich entschieden, die Rolle einer Partnervermittlung einzunehmen.

Aber nicht nur Männer, auch Frauen meldeten sich. In den Akten des Persönlichen Stabes befindet sich ein aufschlußreicher Schriftwechsel zwischen dem SS-Oberabschnitt Elbe in Dresden und dem Chef des Persönlichen Stabes, Brandt. Im Sommer 1944 hatte eine junge Frau, Lisamaria K. aus Lübeck, in einem Brief bei dem Sturmbannführer der SS in Leipzig angefragt: »Ich bitte Sie um Mitteilung, wo sich die von der SS eingerichteten ›Begattungsheime‹ befinden, besonders in der Umgebung von Lübeck. Durch eine Freundin hörte ich davon. Gibt es solche tatsächlich? Da ich in Lübeck keine Auskunft bekommen konnte, wende ich mich an Sie. Ich bitte

22 Bundesarchiv Berlin, Best. NS 19/659.
23 Vgl. Hillel und Henry (1974, S. 117ff.).
24 Ebenda.

mir eine Adresse anzugeben, und die ganze Sache vertraulich zu behandeln.«[25] Dieser Brief sorgte für einige Aufregung, da es »Begattungsheime« nicht gab und die Verantwortlichen in der SS solche Gerüchte verfolgten. Der SS-Oberabschnitt Elbe schickte diesen Brief am 20. Juli 1944 an Brandt: »Der Oberabschnitt bekommt neuerdings des öfteren Anfragen, die aus dem beigelegten Brief hervorgehen. Werden derartige Dinge zentral beantwortet oder können Sie mir irgendwelche diesbezügliche Auskünfte geben.« Brandt antwortete bereits am 26. Juli 1944: »Ich schlage vor, daß Sie von Ihrer Dienststelle aus der Angelegenheit nachgehen. Fräulein K. müßte ja auf eine entsprechende Anfrage, von wem sie etwas Derartiges gehört habe, antworten. Darüber hinaus wäre es gut, wenn Sie außerdem SS-Gruppenführer von Bassewitz-Behr mit dem Vorgang befassen würden. Es wird sich bestimmt lohnen, diesem Faden einmal bis zu seinem Ursprung nachzugehen. Das Ergebnis würde ich dem Reichsführer-SS und dem Lebensborn mitteilen.«[26] Der nächste Brief, der in dieser Angelegenheit geschrieben wurde, war eine Anfrage von Brandt an den SS-Gruppenführer von Alvensleben, Dresden. Brandt monierte, daß er noch keine Antwort auf seinen Brief bekommen habe. Die Antwort kam per Telex, am 8.12.44: Der Brief sei nicht auffindbar, er möge nochmals geschickt werden, was bereits am 18.12.44 geschah. Anfang Januar 1945 berichtete der SS-Hauptsturmführer Hornung per Funkspruch aus Dresden, die Befragung von Fräulein K. habe ergeben, daß das Gerücht von einem Angehörigen der Luftwaffe ausgegangen und dessen Vernehmung in München veranlaßt worden sei. Am 24. Februar 1945 wurde Brandt darüber unterrichtet, daß trotz Anmahnung die Antwort aus München noch ausstehe und bei der »augenblicklichen Lage noch kaum in absehbarer Zeit zu erwarten« sei.[27] Es muß offenbleiben, ob es tatsächlich solche »Begattungsheime« gab oder nicht. Gerüchte darüber jedenfalls waren verbreitet genug in Deutschland,[28] um junge Frauen anzuspornen, sich danach zu erkundigen.

Die Männer und Frauen der SS-Sippengemeinschaft praktizierten, wie oben ausgeführt, ihren »eigenen Lebensstil« und setzten sich damit bewußt von den geltenden kulturellen Normen ab, die insbesondere durch die Kirche

---

25 Bundesarchiv Berlin, Film 3328, Persönlicher Stab Reichsführer-SS, Folder 1156. Sie hatte auch an Himmler selbst geschrieben, vgl. Brief vom 15.7.1944.

26 Ebenda.

27 Ebenda.

28 Vgl. Hillel und Henry (1974, S. 117ff.).

repräsentiert wurden. Sie glaubten statt dessen an die Utopie des kommenden »germanischen Großreiches«, begriffen sich als Teilnehmer einer Revolution, für die sie selbstverständlich auch Opfer brachten, denn durch diese Opfer sicherten sie sich selbst und ihren »Sippen« eine Zukunft im neuen »nordischen Adel«. Die Bereitschaft, sich den mühseligen Aufnahmeprozeduren sowie den Gesetzen des SS-Ordens zu unterwerfen, wurde belohnt durch Partizipation an Macht und Prestige der SS.

Der Verlobungs- und Heiratsbefehl war der Kernpunkt der rassistischen Politik Himmlers. In ihm waren bereits alle Elemente der »negativen Auslese«, die Praxis der zwangsweisen Sterilisation, Euthanasie und der Völkermord an unerwünschten Menschen enthalten. Entsprechend war dem Rasse- und Siedlungshauptamt nicht nur die »positive Auslese« der SS-Angehörigen, sondern ebenfalls die »negative Auslese« übertragen worden. Von den SS-Angehörigen wurde erwartet, mit der gleichen Bereitwilligkeit, mit der sie ihr Leben in den Dienst der Züchtung der »neuen Rasse« stellten, sich an der Vernichtung anderer »Rassen« zu beteiligen, da das Gegenstück zur Menschenzüchtung die Menschenvernichtung war.

Die SS-Männer und ihre Ehefrauen übernahmen auch diesen Aspekt von Himmlers Vision. Die Ehefrauen waren sogar bereit, ihre Männer und Söhne für diesen Kampf zu opfern, der ja auch ihr eigener war. Auch sie waren überzeugt, der »Herrenrasse« anzugehören. Als Komplizinnen ihrer Männer, denen ihre überlegene Stellung quasi amtlich bescheinigt worden war, glaubten sie das Recht, ja sogar die Pflicht zu haben, im Namen der »neuen Rasse« Menschen zu unterdrücken, selbst wenn das deren Tod zur Folge hatte. Standen sie durch ihre Zugehörigkeit zur SS-Sippengemeinschaft schon über den gewöhnlichen Volksgenossen und -genossinnen, um wieviel größer mußte ihr Abstand zu den »minderwertigen Rassen« sein! Ihre hohe gesellschaftliche Position entschädigte sie wohl auch für die untergeordnete Stellung innerhalb der »Sippe«, wo dem Mann die Führungsrolle zukam, und das eventuelle Vorhandensein einer »Zweitfrau«. Welche Formen die Identifizierung der SS-Frauen mit ihrer Sippengemeinschaft annehmen konnte, werde ich im folgenden zeigen.

Schuld und Verantwortung von SS-Ehefrauen

Die aufschlußreichste Quelle über die Zahl der Eheschließungen von SS-Männern findet sich in den Reden Himmlers. 1937 berichtete er seinen Gruppenführern: »Wir sind heute rund 205 000 Mann. Ich schätze, daß davon immerhin im Jahre 1933 rund 70 000 verheiratet gewesen sind. Seit dieser Zeit sind m. W. im Sippenamt rund 55 000 Heiratsgesuche durchgegangen.« Weiter erklärte er, es werde die »Norm sein, daß im Jahr, den Jahrgängen entsprechend, 20 000 Gesuche durchgehen«.[1] 1938 wies er darauf hin, daß »74 % des Führerkorps der SS« verheiratet seien.[2] Zum Führerkorps zählten auch die Höheren SS- und Polizeiführer und die KZ-Kommandanten. Diese waren alle verheiratet.[3] Am 31. Dezember 1939 gab es, bei einer Gesamtstärke von

1 Smith und Petersen (1974, S. 82). Das Statistische Jahrbuch der SS (1937, S. 61) nennt in der Tabelle »Familienstand der SS-Angehörigen, Stand vom 1. 9. 1937«, folgende Zahlen: Gesamtstärke (ohne SD-Hauptamt) 162 442 SS-Männer; 146 661 Allgemeine SS, 11 229 SS-Verfügungstruppe und 4482 SS-Totenkopfverbände; verheiratet waren insgesamt 72 487 oder 44,6 Prozent; 71 328 oder 48,6 Prozent Allgemeine SS, 867 oder 7,7 Prozent SS-Verfügungstruppe und 292 oder 6,5 Prozent SS-Totenkopfverbände.

2 Ebenda. 1938 gehörten, laut Statistischem Jahrbuch der SS (1938, S. 87), insgesamt 238 159 Männer zur SS, 214 753 zur Allgemeinen SS, 14 832 zu den SS-Verfügungstruppen und 9172 zu den SS-Totenkopfverbänden, verheiratet waren insgesamt 94 597 oder 39,7 Prozent, 92 604 oder 43,1 Prozent Allgemeine SS, 1402 oder 10 Prozent der SS-Verfügungstruppen und 591 oder 6,5 Prozent der SS-Totenkopfverbände. Von den insgesamt 143 562 ledigen SS-Männern waren 72 244 oder 51,7 Prozent unter 25 Jahre alt. Im Vergleich »Familienstand und Kinderzahl« zwischen der SS und dem Deutschen Reich lag, so das Jahrbuch, »die SS in den vergangenen Jahren erheblich unter dem Reichsdurchschnitt. Die erfreulich große Zahl der Eheschließungen und Geburten im Jahr 1938 hatte zur Folge, daß sie sich nunmehr bedeutend genähert hat.« Die SS-Statistiker gaben aber zu bedenken, daß unter »Berücksichtigung des besonderen Altersaufbaus der SS ... zur Erreichung des Reichsdurchschnitts etwa 110 000 SS-Angehörige verheiratet sein« müßten. Begrüßt wird, daß es »gerade die jüngeren Jahrgänge der SS-Angehörigen« waren, die »in besonders starkem Maße an der als gesund zu nennenden Weiterentwicklung«, das heißt an Hochzeiten und Geburten, beteiligt waren. Ebenda, S. 91.

3 Vgl. Birn (1986, S. 358–361); Orth (1997).

265 300 SS-Männern, bereits 115 650 SS-Ehen, das sind 44 Prozent.[4] Bis zum Ende des Krieges sind gemäß der vom Reichsführer-SS aufgestellten Norm noch viele weitere Ehen geschlossen worden.

Etliche Ehefrauen von SS-Führern lebten an den Einsatzorten ihrer Männer: in den SS-Siedlungen der Konzentrationslager, in den Villen der Ghetto-Kommandanten, die zumeist am Ghetto-Haupteingang lagen, in den von den SS-Einsatzgruppen beschlagnahmten Häusern, in Städten und Dörfern der besetzten und annektierten Gebiete. Durch ihr Leben am Einsatzort der Männer gewannen die SS-Ehefrauen aus eigener Anschauung Kenntnis sowohl über das System der nationalsozialistischen Verfolgung und Vernichtung als auch über die aktive Beteiligung ihrer Männer. Außerdem profitierten sie von diesem System: Sie beuteten die Häftlinge der Konzentrationslager aus, die sie als Dienstpersonal verpflichteten. Sie partizipierten an der Korruptionswirtschaft, die in allen Konzentrationslagern gedieh. Sie beraubten die jüdische Bevölkerung in den besetzten Gebieten, lebten in den enteigneten Häusern und nahmen Einrichtungsgegenstände und Kleidung der ehemaligen jüdischen Eigentümer in Besitz.

Bislang fragte die Forschung hauptsächlich danach, wie SS-Männer es mit sich vereinbaren konnten, gleichzeitig Verbrecher und Normalbürger, SS-Mann und freundlicher Nachbar zu sein. Rudolf Höß, Kommandant in Auschwitz, erklärte dem Psychologen G. M. Gilbert in Nürnberg: »Selbst als ich die Ausrottungsaufgabe durchführte, führte ich ein normales Familienleben und so weiter.«[5] Wenn wir aber fragen, wie »ganz normale Männer« gleichzeitig Massenmörder und freundliche Familienväter sein konnten, müssen wir auch danach fragen, wie es »ganz normalen Frauen« möglich war, mit Massenmördern ein durchschnittliches Familienleben zu führen.

Auf den ersten Blick scheint es erstaunlich, daß die SS-Führung die Ehefrauen und Kinder von SS-Männern an den Orten, an denen die SS ihre größten Verbrechen verübte, leben ließ und sie dadurch mit Mord und Totschlag, Brutalität und Grausamkeit ihrer Männer und Väter sowie dem Hunger, Elend und Sterben der Opfer konfrontierte. Durch erhalten gebliebene Re-

---

4 Am 1. Januar 1939 waren 93 093 SS-Männer verheiratet. Bis Ende des Jahres 1939 waren demnach durchschnittlich 1879 Ehen pro Monat geschlossen worden. Bundesarchiv Berlin, Film 3331, Persönlicher Stab Reichsführer-SS, Folder 816; Brief von Pancke, Chef des RuSHA, vom 27. 2. 1940, an Reichsführer-SS und an Schmitt, Chef des SS-Personalhauptamtes, betr.: Heiratsgenehmigungen und Freigaben.

5 Gilbert (1962, S. 251).

Unbekannte SS-Angehörige
(Archiv KZ-Gedenkstätte Dachau)

den hoher SS-Führer ist bekannt, daß die SS-Führung die Beteiligung an den Massenmorden als extreme seelische Belastungssituation ansah. Man erwartete nicht ohne weiteres, daß jeder SS-Mann ihr psychisch und physisch gewachsen war.[6] So heißt es etwa in einer von Himmlers Reden: »Ich kann Ihnen sagen, es ist scheußlich und furchtbar für einen deutschen Menschen, wenn er das ansehen muß. Das ist es, und wenn es nicht scheußlich und furchtbar für uns wäre, dann wären wir ja keine deutschen Menschen mehr und wären ja keine Germanen.«[7] Entsprechend der Vorstellung von der Sippengemeinschaft als »verschworener Gemeinschaft von Männern und Frauen« handelte die SS-Ehefrau an den Einsatzorten. Auch ihr galt die Pflichterfüllung in der SS als »Selbsthingabe für die Idee«, wie es Höß nannte.[8] Lina Heydrich beschreibt dies so: »Ich, die jetzt als ›Burgherrin‹ an einem Fenster des Hradschin (in Prag) stehe, bin doch nur ein Werkzeug ohne Gewicht. Doch ich muß meine ›Pflicht‹ erfüllen, und ich darf mein Dasein nicht nur dem äußeren Schein nach ausfüllen. Ich, die Frau Reinhard Heydrichs, muß es innerlich begreifen und bejahen.«[9] Eine der Aufgaben von SS-Ehefrauen war es daher, durch ein scheinbar normales Familienleben am Einsatzort den Verbrechen, die ihre eigenen Männer hier begingen, den Anschein einer normalen beruflichen Tätigkeit zu verleihen. Sie sollten die Belastungssituation mildern, ihre Ehemänner dadurch zu den Greueltaten befähigen und den Ort selbst zu etwas Gewöhnlichem und Alltäglichem machen. Zu den Pflichten der am Einsatzort lebenden SS-Ehefrauen zählten daher auch die Etablierung und Aufrechterhaltung eines gesellschaftlichen Lebens mit gemeinsamen Freizeitaktivitäten, Einladungen zum Essen, Teilnahme an Schulungsprogrammen. Der stabile häusliche Rahmen als Ort, an dem sich die SS-Männer auf ihr privates Selbst besinnen konnten, und ihr Eingebundensein in gesellschaftliche Pflichten sollten die seelische Balance der SS-Männer und ihre Karriere im Vernichtungsapparat der SS sichern. Das Familienglück des Organisators der Vernichtung des europäischen Judentums beschreibt Lina Heydrich so: »Wir, Reinhard und ich, sind zufrieden. Er ist froh, daß ich alle häuslichen

6 Darüber, wie schwer es sei, den Befehl zur »Judenvernichtung« durchzuführen, wie sehr die Aufgabe an sich dem Wesen des »germanischen Menschen« zuwider sei, daß man sich aber um der Zukunft des Volkes willen überwinden müsse, äußerte sich Himmler immer wieder in seinen Reden. Vgl. Fraenkel und Manvell (1965, S. 56f.).

7 Rede bei der SS-Gruppenführertagung in Posen am 4.10.1943; IMT (1947–1949, Bd. XXIX, Dok. PS-1919, S. 110–173).

8 Höß (1963, S. 148).

9 Heydrich (1976, S. 100).

Probleme von ihm fernhalte. Kommt er abends müde und erschöpft nach Haus, bin ich für ihn da. Den ganzen Tag hat er für andere da zu sein, immer bereit, immer gegenwärtig und immer Entscheidungen, oft sehr schwere Entscheidungen, zu fällen. Dieses kleine Zuhause genießt er.«[10]

Für SS-Männer des Sicherheitsdienstes und der SS-Einsatzgruppen »gehörte es zum Alltag, daß sie abends mit blutverschmierter Uniform nach Hause zu ihrer Familie kamen«.[11] Zur alltäglichen Routine der Ehefrauen gehörte es, für die Reinigung dieser Uniformen zu sorgen.

Durch ihre Loyalität, ihr Zuschauen, ihre Kenntnis und Billigung der Grausamkeiten, des Raubens und Mordens sowie durch die Partizipation an der Macht ihrer Männer wurden die SS-Ehefrauen zu Täterinnen. Mit der aktiven Teilnahme an der Massenvernichtung waren Aufstiegs- und Beförderungsaussichten verbunden, und nicht wenige SS-Männer versprachen sich von ihrem Einsatz Vorteile für ihr weiteres berufliches Fortkommen.[12] Prestige und Ehrgeiz waren das häufigste Motiv des Handelns bei den höheren SS-Führern.[13] Die SS-Ehefrauen unterstützten den mörderischen Ehrgeiz ihrer Männer. Sie konfrontieren uns daher mit den Dimensionen einer Täterschaft, die in zweckrationaler und moderner Form die Unterstützung der nationalsozialistischen Verbrechen als eine normale berufliche Tätigkeit und/oder als eine Karrieremöglichkeit erscheinen läßt.

Typisch für die in der SS geprägte Avantgardementalität[14] war die Vorstellung, der eigenen Zeit voraus zu sein und als kleine Elite stellvertretend jene schweren Aufgaben übernehmen zu müssen, für die das Volk in seiner Gesamtheit noch nicht reif sei. Diese Aufgabe hatte die SS als die »utopische

10 Ebenda. S. 60.

11 Pohl (1994, S. 309), Extrembeispiel: Vernehmung S. K., 1.2.62, ZStL 208 AR-Z 398/59.

12 Vgl. Jäger (1982, S. 69).

13 Ebenda, S. 57.

14 »Die Besonderheit der SS bestand in der Intensität, mit der diese Mentalität gepflegt wurde, und in der Konsequenz, mit der man auch wirklich danach handelte. Die SS-Mentalität weist allenthalben Zusammenhänge mit der allgemeinen geistigen Entwicklung im 19. und 20. Jahrhundert auf. Es handelt sich dabei allerdings nicht um bewußt übernommene Lehren und Theorien, sondern um Einflüsse einer bürgerlichen Vulgärphilosophie, in die bestimmte philosophische Lehrmeinungen abgesunken, dort anonym geworden und bereits in einen gewissen Verwesungszustand übergegangen waren. Aus diesem ›Komposthaufen‹ bürgerlichen Denkens ist die Mentalität der SS zu einem guten Teil erwachsen.« Buchheim (1967, S. 232 f.).

Vorhut des Nationalsozialismus«,[15] im »Namen der zukünftigen Gesellschaft«[16] zu erfüllen. Die Folgen des Gefühls, innerhalb der Elite der SS nochmals einer speziellen Elite anzugehören, beschreibt Wanda von Bayer-Katte wie folgt: »Die Verbrechen, die begangen wurden, bildeten für die dabei benutzten Exekutoren und ebenso für die sekundär sonst noch auf dem Dienstwege irgendwie damit Beteiligten eine Art Blutkitt. Es fesselte sie aneinander, indem jeder im anderen den Trost erblickte, daß man hier mitmachen und nicht darüber verzweifeln könne. Eine Kameraderie entsteht, eine Abart der Kameradschaft; man deckt wechselseitig Verfehlungen, umgeht gemeinsam unangenehme Befehle, dünkt sich über die allgemeine Norm erhaben. Sie bleibt über die gemeinsame Lagerzeit erhalten und ähnelt, wenn man sich vor Gericht zu verantworten hat, der Solidarität von Gangstern, von denen jeder weiß, daß der andere auch auspacken könnte.«[17] Raul Hilberg bezeichnet dies als »Blut-Sippschaft«. Er schreibt, daß es für die SS wichtig war, alle »Wissenden« auch zu beteiligen, denn nichts sei so unbequem gewesen »wie das Gefühl, es werde einem über die Schulter geschaut, jemand habe die Freiheit zu reden und anzuklagen, weil er selbst nicht beteiligt war«.[18] Diese Furcht benennt er als den Ursprung der »Blut-Sippschaft«, als den unentrinnbaren »Sog, der jeden offiziellen ›Beobachter‹ in den Vernichtungsprozeß hineinzog. Die ›Blut-Sippschaft‹ erklärt, warum so viele Stellenleiter des Reichssicherheitshauptamtes zu den Einsatzgruppen abkommandiert wurden und warum die den Einsatzgruppen zugeteilten Stabsoffiziere den Befehl hatten, an den Tötungsaktionen teilzunehmen.«[19] Das erklärt auch, warum die SS-Ehefrauen als Teil dieser »Blut-Sippschaft« an den Einsatzorten wohnten oder ihre Männer dort besuchten. Sie waren Wissende, zählten zur »utopischen Vorhut des Nationalsozialismus«, zur Elite innerhalb der Elite, und hatten Teil an den »schweren Aufgaben« ihrer Männer.

Mit den erhofften Aufstiegsmöglichkeiten, aber auch mit Geltungsstreben hing das »Bewährungsbedürfnis« zusammen, das bei vielen SS-Männern zu finden war, das heißt der Wunsch, die Massenvernichtung wie eine harte Prüfung durchzustehen, um im Sinne des Systems vollwertig zu sein. Härte war die elitäre Qualitätsnorm der SS; nichts fürchteten die Männer so sehr,

---

15 Fest (1963, S. 405).

16 Buchheim (1962, S. 110 f.).

17 Bayer-Katte (1958); zit. n. Langbein (1987, S. 332).

18 Hilberg (1990, Bd. 3, S. 1082).

19 Ebenda.

als für weich gehalten zu werden. Härte galt als Führungsqualifikation, Weichheit dagegen als Karriererisiko. Diese Härte forderte Gefühllosigkeit, Unbarmherzigkeit und Unmenschlichkeit gegenüber allen Gegnern; sie bedeutete Gleichgültigkeit gegen den Schmerz schlechthin, sowohl den eigenen als auch den Schmerz anderer. Wer hart war gegen sich selbst erkaufte sich das Recht, auch hart gegen andere sein zu dürfen und rächte sich so für den Schmerz, den er verdrängen mußte. Höß erklärte in seinen Aufzeichnungen, daß das Eingeständnis, zu weich für den Dienst in der SS zu sein, unweigerlich den »Ausschluß, zumindest den schlichten Abschied« nach sich gezogen, ein nervlicher Schwächezustand Stellung und Karriere in Gefahr gebracht hätte.[20] Aber, und es ist wichtig, dies noch einmal zu betonen: »Niemand wurde vom totalitären Regime genötigt, sich durch besondere Härte auszuzeichnen oder ›Führungsqualitäten‹ zu beweisen, und niemand wurde gezwungen, Karriere zu machen und Machtpositionen einzunehmen«;[21] die Entscheidung war stets eine freiwillige. Für die SS-Männer, die für das Funktionieren der KZ- und Tötungsmaschinerie sorgten, blieben Weichheit, Liebe und Fürsorge auf die emotionale Einheit der Familie beschränkt.[22] Die SS-Ehefrauen, die für das Funktionieren der Familie und der Ehemänner

20 Buchheim (1967, S. 258) erklärt, daß, soweit die überlieferten Quellen das Studium des Alltags der SS ermöglichen, allenthalben die »Tendenz zur milderen Praxis« beobachtet werden kann, mit der die Vergöttlichung der Härte und der Rigorismus des offiziellen Selbstverständnisses neutralisiert wurden. »Gegenüber anderen war jede Härte recht, untereinander aber sah man sich die Schwächen nach.«

21 Jäger (1982, S. 71). Der SS-Obersturmführer Albert Hartl sagte im Nürnberger Prozeß aus, daß der Einsatzgruppenführer Thomas den ausdrücklichen Befehl gegeben habe, »daß die Leute, die zu weich seien oder es mit dem Gewissen nicht vereinbaren konnten, an Erschießungen teilzunehmen, in die Heimat zurückgeschickt oder für andere Aufgaben verwendet werden sollten«. Zit. n. Klee (1989, S. 84).

22 In seiner berühmt gewordenen Rede vor den SS-Gruppenführern in Posen am 4 Oktober 1943 hatte Himmler – unter dem Stichwort »Gemüt am falschen Platz« – erklärt: »Es ist grundfalsch, wenn wir unsere ganze harmlose Seele mit Gemüt, wenn wir unsere Gutmütigkeit, unseren Idealismus in fremde Völker hineintragen. Das gilt, angefangen von Herder, der die ›Stimmen der Völker‹ wohl in einer besoffenen Stunde geschrieben hat und uns, den Nachkommen, damit so maßloses Leid und Elend gebracht hat. Das gilt, angefangen bei den Tschechen und Slowenen, denen wir ja ihr Nationalgefühl gebracht haben. Sie selber waren dazu gar nicht fähig, sondern wir haben es für sie erfunden. Ein Grundsatz muß für den SS-Mann absolut gelten: ehrlich, anständig, treu und kameradschaftlich haben wir zu den Angehörigen unseres eigenen Blutes zu sein und zu sonst niemandem. Wie es den Russen geht, wie es den Tschechen geht, ist mir total gleichgültig.

sorgten, reagierten mit derselben Gleichgültigkeit auf die Leiden und das Sterben der Opfer. Auch sie erfüllten die elitären Qualitätsnormen der SS, waren hart, hatten kein Mitleid mit den Gequälten. Mitleid war eine Angelegenheit der Binnenmoral; es durfte die Bereitschaft der Beteiligten, ihren Vernichtungsaufgaben nachzukommen, möglichst wenig beeinträchtigen. Mitleid und ähnliche Reaktionen mußten im Entstehen umgekehrt werden und sich statt auf andere auf sich selbst bzw. auf die eigene Familie richten. Die Täter, die ja »ganz normale Menschen« mit »normalem Gewissen« waren, wurden, wie Hannah Arendt es ausdrückt, dadurch von ihrem gleichsam animalischen Mitleid befreit, so daß sie sich nicht mehr zu sagen brauchten: »Was tue ich bloß! sondern: Wie muß ich nur leiden bei der Erfüllung meiner schrecklichen Pflichten, wie schwer lastet diese Aufgabe auf meinen Schultern!«[23] Innerhalb des herrschenden politischen und moralischen Koordinatensystems begingen SS-Männer Verbrechen in dem Bewußtsein, ihre Pflicht zu erfüllen, etwas Gutes zu tun und sich für die Gesellschaft aufzuopfern.

Das, was in den Völkern an gutem Blut unserer Art vorhanden ist, werden wir uns holen, in dem wir ihnen, wenn notwendig, die Kinder rauben und sie bei uns großziehen. Ob die anderen Völker in Wohlstand leben oder ob sie verrecken vor Hunger, das interessiert mich nur soweit, als wir sie als Sklaven für unsere Kultur brauchen, anderes interessiert mich nicht. Ob bei dem Bau eines Panzergrabens 10000 russische Weiber an Entkräftung umfallen oder nicht, interessiert mich nur insoweit, als der Panzergraben für Deutschland fertig wird. Wir werden niemals roh und herzlos sein, wo es nicht sein muß; das ist klar. Wir Deutsche, die wir als einzige auf der Welt eine anständige Einstellung zum Tier haben, werden ja auch zu diesen Menschentieren eine anständige Einstellung einnehmen, aber es ist ein Verbrechen gegen unser eigenes Blut, uns um sie Sorgen zu machen und ihnen Ideale zu bringen, damit unsere Enkel und Söhne es noch schwerer haben mit ihnen. Wenn mir einer kommt und sagt: ›Ich kann mit den Kindern oder den Frauen den Panzergraben nicht bauen. Das ist unmenschlich, denn dann sterben sie daran‹, – dann muß ich sagen: ›Du bist ein Mörder an Deinem eigenen Blut, denn, wenn der Panzergraben nicht gebaut wird, dann sterben deutsche Soldaten, und das sind Söhne deutscher Mütter. Das ist unser Blut.‹ Das ist das, was ich der SS einimpfen möchte und – wie ich glaube – eingeimpft habe, als eines der heiligsten Gesetze der Zukunft: Unsere Sorge, unsere Pflicht, ist unser Volk und unser Blut; dafür haben wir zu sorgen und zu denken, zu arbeiten und zu kämpfen, und für nichts anderes. Alles andere kann uns gleichgültig sein. Ich wünsche, daß die SS mit dieser Einstellung dem Problem aller fremden nicht germanischen Völker gegenübertritt, vor allem den Russen. Alles andere ist Seifenschaum, ist Betrug an unserem eigenen Volk und ist ein Hemmnis zu einer früheren Gewinnung des Krieges.« Diese Rede wurde abgedruckt in IMT (1947–1949, Bd. XXIX, Dok. PS-1919, S. 110–173, hier S. 122).

23 Arendt (1986, S. 140).

SS-Angehörige im Konzentrationslager Dachau

Die SS-Siedlung im Konzentrationslager Dachau
(Archiv KZ-Gedenkstätte Dachau)

SS-Ehefrauen investierten ihre Gefühle in die eigene Familie. Sie demonstrierten damit sehr deutlich, daß die Frauen gemeinhin unterstellte »Mitmenschlichkeit und Fürsorge« keineswegs eine generelle Fürsorgebereitschaft für alle Menschen bedeutet, daß Mitgefühl und Fürsorge sehr exklusiv waren und sehr selektiv nur den Personen galten, die zum engen Kreis der Familie zählten. Mitgefühl muß keineswegs immer ein Ausdruck von Humanität sein. »Vielmehr sind diese Gefühle auch individuelle und soziale Strategien, um Grenzen zu ziehen, Grenzen zwischen denen, die ›zu uns‹ gehören, und denen, die nicht dazugehören. In diesem Sinne stützt ›weibliche Fürsorge‹ die bestehenden Machthierarchien und herrschende Ordnung und übersetzt so die Ausgrenzungspolitik von Antisemitismus und Rassismus in den sozialen Nahraum Familie und Nachbarschaft.«[24]

Während einer Besprechung in München, am 8. November 1938, teilte Himmler seinen Gruppen- und Obergruppenführern den zukünftigen Kurs der SS in der Judenfrage mit. Er legte kein Programm vor, sondern entwickelte eine Vision für das kommende Jahrzehnt, in dem die Judenfrage eine entscheidende Rolle spielen würde. »In den nächsten zehn Jahren werde es zu unerhörten Auseinandersetzungen kommen – nicht nur zu einem Kampf der Nationen, sondern zu einem weltanschaulichen ›Kampf des gesamten Juden-, Freimaurer-, Marxisten- und Kirchentums der Welt‹. Die treibende Kraft dieses Bündnisses, der ›Urstoff alles Negativen‹, seien die Juden. Diese hätten erkannt: Wenn Deutschland und Italien nicht vernichtet würden, würden sie selbst vernichtet werden.«[25] Im Oktober 1943 fand eine weitere Tagung mit SS-Gruppenführern in Posen statt. Auch hier hielt Himmler eine Rede. Etwa zwei Stunden seiner insgesamt dreistündigen Rede widmete Himmler dem »ganz schweren Kapitel«, über das die SS in der Öffentlichkeit nie reden könne: Er sprach über »die Judenevakuierung, die Ausrottung des jüdischen Volkes«. Er nannte dies »ein niemals geschriebenes und niemals zu schreibendes Ruhmesblatt unserer Geschichte« und erklärte: »Wir hatten das moralische Recht, wir hatten die Pflicht gegenüber unserem Volk, dieses Volk, das uns umbringen wollte, umzubringen.«[26] Schon 1938, am Abend vor dem Novemberpogrom, hatte Himmler seinen Männern prophezeit, daß es zum Kampf gegen die Juden kommen würde. Im Oktober 1943 hatte sich diese

24 Rommelspacher (o. J., S. 141).

25 Vgl. Breitmann (1996, S. 70).

26 Diese Rede wurde abgedruckt in IMT (1947–1949, Bd. XXIX, Dok. PS-1919, S. 110–173); vgl. Breitmann (1996, S. 318ff.).

Prophezeiung zu großen Teilen bereits erfüllt: Mehr als eine Million Juden waren in den besetzten und annektierten Gebieten im Osten erschossen, erschlagen und verscharrt worden. Sie waren in Ghettos und Lagern eingesperrt, in denen sie durch Hunger, Quälereien und Sklavenarbeit zu Tode gebracht wurden. Und sie wurden aus allen von Deutschen besetzten Ländern in die Vernichtungslager deportiert und vergast.

Gitta Sereny befragte den ehemaligen Kommandanten des Vernichtungslagers Treblinka,[27] Franz Stangl, wie er denn all das Grauen dort ertragen habe, woran er sich habe festhalten können. Stangl antwortete: »Ich weiß nicht. Vielleicht meine Frau. Vielleicht die Liebe zu meiner Frau.«[28] Franz Stangl war, bevor er Kommandant von Treblinka wurde, bereits Kommandant im Vernichtungslager Sobibór gewesen.[29] Frau Stangl hatte ihren Mann in Sobibór besucht und dabei erfahren – so erzählte sie –, welche »Arbeit« er dort machte. Sie wohnte in der Nähe des Vernichtungslagers, etwa drei Kilometer entfernt auf einem Fischgut, will aber nichts gesehen, gehört oder auch nur gerochen haben. In Sobibór wurden die Leichen der Ermordeten auf riesigen Scheiterhaufen, auf Rosten aus Eisenbahnschienen verbrannt, auch nachts. »Der Feuerschein war nicht nur im Lager, sondern auch außerhalb zu sehen, und der Geruch von verbranntem Fleisch erfüllte weithin die Luft.«[30] Frau Stangl äußert sich an keiner Stelle über diesen Gestank, ob sie ihn wahrgenommen, ob sie ihren Mann danach gefragt hat, und Gitta Sereny

27 Im Herbst 1941 war der Platz für das Vernichtungslager Treblinka mitten im Wald in einem Moorgebiet, vier Kilometer von der Bahnstation entfernt, festgelegt worden. Ab August 1942 bis September 1943, als das Lager aufgelöst wurde, war der SS-Hauptsturmführer Franz Stangl Kommandant des Lagers. Ab 22. Juli 1942 kamen täglich Transporte aus dem Warschauer Ghetto in Treblinka an. Außerdem wurden Menschen in Transporten aus anderen polnischen Ghettos, aus Deutschland, Österreich, Belgien, Jugoslawien, Griechenland, Bulgarien, der ČSR und den besetzten russischen Gebieten nach Treblinka deportiert. Diese Transporte bestanden aus maximal 58 Güterwagen und zwei Personenwagen. Nach polnischen Schätzungen wurden mehr als 750000 Menschen im Todeslager Treblinka ermordet. Vgl. Schwarz (1996, S. 253).

28 Sereny (1995, S. 246).

29 Der Bau des Vernichtungslagers Sobibór begann im März 1942. Nach polnischen Schätzungen wurden mehr als 250000 jüdische Kinder, Frauen und Männer, die in ca. 104 bis 106 Eisenbahntransporten (mit je 2000 bis 3000 Personen) nach Sobibór verschleppt worden waren, in diesem Todeslager umgebracht. Dazu kommt eine unbekannte Anzahl von Menschen, die mit Autos oder in Fußmärschen nach Sobibór gebracht worden waren. Vgl. Schwarz (1996, S. 252).

30 Rückerl (1977, S. 173).

hat sie offensichtlich auch nicht dazu befragt. Darüber, wie Frau Stangl erfahren haben will, was in Sobibór geschah, erzählt sie folgende Geschichte: Eines Tages seien einige SS-Männer zu Besuch gekommen, die Schnaps mitgebracht und im Garten getrunken hätten. Einer dieser SS-Männer habe ihr von seiner Frau und seinen Kindern und dann von Sobibór erzählt. Er habe ihr berichtet, was mit den Menschen geschah, die nach Sobibór transportiert wurden. Durch ihn sei ihr zu Ohren gekommen, daß alle Frauen, Männer und Kinder dort sofort in den Gaskammern ermordet wurden. Legitimiert habe er seine Beteiligung am Massenmord mit den Worten: »Aber wir tun das für unseren Führer. Für ihn bringen wir das Opfer, das zu tun – wir gehorchen seinen Befehlen.«[31]

Erst nach diesen Informationen will sie ihren Mann nach seiner Beteiligung befragt haben. Dieser habe ihr erklärt, daß er zwar die »höchste Charge« in Sobibór sei, mit den Morden aber nichts zu tun habe. Er beaufsichtige lediglich die Bauarbeiten, und diese Arbeit mache ihm Freude. Zur Bestätigung ihrer Geschichte erzählt Frau Stangl weiter, daß sie sich in dieser Nacht ihrem Mann sexuell verweigert und ihn erst einige Tage später »wieder gelassen« habe. Am Ende habe ihr Mann sie davon überzeugt, daß seine Rolle im Lager eine rein administrative sei. Und sie beendet ihre Darstellung mit der Bemerkung: »... ich weiß, ich hätte mich nicht im Bösen von ihm getrennt.«[32] An keiner Stelle dieser Erzählung äußert sie Mitgefühl für die im Vernichtungslager Sobibór ermordeten Menschen. Alle Gefühle, die sie beschreibt, kreisen um ihren Mann und sie selbst.

Als Stangl dann Kommandant des Vernichtungslagers Treblinka geworden war, besuchte er seine Familie am Heimatort. »Das erstemal, als ich Paul nach Sobibór wiedersah«, berichtete Frau Stangl, »war fünf Monate später, als er zu Weihnachten nach Hause kam. Es war so herrlich, ihn zu sehen, besonders zu Weihnachten. Zu Hause, in Österreich, mit dem Weihnachtsfest und all dem, schien das, was in Polen geschah, vollkommen unwirklich. Natürlich fragte ich Paul über Treblinka, aber er sagte, er wäre nur für die Wertsachen, die Bauarbeiten und die allgemeine Disziplin verantwortlich. Nein, er hat nicht gemacht, als ob Treblinka etwas anderes als Sobibór gewesen wäre, aber er sagte, daß er alles versuchen würde, um davon wegzukommen.«[33]

Auf Gitta Serenys Frage, was geschehen wäre, wenn sie, an irgendeinem

---

31 Sereny (1995, S. 158f.).

32 Ebenda, S. 159f.

33 Ebenda, S. 247.

Punkt, ihren Mann vor die Wahl gestellt hätte: »Ich weiß, es ist schrecklich gefährlich, aber entweder du steigst aus dieser furchtbaren Sache aus, oder die Kinder und ich werden dich verlassen«, antwortete Frau Stangl nach einiger Zeit des Nachdenkens: »Ich glaube, wenn ich Paul jemals vor diese Wahl gestellt hätte: Treblinka oder ich; er würde ... ja, er hätte sich letzten Endes für mich entschieden.«[34]

Frau Stangl stellte ihren Mann nicht vor diese Alternative, im Gegenteil: Selbst als sie wußte, was er tat, blieb sie mit ihren Töchtern bei ihm, half ihm nach Ende des Krieges bei der Flucht und folgte ihm schließlich zunächst nach Syrien und dann nach Brasilien.

34 Ebenda S. 427.

Wohnen beim Konzentrationslager

Zu den Konzentrationslagern, die ab 1936 nach einheitlichen Plänen gebaut wurden, gehörten das Häftlingslager oder »Innenlager«, eine »umfriedete Insel innerhalb des gesamten Lagerkomplexes«,[1] sowie die SS-Werkstätten: eine Schneiderei, eine Schlosserei, eine Schuhmacherei, eine Metzgerei, eine Schreinerei und eine Bäckerei, ferner die Verwaltung, die Kasernen für die SS-Wachbataillone und die SS-Siedlung.[2] Die Siedlung bestand aus den Häusern und Wohnungen der SS-Familien, aus Gemüse- und Blumengärten, Schule und Kindergarten, Fußballplatz und Schwimmbad, Kasino und Bordell, Kino und Theater, Geschäften und Krankenstation.[3]

Planung und Ausbau der kompletten Anlage zeigen, daß hier eine Institution nicht nur für einen aktuellen »Bedarf«, sondern für »alle Zukunft« entwickelt worden war.[4] SS-Familien waren integraler Bestandteil des Gesamtkonzepts Konzentrationslager, was »Akten der SS-Bauleitung« sowie neuere Studien zur Geschichte der Lager belegen.

---

1 Richardi (1983, S. 56); er erklärt, daß sich von Anfang an in der Dienstsprache der Bewacher für das Häftlingslager die Bezeichnung »Inneres Gefangenenlager« oder »Innenlager« eingebürgert hatte.

2 Je nach Ausbaustadium befanden sich auf dem Areal eines Konzentrationslagers Werkstätten, Fabrikhallen, landwirtschaftliche Betriebe, Heizwerk und Löschteich, Kasernen und Büros, Kantinen, Lazarette, Gefängnis und Krematorium. »Vollständig ausgebaut war es eine komplette Ortschaft mit Straßennetz und Gleisanschluß, eine Stadt für Personal und Gefangene, in der tausende, zeitweilig zehntausende Menschen untergebracht waren. In seiner modernen Standardform ist das Lager eine geschlossene Ortschaft mit Einrichtungen, die der Infrastruktur einer Stadt entsprechen.« Sofsky (1993, S. 63).

3 Während die frühen Konzentrationslager improvisierte Haftlokale waren, in Oranienburg eine leerstehende Brauerei, in Dachau eine halbverfallene Pulverfabrik, wurden die Konzentrationslager ab 1936 zentral von der SS-Bauleitung geplant und errichtet.

4 Dies gilt auch für die Konzentrationslager, die nach Kriegsbeginn eingerichtet wurden, obwohl hier aufgrund des kriegsbedingten Materialmangels (Baustoffe etc.) Abstriche an der Bauplanung gemacht werden mußten. So ersetzten beispielsweise Holzbaracken die geplanten Steinhäuser nicht nur im Häftlingslager, sondern auch im SS-Verwaltungsbereich und in den SS-Siedlungen.

Konzentrationslager Sachsenhausen mit SS-Siedlungen
(US-amerikanisches Luftbild, Landesvermessungsamt Brandenburg, veröffentlicht mit Genehmigung des Landesvermessungsamtes Brandenburg vom 10. 6. 1996 unter Nr. LBB–XXIII/96–97)

Die Siedlungen, in denen die SS-Führer mit ihren Familien wohnten, waren zumeist wie ein »Kranz um die Lagerbereiche herum an geeigneten und landschaftlich möglichst schönen Punkten, in Entfernungen von drei bis sechs Kilometern, angelegt«.[5] In Dachau lag die SS-Wohnanlage, die 1937/38 von Häftlingen gebaut werden mußte, an der »Straße der SS«, die Kommandantenvilla und die Häuser der SS-Führer lagen an einem Weg, der »Am Geisterwald« hieß. Bereits 1934/35 hatten die Häftlinge ein Schwimmbad

5 Kogon (1974, S. 75 f.).

für die SS bauen müssen.[6] Hier lebten 150 SS-Familien mit 250 Kindern. Für diese Kinder sollte die Stadt Dachau auf Wunsch der Partei in der Nähe eine eigene Grundschule bauen.[7] In Buchenwald war an der klimatisch milderen Seite des Ettersbergs von den Lagerinsassen eine Asphaltstraße (Eickestraße) gebaut worden. Ihr entlang wurden die SS-Führerhäuser errichtet. Zuletzt standen dort zehn Luxusvillen, die mit allem Komfort eingerichtet waren. Es waren stilvolle Holzvillen mit massiven Untergeschossen, eigenen Garagen und weiträumigen Terrassen, die einen großzügigen Ausblick in das thüringische Land boten. Jede Villa hatte eine eigene Zentralheizung und Warmwasserversorgung. Die zur Einfassung verwendeten großen Quader mußten von den Häftlingen aus den Steinbrüchen in langen Kolonnen herangeschleppt werden. In den Führerhäusern wohnten die Lagerkommandanten, die Lagerführer, die Truppenkommandanten und andere höhere SS-Führer mit ihren Familien und Dienstboten.[8] Die SS-Siedlung des Konzentrationslagers Flossenbürg, Blockhäuser auf Granitkellergeschossen, war ab 1938 auf der dem Lager abgewandten Seite des Plattenbergs errichtet worden.[9] Die Villa mit Schwimmbad des KZ-Kommandanten von Natzweiler stand an dem Feldweg, der vom Lager hinunter zur 500 Meter entfernten Gaskammer führte.[10] Über die Wohnhäuser der SS-Führer des Konzentrationslagers Sachsenhausen wird berichtet, daß die Privatvilla des Kommandanten Theodor Eicke in einem »Eichenhain in einer ansonsten geschlossenen Kiefernvegetation« stand, und daß das »eigentliche Häftlingslager ... von einem Schutz- und Sichtwall funktionaler Gebäude (umgeben war). Nicht genug, an der Hauptstraße, die am KZ vorbeiführte, baute man idyllisch wirkende, eineinhalbstöckige Einfamilienhäuser mit tief herunter gezogenen, steilen Satteldächern, deren Steinmauern mit Holzfassaden verkleidet waren. Die im ›Heimatschutzstil‹ für SS-Offiziere gebauten Häuser wirkten, umgeben von altem Kiefernbestand, wie Förstereien auf kitschigen Postkarten.«[11] Zur SS-Siedlung des Konzentrationslagers Ravensbrück zählten vier »SS-Führerhäuser«, Doppelhäuser, in denen der Kommandant und hohe SS-Füh-

6 Richardi (1983, S. 84).

7 Vgl. Steinbacher (1994, S. 90, S. 131).

8 Vgl. Buchenwald-Report (1996, S. 69).

9 Vgl. Nerdinger (1993, S. 526). Diese SS-Siedlung, die äußerlich völlig unverändert erhalten ist, wird heute als Wohnsiedlung genutzt.

10 Vgl. Sofsky (1993, S. 63).

11 Vgl. Morsch (1995, S. 30).

rer wohnten, sowie 19 größere Häuser für SS-Führer und SS-Aufseherinnen. Zum SS-Wohnbereich gehörten ebenfalls der Kindergarten, die Kasernen, SS-Wachblocks genannt, für die männlichen Wachmannschaften, die Wohnbaracke für Zentralarbeiter und die Unterkünfte für die kasernierten SS-Aufseherinnen (Aufseherinnenbaracken) sowie die Küche für Aufseherinnen.[12] Auch die SS-Führer des Konzentrationslagers Neuengamme bei Hamburg lebten in einer Siedlung in unmittelbarer Nachbarschaft des Lagers. Im Mittelpunkt der Siedlung plätscherte ein Springbrunnen, daneben lag ein kleiner, parkähnlicher Garten mit weißen Holzliegestühlen und Bänken, wie man sie aus Kurorten kennt.[13] Die SS-Führer des »Kleine Festung« genannten Konzentrationslagers in Theresienstadt lebten mit Frauen und Kindern direkt auf dem KZ-Gebiet. Innerhalb der »Kleinen Festung« gab es ein durch einen normalen Zaun abgegrenztes Gebäude, in dem die Familien der SS lebten. Frauen und Kinder hatten Einblick in alles, was in dieser Festung geschah.[14]

Quellen für das Leben von SS-Männern, ihren Ehefrauen und Kindern in den Siedlungen der Konzentrationslager sind die veröffentlichten wie nichtveröffentlichten Zeugnisse ehemaliger Häftlinge, die Interviews mit ehemaligen polnischen Dienstmädchen, die Berichte ehemaliger SS-Angehöriger, Ermittlungsakten der Staatsanwaltschaften, Protokolle von Gerichtsprozessen sowie neuere Literatur zu NS-Tätern und Konzentrationslagern.

Die SS-Siedlung in Auschwitz

Zwischen April 1940 und Januar 1945 waren insgesamt 6800 SS-Männer und etwa 200 SS-Aufseherinnen im Konzentrationslager Auschwitz im Einsatz.[15] Die vor Kriegsbeginn errichteten SS-Siedlungen waren in der Regel Neubauten. Im Unterschied dazu wurde die SS-Siedlung in Auschwitz im Stadtteil Zasole in bereits vorhandenen Häusern etabliert, deren Bewohner man enteignet und vertrieben hatte. Die ersten waren die Bewohner eines Flüchtlingslagers, die in einer an das Lagergebiet angrenzenden Barackenkolonie

12 Vgl. »Übersichtsplan des ehemaligen KZ Ravensbrück«, dieser Plan wurde 1955 vom »Kollektiv Buchenwald« hergestellt (Kopie vom 10.9.83).

13 Vgl. Rolle (1992, S. 7).

14 Mündliche Information durch Mitarbeiter der Gedenkstätte Theresienstadt.

15 Lasik (1994, S. 217–287, hier S. 274).

lebten. Sie wurden am 19. Juni 1940 vertrieben, 500 wurden verhaftet, 250 von ihnen zur Zwangsarbeit nach Deutschland deportiert. Vorläufig bleiben durften lediglich die Mitglieder von acht Familien, die bei SS-Angehörigen des Lagers arbeiteten.[16] Kaum drei Wochen später, am 8. Juli 1940, bekamen die Bewohner der Legiony-Straße, Krotka-Straße und Polna-Straße von der Stadtverwaltung eine Vorladung, in der ihnen befohlen wurde, sich um 10 Uhr vormittags in der Wysoglad-Halle einzufinden, um ihre Häuser der SS zur Verfügung zu stellen. Kaum angekommen, wurden sie von SS-Männern umstellt, die mit drei Lastwagen gekommen waren. Während der Versammlung begannen die SS-Männer, sowohl im Saal als auch außerhalb auf die Menschen zu schießen. Mehr als ein Dutzend Familien, die die Schießerei überlebt hatten, wurden zur Zwangsarbeit in das Sudetenland verschickt. Die übrigen durften vorläufig in ihre Häuser zurückkehren.[17] Die schönsten Häuser wurden mitsamt der Einrichtung den Familien der SS-Führer zugeteilt. Im November 1940 und im April 1941 wurden in weiteren Aktionen die noch verbliebenen Einwohner des Stadtteils Zasole vertrieben. 123 Häuser ließ die SS von Häftlingen abreißen.[18] Die übrigen Häuser bezogen Familien von SS-Männern sowie Familien von Angestellten und Facharbeitern der neuerbauten Kautschuk- und Benzinfabrik, genannt Bunawerke.[19] Am 31. Mai 1941 war ein 400 Hektar großes Gelände zum Sperrgebiet (»Interessengebiet KL Auschwitz«) erklärt worden. Bereits am 25. April war dieses Gebiet durch die Vertreibung der Einwohner des Stadtteils Zasole und der Dörfer Babice, Broszkowice, Brzezinka, Budy, Harmęże, Plawy und Rajsko auf 4000 Hektar vergrößert worden. Aus den ehemaligen Dörfern wurde ein Gutsbezirk, der sich rund um das Lager zog, mit einer landwirtschaftlichen

16 Czech (1989, S. 37).

17 Ebenda, S. 41 f. Wie viele Menschen bei dieser Schießerei verletzt oder getötet wurden, ist nicht bekannt.

18 Am 1. April 1941 wurde innerhalb einer Stunde die »vollkommene Aussiedlung der restlichen, in der zweiten Lagerzone wohnenden Bevölkerung, d. h. der Anwohner der Legionen-, Kurz-, Feld- und Bahnhofstraße durchgeführt. Die Anwohner, die zuvor keinerlei Benachrichtigung über die Räumung erhalten haben, werden mit den Befehlen ›Raus‹ und ›Sofort‹ aus ihren Häusern auf die Straße gejagt. Noch am selben Tag beginnen Häftlinge eines Abbruchkommandos mit dem Abbruch der geräumten Häuser und der Verwendung der so gewonnenen Baumaterialien zum Ausbau des Lagers.« Lediglich sechs Wohnhäuser, in der Feld- und Bahnhofstraße, werden stehengelassen, der Abbruch der anderen sollte Polizeiaktionen im Fall von Fluchten erleichtern. Ebenda, S. 84.

19 Auschwitz faschistisches Vernichtungslager (1981, S. 18 ff.).

Versuchsstation, Laboratorien, einer Pflanzenzuchtstation sowie Anlagen für Ackerbau, Pferde-, Schweine-, Geflügel- und Fischzucht.[20]

Die damals zwanzigjährige Emilie Z. wohnte vor dem Einmarsch der Deutschen mit ihren Eltern, einem Bruder und zwei jüngeren Schwestern im Stadtteil Zasole. Sie berichtete später: »In der Zeit der Okkupation ließ man uns in diesem Haus wohl noch ein Jahr lang nach der Errichtung des Lagers wohnen. Unser Haus war das letzte vor der Tafel, die den Eingang zum Lagerterritorium abschloß. Die Villen der Timmlóws und der Tomasikóws befanden sich schon im Lager. Bei beiden Villen gab es ansehnliche, gut bewirtschaftete Gärten. Zur Arbeit in diesen Gärten begann man Gefangene zu bringen. Alle vier, unsere Mutter an der Spitze, beobachteten wir, hinter der Gardine stehend, sie heimlich mit großer Neugier. Nach einiger Zeit stellten wir fest, daß immer dieselben Gefangenen kamen. Wir begannen uns immer mutiger zu zeigen und den Kontakt mit ihnen zu suchen. Man brachte ihnen Essen, Zigaretten und tauschte ein paar Neuigkeiten aus. Jemand Unerwünschtes beobachtete jedoch unser Treiben, denn im September 1940 nahm man Mutter und meine Schwester Kazia mit auf die Polizei in der Stadt und setzte sie in den Keller, jede in eine Einzelzelle. Meine Schwester wurde krank. Sie fiel in eine langdauernde Ohnmacht, aus der man sie nicht erwekken konnte. Der herbeigerufene Arzt verordnete einen sofortigen Ortswechsel. Meine Mutter und meine Schwester wurden dann ins Lager gebracht, wo sie verhört wurden und wo man ihnen eine Erklärung zur Unterschrift vorlegte, in der sie sich zur Geheimhaltung dessen, was sie gehört und gesehen hatten, verpflichteten, sowie eine Warnung, daß bei Kontakten mit den Gefangenen die Todesstrafe drohe. Am Verhör nahm wahrscheinlich der SS-Mann Güsgen teil, der in derselben Straße wohnte wie wir, nur näher am Lager. In jener Zeit hatten die SS-Männer mit ihren Familien die umliegenden Häuser besetzt, die das Lager für sie nach der Aussiedlung der Polen, der Besitzer der Häuser, renoviert hatte... Aus der Zeit, als wir noch im Haus von Bernacik gewohnt hatten, erschienen mir am bedrohlichsten die Durchsuchungen, die von SS-Männern auf brutale Weise bei uns durchgeführt wurden, wenn sie einen aus dem Lager geflohenen Gefangenen suchten.«[21]

Im Dezember 1941 bestand die SS-Siedlung Auschwitz aus insgesamt 47

---

20 Czech (1989, S. 64, 81, 89). Himmler plante, in diesem Gutsbezirk ein SS-Musterdorf einzurichten. Siehe auch: van Pelt (1994); Dwork und van Pelt (1996).

21 Państowe Muzeum Oświęcim-Brzezinka, Sammlung »Zeugenaussagen« (Berichte), Bd. 82, Bl. 144–149, Zeugenaussage von Emilie Z. am 8.1.1974 (Name anonymisiert).

Häusern, darunter 32 Einfamilienhäuser, in denen die Familien der SS-Führer und -Unterführer des Kommandanturstabes wohnten. Weiterhin gehörten zur SS-Siedlung eine Schule und ein Kindergarten, ein Laden, ein Kaffeehaus und ein provisorisches Schlachthaus mit Kühlkeller, eine »Führerunterkunft« (Wohnungen für ledige SS-Führer), ein Führerheim (Kasino), eine »Ärzteunterkunft« (Wohnungen für ledige Ärzte), das SS-Reviergebäude (Krankenhaus), die Truppenunterkunft (Kasernen für die SS-Wachmannschaften), Häuser und Wohnungen für Angestellte und Arbeiter der Deutschen Ausrüstungswerke G.m.b.H., Häuser für Polizisten und die »Unterkunft Landwirtschaft«, in der die Spezialisten der landwirtschaftlichen Versuchsstation wohnten. Die Villa des Kommandanten befand sich an der nordwestlichen Ecke des Häftlingslagers in unmittelbarer Nähe des Zaunes und der Baracken.[22]

Robert Mulka, 1942/43 Adjutant des Kommandanten in Auschwitz, erinnerte sich, daß inmitten dieser Siedlung »die Truppenbetreuung recht gut florierte, mit Theater, Kino und bunten Abenden. Ein Herr Knittel machte das.«[23] Auch gab es in Auschwitz ein SS-Hotel.[24] Emilie Z. erzählte, daß in der Villa der Timmlóws das Kasino für SS-Offiziere eingerichtet worden war.[25]

Am 16. August 1943 befahl der Chef des Wirtschafts- und Verwaltungshauptamtes, Oswald Pohl, der zu Besuch in Auschwitz weilte, daß in der SS-Siedlung ein Kinderheim für deutsche Kinder und ein Entbindungsheim für deutsche Frauen errichtet und die Wohnungen der SS-Oberaufseherin Maria Mandel und des Professors Dr. Clauberg, der Sterilisationsversuche an weiblichen jüdischen Häftlingen durchführte, ausgebaut werden sollten.[26] Die

22 HIS Archiv, Bericht Bauleitung Auschwitz an Kommandantur Auschwitz, Betr.: Übergabe von Gebäuden, vom 31. 12. 1941.

23 Naumann (1965, S. 39).

24 Langbein (1995, Bd. 1, S. 429).

25 Pańʹstowe Muzeum Oświęcim-Brzezinka, Sammlung »Zeugenaussagen« (Berichte), Bd. 82, Bl. 144–149, Zeugenaussage von Emilie Z. am 8. 1. 1974.

26 Pressac (1993, S. 110). Maria Mandel war von September 1939 bis Oktober 1942 Aufseherin, anschließend Oberaufseherin in Ravensbrück und von Oktober 1942 bis November 1944 Oberaufseherin in Auschwitz-Birkenau, danach Leiterin dieses Lagers. Sie wurde am 22. 12. 1947 in Polen zum Tode verurteilt. Vgl. ZStL, IV 409 AR-Z 39/59 Bd. VI, Bl. 1188 F.; Carl Clauberg, SS-Gruppenführer der Reserve, war im Dezember 1942 nach Auschwitz gekommen. Im April 1943 begann er im Block 10 des Konzentrationslagers Auschwitz I (Stammlager) mit seinen »Experimenten«. Er war auf der Suche nach einer »billigen und effizienten Methode«, Frauen unfruchtbar zu machen. Um dies zu erreichen, spritzte er Frauen und Mädchen, die aus dem Konzentrationslager Auschwitz-Birkenau in den Block 10 verlegt worden waren, ohne Betäubung ätzende Flüssig-

Siedlung besaß ein eigenes Fußballstadion, eine Bibliothek, ein Fotolabor, ein Theater, ein Schwimmbecken, ein Symphonieorchester, gebildet aus Häftlingen des Konzentrationslagers, und ein Bordell für die SS-Männer.[27] Es gab sogar Verkehrsregeln im Lager und rote und grüne Ampellichter. Übertretungen hatten eine Untersuchung durch das Verkehrsgericht der SS zur Folge.

Über das Leben, das die Bewohner der SS-Siedlung führten, berichten überlebende Häftlinge des Konzentrationslagers sowie ehemalige polnische Dienstmädchen, zu denen auch die bereits zitierte Emilie Z. zählt. Die Häftlinge gehörten zu Arbeitskommandos, die für SS-Familien arbeiten mußten, die Dienstmädchen waren per Zwangsverpflichtung zur Arbeit in die SS-Siedlung abkommandiert worden. Ihre Schilderungen ermöglichen es, obwohl es keine autobiographischen Berichte, Tagebücher und Briefe von SS-Ehefrauen in den Archiven gibt, einige Aspekte des Lebens von SS-Familien in Auschwitz nachzuzeichnen. Hinweise darauf finden sich auch in den Studien zum KZ-Personal, so beispielsweise in Untersuchungen über die SS-Ärzte[28] sowie in der Dokumentation des Frankfurter Auschwitz-Prozesses, den Vernehmungsprotokollen und Erinnerungsberichten ehemaliger SS-Männer, die nach dem Krieg in der Haft angefertigt wurden.

»Da Du mit den Kindern bei mir in Auschwitz warst, da war nichts vom Krieg zu spüren«: Familie Wirths

Der SS-Obersturmführer Dr. med. Eduard Wirths war leitender Arzt im Konzentrations- und Vernichtungslager Auschwitz. Er war seit 1933 Mitglied der SA und seit 1934 der SS. Bis 1939 leitete er im Rasse- und Siedlungs-

---

keiten in die Gebärmutter. Viele der 800 Frauen und Mädchen, die er schätzungsweise für diese Versuche mißbraucht hat, starben während dieser »Experimente«. Im Herbst 1944 floh Clauberg vor der anrückenden Roten Armee in das Konzentrationslager Ravensbrück und setzte dort seine »Experimente« fort. Er wurde 1948 in der Sowjetunion vor Gericht gestellt und zu 25 Jahren Haft verurteilt. Bereits 1955 amnestiert, kehrte er in die Bundesrepublik zurück und ließ sich in Kiel nieder. Hier zeigte er sich voller Stolz über seine »wissenschaftlichen Leistungen«. Auf Intervention des Zentralrats der Juden wurde er am 22. November 1955 verhaftet. Er starb, kurz bevor der Prozeß beginnen sollte, am 9. August 1957. Vgl. Czech (1989, S. 1002); siehe auch: Kraushaar (1996, S. 1283f., 1306, 1490, 1692).

27 Vgl. Posner und Ware (1993, S. 42f.).

28 Vgl. Lifton (1993); Bar-On (1993); Posner und Ware (1993); Frankfurter (1995).

hauptamt-SS, Heiratsamt Thüringen, die Abteilung für »Rasseuntersuchungen« bei Anträgen zu Verlobungs- und Heiratsgenehmigungen.[29] Nach Kriegsbeginn wurde er zur Waffen-SS zum Einsatz in Norwegen und an der Ostfront abkommandiert und im September 1942 über die Konzentrationslager Dachau und Neuengamme nach Auschwitz versetzt. Ihm waren alle anderen SS-Ärzte in Auschwitz unterstellt. Wirths war es, der innerhalb der Lagerhierarchie darauf bestand, daß ein Befehl aus Berlin, nur Ärzte seien an den Selektionen zu beteiligen, auch durchgesetzt wurde. Damit hatte Wirths nicht nur die Kontrolle über die Selektionen, er selbst wurde zum verantwortlichen Organisator. Er nahm regelmäßig daran teil, »um die Disziplin und das Selbstverständnis seiner Untergebenen zu fördern«.[30] Wirths war auch an sogenannten wissenschaftlichen Experimenten im Lager beteiligt, die nicht selten einen tödlichen Ausgang hatten. Ihn interessierte besonders die »Früherkennung des Gebärmutterkrebses«.[31]

---

29 Vgl. Pressac (1993, S. 175).

30 Czech (1989, S. 1020).

31 Vgl. Lorska (1987, Bd. 1, S. 209–212, hier S. 209ff.). Die »nichtärztliche Tätigkeit der SS-Ärzte im K.L. Auschwitz« beschrieb Rudolf Höß während seiner Haft in Polen: »Neben ihren gewöhnlichen üblichen ärztlichen Aufgaben übten die SS-Ärzte in Auschwitz noch folgende Tätigkeiten aus.

1. Bei ankommenden Juden-Transporten hatten sie die arbeitsfähigen männlichen sowie weiblichen Juden nach den vorgegebenen Richtlinien auszusuchen.

2. Bei dem Vernichtungsvorgang an den Gaskammern hatten sie anwesend zu sein, um die vorgeschriebene Anwendung des Giftgases Cyklon B durch die Desinfektoren SDGs zu überwachen. Weiter hatten sie sich nach der Öffnung der Gaskammern zu überzeugen, daß die Vernichtung vollständig war.

3. Die Zahnärzte hatten sich durch fortgesetzte Stichproben davon zu überzeugen, daß die Häftlingszahnärzte der Sonderkommandos bei allen Vergasten die Goldzähne auszogen und in die bereitstehenden gesicherten Behältnisse warfen. Weiter hatten sie die Einschmelzung des Zahngoldes u. die sichere Aufbewahrung bis zur Ablieferung zu überwachen.

4. Die SS-Ärzte hatten laufend in Auschwitz in Birkenau sowie in den Arbeitslagern die arbeitsunfähig gewordenen Juden, die voraussichtlich innerhalb von vier Wochen nicht wieder arbeitsfähig werden konnten, auszumustern und der Vernichtung zuzuführen. Auch seuchenverdächtige Juden waren zu vernichten. Bettlägerige sollten durch Injektionen getötet werden, die anderen in den Krematorien bezw. im Bunker durch Gas vernichtet werden. In den Injektionen wurden m. Wissens Phenol, Evipan und Blausäure verwendet.

5. Sie hatten die sogen. verschleierten Executionen durchzuführen. Es handelte sich dabei um polnische Häftlinge deren Execution vom RSHA bezw. vom BdS des General

Über die stabilisierende Funktion der Ehefrau für das »seelische Gleichgewicht« des SS-Arztes Wirths, das in »außerordentlich hohem Maße von den Bindungen an seine Familie... und zwar ganz besonders an seine Frau«[32] abhing, berichtet Robert J. Lifton. Frau Wirths lebte mit ihren Kindern, vermutlich vom Spätherbst 1943 bis Oktober 1944, in der SS-Siedlung in Auschwitz. »Vor und nach dieser Zeit ... schrieb er ihr lange leidenschaftliche Briefe, beschwörend und oft verzweifelt. Seine Frau und seine Kinder – und damit auch den Teil seines Selbst, der mit ihnen verbunden war – stattete er mit absoluter Reinheit und Güte aus. Und an diese Reinheit und Güte klammerte er sich mit der Heftigkeit eines Mannes, der vom Bösen verzehrt wird.«[33] Während sie gemeinsam in der SS-Siedlung in Auschwitz lebten, hatte ihn seine Familie von allem abgeschirmt. Im Dezember 1944 schrieb er ihr: »Ja wirklich, Süßes, da Du mit den Kindern bei mir in Auschwitz warst, da war nichts vom Krieg zu spüren!« Diese Aussage läßt folgende Interpretation zu: Frau Wirths beschützte ihren Mann in Auschwitz vor sich selbst, während er sie vor dem Krieg schützte. In der »Heimat« konnte er sie nicht vor dem Bombenkrieg und sie ihn nicht mehr vor Auschwitz schützen. Wirths' Tochter, die sich noch an ihr Leben in Auschwitz erinnert, berichtete

Gouvernements angeordnet war. Da die Execution aus politischen bezw. Sicherheitspolizeilichen Gründen nicht bekannt werden durften, sollte als Todesursache eine am Lager übliche Quelle angegeben werden. Die so zum Tode verurteilten gesunden Häftlinge wurden von der Politischen Abteilung in den Arrest-Bl.-11- gebracht und dort von einem SS-Arzt durch Injektionen liquidiert. Kranke wurden im Krankenhaus ebenfalls durch Injektionen unauffällig getötet. Der betr. Arzt hatte dann auf der Todesbescheinigung eine rasch zum Tode führende Krankheit anzugeben.

6. Die SS-Ärzte hatten bei den Executionen der von den Standgerichten zum Tode Verurteilten zugegen zu sein und den Tod festzustellen. Ebenso bei den Executionen die vom RFSS oder vom RSHA oder vom BdS befohlen waren.

7. Sie hatten bei Anträgen auf körperliche Züchtigung die zu bestrafenden Häftlinge auf Hinderungsgründe zu untersuchen und beim Vollzug dieser Strafe anwesend zu sein.

8. Sie hatten an fremdvölkischen Frauen – bis zum fünften Schwangerschaftsmonat – Schwangerschaftsunterbrechungen vorzunehmen.

9. Versuche haben ausgeübt: a) Dr. Wirths: Krebsforschung. Untersuchungen und operative Eingriffe an krebsverdächtigen oder krebserkrankten Jüdinnen. B) Dr. Mengele: Zwillingsforschung. Untersuchungen an ein-eiigen jüdischen Zwillingen.« Yad Vashem Archives, Höß, File 051/41, Bl. 182–183.

32 Lifton (1993, S. 463).

33 Ebenda.

Lifton, daß ihr Vater »die Mutter... unbedingt um sich haben wollte«. Und Wirths' Witwe erklärte, »daß sie jedes Mal von dort weg wollte, wenn sie sah, wie ihr Mann von den Selektionen gequält war, daß sie aber blieb, weil ein Vertrauter sie wissen ließ, ihre Gegenwart sei entscheidend, ›wenn Sie ihren Mann retten wollen‹«. Lifton kommentiert Wirths' Verhältnis zu seiner Familie so: »Wenn die Familienliebe ihn umhüllte, dann brauchte Wirths das Töten nicht zu spüren.«[34] Dank dieser »Familienliebe« war er in der Lage, bis zum Ende seine tödliche Arbeit zu verrichten. Frau Wirths sorgte für das Funktionieren ihres Mannes, und dieser sorgte dafür, daß die Vernichtungsmaschinerie in Auschwitz nicht ins Stocken geriet. 1945 wurde Wirths von der britischen Armee verhaftet und beging Selbstmord.[35]

Idyllische Wochen in Auschwitz: das Ehepaar Mengele

Irene Mengele, deren Leumundszeuge ihr bescheinigt hatte, »nicht nur geistig turmhoch über dem Durchschnitt« zu stehen, sondern »auch seelisch und charakterlich ein Vorbild für jedes deutsche Mädchen« zu sein,[36] hatte im Juli 1939 den SS-Arzt und Hauptsturmführer Josef Mengele geheiratet.[37] 1944 stellte der SS-Standortarzt Wirths in Auschwitz-Birkenau Josef Mengele eine Beurteilung aus. »Darin schreibt er unter anderem, daß Dr. Mengele während seiner Dienstzeit als Arzt im Konzentrationslager Auschwitz sein prakti-

34 Ebenda, S. 466f.

35 Czech (1989, S. 1020).

36 National Archives, RG 242 (roll A3343-RS-D5462), RuSHA-Akte Josef Mengele, Fragebogen (für Leumundszeugen). Weiter schrieb er: »Irene Schoenbein wurde in nationalsozialistischem Sinne erzogen. Sie war im BDM und unmittelbar nach dem Ablegen des Abiturs begeistert im Arbeitsdienst. Sie und ihre Eltern sind zuverlässige Verteidiger der nationalsozialistischen Weltanschauung.« Zu Irene Mengele siehe auch: Posner und Ware (1993).

37 Sie gehörte seit Juni 1934 dem BDM an und hatte vom Wintersemester 1937/38 bis Sommersemester 1938 im schweizerischen Neuchatel Philosophie studiert. RuSHA-Akte Mengele, Lebenslauf Irene Schoenbein. Josef Mengele war seit 1934 Mitglied des Forschungsstabes des neugegründeten Instituts für Erbbiologie und Rassenhygiene. Hier spezialisierte er sich besonders auf Zwillingsforschung und »Rassenkunde unter besonderer Berücksichtigung der Vererbungslehre«. Während des Zweiten Weltkrieges war er, als Mitglied der Waffen-SS, bis 1943 in Frankreich und der Sowjetunion als Sanitätsoffizier tätig. 1943 wurde er als SS-Arzt nach Auschwitz versetzt. Vgl. Wistrich (1993, S. 240f.).

sches und theoretisches Wissen zur Bekämpfung schwerer Epidemien eingesetzt habe.«[38] Dies bedeutete, daß er Flecktyphuskranke in den Gaskammern von Auschwitz-Birkenau töten ließ. Weiter heißt es: »Alle ihm übertragenen Aufgaben habe er trotz oft schwieriger Bedingungen zur vollen Zufriedenheit seiner Vorgesetzten umsichtig, ausdauernd und energisch erfüllt und sich jeder Situation gewachsen gezeigt.«[39] Josef Mengele führte die Selektionen an der Rampe rücksichtslos und ohne irgendwelche moralischen Hemmungen durch und war von der Richtigkeit seiner Handlungsweise überzeugt. Weiter wird ihm bestätigt, daß er »jeden dienstfreien Augenblick genutzt (habe), um sich als Anthropologe fortzubilden. Er habe durch Auswertung des ihm auf Grund seiner Dienststellung zur Verfügung stehenden wissenschaftlichen Materials außerordentliches auf dem Gebiet der Anthropologie geleistet.«[40] Dieses »wissenschaftliche Material« hatte sich Mengele durch sogenannte Experimente an Zwillingen und Zwergwüchsigen verschafft, deren Organe und Körperteile er nach ihrer Tötung konservierte und in das Kaiser-Wilhelm-Institut für Anthropologie in Berlin-Dahlem schikken ließ.[41]

Seine Frau Irene lebte zwar nicht in der SS-Siedlung in Auschwitz, aber sie besuchte ihn dort. Sie reiste Ende August 1943 von Freiburg in Deutschland, wo sie den Krieg über zu bleiben gedachte, nach Auschwitz. Quarantänemaßnahmen gegen Typhus hielten sie dort länger fest als beabsichtigt. »Woher kommt dieser Gestank?« will Irene Mengele ihren Mann gefragt und »dabei den Blick nach oben zum Schornstein und den dahinter hängenden Rauchschwaden gerichtet haben. ›Frag mich nicht danach‹, habe Mengele ungerührt erwidert.«[42]

Nachdem Mengele seiner Frau nur noch deprimierte Briefe geschickt hatte, besuchte sie ihn im Spätsommer 1944 noch einmal. Mengele war nicht etwa wegen seiner mörderischen Arbeit in Auschwitz deprimiert, er hatte ganz einfach Angst vor dem nahenden Ende des Krieges und dem damit verbundenen Verlust seines »Arbeitsfeldes« und seiner Macht in Auschwitz. Irene Mengele hat die Eindrücke ihres Besuchs in einem Tagebuch festgehal-

38 Diese Beurteilung wurde in Czech (1989, S. 854) abgedruckt; siehe auch: Kubica (1994, S. 317–362)
39 Czech (1989, S. 854).
40 Ebenda.
41 Ebenda.
42 Posner und Ware (1993, S. 49).

ten. Über den Aufenthalt in Auschwitz erfahren wir, daß sie am 8. August 1944 eintraf und »in den SS-Baracken Unterkunft fand, die direkt vor dem Stammlager standen, einem Ort, den sie als eine ›langweilige trostlose Gegend mit primitiven Unterkünften‹ beschrieb«.[43] Ungeachtet dieser Kritik an den Unterkünften, anscheinend die einzige am Vernichtungslager Auschwitz in diesem Tagebuch, ist ihm zu entnehmen, »daß Irenes erste drei Wochen mit Josef idyllisch waren. Sie hatten Bedienstete in ihrem Haus – ›Zeugen Jehovahs in gestreifter Gefängniskluft‹ –, und ihre Tage verbrachten sie mit Baden in der Sola und dem Sammeln vom Brombeeren, aus denen sie Marmelade bereitete…, [und] daß sie ihren Auschwitz-Aufenthalt genoß«.[44]

Am 1. September 1944 beschrieb Irene Mengele »eine wissenschaftliche Tagung in Auschwitz anläßlich der Einweihung eines neuen Militärlazaretts. Hauptredner war Josef Mengele, und das Thema seines Vortrags lautete ›Beispiele aus anthropologisch erbbiologischen Arbeiten im KL Auschwitz‹. Aus Irenes Worten spricht uneingeschränkter Stolz auf die Arbeit ihres Mannes und seine führende Rolle auf der Tagung.«[45]

Frau Mengele bekam Diphtherie und wurde in das SS-Lazarett eingeliefert, das sich direkt gegenüber dem Krematorium befand, in dem Menschen vergast wurden.[46] Vom Fenster des SS-Reviers konnte man die »Desinfektoren« beobachten, wie sie das Giftgas in die Schächte schütteten, die auf dem Dach des halb in die Erde versenkten Baus angebracht waren.[47] Wenn das Zyklon-B in die Stutzen hineingeschüttet worden war, ertönte ein paar Sekunden später ein Schrei, »gedämpft und erstickt durch die Betonwände. Wieder ein paar Minuten später quoll braungelber Qualm aus dem Schornstein.«[48] Irene Mengele wußte bereits vor ihrer Eheschließung, daß ihr Mann ein fanatischer Rassist war, davon überzeugt, daß die Juden vom Erdboden zu verschwinden hatten. Sie wußte auch von den Selektionen im Konzentrationslager und auf der Rampe in Auschwitz-Birkenau. Die ankommenden Züge waren deutlich zu sehen. Ob sie die Funktion ihres Mannes bei den Selektionen kannte, geht aus ihrem Tagebuch nicht hervor. Auch hat sie

---

43 Ebenda.

44 Ebenda.

45 Ebenda, S. 78 f.

46 Langbein (1995, S. 166).

47 Langbein (1987, S. 519).

48 So der ehemalige Häftling Lill beim Frankfurter Auschwitz-Prozeß; Langbein (1995, S. 750).

nichts darüber geschrieben, ob ihr die Experimente, die ihr Mann an gefangenen Frauen, Männern und Kindern durchführte, sowie die Bedingungen, unter denen die Menschen im Lager dahinvegetierten, bekannt waren.

Ins Tagebuch schrieb sie nur die persönlichen, privaten Dinge – die idyllischen Wochen, die sie mit Josef Mengele in Auschwitz verbrachte. Die Massenmordfabrik Auschwitz bleibt gänzlich außen vor, obwohl es unmöglich war, sie nicht wahrzunehmen. »Wenn die Öfen gebrannt haben, dann war eine Stichflamme von fünf Meter Höhe, die hat man vom Bahnhof aus gesehen«, erklärte der SS-Mann Kaduk während des Frankfurter Auschwitz-Prozesses.[49] Und der SS-Mann Perry Broad äußerte sich im selben Prozeß: »Die pechschwarzen Rauchwolken (waren) kilometerweit zu sehen und zu riechen. Der Gestank war einfach unerträglich. Auch die Flammen, die aus den Schornsteinen der Krematorien schlugen, waren weithin zu sehen.«[50]

---

49 Zit. n. Langbein (1987, S. 502). Der SS-Untersturmführer Oswald Kaduk wurde 1947 in der Sowjetunion zu 25 Jahren Haft verurteilt und 1956 freigelassen. Er wurde im Frankfurter Auschwitz-Prozeß zu einer zwölfmal lebenslangen Zuchthausstrafe verurteilt. Das Gericht sah es als erwiesen an, daß Kaduk »durch seinen Eifer bewies ..., daß Menschen auch nach seinem Willen sterben sollten«. Langbein (1995, Bd. 2, S. 879).

50 Zit. n. Langbein (1987, S. 502). Der SS-Rottenführer Perry Broad tat seit der Eröffnung des Lagers 1941 Dienst in Auschwitz, zunächst bei den Wachmannschaften. Im Juni 1942 ließ er sich zur Politischen Abteilung (Gestapo) im Lager versetzen, wo er Verhöre durchführte. Er blieb bis zur Auflösung des Lagers, im Januar 1945, in Auschwitz. Im Frühjahr 1945 geriet er in englische Gefangenschaft, wo er freiwillig einen Bericht über seine Erfahrungen und Tätigkeit in Auschwitz verfaßte. Dieser Bericht wurde von Bezwińska und D. Czech in der Dokumentation »KL Auschwitz in den Augen der SS« 1981 veröffentlicht. 1947 wurde Broad aus der englischen Gefangenschaft entlassen und erst 1959 wieder verhaftet. 1965 wurde er im Frankfurter Auschwitz-Prozeß wegen seiner Überwachungsfunktion während der Selektion auf der Rampe, wegen Folterungen während der Verhöre und wegen der Beteiligung an Exekutionen zu einer vierjährigen Zuchthausstrafe verurteilt. Perry Broad war insgesamt dreimal verheiratet, von seiner ersten Frau ließ er sich scheiden, seine zweite Frau starb, mit der dritten lebte er zum Zeitpunkt des Prozesses zusammen. Wann die erste Ehe geschlossen wurde und ob eine der drei Frauen in der SS-Siedlung in Auschwitz gelebt hatte, konnte nicht ermittelt werden.

»Meine Familie hatte es gut in Auschwitz«: die Familie Höß

Die Bedeutung der emotionalen Unterstützung durch Ehefrau und Familie bestätigte auch der Kommandant von Auschwitz, Rudolf Höß. In seinen Aufzeichnungen, die er im Krakauer Gefängnis anfertigte, schrieb er: »Meine unbändige Liebe zum Vaterland, mein Nationalbewußtsein brachte mich zur NSDAP und zur SS... Meine Familie war mein zweites Heiligtum. In ihr bin ich fest verankert. Ihr galt meine stete Sorge um ihre Zukunft.«[51] Über die Bemühungen seiner Frau, durch gezielte Freizeitaktivitäten seine Arbeitsfähigkeit zu erhalten, äußerte er sich wie folgt: »Ich sah nur noch meine Arbeit, meine Aufgabe. Alle menschlichen Regungen wurden dadurch zurückgedrängt. Meine Frau versuchte mich immer wieder diesem Einspinnen zu entreißen. Versuchte durch Einladungen außenstehender Bekannter, in Verbindung mit Kameraden mich diesen wieder aufzuschließen, brachte Zusammenkünfte außerhalb zustande mit der gleichen Absicht, obwohl ihr dies gesellschaftliche Leben genau so wenig lag wie mir.«[52] Aniela Bednarska, die als Hausgehilfin bei Familie Höß arbeitete, erzählte nach dem Krieg, daß Höß zweimal monatlich Empfänge für SS-Männer und deren Familien gab. An diesen Empfängen nahmen die SS-Führer des Konzentrationslagers, die Direktoren der umliegenden Industrieanlagen sowie die SS- und Parteiführer der Stadt Auschwitz usw. teil, alle mit Frauen.[53] Zu den Gästen zählte aber auch Himmler. Höß berichtete: »Am Abend des ersten Besichtigungstages fand ein gemeinsames Essen mit den Gästen und allen Führern des Standortes Auschwitz statt. Himmler ließ sich vorher alle vorstellen, einige ihn Interessierende sprach er näher über Familienverhältnisse und dienstliche Verwendung an.«[54] Ein Gast der Familie Höß schrieb 1942 in das Gästebuch:

---

51 Höß (1963, S. 155); zu Höß siehe auch: Lasik (1994, S. 288–300). National Archives, RG 242 (roll A3343-RS-C0523), RuSHA-Akte Höß. Die RuSHA-Akte von Rudolf Höß besteht lediglich aus sechs Blättern, alle aus dem Jahr 1936, als Höß noch im Kommandanturstab des Konzentrationslagers Dachau war: Außer der »Gebürnis-Karte« (Vorder- und Rückseite) beziehen sich alle anderen Blätter auf die nachträgliche Heiratsgenehmigung des Ehepaars Höß.

52 Höß (1963, S. 97).

53 Bezwińska und Czech (1981, S. 45, Fußnote 24).

54 Höß (1963, S. 183).

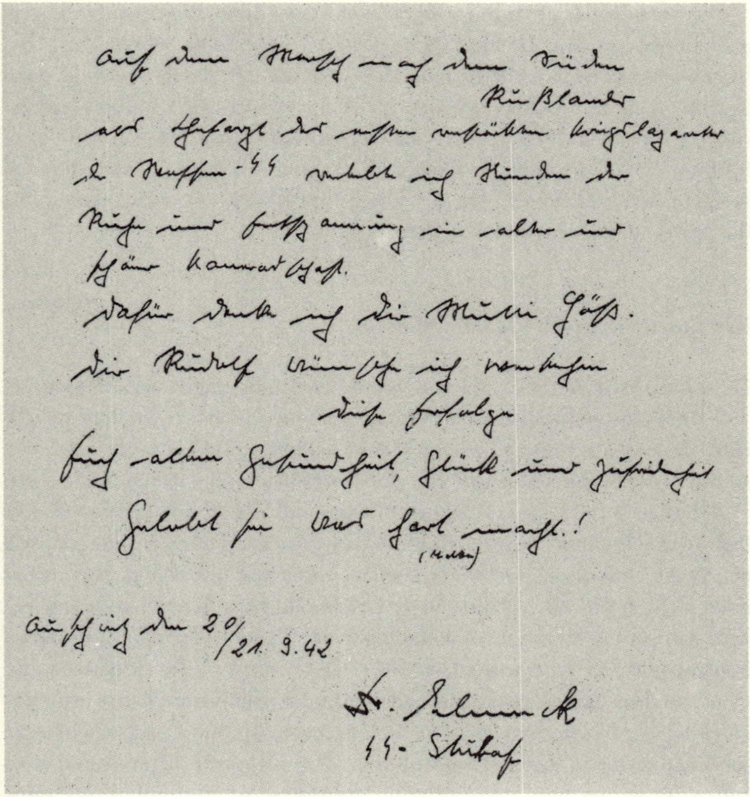
Auf dem Marsch nach dem Süden
Rußlands
als Chefarzt des ersten verstärkten Kriegslazaretts
der Waffen-SS verlebte ich Stunden der
Ruhe und Entspannung in alter und
schöner Kameradschaft.
Dafür danke ich Dir Mutti Höß.
Dir Rudolf wünsche ich weiterhin
diese Erfolge
Euch allen Gesundheit, Glück und Zufriedenheit
Gelobt sei was hart macht!
(Hitler)
Auschwitz den 20/21. 9. 42
SS-Stubaf

Aus dem Gästebuch der Familie Höß[55]

55 Gästebuch der Familie Höß, 1940 in Auschwitz beginnend, 1945 in Ravensbrück endend, Yad Vashem Archives, File 051/41, 5521, Höß.
»Auf dem Marsch nach dem Süden Rußlands als Chefarzt des ersten verstärkten Kriegslazaretts der Waffen-SS verlebte ich Stunden der Ruhe und Entspannung in alter und schöner Kameradschaft.
Dafür danke ich Dir Mutti Höß.
Dir Rudolf wünsche ich weiterhin diese Erfolge
Euch allen Gesundheit, Glück und Zufriedenheit.
Gelobt sei was hart macht! (Hitler) Auschwitz, den 20/21.9.42, Dr. … SS-Stubaf.«

Die Villa Höß lag in unmittelbarer Nähe des »Bunker« genannten Lagergefängnisses, in dem die Häftlinge gefoltert wurden. Die Schreie der Häftlinge waren selbst in der Villa Höß zu hören, was den Kommandanten dazu brachte, sich zu beschweren, da er sich in »seiner Mittagsruhe« gestört fühlte.[56] Zur Villa Höß gehörte auch ein großer Garten. Hier pflegte Frau Höß ihr »Blumenparadies«, spielten die Kinder mit ihren Tieren oder vergnügten sich im Plantschbecken.[57] Diese Idylle konnten anscheinend selbst die Schreie der Gemarterten nicht trüben.

Der Zusammenbruch des Dr. Delmotte

Die Kontoristin Klara L., der von ihrem Leumundszeugen bestätigt wurde, daß »ihre nationalsozialistische Weltanschauung... ausser Zweifel« stehe,[58] hatte ihren zukünftigen Ehemann Hans Delmotte während seines Medizinstudiums in Berlin kennengelernt. Am 24. Januar 1943 stellten beide ihren Verlobungs- und Heiratsantrag beim Rasse- und Siedlungshauptamt-SS. Die Heiratsgenehmigung wurde am 25.2.1943 »vorläufig freigegeben«, da, wie der SS-Arzt monierte, Delmotte unehelich war und die »Vaterschaft bisher noch nicht erwiesen« sei.[59] In ihrem Lebenslauf hatte Klara Lande angegeben, daß sie bis zu ihrem 16. Lebensjahr das Kleist-Oberlyzeum in Berlin besucht und mit Obersekundarsreife verlassen hatte. Danach hatte sie im Haushalt ihrer Mutter gearbeitet und in ihrer Freizeit private Kurse in Stenographie, Schreibmaschine und Englisch besucht. Ab März 1938 arbeitete sie als Kontoristin in verschiedenen Büros. Um Delmotte beim Studium zu helfen, übersetzte sie wissenschaftliche Abhandlungen und tippte seine Manuskripte. Als Hoffnung formulierte sie, »... ihm auch späterhin, nach dem Kriege, in dieser Form bei seiner Tätigkeit als Arzt helfen zu können«.[60]

---

56 Shelley (1992, S. 363).

57 Höß (1963, S. 154)

58 National Archives, RG 242 (roll A3343-RS-A5445), RuSHA-Akte Delmotte, Fragebogen (für Leumundszeugen), ausgefüllt am 26.2.43. Ihr Leumundszeuge, ein SS-Obersturmführer Otto, hatte zudem erklärt: »Fräulein Lande ist sehr hilfsbereit und überhaupt ein Mensch mit hervorragenden Eigenschaften.«

59 Ebenda, »Rasse- und Siedlungshauptamt: Ärztlicher Untersuchungsbogen«, Blatt 3.

60 Ebenda, Lebenslauf Klara L. vom 4.3.1943.

Hans Delmotte hatte am 14. Juli 1941 seine Einberufung zur Waffen-SS und Abkommandierung zum Hygiene-Institut der Waffen-SS in Berlin bekommen. Hier beendete er im August 1942 sein Studium mit dem Staatsexamen. Vom 24. September bis zum 1. November 1942 nahm er am 11. Führeranwärter-Lehrgang im Sanitätsdienst an der SS-Ärzteschule in Graz teil. Befördert zum SS-Hauptscharführer, trat er sodann seine erste Stelle als Arzt am Hygiene-Institut in Auschwitz an.[61] Er war Mitte Zwanzig, ein begeisterter Anhänger der SS und kam aus einer Familie mit besten Verbindungen in höchste Nazikreise. In Auschwitz mußte er, wie jeder neue SS-Arzt, in den ersten Tagen einen Kollegen bei dessen »Dienstgängen« begleiten. So kam er auch zu einer Selektion an die Rampe. Die Reaktion auf dieses »Erlebnis« beschreibt der SS-Arzt Münch: »Er kam völlig verstört wieder zurück. Er wurde von einem SS-Mann gebracht, weil er praktisch nicht in der Lage war, selbst nach Hause zu fahren. Er schlief im selben Haus im Zimmer neben mir. Ich glaubte, als er zurückkam und recht geräuschvoll die krachende Treppe herunterrumpelte, er sei dem Schnaps, der meistens bei den Selektionen zur Verfügung stand, nicht gewachsen gewesen. Er brach; aber er war nicht fähig, sich zu äußern. Erst am nächsten Morgen merkte ich, daß der Alkohol nicht die hauptsächlichste Rolle gespielt hatte. Es kam auch am nächsten Morgen zu keinem aufrechten Gespräch. Er war völlig erschüttert, hatte seine Ausgehuniform angezogen und marschierte in strammer Haltung zum Kommandanten und erklärte ihm, daß er sich weigere, einen solchen Dienst zu machen, er könne das nicht; und er machte das in einer diplomatisch sehr ungeschickten Weise – er hat uns das nachher erzählt –, indem er sich ganz offiziell geweigert und gesagt hat, er bitte, entweder an die Front geschickt zu werden, oder man möge ihn selbst vergasen. Aber er könne das nicht machen.«[62] Als überzeugter Anhänger der SS glaubte Delmotte, so Lifton, an die Notwendigkeit »der Eliminierung des jüdischen Einflusses«, lehnte aber die Methode, wie sie in Auschwitz praktiziert wurde, ab.[63]

Der Kommandant verwies Delmotte an den SS-Standortarzt Wirths. Dieser ergriff zwei Maßnahmen, um ihn zu einem funktionierenden SS-Arzt zu

61 Er stammte aus Lüttich in Belgien. 1930 trat er der SA und 1937 der SS bei. RuSHA-Akte Delmotte.

62 Zit. n. Langbein (1987, S. 405).

63 Lifton (1993, S. 358).

machen. Zum einen wurde Josef Mengele sein Mentor; er erklärte ihm, »daß sie die schwerste Arbeit in diesem Krieg oder dieser Epoche täten, wo es darum ginge, die germanische Rasse zu etablieren und ein für allemal das Judenproblem zu lösen«.[64] Zum anderen wurde Delmottes Frau nach Auschwitz geholt. Der SS-Arzt Münch beschreibt sie als eine außergewöhnlich schöne amoralische Frau, die kein Herz und keine Seele hatte. Sie habe sich zwar eigentlich nur für ihre zwei riesigen »Bismarckhunde« interessiert, die sie ständig streichelte, jedoch soll Delmotte durch »ihre sexuelle Verfügbarkeit« wesentlich ruhiger geworden sein.[65] Er hat dann ohne weiteren Zwischenfall bis zum Herbst 1944 Selektionen durchgeführt. Am 20. April 1943 wurde er zum SS-Untersturmführer und am 9. November 1944 zum SS-Obersturmführer befördert. 1944 wurde sein Sohn geboren.[66] Am 18. August 1944 beurteilte der SS-Reichsarzt Dr. Mrugowsky Delmottes Leistungen in Auschwitz. Er bestätigte, daß Delmotte »die ihm übertragenen Arbeiten stets gewissenhaft und zur Zufriedenheit ausgeführt«[67] habe; die anfängliche Krise hat seiner weiteren Karriere in Auschwitz also nicht geschadet. Kurz nach Ende des Krieges, als die Amerikaner ihn verhaften wollten, brachte er sich um.

Sklavenarbeit für die SS-Ehefrauen

Viele SS-Familien profitierten von der Sklavenarbeit der Häftlinge. Laut einer Liste, die am 15. Mai 1943 vom Arbeitseinsatzführer an das Amt D II des SS-Wirtschafts-Verwaltungshauptamts in Berlin gesandt wurde, arbeiteten 26 weibliche Häftlinge, die als Zeuginnen Jehovahs inhaftiert waren, in 23 SS-Familien. In diesen Familien lebten insgesamt 57 Kinder im Alter von drei Monaten bis 16 Jahren. In einem SS-Haushalt zu arbeiten war nicht ungefährlich für die Häftlinge, da sie von den Launen der Bewohner abhängig waren. Die Häftlinge mußten jedoch auch in den verschiedenen Kommandos der Konzentrationslager Gegenstände für den privaten Bedarf der SS-Familien herstellen.

---

64 Dan Bar-Ons Interview mit Dr. B. [Hans Münch], ehemals Arzt in Auschwitz, in: Bar-On (1993, S. 37).

65 Lifton (1993, S. 359).

66 RuSHA-Akte Delmotte.

67 Ebenda.

Jerzy Rawicz, der als Häftling im Kommando »Lederfabrik« in Auschwitz arbeitete, berichtete, daß er täglich sah, wie auf Befehl der SS-Führer »Schwarzarbeiten«, das heißt Arbeiten für den privaten Bedarf, durchgeführt wurden. »Was gab es da nicht alles! Lederbezogene Sessel und Kronleuchter, Akten- und Damenhandtaschen, Koffer, Schuhe, Möbel, die verschiedensten Gegenstände aus Leder und Metall, Spielzeuge für Kinder und Teppiche.«[68] Diese Dinge waren für die Haushalte der SS-Familien bestimmt; viele wurden auf Wunsch der Ehefrauen angefertigt.

Häftlinge mußten auch in einem eigens für den privaten Bedarf eingerichteten Kommando »Schneiderei« arbeiten. 23 weibliche Gefangene waren hier ausschließlich damit beschäftigt, für die Frauen von SS-Führern und für SS-Aufseherinnen zu nähen. In Auschwitz gab es Effektenlager, in dem das Privateigentum der nach Auschwitz deportierten Menschen gesammelt und aufbereitet wurde. Die unterschiedlichsten Güter stapelten sich hier in anfangs fünf, gegen Ende des Krieges in über 30 Baracken. Diese Güter wurden als Eigentum des Staates nach Deutschland geschickt, um hier verkauft oder an Bombenopfer verteilt zu werden. Dieser Lagerabschnitt war von polnischen Häftlingen mit dem Namen »Kanada« versehen worden, eine bald allgemein gebrauchte Bezeichnung. Kanada hatte in Polen den Ruf eines unermeßlich reichen Landes, und in dem Effektenlager war in der Tat alles zu finden.[69] Daß die Stoffe, die die Häftlinge des »Schneidereikommandos« bearbeiten mußten, aus »Kanada« beschafft wurden, versteht sich von selbst.[70] Obwohl es gegen den Ehrenkodex der SS[71] verstieß, zeigten die meisten SS-Angehörigen trotz aller Strafandrohungen keine Hemmungen, das Verbot zu mißachten und sich hier zu organisieren bzw. organisieren zu lassen, was immer sie brauchten. »Es gab kaum SS-Angehörige, die sich nicht am Geld, den Devi-

68 Jerzy Rawicz: Vorwort, in: Bezwińska und Czech (1981, S. 20).

69 Vgl. Czech (1989, S. 1022f.).

70 Vgl. Langbein (1987, S. 330).

71 Erste und wichtigste Verhaltensregel dieses Kodex war der Grundsatz, daß das gesamte jüdische Vermögen dem Reich gehörte. Himmler erklärte bei der Gruppenführertagung in Posen am 4. Oktober 1943: »Die Reichtümer, die sie [die Juden] hatten, haben wir ihnen abgenommen. Ich habe einen strikten Befehl gegeben, den SS-Obergruppenführer Pohl durchgeführt hat, daß diese Reichtümer selbstverständlich restlos an das Reich abgeführt wurden. Wir haben uns nichts davon genommen. Einzelne, die sich verfehlt haben, werden gemäß einem von mir zu Anfang gegebenen Befehl bestraft, der androhte: Wer sich auch nur eine Mark davon nimmt, der ist des Todes.« IMT (1947–1949, Bd. XXIX, Dok. PS-1919, S. 110–173, hier S. 146).

sen, Wertgegenständen, an der Wäsche und Kleidung und anderen Dingen, die man den zur Vernichtung nach Auschwitz gebrachten Juden abgenommen hatte, bereicherten. Jede Gelegenheit, solche Dinge an sich zu bringen, wurde ausgenützt... Auch gerichtliche Verfahren, die von der SS-Gerichtsbarkeit gegen eine große Anzahl von SS-Angehörigen, auch Führer, wegen Bereicherung an Häftlingsgut, Veruntreuung, Diebstählen usw. durchgeführt wurden und in der Mehrzahl mit schweren Strafen für die Betroffenen endeten, änderten an der allgemeinen Korruption und Disziplinlosigkeit in Auschwitz nichts.«[72]

Frau Boger wünscht einen Kessel

Marianne Boger war als Marianne Ittner in Grasseth, Kreis Falkenau, in der Tschechoslowakei geboren worden. Sie gehörte zur Gruppe der deutschen Minderheit, die im September 1939 begeistert die Invasion und Besetzung durch die deutschen Truppen feierte. Zu den Besetzern und neuen Herren zählte auch der SS-Mann Wilhelm Boger, den sie in Falkenau kennenlernte.[73] Anfang Oktober 1939 wurde Boger nach Ostrolenka in Südostpreußen versetzt. Marianne Ittner zog mit Boger nach Ostrolenka. Ab Februar 1940 arbeitete sie als Kanzleiangestellte bei der Stadtverwaltung. Boger, mittlerweile SS-Hauptscharführer, war mit dem Aufbau und der Leitung des Grenzkommissariats beauftragt worden. Seine Opfer nannten ihn »Henker von Ostrolenka«, ein Titel, den er voller Stolz trug, wie ein ehemaliger enger Mitarbeiter beim Auschwitz-Prozeß in Frankfurt aussagte.[74] Im Frühjahr 1940 wurde Boger wegen eines Dienstvergehens suspendiert und nach Berlin ins Gestapo-Gefängnis überstellt. Er soll, so ein Zeuge im Frankfurter Auschwitz-Prozeß, »mehr organisiert« haben, als ihm zustand.[75]

Während sich Boger in Berlin aufhielt, brachte Marianne Ittner am 22. De-

72 Vgl. Urteil im Auschwitz-Prozeß vor dem Landgericht Frankfurt vom 20.8.1965, 4 Ks 2/63, veröffentlicht in: »Justiz und NS-Verbrechen« (1979, Bd. XXI, S. 407).

73 National Archives, RG 242 (roll A3343-RS-A5017), RuSHA-Akte Boger; Boger war 1922 der nationalsozialistischen Jugendbewegung und 1930 der SS beigetreten. 1933 wurde er zur Hilfspolizei einberufen und arbeitete bis Kriegsausbruch als Kriminalsekretär in Friedrichshafen. Zu Marianne Boger siehe: Langbein (1995, Bd. 1, S. 372–374).

74 Langbein (1995, Bd. 1, S. 368).

75 Ebenda, S. 369, dieser Zeuge saß 1940 zusammen mit Boger und anderen in einer Gemeinschaftszelle im Gestapo-Gefängnis in Berlin.

zember 1940 in Ostrolenka ihre erste gemeinsame Tochter zur Welt. Als überzeugte Nationalsozialistin stellte sie den Antrag auf Mitgliedschaft in der NSDAP. 1941 wurde sie zur Partei-Anwärterin ernannt, trat aus der Kirche aus und bezeichnete sich fortan als »gottgläubig«.[76] Im März 1941 stellte Boger seinen Antrag auf Heiratsgenehmigung beim Rasse- und Siedlungshauptamt-SS. Dieses Heiratsgesuch wurde Himmler, vermutlich wegen des Dienstvergehens, »zur persönlichen Entscheidung« vorgelegt.[77] Die Heirat wurde allerdings nur »auf Verantwortung Ihrer künftigen Ehefrau freigegeben, weil Ihr Bruder wiederholt straffällig geworden ist«.[78] Die Ehe wurde am 24. April 1941 in Ludwigsburg, dem Wohnort der Eltern Bogers, geschlossen.[79]

Marianne Ittner wußte bereits 1940, wer der Mann war, den sie heiraten wollte. Für die überzeugte Nationalsozialistin mag der Titel »Henker von Ostrolenka« bedeutet haben, daß er seine Aufgabe, nämlich mit den Feinden des nationalsozialistischen Deutschlands aufzuräumen, besonders gewissenhaft erledigte. Auch in Auschwitz, wo Boger seit Dezember 1942 das »Fluchtreferat« und den Nachrichtendienst der Politischen Abteilung (Gestapo) leitete, tat er sich hervor. Sein Diensteifer und seine Brutalität brachten ihm hier weitere Titel ein. Er wurde »der Tiger«[80] und der »Teufel von Birkenau«[81] genannt, was der Ehefrau wohl kaum verborgen blieb.

Er war nach Aussage Raya Kagans, die als Häftlingsschreiberin in der Politischen Abteilung arbeiten mußte, »der Schrecken von Auschwitz«[82] und der

76 RuSHA-Akte Boger.

77 RuSHA-Akte Boger, Brief Chef des RuSHA an Pers. Stab, vom 8.4.41.

78 Weiter heißt es: »Als Ursache müssen erbliche Charaktermängel angenommen werden, die auch bei Ihrem Vater sichtbar geworden sind. Mit einer Eintragung in das Sippenbuch der SS können Sie nicht rechnen. Eine endgültige abstammungsmäßige Beurteilung des Gesuches ist auf Grund der unvollständigen Ahnentafeln zur Zeit noch nicht möglich. Die fehlenden Urkunden zu den Abstammungsnachweisen bis 1.1.1750 sind spätestens bis zum 16.4.1943 nachzureichen.« RuSHA-Akte Boger, Brief des Chefs des Sippenamtes im RuSHA vom 21.4.1941.

79 RuSHA-Akte Boger. Dies war Bogers zweite Ehe. Er hatte am 28.2.1931 zum ersten Mal geheiratet.

80 Dies berichtet Lilly Majerczyk, die als Häftlingsschreiberin in Auschwitz für Boger arbeiten mußte. Vgl. Shelley (1992, S. 166).

81 So Maryla Rosenthal, ebenfalls Häftlingsschreiberin oder, wie sie es nennt, die »Privatsekretärin von Oberscharführer Boger«; vgl. Shelley (1992, S. 168).

82 Langbein (1995, Bd. 1, S. 397). Regine Steinfelder, die ebenfalls als Häftlingsschreiberin in der Politischen Abteilung arbeiten mußte, berichtete: »Immer zu Monatsbeginn, ge-

Erfinder der »Boger-Schaukel«,[83] ein Marterinstrument, das noch heute in einigen Ländern zum Foltern benutzt wird. Boger hat, wie die Richter im Frankfurter Auschwitz-Prozeß urteilten, »Häftlinge in bestialischer Art und Weise« gefoltert, »wobei er vor allem auf die Geschlechtsteile schlagen ließ«, und er hat seine »Handlungen innerlich bejaht«. Dafür wurde er zu einer Strafe von 114mal lebenslangem Zuchthaus verurteilt.[84]

Marianne Boger, die seit Frühjahr 1943 mit Mann und Kindern in einem Einfamilienhaus mit drei Zimmern, Küche und Bad in der SS-Siedlung in Auschwitz lebte, war Hausfrau. Der ehemalige Häftling Hermann Langbein berichtete, daß Frau Boger sich von ihrem Mann mit Utensilien aus dem Lager versorgen ließ, und daß einer ihrer speziellen Wünsche den Tod eines Häftlings zur Folge hatte: »Ein anderes Mal brauchte Boger einen Fünfzehn-Liter-Kessel zum Wäschekochen. Er verlangte ihn von Tadeusz Jakubowski, der im Magazin arbeitete. Dieser sah keine Möglichkeit, den Wunsch Bogers zu erfüllen. Die Folge: Er wurde wegen einer Schmuggelaffäre verhaftet und in der Politischen Abteilung derart gefoltert, daß er starb. Dann äußerte Boger denselben Wunsch dem Magazinschreiber Stanislaw Pawliczek gegenüber... [Dieser besorgte den Kessel, G. S.] Bogers Frau nahm den Kessel in Empfang und Pawliczek hatte vor Boger Ruhe.«[85] Es war offenbar selbstverständlich, seinen Haushalt mit Waren aus dem Lager bestücken zu lassen, ohne dabei Gewissensbisse zu haben.

Im Zuge der Ermittlungen gegen ihren Mann wurde auch Marianne Boger 1958 von der Staatsanwaltschaft verhört. Befragt wurde sie nach der Tätigkeit ihres Mannes und nach ihrem Wissen über die von ihm begangenen Verbrechen. Sie berichtete, daß Boger regelmäßig zum Mittag- und Abendessen

---

wöhnlich an einem Donnerstag, wurden ›Säuberungen‹ im Bunker [dem Lagergefängnis, G. S.] vorgenommen. Mit Wonne zogen die SS-Männer der verschiedenen Sektionen der Politischen Abteilung zum Lagergefängnis und erschossen die Häftlinge, die ihnen nicht paßten. Hinterher wurde natürlich heftig getrunken und der Rest des Tages mit Feiern und lautem Jubel verbracht.« Shelley (1992, S. 157).

83 Die »Boger-Schaukel« bestand »aus zwei aufrecht stehenden Holmen, in die eine Eisenstange quer hineingelegt wurde. Boger ließ die Opfer in die Kniebeuge gehen, zog die Eisenstange durch die Kniekehlen hindurch und fesselte dann die Hände des Opfers daran. Dann befestigte er die Eisenstange in den Holmen, so daß die Opfer mit dem Kopf nach unten und dem Gesäß nach oben zu hängen kamen.« Werle und Wandres (1995, S. 152).

84 Langbein (1995, Bd. 2, S. 881–883).

85 Langbein (1987, S. 434).

nach Hause kam. Sie sei darüber besorgt gewesen, daß sein Dienst ihm »viel Nervenkraft« abverlangt hätte und er meist »abgehetzt nach Hause kam«. Zeitweilig sei er »mit den Nerven total fertig« gewesen. Sie habe nach den Ursachen »seiner Gereiztheit und Nervosität« geforscht, dabei will sie aber »nicht das Geringste« über die im Lager begangenen Verbrechen erfahren haben.[86]

Angst vor Frau Höß

Auch die Häftlinge, die in der Villa Höß arbeiten mußten, waren vor Schikanen und Strafen nicht sicher. Frau Höß war besonders gefürchtet, »da sie Häftlinge, die ihrer Ansicht nach zu lässig arbeiteten, ihrem Mann zur Bestrafung meldete«.[87] Über die Verhältnisse in der Villa Höß berichtete der ehemalige Häftling Stanisław Dubiel: »Im Konzentrationslager Auschwitz war ich vom 6. November 1940 bis zum 18. Januar 1945. Ich wurde mit der Nummer 6059 bezeichnet. Fast von Anfang an arbeitete ich als Gärtner, zuerst beim Lagerführer Fritzsch, der diese Stellung bis Ende des Jahres 1941 innehatte, und später bei dessen Nachfolger, dem Lagerführer Aumeier, der diese Funktion im Januar 1942 übernahm. Fritzsch wurde damals nach dem KL Flossenbürg versetzt. Am 6. April 1942 wurde ich als Gärtner nach dem Haus des Lagerkommandanten Rudolf Höß abkommandiert. Dort arbeitete ich bis zum Ende von Hössens Aufenthalt im Lager und sogar länger, also bis zur Abreise seiner Familie aus Auschwitz.

Höß war im Herbst 1943 aus dem KL Auschwitz in die Zentrale versetzt worden. Seine Familie verließ Auschwitz im Sommer 1944. Indem ich im Garten sowie in der Hauswirtschaft von Höß arbeitete, hatte ich die Möglichkeit, sowohl ihn als auch seine Familie aus nächster Nähe zu beobachten... In seinem Haus empfing er oftmals verschiedene Würdenträger, unter anderem zweimal Himmler. Bei seinem ersten Aufenthalt unterhielt Himmler sich sehr herzlich mit Höß und seiner Frau.[88] Er nahm Hössens Kinder auf

86 Alle Zitate aus der polizeilichen Aussage von Marianne Boger, geborene Ittner, vom 25. 10. 1958, zit. n. Langbein (1995, Bd. 1, S. 372–374).

87 Langbein (1987, S. 516).

88 »Stanisław Dubiel spricht vom ersten Besuch Himmlers im Haus Höß. In Wirklichkeit muß es sich jedoch um den zweiten Besuch am 17. und 18. Juli 1943 handeln. Dubiel konnte nicht Zeuge des vorherigen Besuchs Himmlers am 1. März 1941 gewesen sein,

Villa Höß mit Blumengarten
(Archiv des Staatlichen Auschwitz-Museums)

die Knie, und die Kinder nannten ihn ›Onkel Heini‹. Diese Szenen wurden durch Photoaufnahmen verewigt, die vergrößert an den Wänden in Hössens Wohnung hingen. Bei Himmlers zweitem Besuch in Auschwitz,[89] kurz bevor Höß seine Stellung als Kommandant verließ, erklärte Himmler Höß in einer Unterhaltung im Garten, daß er (Höß) Auschwitz verlassen müsse, da das englische Radio zu viel über die Vernichtung der Häftlinge in Auschwitz spräche. In der Diskussion, die damals über dieses Thema geführt wurde, erklärte Höß, daß er davon überzeugt sei, seinem Vaterland durch seine Tä-

da er zu der Zeit als Gärtner bei Lagerführer Fritzsch arbeitete.« Bezwińska und Czech (1981, S. 288, Fußnote 1).

89 »Dies war der dritte Besuch Himmlers im KL Auschwitz. Das Datum hiervon ist unbekannt. Höß schrieb in seinen Aufzeichnungen nichts über diesen Besuch, vielleicht in Anbetracht des von Dubiel erwähnten Inhalts dieser Unterhaltung.« Bezwińska und Czech (1981, S. 288, Fußnote 2).

tigkeit in Auschwitz einen guten Dienst zu erweisen. Er sagte dies direkt nachdem Himmler die Vergasung von Menschen zur Sprache gebracht hatte. Einen Teil dieser Unterredung hörte ich selbst, den Rest erzählten uns im Haushalt von Höß weibliche Häftlinge (Bibelforscherinnen).«[90]

Dubiel beschrieb auch die vielen Besucher in der Villa Höß. »Ein häufiger Gast war auch der Inspekteur der Konzentrationslager, SS-Obergruppenführer Schmauser,[91] und etliche Male, ich glaube fünf Mal, der Chef des Wirtschafts- und Verwaltungshauptamts, SS-Obergruppenführer Pohl.[92] Während Pohls Besuchen herrschte eine sehr herzliche Atmosphäre. Es war zu sehen, daß Höß und Pohl befreundet waren. Wir hatten den Eindruck, daß Höß Pohl gewisse Geschenke gab.«[93]

Zu all diesen Besuchen veranstaltete das Ehepaar Höß prächtige Empfänge für seine Gäste. Die hierfür notwendigen Lebensmittel mußte Dubiel auf Anordnung von Frau Höß besorgen. Vor jedem Empfang sagte ihm Frau Höß, was nötig sei, oder befahl ihm, sich hierüber mit der Köchin Sofie zu verständigen. Sie gab ihm weder Geld noch Lebensmittelkarten, die normalerweise zum Einkauf von Lebensmitteln notwendig waren. Dubiel besorgte dann die Lebensmittel mit Hilfe des Funktionshäftlings im Häftlings-Lebensmittelmagazin und dessen Chef, des SS-Unterscharführers Schebeck.

Weiter berichtete Dubiel: »Das Lebensmittelmagazin war in jener Zeit gut verproviantiert, weil man darin diejenigen Lebensmittel lagerte, die man den Juden abnahm, die mit den Massentransporten nach Auschwitz gekommen waren und meist von diesen Transporten direkt ins Gas geleitet wurden. Aus diesem Magazin bezog ich für Hössens Privathaushalt: Zucker, Mehl, Margarine, verschiedenerlei Backpulver, Suppengewürz, Makkaroni, Haferflokken, Kakao, Zimt, Grieß, Erbsen und andere Produkte. Frau Höß war niemals befriedigt, dauernd begann sie mit mir Gespräche, in denen sie bezeichnete, was ihr im Haushalt fehle, wobei sie mir auf diese Weise zu verstehen

90 Aussage des Stanisław Dubiel, ebenda, S. 287f.

91 Die Funktion des Inspekteurs der Konzentrationslager übte SS-Gruppenführer Richard Glücks aus, dagegen war der erwähnte Schmauser der Befehlshaber des SS-Oberabschnitts Südost in Breslau und der Höhere SS- und Polizeiführer des gleichen Bezirks. Zu Glücks siehe S. 243; Schmauser war seit 1921 verheiratet, hatte zwei Kinder und gilt seit dem 20. 2. 1945 als vermißt; vgl. Birn (1986, S. 346).

92 Zu Pohl siehe S. 250ff.

93 Aussage des Stanisław Dubiel, in: Bezwińska und Czech (1981, S. 288).

gab, was ich beschaffen sollte. Diese Produkte benutzte sie nicht nur in der eigenen Küche, sondern schickte sie teilweise ihren Verwandten in Deutschland. In gleicher Weise versorgte ich Hössens Küche auch mit Fleisch aus der Schlächterei, sowie dauernd mit Milch. Hierzu bemerke ich, daß Hössens und ihrer Familie auf Grund von Milchkarten ein und ein viertel Liter Milch täglich zustand. Täglich bezog ich für die Küche von Höß aus der Häftlings-Molkerei Milch und nicht selten auf Verlangen von Frau Höß auch noch Sahne. Die Molkerei erhielt die Bezahlung für ein und einen viertel Liter Milch. Für alle anderen Produkte, also für alles, was aus dem Häftlings-Lebensmittelmagazin in die Küche und den Haushalt von Höß ging, zahlten Hössens nichts. Der zweite Lieferant für Hössens Wirtschaft war der Chef der Kantinenwirtschaft und Leiter der Lagerschlächterei, Engelbrecht, der während seines Aufenthaltes in Auschwitz vom SS-Oberscharführer zum Obersturmführer befördert wurde. Er lieferte Fleisch, Wurst und Zigaretten aus der Kantine... Noch einmal betone ich, daß ich selbst auch die allerkleinsten für den Haushalt notwendigen Dinge wie Schuhpasta, Schuhbürsten für das Haus Höß ›besorgen‹ mußte. Kennzeichnend ist dabei, daß Frau Höß die für die in ihrem Haus beschäftigten weiblichen Häftlinge gelieferte Wäsche umtauschte. Dies war den vergasten Jüdinnen geraubte Wäsche aus dem Magazin ›Kanada‹, die von Zeit zu Zeit den Dienstmädchen geliefert wurde. Auf gleicher Grundlage war die Einrichtung und Ausstattung des Hauses Höß gegründet. Und auch hierbei führten alles die Häftlinge aus dem Lagermaterial aus. Die Wohnung war mit den prachtvollsten Möbeln ausgestattet, die Schubladen des Schreibtisches waren mit Leder aus den Magazinen der Lederfabrik ausgeschlagen, in der ein Magazin zum Aufbewahren von den bei den jüdischen Massentransporten geraubten Ledererzeugnissen eingerichtet war. Leder und Ledererzeugnisse lieferte der ehemalige Häftling Erich Grönke ins Haus von Höß, ein Berufsverbrecher, für dessen Befreiung Höß sich eingesetzt hatte und den er dann als Direktor der Lederfabrik beschäftigte, Grönke fuhr täglich beim Haus Höß vor und brachte Galanterieartikel, Schuhe jeglicher Art, Damen-, Herren- und Kinderschuhe: alle Anzüge für die Söhne des Kommandanten und für ihn selbst wurden bei Grönke in der Lederfabrik angefertigt. Zu diesem Zweck teilte man ihm die besten Schneider zu, anfangs Polen, später weltbekannte jüdische Spezialisten aus Frankreich, Belgien und anderen Ländern. Im Hause Höß arbeiteten während anderthalb Jahren zwei Schneiderinnen, Jüdinnen. Sie nähten die Kleidung für Hössens Frau und seine Tochter aus Stoff, den Grönke aus den den Juden geraubten Vorräten lieferte. Ich erlaube mir zu bemerken, daß in den Magazinen der Lederfabrik die Kleidung und andere Sachen der vergasten Juden kontrolliert und nach darin versteckten Kostbarkeiten durchsucht wurden, vor allem nach Gold, nach Valuten von hohem Wert und Brillianten. Ich weiß von Grönke selbst, daß man sehr viele Kostbarkeiten gefunden hat. Dasselbe bestätigte mir auch ein in der Gerberei beschäftigter Kamerad, Stanisław Jarosz. Sie arbeiteten in einem besonders verschlossenen Zimmer. Die gefundenen Kostbarkeiten gaben sie Grönke ohne jegliche Quittung ab. Ich nehme an, daß sowohl Grönke selbst und durch seine Vermittlung auch Höß von diesen Kostbarkeiten Gebrauch machten. Es ist bezeichnend, daß Frau Höß, für die ich im Garten und in den Treibhäusern die ausgefallensten Blumen züchtete, sich nicht darum kümmerte, was ich mit Hilfe der Mittel, die mir im Lager zur Verfügung standen, machen und züchten konnte. Sie schickte SS-Männer ins Haus des mit mir zusammen im Garten arbeitenden Roman Kwiatkowski aus Będzin (Łąki Nr. 1), von wo sie die von Höß bestellten Samen und Pflänzlinge brachten. Auch die Söhne von Kwiatkowski brachten Pflanzen. Sie taten dies im Auftrag von Frau Hössens Vermittlern. Ich möchte auch folgende mir aus eigener Beobachtung bekannte Tatsache nicht übergehen. Höß beauftragte einen Häftling aus der Schlächterei, für ihn Konserven aus Schweinefleisch zu verfertigen. Die Konserven wurden fehlerhaft hergestellt und verdarben. Nachdem Höß dies festgestellt hatte, ließ er die verdorbenen Konserven in die Häftlingsküche bringen und an ihrer Stelle nahm er aus der Schlächterei von Engelbrecht frische Ware. Indem Höß auf diese Weise für seine eigenen Zwecke die Arbeit von Häftlingen sowie Lagergüter ausnutzte, richtete er sich sein Haus so prachtvoll ein, daß seine Frau erklärte: ›hier will ich leben und sterben‹. In ihrem Haushalt fehlte es an nichts, und bei den riesigen Vorräten aller Art von im Lager angehäuften Gütern konnte es auch an nichts fehlen. Außer den schon genannten Lieferanten muß ich noch den SS-Rottenführer Hartung erwähnen, der in den Gärtnereianlagen in Rajsko seine Funktion hatte. Von dort lieferte er ins Haus Höß in Geheimhaltung vor dem Leiter der Landwirtschaft beim Konzentrationslager, Caesar, tausende Blumentöpfe, Samen, Stecklinge sowie während der Herbstzeit Gemüse als Wintervorrat. Für jeden Winter mußte ich, natürlich in Zusammenarbeit mit Kameraden, 70 Tonnen Koks zum Beheizen des Hauses und besonders der Treibhäuser ›besorgen‹. Höß hat all diese in seiner Wirtschaft angehäuften Sachen gesehen, er wußte, daß ich mich mit ihrer Lieferung befaßte, aber niemals hat er mich danach gefragt, woher ich diese Sachen hatte und auf welche Weise man dafür bezahlte. Es ist also nicht verwunderlich, daß sich bei einer solchen Vorsorge Hössens im sogenannten Haus Höß so viele Waren befanden, daß für ihre Beförderung nach Hössens Versetzung vier Eisenbahnwaggons notwendig waren.

Aus den Erklärungen von Frau Höß wußte ich, daß Höß sehr viel daran lag, sich in Auschwitz zu halten, daß die Versetzung nach der Zentrale trotz seiner Beförderung in der Hierarchie des Wirtschafts- und Verwaltungshauptamtes ihm nicht entsprach, daß er diese Versetzung als das Ergebnis von Intrigen seitens des Leiters der Landwirtschaft beim Lager, Dr. Joachim Caesar, betrachtete, mit dem er auf schlechtem Fuß stand. In guten Verhältnissen lebte Höß mit dem Chef der Lager-Bauleitung Bischoff.«[94] Abschließend urteilte Dubiel über das Ehepaar Höß: »Beide waren verbissene Feinde der Polen und Juden. Sie haßten alles, was polnisch war. Frau Höß sagte oftmals zu mir: ›Die Polen müssen alle zusammen für die Greueltaten in Bromberg[95] bezahlen. Sie sind nur dazu da, um zu arbeiten bis zum Verrekken‹.« Über Juden sagte Frau Höß, daß diese »bis auf den letzten vom Erdboden verschwinden müßten, daß zu gegebener Zeit auch die englischen Juden an die Reihe kämen«.[96]

Janina Szczurek arbeitete als Schneiderin im Haus Höß. Über die Verhält-

---

94 Ebenda. Zu Caesar siehe S. 177, zu Bischoff siehe S. 145 ff.

95 Frau Höß spielt hier auf den sogenannten Bromberger Blutsonntag an, »der als antipolnische Legende in ihrer NS-Propagandafassung bis heute nicht aus dem Gedächtnis mindestens der ersten Generation der Vertriebenen verschwunden ist. Durch Bromberg zog am 3. September [1939], als die deutschen Truppen wider Erwarten noch nicht das Umland der Stadt erreicht hatten, eine Abteilung polnischer Feldartillerie. Die Stadt wurde alle paar Stunden aus deutschen Flugzeugen bombardiert. Die polnische Abteilung passierte gegen 16 Uhr das ›Deutsche Haus‹ und wurde aus dessen Fenstern heraus beschossen. Der polnische Offizier ließ halten und eröffnete mit seinen Geschützen das Feuer. Die Kampfhandlungen breiteten sich aus. Die Polen wurden vom Turm der Jesuitenkirche am Altmarkt beschossen, worauf sie sich mit Infanteriewaffen wehrten und jeden töteten, bei dem sie eine Waffe fanden. Teile der Bevölkerung, Deutsche und Polen flüchteten vor den Bomben in die umliegenden Wälder. Ob dort die Schießerei weitergegangen ist, ist nicht verbürgt; hingegen, daß die deutschen Truppen, als sie endlich am 7. September in Bromberg (Bydgoszcz) einmarschierten, ein Blutbad unter der Bevölkerung anrichteten. Um den realen Hergang zu vertuschen, wurden polnische Leichen auf das fürchterlichste entstellt, mit herausgerissenen Augen und abgeschnittenen Zungen als deutsche fotografiert und diese Bilder veröffentlicht. In Bromberg lebte eine Engländerin, die den ›Blutsonntag‹ so, wie hier geschehen, beschrieben hat.« Kuby (1986, S. 64 f.).

96 Aussage des Stanisław Dubiel, in: Bezwińska und Czech (1981, S. 288–292); *Grammatik und Rechtschreibung wie im Original.*

nisse dort berichtete sie 1963: »Ich erinnere mich nicht genau an Tag und Monat, als Hedwig Höß, die Frau des Lagerkommandanten von Auschwitz, in meine Wohnung kam und mir vorschlug, bei ihr zu Hause zu nähen. Wer sie zu mir geschickt hatte, weiß ich nicht, vielleicht das Arbeitsamt, da ich dort als Schneiderin registriert war. Zu Hause nähte ich Damenkonfektion und hatte ein Lehrmädchen zur Hilfe. Ich konnte mich nicht herausreden und willigte ein, ohne jedoch zu wissen, daß ich es mit der Frau des Kommandanten vom Lager Auschwitz zu tun hatte. Am festgesetzten Tage begab ich mich zu Fuß zur angegebenen Adresse, und erst an Ort und Stelle orientierte ich mich über meinen Arbeitsplatz. Anfangs fürchtete ich mich, alleine zu gehen, und so nahm ich zur Sicherheit mein Lehrmädchen, Bronka Urbańczyk, heute Ciepła, aus Stawy, mit. In der Wohnung von Höß begegnete ich zum ersten Mal Häftlingen. Ich erinnere mich noch an die Namen dieser Häftlinge: Bronek Jaroń aus Kraków, Wilhelm Kmak aus Grybów bei Tarnów und den Häftling Kwiatkowski, dessen Vornamen ich vergessen habe. Jaroń und Kwiatkowski arbeiteten im Garten von Höß, waren aber auch oft in der Wohnung beschäftigt, wo sie die schweren Arbeiten verrichteten. Jaroń putzte immer die Schuhe... Der Häftling Kmak[97] war ständig in der Wohnung von Höß, er malte Wände und Türen, auf denen die Höß'schen Kinder dauernd zeichneten. Kmak führte die Arbeit langsam aus und bat uns, die Kinder nicht beim Zeichnen zu stören, denn die Beschäftigung in Hössens Wohnung war für ihn der einzige Kontakt mit uns und der zivilen Welt...

Uns gegenüber war Frau Höß loyal. Sie überwachte uns nicht besonders, während die Häftlinge in ihrem Haus arbeiteten. Hössens Kinder, außer dem ältesten, Klaus, taten den dort arbeitenden Häftlingen auch kein Unrecht. Sie liefen im Garten umher und schauten der Arbeit zu. Einmal kamen sie zu mir und baten mich, ihnen solche Armbinden zu nähen, wie sie die Häftlinge trugen. Ich war mir nicht klar darüber, welche Folgen dies haben konnte.

97 Wilhelm Kmak, von Beruf Lackierer, war am 30. August 1940 in das KZ Auschwitz eingeliefert worden. Er arbeitete als Maler in den Lagerwerkstätten und bei der Familie Höß. »Am 31. August 1943 wurde er zusammen mit zwei anderen Häftlingen in den Bunker von Block 11 für das illegale Hinaustragen von Fleisch und Wurst aus der Lagerschlächterei eingesperrt. Während der Untersuchung durch die Politische Abteilung erwähnte er die Namen derjenigen SS-Männer, für die er auch Wurst ›besorgt‹ hatte. Um die Angelegenheit zu vertuschen und sich des unbequemen Zeugen zu entledigen, wurde er zusammen mit den beiden Häftlingen am 4. September 1943 erschossen.« Bezwińska und Czech (1981, S. 294, Fußnote 1).

Klaus legte sich die Binde eines Capos um den Ärmel, den übrigen Kindern nähte ich bunte Dreiecke auf die Kleidung. Die Kinder waren sehr zufrieden darüber und liefen in den Garten, doch dort trafen sie mit dem Vater zusammen, der ihnen die Abzeichen abriß und die Kinder ins Haus führte. Ich wurde nicht bestraft, es wurde mir nur verboten in Zukunft dergleichen zu tun. Im Haus Höß nähte ich so lange, bis im Lager eine Nähstube eingerichtet wurde. Von der Zeit an übernahmen weibliche Häftlinge, Jüdinnen, meine Arbeit.«[98]

Frau Höß gefiel es so gut in Auschwitz, daß sie und ihre Familie auch noch nach der Versetzung des Ehemannes, im Frühjahr 1944, hier wohnen blieben. Erst im Herbst 1944 verließen sie bepackt mit Beutegut die Villa. Im Frühjahr 1946 wurde Frau Höß von englischen Soldaten in einer Zuckerfabrik in St. Michaelisdonn aufgespürt. Die Soldaten fanden sie inmitten erstaunlich großer Mengen an Kleidern, Pelzen, Stoffen und anderer Wertsachen.[99]

Als Dienstmädchen bei SS-Familien in Auschwitz

1974 befragten Mitarbeiter des Archivs und Museums der Gedenkstätte Oświeçim [Auschwitz] ehemalige Dienstmädchen, die zwischen 1941 und 1944 zwangsweise verpflichtet worden waren, in der SS-Siedlung von Auschwitz zu arbeiten. Die Fragen der Archivmitarbeiter zielten offenbar auf die Erfahrungen, die diese Frauen als Mädchen mit den SS-Familien in deren Haushalten gemacht hatten, sie berührten nicht die Verhältnisse im Konzentrations- und Vernichtungslager;[100] die ehemaligen Dienstmädchen erzählten fast nichts über das Lager selbst, wir erfahren von ihnen nicht, welche konkrete »Arbeit« ihre »Arbeitgeber« dort verrichteten.

Alle Dienstmädchen waren sehr jung, 14 bis 20 Jahre alt, als sie für die Arbeit in der SS-Siedlung herangezogen wurden. Die deutschen Besatzungsorgane hatten eine allgemeine Arbeitspflicht für Polinnen und Polen ab 14 Jahren eingeführt. Entsprechend dieser neuen Verordnung mußten sich

---

98 Bericht von Janina Szczurek, vom 13. Januar 1963, veröffentlicht in: Bezwińska und Czech (1981, S. 293 f.).

99 Hedwig Höß, Vernehmungsprotokoll, Sgt. 92 Field Security Section (Southern Sub-Area), ohne Datum, Yad Vashem Archives, File 051/41, 5524, Höß.

100 Die Antworten der Befragten legen dies nahe. Der Katalog der Fragen ist nicht bekannt.

alle Personen über 13 beim Arbeitsamt registrieren und vermitteln lassen. Eine Ablehnung der zugewiesenen Arbeit wurde zunächst finanziell, später durch Einweisung in ein Konzentrations- oder Straflager geahndet, Arbeitsverweigerung mit dem Tod bestraft.[101] Polinnen, die als Haushaltshilfen und Kindermädchen arbeiten sollten, wurden entweder von SS-Männern, die eine Dienstmagd brauchten, selbst ausgesucht oder durch das Arbeitsamt angewiesen, in einer SS-Familie zu arbeiten.[102]

Zu denen, die von einem SS-Mann ausgesucht wurden, gehörten Emilie Z., Alfreda B. und Helena K.[103] Emilie Z. lebte mit ihrer Familie in Auschwitz-Zasole. 1941 kam ein SS-Mann aus der politischen Abteilung des Lagers und wies die Eltern an, ihre jüngere, damals fünfzehnjährige Schwester als Dienstmädchen in eine SS-Familie des Lagers Auschwitz zu schicken. Kurze Zeit später forderte er die zwanzigjährige Emilie Z. auf, sich bei der Familie des 1. Schutzhaftlagerführers Fritzsch zu melden.[104] Helena K. wurde als Neunzehn- oder Zwanzigjährige von dem SS-Hauptscharführer Palitzsch als Dienstmädchen angefordert.[105] Alfreda B.[106] spielte im Sommer 1943 mit Freundinnen vor ihrem Haus, als der SS-Obersturmführer Wilhelm Frank auf einem Motorrad vorbeifuhr, sie sah und ihren Vater aufforderte, sie als Dienstmädchen in sein Haus in der SS-Siedlung zu schicken.[107]

---

101 Obwohl die Altersgrenze bei 14 Jahren lag, vermittelten die Arbeitsämter zunehmend auch jüngere Kinder. So waren beispielsweise Ende 1944 etwa 7 bis 12 Prozent aller in der Textilindustrie in Łódź Beschäftigten Kinder unter 14 Jahren. Vgl. Röhr u. a. (1989, S. 66f.).

102 Ulrich Herbert nennt in seiner Studie über die »Fremdarbeiter« die Zahl von ca. 500000 osteuropäischen Frauen und Mädchen, die nach 1942 zur Arbeit in deutschen Familien zwangsverpflichtet waren. Vgl. Herbert (1985, S. 175f.).

103 Die Namen aller Dienstmädchen wurden aus Gründen des Datenschutzes anonymisiert.

104 Państowe Muzeum Oświeçim-Brzezinka, Sammlung »Zeugenaussagen« (Berichte), Band 82, Bl. 144–149, Zeugenaussage von Emilie Z. am 8. 1. 1974.

105 Państowe Muzeum Oświeçim-Brzezinka, Sammlung »Zeugenaussagen« (Berichte), Band 82, Bl. 159–162, Zeugenaussage von Helena K. am 14. 1. 74. Sie konnte sich nicht mehr genau erinnern, ob es sich um das Frühjahr 1942 oder 1941 handelte.

106 Ihr Geburtsdatum wird im Gespräch nicht genannt, es kann aber davon ausgegangen werden, daß sie gerade erst 14 Jahre alt war oder jünger, da sie mit ihren Freundinnen auf der Straße spielte und noch zu keiner Arbeit verpflichtet worden war.

107 Państowe Muzeum Oświeçim-Brzezinka, Sammlung »Zeugenaussagen« (Berichte), Band 82, Bl. 150–154, Zeugenaussage von Alfreda B. am 11. 1. 1974.
Annekatrein Mendel berichtet in ihrer Studie über die »Zwangsarbeit im Kinderzim-

Maria P. arbeitete in einer Schuhfabrik in Chełmek, als SS-Sturmbannführer Karl Bischoff sie unter den dort arbeitenden Mädchen als Dienstmagd aussuchte.[108]

Prakseda W. wurde vom Arbeitsamt in Auschwitz der Familie des SS-Untersturmführers Dr. Werner Rohde zugeteilt.[109]

Die fünf jungen Frauen und Mädchen wurden von ihren neuen Arbeitgebern zu verschiedenen Büros im Konzentrationslager gebracht. Dort wurden sie fotografiert, bekamen einen Passierschein ausgestellt und mußten eine in polnischer Sprache verfaßte Verpflichtung unterschreiben, über alles zu schweigen, was sie im Lager sahen und hörten.

Das Dienstverhältnis sah vor, daß sie für ihre Arbeit entlohnt wurden. Einige der Arbeitgeber hielten sich jedoch nicht daran. Aus den Interviews geht weder hervor, wie hoch der Arbeitslohn noch wie lang der Arbeitstag und die Freizeit waren.[110]

Die meisten Dienstmädchen wohnten weiterhin bei ihren Eltern in der Stadt, einige bezogen eine Kammer in der Wohnung der Arbeitgeber. Sie begannen ihre Arbeit in der Regel früh am Morgen und beendeten sie spät am Abend, manchmal auch erst spät in der Nacht. Diejenigen, die bei ihren Eltern wohnen blieben, mußten jeden Tag das Lagergelände betreten, die »Große Postenkette«, die das Lager von der Stadt abgrenzte, passieren, ihren Passierschein vorzeigen, sich kontrollieren lassen, ob sie nichts Unerlaubtes hinein- oder herausbrachten. Auf dem Weg zum Haus ihrer Arbeitgeber begegneten ihnen Häftlingskolonnen, bewacht von SS-Angehörigen (SS-Männern oder SS-Aufseherinnen), manchmal mit Hunden. Häufig mußten sie mitansehen, wie die SS-Angehörigen auf die vom Lager gezeichneten Häftlinge einprügelten, eine für die jungen Frauen und Mädchen beängstigende

mer« (1994, S. 11), daß es damals allgemein üblich war, daß sich SS-Männer kleine Mädchen von der Straße holten, um sie als Dienstmagd in ihr Haus zu bringen.

108 Państowe Muzeum Oświęcim-Brzezinka, Sammlung »Zeugenaussagen« (Berichte), Band 82, Bl. 163–166, Zeugenaussage Maria P. am 26. 4. 1974.

109 Państowe Muzeum Oświęcim-Brzezinka, Sammlung »Zeugenaussagen« (Berichte), Band 82, Bl. 167–171, Zeugenaussage von Prakseda W. am 22. 1. 1974.

110 Entsprechend der durch die Nazis erlassenen neuen Arbeitsgesetzgebung betrug der Arbeitstag in Polen in der Industrie ab 1941 / 42 neun bis zehn Stunden, in kleinen und mittleren Betrieben wurde zumeist ein längerer Arbeitstag erzwungen. 1943 wurde der Arbeitstag auf zwölf Stunden verlängert. Der Tariflohn war wesentlich niedriger als in Deutschland, er schwankte zwischen 70 Prozent für Arbeiter und 40 bis 60 Prozent für Landarbeiter. Vgl. Röhr u. a. (1989, S. 67).

und bedrohliche Situation. Auf dem Lagergelände liefen sie Gefahr, selbst zum Häftling zu werden. Sicher waren sie nur in unmittelbarer Nähe ihres Arbeitsplatzes – ihre Arbeitgeber waren in dieser Situation ihre einzigen »Beschützer«.

Im folgenden werden die Aussagen der fünf ehemaligen Dienstmädchen wiedergegeben. Sie geben einen Einblick in das Familienleben in der SS-Siedlung in Auschwitz, schildern ihre Arbeitgeberinnen, deren Umgang sowohl mit ihnen als Dienstmädchen als auch mit den jeweiligen KZ-Häftlingen, beschreiben die tagtäglichen Arbeiten, die sie zu erledigen hatten. Da die meisten ehemaligen Dienstmädchen zum Zeitpunkt ihrer Zwangsverpflichtung Kinder waren, schildern sie ihre Erinnerungen aus einer Kinderperspektive. Ihre ehemaligen »Arbeitgeberinnen« und deren Ehemänner sind ihnen gegenwärtig als Menschen, die sie wegen ihrer Stellung bewundert oder gefürchtet haben.[111]

»Frau Bischoff war eine böse Frau«

Hildegard Bischoff war am 1. Oktober 1941 nach Auschwitz gekommen, um hier mit ihrem Ehemann, dem SS-Sturmbannführer Karl Bischoff, und ihrem angenommenen Sohn in der SS-Siedlung zu leben.[112] Bischoff war zum 1. Oktober vom Chef des Amtes II im Hauptamt Haushalt und Bauten, SS-Gruppenführer Kammler, nach Auschwitz versetzt und mit der Leitung der neugebildeten »Sonderbauleitung für die Errichtung eines Kriegsgefangenenlagers der Waffen-SS in Auschwitz« betraut worden.[113] Am 3. November 1941 wurde er zum »Leiter der Zentralbauleitung der Waffen-SS und Polizei in

111 Wenn möglich, habe ich die Informationen über die SS-Familien, die hier beschrieben werden, durch weitere Aussagen ergänzt.

112 Hildegard Bischoff hatte sich am 10. 3. 41 verlobt und war seit dem 28. 7. 41 verheiratet. Vgl. National Archives, RG 242 (roll A3343-RS-Ac504), RuSHA-Akte Bischoff. Personalbogen Karl Bischoff. Zu Hildegard Bischoff siehe auch: Langbein (1995, Bd. 1, S. 202f.); Naumann (1965, S. 264ff.). Karl Bischoff war seit 1932 Mitglied der NSDAP. Die RuSHA-Akte von Bischoff besteht lediglich aus 14 Blättern, und nur zwei dieser Blätter betreffen die Ehefrau: Blatt 3 und 4 des »Ärztlichen Untersuchungsbogens«, Blatt 1 und 2 sowie der RuS-Fragebogen, Leumundszeugnisse usw. fehlen. Zudem gehören zwei der 14 Blätter zu einem anderen Karl Bischoff, was aus dem abweichenden Geburtsdatum ersichtlich wird.

113 Czech (1989, S. 125).

Auschwitz« ernannt. In dieser Funktion war er verantwortlich für den »Neu- und Ausbau der Lager in Auschwitz und Birkenau sowie aller Begleitobjekte.« In seinem Antrag auf Beförderung Bischoffs formulierte Kammler am 24. 12. 1942: »B. hat die fast zum Erliegen gekommene Großbaustelle zu der best organisierten und leistungsfähigen Großbaustelle der Waffen-SS im Laufe eines Jahres gemacht. B. hat darüber hinaus die technischen Voraussetzungen für die Durchführung der Sonderaktionen des Reichsführers-SS in Tag- und Nachtarbeit geschaffen.« [114] Für seinen »Beitrag zu den Siegesleistungen im Bauwesen« bekam er am 30. Januar 1944 das »Kriegsverdienstkreuz 1. Klasse mit Schwertern« verliehen. Bis zu diesem Zeitpunkt war er verantwortlich für den Bau der Holzbaracken des Konzentrationslagers in Birkenau und die vier großen Krematorien samt Gaskammern sowie den Ausbau des Stammlagers Auschwitz.[115] Bischoff starb »in den fünfziger Jahren, ohne je von der Justiz behelligt worden zu sein«.[116]

Im Frankfurter Auschwitz-Prozeß wurde Hildegard Bischoff als Zeugin gehört. Man fragte sie, was sie über die Gaskammern und Krematorien in Auschwitz, die ja von ihrem Mann geplant und gebaut worden waren, wüßte. Sie behauptete, sie hätte das Krematorium in Auschwitz-Birkenau zwar gesehen, aber nicht gewußt, welchem Zweck es diente. Auch mit ihrem Mann will sie nie darüber gesprochen haben. Auf die Frage, ob sie denn gewußt habe, daß in dem Krematorium Menschen vergast und anschließend verbrannt wurden, bekannte sie jedoch: »Ja, ich wurde darauf angesprochen von einer Frau, die im Lager wohnte. Sie machte mich auf den Geruch aufmerksam.« [117] Frau Bischoff wußte nicht nur sehr genau, welche Funktion ihr Mann in Auschwitz hatte, sie war zudem auch eine besonders »aufmerksame »Nationalsozialistin. So zeigte sie beispielsweise den SS-Mann Mulka, Adjutant des KZ-Kommandanten, bei der Gestapo an, weil er »Goebbels als Idioten bezeichnete, der durch sein Reden dem deutschen Volk großen Schaden zugefügt hat«.[118] Mulka wurde daraufhin verhaftet und vom SS-Gericht zu drei Monaten Gefängnis verurteilt. Im Frankfurter Auschwitz-Prozeß äußerte

114 RuSHA-Akte Bischoff, Brief Kammlers an den Chef des Amtes A V, vom 24. 12. 1942. Die Ernennung zum Sturmbannführer erfolgte am 30. 1. 43.

115 Ebenda, S. 138, S. 729.

116 Pressac (1993, S. 179).

117 Naumann (1965, S. 264 ff.).

118 Ebenda, S. 266.

sich Mulka über diesen Vorfall wie folgt: »Ich habe diese Äußerung deswegen gemacht, weil Frau Bischoff versuchte, sich vor einer Dienstleistung zu drücken, zu der Anfang 1943 auch alle SS-Frauen herangezogen waren. Ich war zu dieser Zeit noch immer der Ansicht, das Kriegsziel sei der Endsieg. Darum waren die Frauen der SS-Führer zum Dienst heranzuziehen und darum kam es zu dieser Auseinandersetzung. Ich habe die Äußerung gemacht, daß Goebbels ein Idiot und Schürzenjäger sei in Hinblick auf die Kritik in der Auswärtigen Presse. Weil Goebbels nach Stalingrad in einer großen Versammlung im Sportpalast den totalen Krieg erklärt hat, konnte man im Ausland merken, daß Deutschland fertig war. Das war der Grund, weswegen ich damals explodierte. Für mich handelte es sich darum, den Krieg zu gewinnen. So habe ich es auch damals bei der Vernehmung erklärt. Ich bin wie ein Vulkan explodiert. Die Sportpalastrede von Goebbels war staatspolitisch vollkommen unsinnig.«[119]

Die Familie Bischoff bewohnte in der SS-Siedlung das Haus Nr. 33 an der Lagerstraße, das ehemals der Familie Marszałeks gehört hatte.[120] Den Haushalt hatte das Dienstmädchen Maria P. zeitweilig gemeinsam mit einem weiblichen Häftling, der wegen seiner Zugehörigkeit zu den Zeugen Jehovas in das KZ gesperrt worden war, zu versorgen.[121] Maria P. bewohnte ein Zimmer auf dem Dachboden. Sie hatte dort ein eisernes Bett, einen Schrank, einen Tisch und einen Stuhl. Die Bischoffs zahlten ihr keinen Lohn für die Arbeit. Frau Bischoff war der Meinung, es genüge, ihr Essen zu geben. Herr Bischoff gab ihr manchmal ein paar Mark für ihre Ausgaben oder einen Passierschein, damit sie ihre Familie besuchen konnte.

Folgen wir den Schilderungen Maria P.s, so war Frau Bischoff ganz und gar nicht die Frau, die sich Himmler für seine SS-Sippengemeinschaft er-

---

119 Langbein (1995, Bd. 1, S. 202).

120 RuSHA-Akte Bischoff: Aktennotiz vom 27.9.1944: »Der SS-Stubaf. Bischoff, Karl ist gemäß Mitteilung der Bauinspektion der Waffen-SS und Polizei Schlesien unter folgender Anschrift zu erreichen. Dienstanschrift: Bauinspektion der Waffen-SS und Polizei ›Schlesien‹ Auschwitz OS. Heimatanschrift: Auschwitz/O.S., SS-Siedlung Nr. 33.«

121 Vgl. die Aufstellung über die weiblichen IBV-Häftlinge, die als Haushaltshilfen in SS-Familien arbeiteten. Diese Liste wurde am 15. Mai 1943 vom Arbeitseinsatzführer an das Amt D II des WVHA gesandt, abgedruckt in: Czech (1989, S. 495). Maria P. nennt in ihrem Bericht keine Jahreszahlen, es muß daher offenbleiben, ab wann sie bei der Familie Bischoff arbeitete. Da sie diesen weiblichen Häftling nicht erwähnt, ist zu vermuten, daß sie an deren Stelle eingestellt wurde und nicht gleichzeitig mit ihr in dem Haushalt arbeitete.

träumte. Das Ehepaar lebte nicht gut miteinander. Frau Bischoff war mitnichten eine tugendhafte, ihrem Ehemann treu ergebene Gattin. Im Gegenteil, so Maria P.: »Sie war viel jünger als Bischoff, groß, schlank, dunkel... Sie war nicht berufstätig. Sie führte das Haus und machte die Einkäufe. Sie war gern außer Haus. Sie hatte einige Freundinnen, mit denen sie sich verabredete. Sie selbst empfing sie donnerstags. Sie spielten dann Karten, tranken Wodka und taten sich an Delikatessen gütlich. Wenn Bischoff in einer großen Delegation ausfuhr – und das kam sehr häufig vor –, lief Frau Bischoff jeden Abend ins Kasino der SS-Männer, um sich zu vergnügen.«[122] Dieses Verhalten führte laut Maria P. zu heftigen Spannungen in der Familie: »... wenn Frau Bischoff spätabends von einem Trinkgelage zurückkehrte und an der Tür klingelte, ging ich nicht hinunter. Ich wartete, bis Bischoff ihr öffnete, weil ich im voraus wußte, daß er sie schlagen würde, was ich nicht mehr sehen wollte.«[123]

Über den SS-Mann Bischoff wußte sie zu berichten, daß er viel arbeitete und immer spät nach Hause kam, manchmal erst um 22 Uhr. Welche Art von Arbeit er im Lager verrichtete, teilte sie nicht mit.[124] Sonntags habe er sich häufig mit verschiedenen SS-Männern in seiner Wohnung getroffen.

Wie bereits den SS-Mann Mulka zeigte Frau Bischoff auch Maria P. bei der Lagergestapo an. Maria P.: »Frau Bischoff war eine böse Frau. Mich mochte sie nicht. Einmal kontrollierte sie mein Zimmer und fand unter dem Strohsack Briefe mit den Adressen der Gefangenenfamilien. Sie sagte mir nichts davon und machte es dem Lager bekannt. Da kamen zwei SS-Männer zu mir. Im Lager wurde ich nach einem Verhör in den Bunker im 11. Block gesperrt.«[125] Erst auf Intervention von Bischoff wurde sie wieder freigelassen – er wollte sein Dienstmädchen nicht verlieren.

Maria P. berichtete auch, daß die Bischoffs Sachen aus dem Lager organisiert und zusammengerafft hatten: »Die Bischoffs hatten viel Gold und Schmuckstücke. Ich sah das erst vor ihrer Abreise aus Oświęcim. Als sie die Sachen packte, zog sie zwei bis dahin irgendwo versteckte, ziemlich große Blechhandkoffer mit kleinen Schlüsseln hervor. Irgendwie ergab es sich,

122 Państowe Muzeum Oświęcim-Brzezinka, Sammlung »Zeugenaussagen« (Berichte), Band 82, Bl. 163–166, Zeugenaussage von Maria P. am 26.4.1974.

123 Ebenda.

124 Darüber, warum sie nichts über Bischoffs Arbeit zu berichten weiß, kann nur spekuliert werden. Vielleicht wurde sie nicht danach gefragt, da die Interviewer davon ausgingen, daß Bischoffs Funktion in Auschwitz allgemein bekannt war.

125 Państowe Muzeum Oświęcim-Brzezinka, Sammlung »Zeugenaussagen« (Berichte), Band 82, Bl. 163–166, Zeugenaussage von Maria P. am 26.4.1974.

daß ich ins Zimmer kam, als Frau Bischoff nicht dort war, und ich die Deckel der Handkoffer ein wenig anhob. Ich war, wie man sagt, ›baff‹ beim Anblick von soviel Kostbarkeiten.«[126]

Die Bischoffs nahmen Maria P. auf dem ersten Teil ihrer Flucht mit bis zu einem Wald, in dem sich ein Nebenlager mit Häftlingen befand. Dort warteten sie auf ein anderes Fortbewegungsmittel, das sie nach Deutschland bringen sollte. Hier endlich konnte Maria P. die SS-Familie verlassen und nach Hause zurückkehren.[127]

In ihren Erinnerungen transportiert Maria P. ein Familienbild, in dem jeweils ein Teil des Ehepaars als »gut« oder als »böse« charakterisiert wird. In der Familie Bischoff ist der Ehemann der »gute« Teil, obgleich er seine Frau schlug. Die Funktion des Ehemannes im Lager ist ihr als wesentlich weniger wichtig im Gedächtnis als sein Verhalten im Haus, das sie als freundlich ihr gegenüber erinnert. Kritisch dagegen bleibt die Erinnerung an die Frau, mit der sie den engeren Kontakt hatte, die ihr die Arbeit zuteilte und bewertete. Frau Bischoffs Verhalten erinnert sie als einer guten Ehefrau nicht angemessen – sie ist der »böse« Teil.

Bemerkenswert an der Schilderung über diese Familie ist der Bericht über das zusammengestohlene Gold und die Schmuckstücke. Bischoff und seine Frau hatten zwar keinerlei Skrupel, Gold und Schmuck zu stehlen, wohl aber Hemmungen, es in der Wohnung offen zur Schau zu stellen.

»Zwei-dreimal in der Woche hatten sie fröhliche Empfänge«: SS-Familie Frank

Der SS-Zahnarzt Willi Frank war im Februar 1943 in das KZ Auschwitz versetzt worden, wo er ab Sommer 1943 Leiter der Zahnstation im Rang eines Hauptsturmführers war. Am 15. November wurde er in die 3. SS-Panzerdivision »Totenkopf« abkommandiert und bis Kriegsende in Ungarn eingesetzt. Er geriet in amerikanische Gefangenschaft, aus der er im Jahr 1947 entlassen wurde. Von der Spruchkammer in München als Mitläufer eingestuft, nahm er seine frühere Tätigkeit als Zahnarzt in Stuttgart-Bad Cannstadt wieder auf. Im Verlauf der Hauptverhandlung des sogenannten 1. Frankfurter Auschwitz-Prozesses wurde er aufgrund eines Haftbefehls am 5. Oktober 1964

126 Ebenda.
127 Ebenda.

verhaftet und angeklagt. In der Verhandlung erklärte er, daß ihm – obwohl »als Ersatzmann« zum »Rampendienst« eingeteilt – erst nach dem Krieg »der Begriff Selektion bekannt geworden« sei. Eine der Aufgaben des Zahnarztes Frank in Auschwitz war die »Verwertung der Goldzähne, die aus dem Gebiß der Leichen herausgebrochen wurden«. Frank wurde zu sieben Jahren Zuchthaus verurteilt.[128]

Frank bewohnte mit seiner Frau und den beiden Kindern in der SS-Siedlung ein einstöckiges Gebäude mit einem großen Garten, das an der Kreuzung des Weges von Garbarnia[129] und der Straße, die vom Bahnhof zum Lager führte, lag. In diesem Haus wohnten außerdem noch die SS-Ärzte Dr. Rohde mit Frau und Tochter sowie Dr. Fischer mit Frau und Kindern. Die Wohnung der Familie Frank bestand aus drei Zimmern im ersten Stock. Sie teilten das Badezimmer mit der Familie Rohde und die Küche, die im Parterre war, mit der Familie Fischer, die später in das von Häftlingen des Lagers renovierte Haus zog, das den Familien Broszkiewicz und Bicz gehört hatte.[130]

Alfreda B. war Dienstmädchen bei der Familie Frank. Zur Arbeit im Haushalt kamen regelmäßig weibliche deutsche Häftlinge, Bibelforscherinnen, aus dem Lager,[131] deren Aufgabe das Waschen, Nähen und Kochen war. Auch für die Arbeit im Garten hatten sich die Franks ein Häftlingskommando besorgt, allerdings mit männlichen Gefangenen. War der Arbeitsanfall groß, arbeitete Alfreda B. mit den weiblichen Häftlingen zusammen: »Als im Garten das Obst und das Gemüse zu reifen begannen, mußte ich den weiblichen Gefangenen beim Ernten und Einlegen für den Winter helfen.«[132]

Die KZ-Häftlinge wurden nach getaner Arbeit in das Konzentrationslager zurückgebracht, Alfreda B. konnte bei ihren Eltern wohnen bleiben. Sie be-

---

128 Langbein (1995, S. 689ff.; 893f.); vgl. Kaul (1968, S. 105).

129 Eventuell ist der Ort identisch mit Garben (dt. Name) im Bezirk Breslau. (A.d.Ü.)

130 Dr. med. Horst Fischer trat 1933 in die Allgemeine SS ein und wurde 1937 Mitglied der NSDAP. Er kam im November 1942 als Arzt nach Auschwitz. Im Juni 1943 wurde er zum SS-Hauptsturmführer befördert und kurze Zeit später als stellvertretender Standortarzt eingesetzt. Er blieb bis zur Evakuierung am 18. Januar 1945 in Auschwitz. Im Juni 1945 übernahm Fischer eine Arztpraxis in Golzwo (ehemalige DDR), hierher ließ er auch seine Familie kommen. Ab November 1946 bis 1965 praktizierte Fischer als Arzt in der Landgemeinde Spreenhagen. 1965 wurde er verhaftet und am 25. Mai 1966 zum Tode verurteilt. Vgl. Kaul (1968, S. 95ff., S. 335).

131 Dies wird durch einen Eintrag in Czech (1989, S. 895) bestätigt.

132 PańStowe Muzeum Oświęcim-Brzezinka, Sammlung »Zeugenaussagen« (Berichte), Band 82, Bl. 150–154, Zeugenaussage von Alfreda B. am 11. 1. 1974.

gann ihre Arbeit morgens um acht Uhr und beendete sie in der Regel am späten Nachmittag. Manchmal, wenn die Franks eine Party gaben, mußte sie aber auch rund um die Uhr arbeiten.

Im Haushalt war sie für die Betreuung der Kinder zuständig. Alfreda B.: »Ich ging sofort ins Kinderzimmer. Ich mußte die Kinder waschen, anziehen und ihnen zu Essen geben. Das Frühstück hatte Frau Frank in der Küche schon vorbereitet. Nach dem Frühstück räumte ich die Zimmer auf, putzte die Schuhe und beschäftigte mich mit den Kindern ... Die Kinder waren sehr unartig. Die Mutter wies sie nicht ein einziges Mal dafür zurecht, daß sie sich mir gegenüber schlecht benahmen.«[133]

Außer der Arbeit mit den Kindern war es Alfreda B.s Aufgabe, die Stiefel von Frank zu putzen: »Für mich war die unangenehmste Arbeit das Putzen von Franks Schuhen. Sie stanken nach Leichen. Einmal brachte Frank Gäste mit, die gekommen waren, um das Lager zu besichtigen. Nach ihrer Rückkehr hatte ich alle Schuhe zu putzen, aber ich konnte diese Arbeit nicht bis zu Ende führen, weil die Schuhe so stanken, daß ich mich mehrmals erbrechen mußte und mir ständig schlecht war.«[134]

In Alfreda B.s Schilderung des Ehepaares Frank gibt es keine Aufteilung in »gut« und »böse«. Beide Partner werden als unangenehme Menschen beschrieben, die sich gegenseitig ergänzten: »Frank war mittleren Alters, hatte aber gewiß die 40 schon überschritten. Er war groß, schwarzhaarig und gutaussehend. Seine Frau, eine Dunkelhaarige mit hellem Teint, war groß, nervös und im Umgang mit mir unwirsch. Auf ihren Mann war sie rasend eifersüchtig. Ich denke, daß sie dafür Gründe hatte, weil z. B., wenn sie wegfuhr, er sich aus dem Lager irgendeine deutsche Krankenschwester (keine Gefangene) mitbrachte. Er ermahnte mich dann, daß ich nichts davon seiner Frau schreiben dürfe.«[135]

Während ihr die politische Überzeugung des Ehemannes keine Erwähnung wert ist, betont sie ausdrücklich, daß Frau Frank eine überzeugte Nationalsozialistin und mit der Behandlung der Häftlinge durch die SS-Wachmannschaften sehr einverstanden gewesen sei. Alfreda B.: »Zum Beispiel kamen eines Tages auf unserer Straße die Gefangenen von der Arbeit. Gegenüber von unserem Haus begegnete ihnen eine SS-Patrouille, hielt sie an und führte eine Leibesvisitation durch. Einige trugen eine Scheibe Brot bei sich.

---

133 Ebenda.

134 Ebenda.

135 Ebenda.

Alle wurden ins Gesicht geschlagen und getreten. Als sie weggegangen waren, erklärte mir meine Herrin, daß das Banditen und Schurken seien, daß es da nichts zu bemitleiden gebe und daß ich mir solche Sachen nicht angucken solle. Als Beispiel sagte sie mir: ›Ihr seid Polen, und ihr sitzt nicht im Lager.‹«[136]

Das Ehepaar Frank beteiligte sich lebhaft an der im Lager herrschenden Korruption. Man bediente sich aus dem Fundus der geraubten Güter, organisierte Lebens- und Genußmittel, auch um Gäste zu bewirten. War dies der Fall, mußte Alfreda B. über Nacht bleiben, da es »der Lärm und das Treiben in der Wohnung den Kindern nicht erlaubte, ruhig zu schlafen. Die Franks führten ein offenes Haus. Zwei-dreimal in der Woche hatten sie fröhliche Empfänge. Delikatessen und Getränke gab es immer im Überfluß. Frank versorgte das Haus mit allem. Die Lebensmittel brachte er mit dem Auto herbei. Er war Jäger, und so gab es auch keinen Mangel an Wild aller Art. Die Möbel und die ganze Ausstattung der Wohnung waren aus dem Lager.«[137]

Als die Alliierten Auschwitz bombardierten, befahl Frank ihr schließlich, sein »Hab und Gut« rund um die Uhr zu bewachen, »weil er selbst ins Lager zurückkehren müsse«.[138] Im November 1944 verließ die Familie Frank Auschwitz. Alfreda B. berichtet, daß sie buchstäblich alles mitgenommen hätten, was sie sich seit ihrer Ankunft in Auschwitz zusammengeraubt hatten. Alfreda konnte endlich zu ihren Eltern zurückkehren.[139]

In Alfreda B.s Bericht ist das Konzentrationslager und die mörderische Tätigkeit ihres Arbeitgebers allgegenwärtig, so zum Beispiel bei der Erwähnung der Stiefel, die »nach Leichen stanken«. In dem Interview gibt sie keinen Hinweis darauf, ob sie wußte, wie der »Leichengestank« an die Stiefel gekommen war. Die Interviewer befragten sie auch nicht danach. Möglicherweise glaubte Alfreda B., voraussetzen zu können, daß die Mitarbeiter des Archivs der Gedenkstätte Auschwitz die mörderische Realität des Konzentrations- und Vernichtungslagers Auschwitz sehr genau kannten und über die Arbeit des SS-Zahnarztes Frank, seinen Einsatz im Lager und auf der

136 Ebenda.

137 Ebenda. Weiter berichtet sie, daß sie in der Wohnung von Frank keine »Wertgegenstände, die Juden gehört hatten«, gesehen habe, sie daher auch nicht wissen könne, »ob sie welche besaßen«. Das bezieht sich offensichtlich auf religiöse Gegenstände, die ihr bekannt waren und die sie deshalb als jüdisch hätte identifizieren können.

138 Ebenda.

139 Ebenda.

Rampe, informiert waren. Berichtenswert erschien ihr dagegen, daß das Ehepaar sein Leben in der SS-Siedlung in vollen Zügen genoß und den Häftlingen mit Verachtung begegnete.

Die zwei Gesichter der Frau Rohde

Dr. Rohde wohnte mit seiner Frau und der Tochter in einem Haus, das früher der Familie Pastuchs gehört hatte. Sie teilten sich eine Etage mit der Familie Frank. Das Badezimmer nutzten sie gemeinsam.

Prakseda W. war Dienstmädchen bei der Familie Rohde. Sie wohnte zu Hause in der Stadt Auschwitz. Ihre Arbeit begann um acht Uhr morgens.[140] Sie hatte einen Passierschein, der es ihr erlaubte, das Lagergelände zu betreten und sich auf dem zum Lager gehörigen Territorium zu bewegen.

Außer dem polnischen Dienstmädchen beschäftigte die Familie Rohde auch Häftlinge aus dem Konzentrationslager, die sie zur Ausführung spezieller Arbeiten anforderte. Diese Häftlingskommandos wurden von SS-Männern bewacht. Prakseda W. erinnert sich, es sei vorgekommen, »daß z. B. die Gefangenen die Schornsteine sauber zu machen hatten und offensichtlich keine Fachleute waren, sie in einem solchen Zustand zurückließen, daß man in den Öfen nach der Reinigung schlechter heizen konnte als vor ihrer Arbeit«.[141]

Prakseda W. war zum Zeitpunkt ihrer Zwangsverpflichtung gerade erst 15 Jahre alt geworden. Ihre Erinnerungen spiegeln deutlich die Perspektive eines Kindes. Ihren Arbeitgeber Dr. Rohde, von dessen Stellung im Konzentrationslager sie nach ihren Angaben nichts wußte, schildert sie als einen großen, kräftigen Mann mit blonden Haaren. Prakseda W.: »Mir gegenüber war er höflich.« Frau Rohde ist ihr als eine »sehr gute« Frau im Gedächtnis: »Sie gab mir manchmal Süßigkeiten, und als sie einmal nach Wien fuhr, erhielt ich nach ihrer Rückkehr von ihr als Geschenk Stoff für ein Kleid. Frau Rohde imponierte mir – ich war 15 Jahre alt. An ihren Monogrammen war irgendein Wappenzeichen. Diese Monogramme konnte man überall sehen, auf der persönlichen Wäsche, der Bettwäsche und der Tischwäsche.«[142]

---

140 Das Interview gibt keinen Aufschluß darüber, wie lange ihr Dienst dauerte. Państowe Muzeum Oświeçim-Brzezinka, Sammlung »Zeugenaussagen« (Berichte), Band 82, Bl. 167–171, Zeugenaussage von Prakseda W. am 22. 1. 1974.

141 Ebenda.

142 Ebenda.

Auch die Wohnung der Familie Rohde hatte ihr damals sehr gefallen. Besonders an ein Arztschränkchen mit verschiedenen Instrumenten und Arzneien erinnerte sie sich sowie an ein weiteres Schränkchen, in dem zwei Karabiner aufbewahrt wurden. Häftlinge hatten es für Dr. Rohde hergestellt.[143] Da das Schlafzimmer nie geheizt wurde, mochte sie dort nicht gern aufräumen: »Mir froren vor Kälte die Hände. Irgend etwas habe ich dort sogar aus diesem Grunde zerbrochen.«[144]

Käthe Rohde war nicht nur als Ehe- und Hausfrau nach Auschwitz gekommen. Sie arbeitete im SS-Lazarett, das sich nahe beim Krematorium befand. Prakseda W.: »Ich ging manchmal zu Frau Rohde auf die Arbeit, öfter aber rief ich sie an, wenn ich etwas mit ihr zu besprechen hatte.«[145]

Zu zwei Erinnerungen von Prakseda W. gibt es ergänzende und ihr widersprechende Berichte von Häftlingen, die entweder in Kontakt mit Dr. Rohde oder seiner Frau gekommen waren. Prakseda W.s Erinnerung, ihre »Herrschaften« hätten ruhig und friedlich miteinander gelebt, sie hätten weder Empfänge noch Zechgelage veranstaltet,[146] stehen im Widerspruch zu einem Bericht ehemaliger Hälftlinge, die in einem Häftlingskommando im SS-Revier arbeiteten und Dr. Rohde gut kannten. Ihnen blieb im Gedächtnis, daß Rohde sich regelmäßig besoffen habe, ein exzessiver Trinker gewesen sei.[147]

Ebenso gibt es zu Prakseda W.s Erinnerung: »Frau Rohde mochte überhaupt nicht in Oświęcim sein. Bei ihnen im Haus gab es nichts, was aus den geraubten Sachen stammte. Ich denke, daß sie sich davor ekelte. Im Haus war ständig eine Lösung mit Kaliumpermanganat vorbereitet, in der alle Sachen zum Essen abgespült wurden, natürlich die, die abgespült werden konnten«,[148] eine andere, die dieser widerspricht.

Hermann Langbein, der als Funktionshäftling im SS-Revier in Auschwitz arbeiten mußte, zeichnete ein völlig anderes Bild von Frau Rohde. Er kannte sie als eine der SS-Frauen, die im SS-Revier arbeiteten. Beim Auschwitz-Pro-

---

143 Ob freiwillig oder auf dessen Geheiß, muß offenbleiben, ebenso wozu er die Waffen benutzte.

144 Pańistowe Muzeum Oświęcim-Brzezinka, Sammlung »Zeugenaussagen« (Berichte), Band 82, Bl. 167–171, Zeugenaussage von Prakseda W. am 22. 1. 1974.

145 Ebenda.

146 Ebenda.

147 Lifton (1993, S. 244, S. 514).

148 Pańistowe Muzeum Oświęcim-Brzezinka, Sammlung »Zeugenaussagen« (Berichte), Band 82, Bl. 167–171, Zeugenaussage von Prakseda W. 22. 1. 1974.

zeß in Frankfurt beschrieb er ein Gespräch zwischen Frau Rohde und dem SS-Unterscharführer Richter aus der Schreibstube, dessen Ohrenzeuge er war: »Eines Tages habe ich Korrespondenzen abgelegt. Die Ablage im SS-Revier befand sich in einem kleinen Raum, der nur durch eine dünne Holzwand von der SS-Schreibstube getrennt war. Es dürfte ein Samstagnachmittag gewesen sein, jedenfalls war die Schreibstube leer, nur der SS-Unterscharführer Richter war drinnen. Er hatte anscheinend vergessen, daß ich hinter dem Holzverschlag in der Ablage arbeitete. Zu ihm kam die Frau des Lagerarztes Dr. Rohde. Frau Rohde fragte Richter, wann denn endlich wieder Transporte zu erwarten seien. Gerade zu dieser Zeit kamen in Auschwitz keine Judentransporte an. Richter sagte, er habe gehört, daß demnächst wieder Transporte, und zwar aus Ungarn, erwartet werden. Da antwortete Frau Rohde: ›Gott sei Dank, daß man endlich wieder einmal etwas bekommen kann!‹ Mir war bekannt, daß sich fast alle Lagerärzte aus den Effekten der nach Auschwitz Deportierten Lebensmittel und Wertgegenstände ›organisierten‹. Frau Rohde wirkte sehr distinguiert. Ich kann mich nicht erinnern, jemals von ihr ein brutales oder haßerfülltes Wort gehört zu haben. Sie lebte in Marburg an der Lahn, ist aber damals zu ihrem Mann nach Auschwitz gezogen.«[149]

In seinen Erinnerungen charakterisiert Hermann Langbein diese Frau wesentlich schärfer: »Frau Rohde schaut aus wie eine gepflegte, kultivierte Frau aussieht. Dabei kann sie es nicht mehr erwarten, bis die Flammen in den Krematorien wieder entzündet werden.«[150]

Der krasse Unterschied in den Schilderungen durch Prakseda W., Hermann Langbein und andere Überlebende scheint ein weiteres Indiz für die gelungene Entkoppelung des Verhaltens innerhalb der Familie und im Konzentrationslager zu sein. Allerdings ist hier die kindliche Perspektive des Dienstmädchens zu berücksichtigen.

Dr. Rohde und seine Familie wurden am 25.7.1944 in das SS-Sicherungslager Schirmerk im Elsaß versetzt. Nach Ende des Krieges wurde Rohde von einem englischen Militärgericht zum Tode verurteilt und am 11.10.1946 in Hameln gehenkt.

---

149 Langbein (1995, S. 580f.).
150 Langbein (1987, S. 517).

Cläre Maus hatte ihren späteren Ehemann, den SS-Arzt Dr. Kitt, in Auschwitz kennengelernt. Sie war seit Mai 1943 im dortigen SS-Lazarett als Laborantin beschäftigt.[151] Geboren am 1. Dezember 1921 in Dinslaken, hatte sie vor ihrer Anstellung im KZ Auschwitz als medizinische Assistentin am Kinderkrankenhaus Park Schönfeld in Kassel gearbeitet. Im Frühjahr 1944 reichten Kitt und Maus den Heiratsantrag beim Rasse- und Siedlungshauptamt-SS ein. Für die Erlangung dieser Heiratserlaubnis mußte Cläre Maus zwei Leumundszeugen benennen. Sie benannte die beiden SS-Ärzte Dr. Fischer, Truppenarzt in Auschwitz, und den Lagerarzt Dr. Thilo. Diese bescheinigten ihr, sie sei eine »gefestigte Nationalsozialistin« und damit eine »würdige SS-Ehefrau«. Am 28. April 1944 erteilte das Rasse- und Siedlungshauptamt-SS »aus kriegsbedingten Gründen« eine »vorläufige« Heiratserlaubnis und erklärte, daß die endgültige Bearbeitung »einer späteren Zeit vorbehalten« bliebe.[152] Die Ehe wurde am 5. Juli 1944 geschlossen.[153]

Dr. Kitt gehörte bereits 1941 zum Personal des Konzentrations- und Vernichtungslagers Auschwitz.[154] Im August 1941 beteiligte er sich zusammen mit anderen SS-Ärzten an den ersten Versuchen, Häftlinge durch intravenöse Injektionen aus Perhydrol, Benzin, Äther, Evipan und Phenol zu töten.[155] Auf der Rampe in Auschwitz-Birkenau selektierte er die ankommenden Juden. Er führte auch Experimente durch: »Nach Erschießungen im Krematorium oder im Block 11 konnte man häufig beobachten, daß selbst den Toten keine Ruhe gelassen wurde. Ein SS-Arzt, meist SS-Hauptsturmführer Kitt

151 National Archives, RG 242 (roll A3343-RS-C5441), RuSHA-Akte Kitt; Lebenslauf Cläre Maus. Aus der RuSHA-Akte geht nicht hervor, wie Frau Maus zu ihrer Stellung in Auschwitz gekommen war. Zu Cläre Maus siehe auch: Langbein (1987, S. 572 f.).

152 RuSHA-Akte Kitt; Brief des Chefs des RuSHA an den SS-Obersturmführer Dr. Bruno Kitt vom 28.4.44. Die Begründung lautete: »Aus den hier vorliegenden Unterlagen ist folgendes ersichtlich. Sie können über Ihre Großeltern väterlicherseits nur unvollständige Angaben machen, so daß eine einwandfreie erbbiologische Beurteilung nicht möglich ist. Außerdem besteht zwischen Ihnen und Ihrer zukünftigen Braut ein ungünstiger Altersunterschied. Aus diesen Gründen wird bei der endgültigen Bearbeitung Ihres Gesuches die Heirat auf Verantwortung Ihrer Braut sowie auf Ihre Verantwortung freigegeben werden.«

153 Ebenda.

154 RuSHA-Akte Kitt; Bruno Kitt, Jg. 1906, trat im Sommer 1933 in die SS ein.

155 Czech (1989, S. 108).

oder SS-Obersturmführer Dr. Weber, stürzte sich auf die noch warmen Leichen und schnitt ihnen aus den Schenkeln und dem Gesäß Fleisch für die bakteriologischen Kulturen des Hygieneinstituts.«[156] Für seine »Leistungen« in Auschwitz-Birkenau wurde Kitt am 15. September 1944 das Kriegsverdienstkreuz 2. Klasse mit Schwertern verliehen.[157] Kitt wurde von einem britischen Militärgericht wegen in Auschwitz begangener Taten zum Tode verurteilt und am 8. Oktober 1946 in Hameln hingerichtet.[158]

Frau Kitt-Maus kämpfte viele Jahre lang um die postume Rehabilitierung ihres Mannes und damit um eine Waisenrente für ihren Sohn. Sie wandte sich an den ehemaligen Häftling Hermann Langbein, um von ihm eine Bestätigung zu bekommen, »daß ihr Mann in Auschwitz an keinen Verbrechen beteiligt war«. Im Gespräch mit Hermann Langbein wollte sie diesen glauben machen, »sie hätte in Auschwitz von der Menschenvernichtung nichts gewußt, obwohl sie jahrelang dort gelebt hatte; ihr Mann hätte ihr alles verschwiegen, was mit den Massenmorden zusammenhing«. Auf Langbeins Einwand, »sie hätte das sogar riechen müssen, antwortete sie, sie hätte wohl einen merkwürdigen, süßlichen Geruch wahrgenommen, man habe ihr jedoch erklärt, es handle sich um Knoblauchgeruch aus einer Wurstfabrik«.[159]

Nach der Abreise der SS-Familie Rohde wurde Prakseda W. zwei anderen SS-Familien zugewiesen. Von acht bis zwölf Uhr arbeitete sie bei der Familie Kitt. Anschließend begann ihr Dienst bei der SS-Familie W., der bis 16 Uhr dauerte.

Dr. Kitt beschreibt sie als »einen älteren, sehr großen, ernsten Herrn«, der eine Brille trug und der mit der Art, wie sie seine Schuhe putzte, nicht zufrieden gewesen sei, obwohl er ihr doch einige Putzlektionen erteilt hatte.

An Frau Kitt erinnert sie sich als »eine sehr schöne Frau, die viel jünger war als er. Beide arbeiteten im Lager. Sie war eine Pedantin, wenn es um Ordnung ging. Sie mochte Blumen und liebte Hunde. Sie waren kinderlos. Als ich zu ihnen in Stellung kam, hatten sie einen kleinen Welpen, den Frau Kitt mit zur Arbeit nahm. Zuerst transportierte sie ihn auf dem Fahrrad in einem Körbchen, aber als er größer geworden war, lief er selbst neben dem Fahrrad her.«

Weiter erinnert sie sich, daß das Ehepaar Kitt sich »eine Menge Sachen aus dem Lager« holte und »in gewissen Zeitabständen … große, volle, beschla-

156 Langbein (1995, S. 139).
157 Czech (1989, S. 607).
158 Kaul (1968, S. 335).
159 Langbein (1987, S. 572 f).

gene Koffer mit verschiedenartigen Kostbarkeiten, Stoffen, Parfüm, Seife usw. nach Deutschland« schickte.[160] Sie verließen Auschwitz Anfang Januar 1945, anderthalb Wochen vor der Befreiung des Lagers.

Als frühere Berufskollegin ihres Mannes wußte Frau Kitt, welche Aufgaben er als Lagerarzt hatte, kannte die Funktion des Konzentrations- und Vernichtungslagers Auschwitz. Inwieweit sie in ihrer Stellung als medizinische Assistentin an den Menschenversuchen in Auschwitz beteiligt war, läßt sich nicht mehr feststellen. Ihre Äußerung gegenüber dem ehemaligen Häftling Hermann Langbein, sie hätte nichts über die Menschenvernichtung in Auschwitz gewußt, muß jedenfalls eine reine Schutzbehauptung gewesen sein.

»Frau Fritzsch war gut, arbeitsam und immer heiter«

Fanny Fritzsch hatte ihren Mann Karl im Dezember 1928 geheiratet. Sie war die Tochter eines Regensburger Limonadenfabrikanten. Ihr Mann arbeitete als Matrose bei einer Schiffahrtsgesellschaft, die die Donau befuhr, und träumte davon, einmal Kapitän zu werden. Im Sommer 1930 trat er der NSDAP und drei Monate später der SS bei. Zu diesem Zeitpunkt hatte die SS in Regensburg nur sieben Mitglieder, fünf davon waren arbeitslos. Fanny Fritzsch kochte für sie, gemeinsam mit ihrem Mann lieh sie ihnen Geld. Jahre später erzählte Fanny Fritzsch über diese Periode: »Mehr als alles andere... erträumte sich Fritzsch damals ein normales Familienleben und ein eigenes Haus.«[161] 1933 war Fanny Fritzsch das erste Mal schwanger. Fritzsch, der herausgefunden hatte, daß seine Chancen für eine Karriere als Kapitän nicht besonders hoch waren, erwog einen Stellenwechsel. »Eines Tages«, erinnerte sich Fanny Fritzsch, »kam er heim und fragte, was ich denn dazu dächte, wenn er hauptamtlich zu den Totenkopfverbänden ginge. Er sagte mir, es handele sich um eine neue Stelle, die irgendwie mit Militär und Polizei etwas zu tun habe. Wir würden umziehen müssen, in eine andere Stadt, und zwar nach Dachau, und dort würden wir dann ein eigenes Häuschen kriegen. Das bedeutete also, daß, wenn das Baby auf die Welt kommt, mein Mann nicht mehr auf der Donau wäre, sondern ein häusliches Leben hätte mit geregelten Stunden und so weiter. Er fragte, ob ich das gern möchte. Er war damals

160 Państowe Muzeum Oświęcim-Brzezinka, Sammlung »Zeugenaussagen« (Berichte), Band 82, Bl. 167–171, Zeugenaussage von Prakseda W. am 22. 1. 1974.
161 Segev (1992, S. 172).

etwas unzufrieden auf der Donau. Dagegen war er richtig besessen von der neuen politischen Lage und strebte, irgendeinen Anteil daran zu bekommen. Er hatte die Bewegung doch jahrelang unterstützt gehabt. Und es würde ganz herrlich sein, mit seinen Kameraden zusammen bei der SS eingestellt zu sein, sagte er jedenfalls, und wir strebten doch beide nach einem normalen Familienleben, möglichst ehe das Baby kam. Ich sagte, er solle entscheiden, und er entschied. So kamen wir nach Dachau. Hätte ich nein gesagt, wäre er auf der Donau geblieben.«[162] In der SS-Siedlung Dachau erblickte im August 1933 die Tochter das Licht der Welt, später noch ein Sohn. Die Kinder wurden im SS-eigenen Kindergarten erzogen. Die jüngste Tochter wurde in der SS-Siedlung in Auschwitz geboren. Die Familie Fritzsch führte in der SS-Siedlung das »normale Leben«, das sie sich immer gewünscht hatte. Sie lebten sieben Jahre in Dachau.

Im Mai 1940 wurde Fritzsch – er hatte es inzwischen zum SS-Hauptsturmführer gebracht – in das neu eröffnete Konzentrationslager Auschwitz versetzt. Er bekam den Posten des 1. Schutzhaftlagerführers.[163] Aus dem Matrosen, der die Donau befahren und der von einem Häuschen geträumt hatte, einem »richtigen Zuhause« für seine Kinder, damit sie eine glückliche Kindheit hätten,[164] war inzwischen der SS-Mann geworden, der die im Lager neu eingetroffenen Häftlinge mit folgenden Worten begrüßte: »Ich teile euch mit, daß ihr nicht in ein Sanatorium gekommen seid, sondern in ein deutsches Konzentrationslager, aus dem es nur einen Ausgang gibt – den Schornstein. Wenn es jemandem nicht gefallen sollte, so kann er ja gleich in die Drähte laufen. Falls sich im Transport Juden befinden, so haben sie kein Recht länger zu leben als zwei Wochen, sind Geistliche unter ihnen, so können diese einen Monat leben, die übrigen drei Monate.«[165]

Fritzsch war auch derjenige, der in Auschwitz erstmals Häftlinge durch das Giftgas Zyklon B, »das zur Ungeziefervertilgung im Lager laufend gebraucht wurde und das vorrätig lag«, tötete. Er selbst suchte die Häftlinge,

---

162 Ebenda. Fanny Fritzsch im Interview mit Tom Segev am 8. März 1975.

163 Die Funktion des Schutzhaftlagerführers war es, für Ordnung und Sicherheit im Lager zu sorgen. Von der Leitung dieser Abteilung hingen die Existenzbedingungen ab, insbesondere Unterkunft, hygienische Verhältnisse, Verpflegung und Arbeitseinsatz. Er war für den Häftlingsbestand, für Ermittlungen bei Verstößen gegen die Häftlingsordnung und für den Vollzug von Disziplinarverfahren verantwortlich. Vgl. Marszałek 1984, S. 43.

164 Segev (1992, S. 172).

165 Sehn (1957, S. 70f.).

die getötet werden sollten, unter den im Bunker 11 eingesperrten Männern aus.[166]

Im Mai 1941 war Emilie Z. der Familie Fritzsch als Dienstmädchen zugeteilt worden. Die Familie bewohnte die erste Etage einer Villa,[167] die ehemals der polnischen Familie Tomasikóws gehört hatte. Sie bestand aus einer Küche, vier Zimmern, einer großen verglasten Veranda und einem kleinen Zimmer bei der Küche – für die Bedienstete –, in der sie bügelte und stopfte. Die Villa stand in einem großen Garten mit Blumen, Ziersträuchern und Obstbäumen. Die Gartenarbeit verrichtete ein von einem SS-Mann bewachtes Häftlingskommando.

Emilie Z. wohnte weiterhin bei ihrer Familie. Ihre Arbeitszeit begann morgens um 8 und dauerte bis 16 Uhr, manchmal auch länger. »Mein Empfang bei der Familie«, so erzählt sie, »begann mit einer Warnung, daß ich mich auf dem Lagerterritorium schnell zu bewegen habe, mich nirgendwo umsehen und niemandem erzählen dürfe, wohin ich gehe und was ich sehe. Fritzsch gefiel mir nicht. Er war schlank, klein und hatte einen unangenehmen Gesichtsausdruck. Er wohnte zusammen mit seiner Frau und zwei unartigen Kindern. Die ältere Tochter war sieben Jahre alt und der kleine Junge vier Jahre alt.«[168]

Sie hatte viel zu arbeiten bei dieser Familie. Sie wusch, stopfte Kleidung und Wäsche, räumte auf, heizte den Ofen und anderes mehr. Als besonders schwierig ist ihr das Waschen der weißen Wäsche in Erinnerung geblieben, weil es im Brunnen nur braunes Wasser gab. Sie wusch im Waschraum im Parterre. Die weiße Wäsche seifte sie auf einem speziellen Brett ein, dann scheuerte sie sie mit einer Bürste und legte sie in einen Korb. Die gescheuerte Wäsche trug sie zu einem Brunnen, der sauberes Wasser hatte, dort spülte sie die Wäsche aus und brachte sie zurück ins Haus.

»Mit dem Zubereiten der Mahlzeiten beschäftigte sich Frau Fritzsch. Sie bewirtete mich mit Mittagessen. Frau Fritzsch war gut, arbeitsam und immer

---

166 Bezwińska und Czech (1981, S. 89). Im Januar 1942 wurde Fritzsch in das Konzentrationslager Flossenbürg und dann in ein Nebenlager des Konzentrationslagers Dora-Mittelbau versetzt. Er starb 1945, bei der Schlacht um Berlin. Fanny Fritzsch im Interview mit Tom Segev am 8. März 1975; Segev (1992, S. 172).

167 Im Parterre wohnte ein SS-Arzt, den Emilie Z. jedoch nie zu Gesicht bekam. Sie registrierte aber, daß täglich ein Häftling aus dem Lager zu ihm kam und die Wohnung aufräumte.

168 Państowe Muzeum Oświęcim-Brzezinka, Sammlung »Zeugenaussagen« (Berichte), Band 82, Bl. 144–149, Zeugenaussage von Emilie Z. am 8. 1. 1974.

heiter. Wir unterhielten uns auf deutsch, was ich ein wenig auf dem Gymnasium gelernt hatte. Ich erinnere mich nicht mehr, wie hoch mein Lohn war. Mit Fritzsch traf ich eher selten zusammen. Ich fürchtete ihn. Frau Fritzsch fürchtete ihn ebenfalls. Die Kinder waren, wie ich schon erwähnt habe, nicht gut. Der Mutter gehorchten sie nicht. Zu mir verhielten sie sich unterschiedlich. Sie wollten, daß ich mit ihnen spielte, und dann waren sie zufrieden. Ich sah nie, daß ein Elternteil die Kinder in irgend etwas unterrichtete. Ich sah ebenfalls nie, daß Frau Fritzsch irgendein Buch las.

Zum großen Krach kam es unter folgenden Umständen. Eines Tages brachte Fritzsch einige Gefangene zum Tapezieren der Wände mit nach Hause und kündigte eine mehrtägige Dienstreise an. Bei den Gefangenen war ein Kapo und ein aufpassender SS-Mann, vielleicht auch zwei. Die ersten paar Tage verliefen ruhig. Am dritten oder vierten Tag sagte Frau Fritzsch zu mir, daß sie den Kapo fragen werde, ob man für die Gefangenen eine Suppe kochen könne. Zur großen Freude von Frau Fritzsch antwortete der Kapo, daß man bei diesen SS-Männern könne. Zwei Tage lang ging alles gut. Am dritten Tag erwischte uns Fritzsch, der unerwarteterweise früher von der Reise zurückgekehrt war, bei den Vorbereitungen. Die Gefangenen und die SS-Männer schickte er sofort ins Lager zurück. Vor allem seiner Frau, aber auch mir machte er eine fürchterliche Szene. Mich erinnerte er daran, daß er mich vor dem Kontakt mit den Gefangenen gewarnt habe. Ich hatte Angst, daß für mich alles böse enden würde.

Die Tapezierung der Wohnung wurde von anderen Gefangenen zu Ende geführt. Fritzsch kam in dieser Zeit mehrmals täglich nach Hause gefahren und kontrollierte die Arbeit der Gefangenen und unsere ebenfalls. Von dieser Zeit an wurde ich nervös und unruhig, verlor gänzlich den Appetit und weinte oft. Schließlich wagte ich es, höflich darum zu bitten, mich aus der Verpflichtung der Arbeit bei ihnen zu entlassen. Ich sagte damals unter anderem, daß ich heiraten werde. Frau Fritzsch verstand das alles irgendwie, denn sie entließ mich Ende August 1941.«[169]

Für Emilie Z. war der Mann von Anfang an der »Böse«; sie schilderte ein Verhalten, das sowohl für sie selbst als auch für die Ehefrau angsteinflößend war. Die Ehefrau blieb ihr als »gute«, einfache, schwer arbeitende Hausfrau im Gedächtnis.

1975 erzählte Frau Fritzsch dem Historiker Tom Segev, ihr Mann hätte in Auschwitz unter Schlaflosigkeit und Alpträumen gelitten. »Nicht selten sei

169 Ebenda.

er mit einem entsetzlichen Schrei aufgewacht. Von Auschwitz bis zu seinem Tod habe er keine sexuelle Befriedigung mehr bei ihr gefunden.«[170] Sie brachte dieses Verhalten jedoch nicht mit der Arbeit und Funktion ihres Mannes im Konzentrationslager Auschwitz in Verbindung. Im Gegenteil: Nach Kriegsende hat sie sich eine eigene Vergangenheit erfunden, in der alles, was über Auschwitz geschrieben wurde, nicht wahr sein durfte. »Ihr Mann, so sagt sie, sei ›der beste Mann auf Erden‹ gewesen und habe keiner Menschenseele etwas zuleide getan.«[171] Selbst Äußerungen des ehemaligen Lagerkommandanten Rudolf Höß, daß es ihr Mann gewesen sei, der in Auschwitz noch vor der Ermordung der Juden mit der Vergasung sowjetischer Kriegsgefangener begonnen habe, tat sie als Lüge ab. Auf die Frage von Segev: »›Könnte es möglich sein, daß er zwar dort, aber an dem, was passierte, nicht beteiligt gewesen ist?‹ antwortete sie: ›Was man über Auschwitz, über die Vernichtung der Juden sagt und all das – ist eine Lüge. Nichts als eine Lüge.‹ Tatsache sei, so sagte sie, daß nach dem Krieg, als ihr Karl nicht mehr lebte, einige der Häftlinge aus dem Lager sie besucht und ihr mit den Kindern geholfen hätten... Zu ihrer Bekanntschaft zählen eine Reihe anderer Witwen von SS-Männern. Alle sagten ihr, sie habe da ganz recht... Sie hatte noch einige Briefe von ihm... In seinem letzten Brief schrieb er, daß er ihr und Deutschland treu geblieben sei. ›Ich lege größten Wert darauf, daß auch die Kinder das wissen‹, schrieb er. Seine Witwe erzählte, sie habe sie nach seinem Vorbild aufzuziehen versucht.«[172] Sie war, wie sie als SS-Ehefrau geschworen hatte, treu noch über den Tod hinaus.

Durch den Tod seiner Frau verlor er den letzten Halt: Familie Palitzsch

Der SS-Hauptscharführer Gerhard Palitzsch gehörte zu den SS-Leuten, die im Mai 1940 mit Höß nach Auschwitz kamen, um mit dem Aufbau des neuen Konzentrationslagers zu beginnen. Davor hatte er mit seiner Frau in den SS-Siedlungen der Konzentrationslager Lichtenburg, Buchenwald und Sachsenhausen gelebt.[173] In Auschwitz übte er die Funktion eines Rapportführers

170 Segev (1992, S. 173 f.).
171 Ebenda, S. 174.
172 Ebenda.
173 Bezwińska und Czech (1981, S. 313).

aus.[174] Im Juli 1940 zählte es zu seinen Aufgaben, die Prügelstrafe an Häftlingen zu vollstrecken.[175] Palitzsch war auch dabei, als am 4. September 1941 20 Häftlinge durch das Gas Zyklon B ermordet wurden.[176] Seit dem 11. November 1941 erschoß er regelmäßig mit einer Kleinkaliberwaffe männliche und weibliche Häftlinge an der Todeswand von Block 11.[177] Er war der Schrecken der Häftlinge, sie beschrieben ihn als einen Mann, der »seine Macht rücksichtslos und brutal gegen die Häftlinge« einsetzte. Höß schrieb in seinen Aufzeichnungen über Palitzsch: »P. Ist hauptsächlich daran schuld, daß es zu diesen wüsten Ausschreitungen, zu den unmenschlichen Mißhandlungen der Häftlinge kommen konnte. Er als Rapportführer hätte das meiste verhindern können – aber im Gegenteil, er wollte das ja, um seinen Machtgelüsten zu frönen... Bei den Exekutionen war P. stets zugegen, er hat wohl auch die meisten Tötungen durch Genickschuß durchgeführt. Ich habe ihn viel beobachtet, konnte aber nie die leiseste Triebregung sehen. Gleichmütig und gelassen ohne jegliche Hast und unbeweglichen Gesichts führte er sein

---

174 In seinen nach dem Krieg in Untersuchungshaft geschriebenen Erinnerungen beschreibt Rudolf Höß die Funktion des Rapportführers wie folgt: »Der Rapportführer ist dem Schutzhaftführer verantwortlich für die genaue Erstellung der Stärkemeldung bei den Zählappellen. Über jede Veränderung im Schutzhaftlager muß er unterrichtet sein. Für die rechtzeitige Vorführung der Häftlinge zum Rapport beim Schutzhaftlagerführer, zum Arzt, zur Politischen Abteilung u. zu anderen Dienststellen der Kommandantur hat er zu sorgen. Ebenso die rechtzeitige Bereitstellung zur Überführung u. Entlassung. Der Rapportführer ist der Vorgesetzte der Blockführer, regelt deren Dienst u. überwacht denselben. Ungeeignete Blockführer meldet er dem Schutzhaftlagerführer zur Ablösung. Jeden ihm bekannt gewordenen Mißstand im Lager hat er sofort dem Schutzhaftlagerführer zu melden. Die vom Lagerkommandanten bzw. vom Schutzhaftlagerführer angeordneten Strafmaßnahmen hat er durchzuführen und die Durchführung schriftlich festzulegen.« Yad Vashem Archives, Höß, File 051/41, Bl. 121.

175 Formell betrug die Prügelstrafe 25 Schläge; die Regel wurde jedoch nicht immer beachtet. Der geprügelte Häftling mußte selbst die Schläge auf deutsch laut zählen. Machte er dabei einen Fehler, so wurde die Strafe wiederholt. Czech (1989, S. 41).

176 Czech (1989, S. 118). Dies ist die zweite Massentötung durch Gas, die erste führte am 2. September 1941 der Schutzhaftlagerführer Karl Fritzsch durch. Ebenda, S. 117.

177 Bezwińska und Czech (1981, S. 313). An diesem Tag erschoß Palitzsch 151 polnische Männer, die als politische Gefangene zum Zwecke der Erschießung nach Auschwitz gebracht worden waren. Vgl. Czech (1989, S. 140). Am 19. März 1942 war Palitzsch an der Erschießung von 144 polnischen Frauen beteiligt; dies waren die ersten weiblichen Häftlinge, die in das Konzentrationslager Auschwitz eingeliefert worden waren. Ebenda, S. 186.

schauriges Werk durch. Auch bei seinem Dienst an der Gaskammer konnte ich bei ihm auch nicht eine Spur von Sadismus bemerken. Sein Gesicht war stets verschlossen und unbeweglich. Er war auch psychisch so verhärtet, daß er ununterbrochen töten konnte, ohne sich dabei etwas zu denken. P. war auch der Einzige von denen, die unmittelbar mit den Vernichtungen zu tun hatten, der nicht einmal in einer ruhigen Stunde mich ansprach und sein Herz ausschüttete über das grausige Geschehen.«[178]

Die damals zwanzigjährige Helena K. war der SS-Familie Palitzsch als Dienstmädchen zugeteilt worden. Die Familie lebte in einem einstöckigen Haus in der SS-Siedlung.

Helena K. arbeitete von morgens um 8 bis 16 Uhr. Sie beschäftigte sich mit der dreijährigen Tochter, ging mit ihr spazieren, manchmal auch einkaufen in dem Laden, in dem sich die SS-Familien mit Vorräten versorgten.

Auch die Familie Palitzsch beschäftigte ein Häftlingskommando, das von SS-Männern bewacht wurde. Sie mußten schwere Arbeiten im Haus und im Garten erledigen. Helena K.: »Wenn Palitzsch im Haus war, sprach ich nicht mit den Gefangenen. Die Gefangenen warnten mich übrigens selbst davor. Sie befürchteten, daß er ihre Nummer aufschreiben und sie im Lager erledigen würde. Bei Frau Palitzsch traute ich mich, mit den Gefangenen zu reden. Ich machte das vorsichtig.«[179]

Hermann Langbein berichtet, daß es Frau Palitzsch war, die sich bei ihrem Mann darüber beschwert hatte, ein zu Reparaturen in ihrem Haus abgestelltes Häftlingskommando hätte nachlässig gearbeitet. Die Häftlinge wurden aufgrund dieser Beschwerde mit auf den Rücken gefesselten Händen aufgehängt.[180]

Helena K. sprach kein Wort Deutsch, als sie bei den Palitzschs zu arbeiten begann. »Wir verständigten uns mit Mühe. Mit den Kindern sprach ich polnisch. Ich nutzte es sogar aus, daß sie mich nicht verstanden, und wenn mich etwas aufregte, verfluchte ich sogar Palitzsch auf polnisch... Frau Palitzsch gefiel mir sehr. Sie war groß, hatte schöne Augen, ein liebes Lächeln und sprach immer in einem milden Ton. Er war auch anständig. Er war blond, aber er hatte ein bißchen merkwürdige Augen.« Helena K. erfuhr erst im

178 Zit. n. Buchheim (1967, S. 290, S. 293).

179 Państowe Muzeum Oświęcim-Brzezinka, Sammlung »Zeugenaussagen« (Berichte), Band 82, Bl. 159–162, Zeugenaussage von Helena K. am 14. 1. 1974.

180 Langbein (1987, S. 516).

Kontakt mit den Häftlingen, die im Haushalt der Palitzschs arbeiten mußten, »als was für ein Schrecken Palitzsch im Lager galt. Ich konnte das nicht glauben. Zu Hause war er der beste Mensch. Zu mir verhielt er sich gut. Seine Kinder liebte er abgöttisch.«[181]

Als die Geburtswehen bei der hochschwangeren Frau Palitzsch einsetzten, war Helena K. mit ihr allein. Da sie nicht wußte, was zu tun war, wollte sie Palitzsch informieren: »Ich rief in seinem Büro an, und als ich dort niemanden erreichte, rannte ich zum Lager, um ihn zu suchen. Ich weiß nicht, ob mir dort jemand den Weg wies, genug, daß ich ihn an der Rampe fand, das ist etwa da, wo heute die Direktion der Städtischen Verkehrsbetriebe ist.[182] Es wurde gerade ein Gefangenentransport ausgeladen. Mit Entsetzen beobachtete ich das Verhalten der SS-Männer und ihr Geschrei, und das Gekläff der Hunde machte mir große Angst. Als Palitzsch mich erblickte, wurde er zuerst fürchterlich wütend, aber als ich anfing, immer wieder ›Kind, Kind‹ zu rufen, da sagte er zuerst, daß es mir nicht erlaubt sei, hierher zu kommen, aber dann nahm er mich auf dem Motorrad mit, und wir fuhren schnell nach Hause.«[183]

Offenkundig konnte oder wollte Helena K. Palitzsch nicht mit dem, was auf der Rampe geschah, in Verbindung bringen. Er blieb für sie »im Haus der beste Mann«, der sich ihr gegenüber gut verhielt, seine Kinder abgöttisch liebte. Auch in diesem Fall hat die Trennung zwischen dem mörderischen Verhalten im Lager und dem freundlichen Verhalten zu Hause perfekt funktioniert.

Zur Krise in der SS-Familie Palitzsch kam es im Sommer 1942, als Palitzsch erklärte, »daß im Lager Typhus herrsche, und daß man aus diesem Grunde eine Zwangsimpfung angeordnet habe«.[184] Die rasche Zunahme der Häftlingszahl hatte die Wohn- und Sanitärverhältnisse im Konzentrationslager Auschwitz derart verschlechtert, daß es im Juni 1942 zum Ausbruch der Flecktyphusepidemie kam, die scharenweise Opfer forderte. Die SS-Ärzte führten daraufhin Selektionen im Häftlingslager durch und töteten die erkrankten Häftlinge zunächst durch Phenolspritzen und ab August 1942 in

181 Państåwe Muzeum Oświęcim-Brzezinka, Sammlung »Zeugenaussagen« (Berichte), Band 82, Bl. 159–162, Zeugenaussage von Helena K. am 14.1.1974.

182 Sie beschreibt hier die »alte Rampe«, die sich bei den Bahngleisen zwischen dem Stammlager und Birkenau befand. Die »neue Rampe« lag im Lager Birkenau zwischen den Abschnitten BI und BII und führte zu den Krematorien II und III. Vgl. Czech (1989, S. 1024).

183 Państåwe Muzeum Oświęcim-Brzezinka, Sammlung »Zeugenaussagen« (Berichte), Band 82, Bl. 159–162, Zeugenaussage von Helena K. am 14.1.1974.

184 Ebenda.

den Gaskammern.[185] Am 23. Juli 1943 veranlaßte Rudolf Höß eine vollständige Lagersperre. Die SS-Männer und ihre Familien durften den innerhalb der großen Postenkette gelegenen Lagerbereich nicht mehr verlassen,[186] die außerhalb der großen Postenkette wohnenden Familien den Lagerbereich nicht mehr betreten. Dienstpassierscheine wurden eingeführt, die den SS-Männern gestatteten, sich auf direktem Weg von der Wohnung zur Dienststelle und zurück zu begeben. Weiter ordnete Höß an, daß die Wäsche mindestens einmal wöchentlich gereinigt und gewechselt werden müsse. Für sämtliche SS-Angehörige, Führer und Unterführer sowie für Zivilbeamte und Arbeiter wurde eine sofortige Urlaubssperre verhängt. Im Falle von Dienstreisen mußten sich die SS-Männer vor der Reise im SS-Revier zum Baden und zur Entlausung melden. Dienstags und freitags ab 15 Uhr wurden die Familien der SS-Männer im Schulgebäude am Fluß Soła ärztlich untersucht.[187] Am 30. September 1942 verbot Höß den SS-Angehörigen und ihren Familien den Verzehr von rohem Obst und Gemüse sowie Rohmilch. Er erinnerte sie daran, daß es verboten sei, die Stadt Auschwitz zu betreten und dort Lebensmittel zu kaufen.[188] Erst am 7. Oktober 1942 war die Epidemie soweit gebannt, daß Höß die Sperre für das »Interessengebiet des KZ Auschwitz« aufhob und bestimmte, daß die SS-Angehörigen sich innerhalb dieses Gebietes frei bewegen durften. Das Verbot, die Stadt Auschwitz zu betreten, blieb jedoch bestehen.[189] Am 13. Oktober 1942 ordnete Höß an, daß die »im Lagergebiet anwesenden Familienangehörigen der SS-Männer gegen Flecktyphus geimpft werden müssen«.[190]

---

185 Czech (1989, S. 230, 289).

186 In Auschwitz gab es eine kleine und eine große Postenkette. Die kleine Postenkette umfaßte das Lager im engeren Wortsinn: Es war eine Einzäunung des Lagers mit Betonpfeilern und elektrisch geladenem Stacheldraht, die nachts beleuchtet war. In Abständen von 80 Metern waren Wachtürme aufgestellt. Die große Postenkette deckte sich mit der Grenze des sogenannten Sperrgebiets. Die Wachtürme waren ca. 200 Meter voneinander entfernt. Normalerweise waren nur tagsüber Wachposten auf den Türmen, die abends nach der Rückkehr der Arbeitskommandos wieder abgezogen wurden. War jedoch ein Häftling geflohen, so wurden die Wachtürme der großen Postenkette drei Tage lang rund um die Uhr besetzt. Die große Postenkette war durch keine Umzäunung gesichert. Vgl. Czech (1989, S. 1024).

187 Vgl. Ebenda, S. 254f., Standortbefehl Nr. 19/42.

188 Ebenda, S. 311, Standortbefehl Nr. 26/42.

189 Ebenda, S. 316, Standortbefehl vom 7. 10. 42.

190 Ebenda, S. 319, Standortbefehl 29/42.

Auch Helena K. wurde geimpft. Gemeinsam mit Frau Palitzsch ging sie in das SS-Lazarett, dort wurde beiden Frauen dreimal eine Injektion in die Brust gespritzt. »Nach einer Woche«, so Helena K., »vielleicht auch später, fühlte Frau Palitzsch sich schlecht. Er (Palitzsch) rief mehrere Ärzte aus dem Lager herbei. Einige Tage lang kamen sie täglich. Eine Besserung gab es jedoch nicht. Schließlich brachte man sie mit dem Krankenwagen aus dem Lager ins Spital nach Katowice. Während ihrer Krankheit durfte ich nicht nach Hause gehen. Ich mußte den ganzen Haushalt führen. Ich schlief dann in der Küche, durch die man ins Schlafzimmer Palitzschs ging. Einmal, als ich ins Zimmer der Kranken kam, lag sie auf dem Tisch, mit etwas so dick eingepackt, daß nur ihr Kopf zu sehen war.

Für mich war das eine schwere Zeit. Ich beschäftigte mich mit den Kindern, räumte auf und kochte. Ich kochte wie ich es vermochte, und ich vermochte es nicht allzu gut. Frau Palitzsch konnte meiner Meinung nach auch nicht gut kochen. Ich erinnere mich noch an solche Mittagessen wie Kartoffelpüree mit Würstchen, oder Gemüsesuppe und das Fleisch aus dieser Suppe mit Brot. Die Speisekammer war gut bestückt. Es war immer Schinken, Salami, Sardinen usw. da. Palitzsch aß nicht zu Hause Mittag. Um auf die kranke Frau Palitzsch zurückzukommen – sie war ziemlich lange im Spital. Er fuhr oft zu ihr. Einmal kam Palitzsch in der Frühe von der Arbeit nach Hause. Ich lag noch mit den Kindern oben im Schlafzimmer, als ich aus dem Zimmer unten sein lautes Weinen hören, das fast in ein schmerzvolles Brüllen überging. Ich ahnte, daß mit Frau Palitzsch etwas Schlimmes geschehen war. Als Palitzsch nach oben kam, drückte er die Kinder an sich, küßte sie und sagte, daß sie nun keine Mutter mehr hätten. Mir tat es sehr leid um Frau Palitzsch, weil ich sie gern mochte. Sie war ruhig, still und gut. Zwei Tage nach dieser Nachricht kam ihre Mutter – gut erinnere ich mich nicht mehr an sie –, sie nahm ein paar Kleidungsstücke der Toten und fuhr mit Palitzsch nach Katowice. Den Sarg mit dem Leichnam überführten sie in die Ortschaft, in der die Eltern von Frau Palitzsch lebten. An den Namen der Ortschaft erinnere ich mich nicht mehr.«[191]

Frau Palitzsch starb am 4. November 1942. Für Hermann Langbein war ihr Tod ein »Indiz dafür, daß Palitzsch für sie Kleidungsstücke aus ›Kanada‹ organisiert hatte, denn nur so hatte sie sich mit Typhus infizieren können«.[192]

191 Państowe Muzeum Oświęcim-Brzezinka, Sammlung »Zeugenaussagen« (Berichte), Band 82, Bl. 159–162, Zeugenaussage von Helena K. am 14. 1. 1974.

192 Langbein (1987, S. 457). Die Vermutung wird durch Rudolf Höß bestätigt, der Pa-

Rudolf Höß schrieb, daß Palitzsch durch »den Tod seiner Frau ... den letzten inneren Halt, die letzten Hemmungen« verlor. »Er fing an, maßlos zu saufen und hatte dauernd Weibergeschichten. In seiner Wohnung gingen die Frauen, meist Aufseherinnen, ein und aus.«[193] Ohne den Schutzraum Familie, ohne die Unterstützung und emotionale Zuwendung, die er von seiner Frau bekommen und die ihm den »inneren Halt« gegeben hatte, funktionierte Palitzsch nicht mehr richtig. Zwar erfüllte er seinen Dienst im Lager genauso »gewissenhaft« wie vorher,[194] aber seine privaten Eskapaden wurden auffällig. Er gab sich keine große Mühe, seine sexuellen Beziehungen mit weiblichen Häftlingen aus dem Lager, die streng verboten waren, zu verbergen. So kam es, daß er »eines Tages in einer eindeutigen Situation ertappt« wurde.[195] Dieses Verhalten und seine Beteiligung an den Unterschlagungen und der Korruption[196] in Auschwitz, die die Sonderkommission der SS im November 1944 feststellte, führte zunächst zu seiner Versetzung und schließlich zur Entlassung aus der SS. Später wurde er einer Bewährungseinheit zugeteilt und soll im Dezember 1944 gefallen sein.[197]

Die SS-Führung ging mit Recht davon aus, daß die Anwesenheit der Familien in den Konzentrationslagern dazu beitragen würde, diese als ganz normale Orte und die »Arbeit« der SS-Männer als ganz normale berufliche Tätigkeit erscheinen zu lassen. Deshalb war die Integration der Ehefrauen und Familien so bedeutsam.

---

litzsch, in seinem in der Krakauer Untersuchungshaft im November 1946 geschriebenen Bericht, als einen SS-Mann charakterisierte, der im »großen Umfang Handel mit Gold, Schmuck und Gegenständen, die aus der illegalen Beschlagnahmung in Auschwitz stammten, betrieben habe«. Czech (1989, S. 63).

193 Zit. n. Langbein (1987, S. 457).

194 Einige Beispiele seiner »regen Tätigkeit« wurden im Kalendarium registriert: Am 6. Januar 1944 erschoß er 40 polnische Häftlinge. Czech (1989, S. 378). Am 21. Januar sorgte er dafür, daß zwei polnische Knaben, acht und neun Jahre alt, durch Phenolspritzen getötet wurden. Ebenda, S. 389. Am 25. Januar erschoß er 53 polnische Häftlinge, ebenda, S. 392; am 7. März sorgte er dafür, daß 80 Knaben im Alter von 13 bis 17 Jahren durch Phenolspritzen getötet wurden, ebenda, S. 426. Erst am 4. Oktober 1944, also mehr als zwei Jahre nach dem Tod seiner Ehefrau, wurde Palitzsch in das Nebenlager Brünn versetzt und als Führer dieses Außenkommandos eingesetzt. Ebenda, S. 620.

195 Langbein (1987, S. 457).

196 Mit Beginn der Deportation der ungarischen Juden nach Auschwitz soll er sich so maßlos bereichert haben, daß es letztendlich seinen Vorgesetzten auffallen mußte. Vgl. Bezwińska und Czech (1981, S. 313).

197 Langbein (1987, S. 458).

Einige der Beispiele zeigen, daß die Gegenwart der SS-Frauen am Einsatzort für die SS-Männer geradezu lebensnotwendig war. Einen Rest an Unrechtsbewußtsein oder Unbehagen, den die Männer bei ihrer »Arbeit« bewahrt haben mochten, beschwichtigte die Ehefrau, indem sie einen stabilen häuslichen Rahmen schuf. Sie sollte seine Kraftquelle sein, ihm emotionalen Halt geben, ihn stabilisieren und für seine seelische Balance sorgen. Die Ehefrauen selbst empfanden es, wie wir gesehen haben, keinesfalls als Zumutung, in der SS-Siedlung eines Konzentrationslagers zu leben. Im Gegenteil, sie genossen die Exklusivität, den Komfort und Luxus, den das Leben in der Siedlung bot. Für viele von ihnen wäre ein solcher Lebensstil unter anderen Umständen unerreichbar gewesen. Männer wie Frauen beschrieben ihr Leben dort als »idyllisch«, erklärten, daß sie »sich wohl fühlten«, es »ihnen gutging«. Die SS-Ehefrauen blendeten die Leiden und das Sterben der Opfer, Folge der von ihren Männern verübten Grausamkeiten, einfach aus.

Diese SS-Ehefrauen billigten nicht nur die Berufswahl ihrer Männer und organisierten das »normale Familienleben«, sondern beteiligten sich gleichzeitig an der Ausbeutung der Häftlinge und der Korruptionswirtschaft im Lager. Himmlers Idee von der SS als Sippengemeinschaft und neuer Elite war also auf äußerst fruchtbaren Boden gefallen – nur daß die »neuen Menschen« nicht selten über das ideologisch vorgegebene Ziel hinausschossen.

Verliebt, verlobt, verheiratet

Die Vernichtungslager, Ghettos und Konzentrationslager waren auch Orte, an denen SS-Männer sich verliebten, verlobten und verheirateten. Die Funktionäre der Konzentrationslager-SS beispielsweise bildeten ein »feinmaschiges Netz dienstlich-fachlicher, nicht selten auch freundschaftlicher Beziehungen«.[1] Befreundet waren auch die in den SS-Siedlungen der Konzentrationslager lebenden Ehefrauen und Kinder. Eheschließungen zwischen den Söhnen und Töchtern der SS-Familien wurden von der Führung gern gesehen und unterstützt.

Das zivile Leben von SS-Männern und damit auch die Frage, wann und wo sie ihre zukünftigen Bräute und Ehefrauen kennengelernt hatten, war lange Zeit für die Forschung kein relevanter Untersuchungsgegenstand. Dies hat sich erst in jüngster Zeit geändert, als beispielsweise die vielfältigen Kontakte zwischen den in den Konzentrations- und Nebenlagern arbeitenden SS-Angehörigen und den in unmittelbarer Nachbarschaft lebenden Menschen in den Blick der Forschung gerieten. Diese neuen Studien sowie die neueren Forschungen zu den Krankenmorden und der Vernichtung der Juden in Osteuropa sowie die Hinweise in den Anklageschriften und Urteilen vieler Prozesse gegen NS-Gewalttäter bilden das Ausgangsmaterial für das folgende Kapitel.

»Das war ganz normal, es waren ja auch sehr nette Kerle darunter«

Neuere Forschungen belegen, daß die KZs und Nebenlager auf dem Gebiet des Deutschen Reiches keine »abgeschlossenen ›Inseln‹ der Barbarei, sondern Teil alltäglicher Norm«[2] waren. Die Konzentrationslager lagen in der Nähe oder am Rand großer Städte, die Nebenlager häufig mitten in einer

1 Orth (1995, S. 344).

2 Koppenhöfer (1996, S. 87–95, S. 88 f.); Koppenhöfer (1996a, S. 10–33).

Stadt oder einem Dorf, also in der unmittelbaren Nachbarschaft von Menschen, die weder zum KZ-Personal noch zu den Verfolgten zählten. Zwischen den Lagern und der Zivilbevölkerung gab es vielfältige wirtschaftliche und private Kontakte. So lieferten beispielsweise die Bauern ihre Feldfrüchte in das Lager, Handwerker installierten die notwendigen technischen oder sanitären Einrichtungen, Händler belieferten das Lager mit allem, was gebraucht wurde, Einwohner vermieteten Zimmer an SS-Angehörige. Für die Menschen, die in der Nähe eines Lagers lebten und um den Zustand der Häftlinge wußten (so etwa in Schörzingen, wo die Einwohner erlebten, wie sich die Häftlinge des Nebenlagers des KZ Natzweiler als »Kolonnen von menschlichen Wracks... mitten durch das Dorf... zur Arbeitsstätte Zepfhahn schleppten«),[3] waren die SS-Angehörigen »interessante Nachbarn«, sie wurden »als Menschen wie du und ich akzeptiert«[4] und fanden ihre Bräute in unmittelbarer Nachbarschaft der Konzentrationslager oder der Nebenlager.[5]

Die SS-Männer des Konzentrationslagers Neuengamme bei Hamburg fanden ihre späteren Ehefrauen in den umliegenden Stadtteilen und Dörfern. Der Gasthof »Achtendiek« nahe dem KZ war eine der vielen Kneipen, in denen sich SS-Männer beim Bier, auf einem Fest oder einem Filmabend mit

3 Holoch (1978, S. 257); Holoch gibt als Quelle für diese Schilderung mündliche Mitteilungen von Einwohnern an. In Schörzingen befand sich seit Februar 1944 ein Nebenlager des KZ Natzweiler. Niels Jørgensen, ehemals Häftling im Nebenlager Alt-Garge, KZ Neuengamme, beschreibt die Reaktion der Einwohner Alt-Garges auf die KZ-Häftlinge: »Und gingen diese Deutschen nun an uns vorbei mit geschlossenen Augen oder abgewandten, beschämten Gesichtern?... Hätten sie das wenigstens getan! Aber sie reagierten ganz anders. Wer von ihnen wollte wohl die SS, die Tempeldiener des Faschismus herausfordern. Niemand wandte das Gesicht ab oder schlug die Augen nieder. Im Gegenteil, die kleinen Kinder standen da und zeigten mit den Fingern auf uns, während sie die Kommandorufe der SS nachahmten, und die Alten sahen uns mit kalten, harten Augen an.« Zit. n. Hopp (1993, S. 159).

4 Koppenhöfer (1996, S. 87–95, S. 88 f.).

5 Vgl. auch Risel (1978, S. 117); er berichtet, daß die SS-Männer des Nebenlagers Neckargartach »regen Umgang mit den Mädchen der Umgebung hatten. Hier sollen sogar acht bis neun Frauen dem Evakuierungszug des Lagers gefolgt sein.« Risel nennt als Quelle für diese Schilderung mündliche Mitteilungen von Einwohnern. Koppenhöfer (1996, S. 87–95, S. 88 f.) gibt an, daß über die Kontakte der SS-Männer mit den Mädchen aus Schörzingen und Umgebung berichtet wird, daß die enge Verbindung »in einer für die Mädchen beschämenden Art und Weise so ausartete, daß es dem Schörzinger Ortsgeistlichen einiges Kopfzerbrechen bereitete«.

den Einheimischen trafen.[6] Eine Anwohnerin berichtete: »In allen Gaststätten waren natürlich die SS-Leute zu finden, denn sie hatten viel Freizeit und viel Langeweile und mußten, wenn sie nicht nach Bergedorf fuhren, ja auch einiges unternehmen. Und dann versuchten sie Anschluß zu finden hier, auch bei den Bauern, obwohl Landleute ja sehr konservativ sind und sicherlich nicht so gerne gesehen haben, daß sie hier große Kontakte anknüpften, besonders nicht mit den Töchtern. Sie gingen hierher [Gasthof ›Achtendiek‹, G. S.] und wollten auch tanzen mit Mädchen, aber so viele nähere Kontakte, glaube ich, hat es nicht gegeben. Obwohl einige Mädchen auch SS-Leute geheiratet haben. Aus meiner früheren Klasse sind auch einige Mädchen mit SS-Leuten verheiratet. Das war ganz normal, es waren ja auch sehr nette Kerle darunter, das kann man ja auch nicht abstreiten. In den ersten Kriegsjahren gab es hier noch Tanz, dann wurde hier auch kräftig gescherbelt. Hier war der Saal, in dem immer viel los war. Klar, es war in der Nähe des Lagers, und der Krieg bot ja auch nicht allzuviel Abwechslung. Da fand sich dann allerlei ein und es war eigentlich immer etwas los.«[7] Für die Anwohner des KZs Neuengamme war es völlig normal, das Lager zu besuchen. Ab 1943 konnten sie sich sonntags von der Musik der Häftlinge unterhalten lassen, wenn sie die Lagerstraße entlangspazierten. Ein Anwohner erinnert sich: »Wenn wir Lust hatten, sind wir da hingegangen. Ist möglich, daß das immer nur sonntags war, das kann schon sein, dafür ist das ein bißchen lange her. Aber ich kann mich nicht entsinnen, daß sie uns hätten da nicht haben wollen, daß sie gesagt hätten ›Heute nicht!‹ oder so... Und es war schon so. Sonntagnachmittags war da immer Musik. Und die spielten Fußball, und da haben wir auch geguckt. Das haben wir auch. Wo gab es damals schon Musik?... Es gab doch nichts. Heute ist das ja anders. Es gab keinerlei Abwechslung. Dann gingen wir die Lagerstraße hoch, da kriegte man eine Eintrittskarte und mußte die am anderen Ende wieder abgeben. Und dann haben wir da reingeguckt, da waren sie

6 Vgl. Rolle (1992, S. 37); siehe auch Koppenhöfer (1996a, S. 20); er berichtet über die Freizeitgestaltung der Lager-SS in Mannheim: »Sie saßen in den Gasthäusern der Nachbarschaft. Da konnte man mit Einheimischen ins Gespräch kommen. Zeitzeugen berichten, daß sie hier Wachleute nach der Herkunft und dem Schicksal der Häftlinge befragt hätten. Es gab SS-Leute, die sich hier, auch in angetrunkenem Zustand, ihrer Brutalitäten gegenüber den Gefangenen brüsteten oder auch mit früheren Brutalitäten angaben. Ein SS-Mann, ein Volksdeutscher aus Kroatien, zeigte Fotos von Greueltaten herum, die er im Osten aufgenommen hatte.« Weiter erklärt er, daß solche SS-Stammtische in lagernahen Gasthäusern häufig gewesen sein dürften.

7 Rolle (1992, S. 37); vgl. auch Rosenfeld (1995, S. 94).

denn im Gange, haben mit den SS'lern gesprochen. Das war eine ganz normale Angelegenheit.«[8] Nach dem Krieg siedelten sich in Neuengamme und Umgebung einige Angehörige der ehemaligen SS-Wachmannschaften an.

Zwischen 1938 und Dezember 1944 heirateten zehn Frauen aus der Stadt Dachau in der Pfarrei St. Jakob SS-Männer, die zum Personal des Konzentrationslagers Dachau gehörten.[9] Es ist jedoch zu vermuten, daß wesentlich mehr Ehen zwischen Frauen aus der Stadt (bzw. der Umgebung von) Dachau und SS-Männern geschlossen wurden, da die Mehrzahl der Trauungen nicht in der Kirche stattfand.

Der SS-Hauptscharführer Alfred Klein hatte seine Braut, die aus dem Ort Dachau stammte, kennengelernt, während er im KZ stationiert war. Die Ehe wurde 1934 geschlossen. Nach seiner Versetzung nach Sachsenhausen wohnte die Familie, inzwischen waren zwei Söhne und eine Tochter geboren worden, bis Februar 1945 in der dortigen SS-Siedlung. Der SS-Oberscharführer Johann Sonsnowski, dessen Braut in Germendorf nahe Sachsenhausen wohnte, verlobte sich Weihnachten 1942 und heiratete 1943. Die Braut des SS-Hauptscharführers Heinrich Meier, der ab dem 1. August 1937 im Kommadanturstab des KZ Sachsenhausen arbeitete, stammte aus dem Ort Oranienburg. Hier hatte sie, bis zu ihrer Eheschließung 1938, als kaufmännische Angestellte gearbeitet.[10]

SS-Männer fanden ihre zukünftigen Ehefrauen nicht nur in der Nachbarschaft der Lager auf dem Gebiet des Deutschen Reiches, sie lernten sie auch in den besetzten und annektierten Gebieten kennen. Hierbei handelte es sich häufig um deutsche Frauen, die als Krankenschwestern in SS- oder Wehrmachtslazaretten oder bei einer SS- oder NS-Dienststelle arbeiteten. Die im Vernichtungslager Treblinka eingesetzten SS-Männer konnten das Lager, sofern sie nicht zum »Nachtdienst« eingeteilt waren, ohne besondere Formalitäten verlassen. Viele SS-Männer besuchten gerne und oft das in der Nähe liegende Reservelazarett in Ostrow, wo sie sich mit dem weiblichen Personal trafen. So beispielsweise auch der SS-Mann Franz, der ein Liebesverhältnis mit einer DRK-Hilfsschwester unterhielt. Mit ihr unternahm er auch einen Wochenendausflug in das südliche Ostpreußen.[11] »Schließlich hat Franz aus

8 Rolle (1992, S. 5, S. 7).

9 Steinbacher (1994, S. 90, S. 179).

10 Urteil des LG Köln vom 28.5.1965, veröffentlicht in: »Justiz und NS-Verbrechen« (1979, Bd. XXI, Lfd. Nr. 591, 64–167).

11 Urteil des LG Düsseldorf vom 3.6.1965; die Richter erwähnen ebenfalls, daß Franz

Treblinka am 2. Oktober 1943 an den Reichsführer-SS – Rasse- und Siedlungshauptamt – den Amtrag auf Genehmigung seiner beabsichtigten Heirat mit der DRK-Hilfsschwester T., der jetzigen Zeugin Neu., gestellt.«[12]

Mit den Pflegerinnen aus dem Krankenhaus in Warthebrücken feierten die Männer des SS-Sonderkommandos Kulmhof (Chelmno) »fast täglich Orgien«. Die Frauen wurden, wie der damalige deutsche Lehrer in Kulmhof bei seiner polizeilichen Vernehmung 1962 erklärte, »dann morgens von [dem SS-Hauptsturmführer, G. S.] Bothmann hinausgeworfen und lagen vielfach unbekleidet und betrunken auf der Straße, so daß auch die Schulkinder das sehen konnten. Gegen diesen Zustand hatte ich beim Schulrat Beschwerde geführt. Der Erfolg war, daß die Schule zunächst verlegt und später aufgelöst wurde.«[13]

Im August 1941 heirateten der SS-Obersturmführer Anton Burger und die Angestellte bei der Gauleitung Nieder-Donau, Hermine Schützenauer, nachdem sie bereits ein halbes Jahr in Brünn zusammengelebt hatten. Burger organisierte in Brünn die Deportation der jüdischen Bevölkerung des »Protektorats Böhmen und Mähren«.[14]

Auch Sch., Wachtmeister der Schutzpolizei, der im Juni 1940 nach Tschenstochau versetzt wurde und ab September 1942 zum »Kommando Räumung Ghetto« zählte, lernte seine spätere Ehefrau am Einsatzort kennen. Sie war vor ihrer Heirat im März 1943 bei der »Deutschen Buchstube« in Tschenstochau beschäftigt.[15] Der SS-Sturmbannführer Ernst Lerch lernte seine spätere Ehefrau im Büro der Gestapo kennen, wo sie angestellt war.[16] Als Adjutant des Lubliner SS- und Polizeiführers Globocnik und Mitglied im »Sonderstab der Aktion Reinhard« war Lerch einer der Hauptverantwortlichen bei der Ermordung der jüdischen Bevölkerung.[17]

Sich verliebt, verlobt und geheiratet hatten auch SS-Männer und Frauen, die sich als Berufskollegen an ihren jeweiligen Arbeitsplätzen kennenlernten. Arbeitsplatz war das Konzentrationslager für SS-Aufseherinnen, die die weiblichen Gefangenen bewachten, für SS-Ärztinnen und Krankenschwestern, die

Vater von vier unehelichen Töchtern war. Veröffentlicht in: »Justiz und NS-Verbrechen« (1981, Bd. XXII, S. 44).

12 Ebenda, S. 53; Name aus Datenschutzgründen anonymisiert.

13 ZStL, 203 AR-Z 69/59, Bd. VII, Bl. 1285.

14 Müller-Tupath (1994, S. 28).

15 »Justiz und NS-Verbrechen« (1981, Bd. XXII, S. 324); Name aus Datenschutzgründen anonymisiert.

16 Vgl. Wiesenthal (1991, S. 343).

17 Vgl. Browning (1993, S. 79 ff.).

sich im Konzentrationslager Ravensbrück an Menschenversuchen und Tötunge durch Injektionen beteiligten, für Krankenschwestern, Laborantinnen und Zahnarzthelferinnen, die im SS-Revier (Krankenhaus) arbeiteten, für SS-Helferinnen, die die Funk- und Fernschreibzentrale des KZs bedienten, für zivile weibliche Angestellte, die als Stenotypistinnen, Sekretärinnen oder Sachbearbeiterinnen in den Verwaltungsbüros, als Köchinnen und Küchenhilfen in der SS-Küche und Kantine oder als Vorarbeiterinnen in den Fabriken und Werkstätten auf dem KZ-Gelände arbeiteten. Im Unterschied zu den Mädchen und Frauen aus der Nachbarschaft der Lager waren diese Frauen genauestens darüber informiert, was in den Lagern passierte und welchen Anteil ihre Partner daran hatten. Durch ihren Arbeitsplatz waren sie bereits vor der Aufnahme in die SS-Sippengemeinschaft Eingeweihte und kannten die Verbrechen der SS aus eigener Anschauung oder waren selbst daran beteiligt.

In Majdanek heiratete im Mai 1943 die SS-Aufseherin Charlotte Wöllert den SS-Mann Robert Mayer.[18] Im KZ Stutthof schlossen die Sekretärin des KZ-Kommandanten und ein SS-Mann der Wach- und Lagermannschaft die Ehe.[19] Über die Ehen des SS-Sturmbannführers und Leiters der landwirtschaftlichen Betriebe des KZ Auschwitz, Joachim Caesar, berichtete Rudolf Höß: »Caesar lebte glücklich in seiner zweiten Ehe mit seinen Kindern. – Seine erste Ehe war geschieden, weil die Frau keine Kinder haben wollte. – Seine zweite Frau vergötterte ihn und bestärkte ihn in seiner Haltung und Lebensauffassung. Ein tragisches Schicksal nahm sie ihm, sie starb 1942 in Auschwitz an Typhus. 1943 heiratete er seine erste Laborantin, die ihm in der

18 ZStL, IV 407 AR-Z 297/60, S. 176. Charlotte Wöllert, Jahrgang 1918, war von 1939 bis 1941 in einer Heil- und Pflegeanstalt zur Krankenpflegerin ausgebildet worden. Am 15. September 1941 wurde sie als Hilfsaufseherin im Konzentrationslager Ravensbrück eingestellt. Nach Beendigung ihrer Ausbildung zur SS-Aufseherin wurde sie am 16. 10. 1942 in das Konzentrationslager Lublin-Majdanek, in das Bekleidungswerk des SS-Häftlingsschneiderkommandos, versetzt. ZStL, Ordner Polenfindbuch, Bl. 577. Ab dem 22. April 1944 war sie SS-Aufseherin im Konzentrationslager Auschwitz-Birkenau. ZSt. Köln – 130 Js 200/62 (Z) v. 15. 11. 1974. 1945 wurde sie wegen ihrer Mitgliedschaft in der SS im Spruchkammer-Verfahren zu zweieinhalb Jahren Freiheitsentzug verurteilt. Als Angeklagte im Majdanek-Prozeß wurde sie am 19. April 1979 freigesprochen, da nach Ansicht des Gerichts und der Staatsanwaltschaft das Ergebnis der Beweisaufnahme die Anklagevorwürfe »nicht mit der zu einer Verurteilung auszeichnenden Sicherheit« bestätigt und die ihr nachgewiesenen Prügeleien und Quälereien der Häftlinge längst verjährt und die Hauptbelastungszeugen verstorben waren. Vgl. Müller-Münch (1982, S. 65).

19 ZStL, 407 AR 3680/65, Bl. 422.

Forschungsarbeit in Raisko wohl auch am wesentlichsten geholfen hat. Es war die Fortsetzung der zweiten Ehe. Auch diese Frau schaute zu ihm auf wie zu einem Gott.«[20] Im KZ Ravensbrück heirateten der SS-Lagerarzt Walter Sonntag und die SS-Lagerärztin Gerda Weyand.[21] Auch der Lagerarzt Dr. Bruno Kitt hatte, wie erwähnt, in Auschwitz Cläre Maus geheiratet, die im dortigen SS-Lazarett als Laborantin beschäftigt war.[22] Die Ehefrau des stellvertretenden Lagerkommandanten im Vernichtungslager Bełżec, Gottfried Schwarz, arbeitete als »Transportbegleiterin« in der Mordanstalt Bernburg.[23] Die Ehefrau von Albert Rittler, der als Bürokraft im Vernichtungslager Treblinka eingesetzt worden war, arbeitete vor ihrer Eheschließung als Pflegerin in den Mordanstalten Grafeneck, Brandenburg, Bernburg und Hadamar. Nach dem Tod ihres Mannes meldete sie sich erneut bei der Berliner Zentrale zum Einsatz. »Sie wird 1944 in die bayerische Anstalt Kaufbeuren beordert, wo sie auf der Frauenabteilung Patientinnen mittels Luminaltabletten und Morphium-Scopolamin-Spritzen tötet.«[24]

---

20 Yad Vashem Archives, Höß, File 051/41, Bl. 172. Die erste Ehe wurde geschieden. U.S. National Archives, RG 242 (roll A3343-RS-A5330), RuSHA-Akte Caesar, Sippenakte. Am 1.5.1945 lebte »Frau Ruth Cäsar b. Dr. Weinmann« in Schwäbisch-Hall, im Diakonissenkrankenhaus. Ebenda, Gebürniskarte. Die Ehe wurde am 4. Dezember 1943 im Standesamt in Auschwitz geschlossen. Ruth Caesar war Diplomchemikerin. In der RS-Akte Caesar fehlen alle für die Erlangung der Heiratsgenehmigung notwendigen Unterlagen der drei Ehefrauen.

21 Vgl. 7. Ravensbrück-Prozeß vom Mai 1948, Bundesarchiv Koblenz, JAG Nr. 335. Dr. Sonntag wurde zum Tode veruteilt und am 17.9.1948 in Hameln hingerichtet. Was aus Frau Dr. Weyand-Sonntag geworden ist, konnte nicht ermittelt werden.

22 Siehe Abschnitt: »Frau Kitt war eine Pedantin«, S. 156ff.

23 Die Aufgabe der Transportbegleiterinnen bestand darin, die zum Sterben selektierten Kranken beispielsweise vom KZ zur Mordanstalt zu begleiten. Vgl. Klee (1995, S. 355).

24 Ebenda, S. 356. Das Landgericht Augsburg verurteilte sie 1949 wegen »Beihilfe zum Totschlag« zu einer Gefängnisstrafe von einem Jahr und neun Monaten. Die Richter erklärten: »Auch die Angeklagte R. nimmt für sich in Anspruch, dass sie Weisungen befolgte, die ihr von einem Vorgesetzten erteilt wurden, dem sie glaubte, Vertrauen schenken zu dürfen. Die Angeklagte war früher schon durch die Reichsarbeitsgemeinschaft der Heil- und Pflegeanstalten bei der Organisation der Verschleppung von Kranken eingesetzt worden. Sowohl in diesem Stadium der Durchführung des Euthanasieprogrammes, als bei der späteren Aktion, welche die Tötung der Kranken mit Luminaltabletten und Spritzen in einzelnen Anstalten zum Gegenstand hatte und in die sie ebenfalls durch die im Columbushaus in Berlin untergebrachte Dienststelle vermittelt worden war, war sie restlos in das Ziel dieser Massnahme eingeweiht. Das Schwurgericht konnte daher an der Tatsache nicht vorübergehen, dass die Angeklagte

Zeit zum Verlieben und Heiraten in den Mordanstalten…

Auch die Zentrale der »T4«,[25] von wo aus, unter dem Tarnwort »Euthanasie«, der Mord an den als »lebensunwert« definierten Menschen der Heil- und Pflegeanstalten organisiert wurde, sowie die Mordanstalten selbst waren Orte, an denen die weiblichen und männlichen Mitarbeiter nach getanem Mord Zeit zum Verlieben und Heiraten fanden. Während einige der Männer, über die im folgenden berichtet wird, für ihre Taten zur Rechenschaft gezogen wurden,[26] wurde keine der hier erwähnten Frauen gerichtlich belangt. Ihre Arbeit als Angestellte bei der »T4« zählte seit der im Nürnberger Prozeß getroffenen Entscheidung, Angestellte und Stenographen der Gestapo aus der Kategorie »Mitglied einer verbrecherischen Organisation« herauszunehmen und damit nicht unter Anklage zu stellen, für die Justiz nicht mehr zu den Verbrechen, die verfolgt wurden.[27] Ihr Wissen um die Verbrechen und die Komplizenschaft mit ihren Chefs und Ehemännern war somit juristisch nicht relevant.

So ein Fall war das Ehepaar Allers. Dieter Allers war der Geschäftsführer

---

R. sich im Jahre 1944 erneut an diese Stelle im Columbushaus in Berlin wandte, als sie nach dem Ableben ihres Ehemannes durch das Arbeitsamt Neu-Ulm, wie alle Frauen ohne Kleinkinder, gedrängt wurde, der damals bestehenden Arbeitspflicht zu genügen. Es hätten sich für sie als gelernte Krankenschwester im Jahre 1944 genügend Möglichkeiten geboten, in einem Lazarett oder Krankenhaus eine Betätigung zu finden. Dass sie dessen ungeachtet jene Stelle in Berlin nicht mied, mit welcher sie schon früher so ungünstige Erfahrungen gemacht hatte, lässt erkennen, daß ihr nicht daran gelegen war, sich dem bedenklichen Handwerk zu entziehen, das von dieser Dienststelle im Columbushaus organisiert und betrieben wurde.« Urteil des Schwurgerichts beim Landgericht Augsburg vom 30. Juli 1949, Ks 1/49, veröffentlicht in: »Justiz und NS-Verbrechen« (1970, S. 181).

25 »T4«, nach dem Sitz der Zentrale in der Tiergartenstr. Nr. 4, in Berlin-Tiergarten; zur »T4« siehe: Schleunes (1987, S. 62–83).

26 Über ein Verfahren oder eine Verurteilung wird jeweils bei Erwähnung der entsprechenden Person berichtet.

27 Justice Jackson erklärte: »Was meine Person betrifft, so möchte ich deutlich zum Ausdruck bringen, und ich glaube es wird ohnehin angenommen werden, daß die Vereinigten Staaten nicht daran interessiert sind, ihre Vertreter 3500 Meilen reisen zu lassen, um Angestellte, Stenographen und Hausbesorger anzuklagen. Das sind nicht die Art Verbrechen, die wir verfolgen wollen, selbst wenn sie etwas wußten; denn sie sind nicht die Art Verbrecher, die den Frieden der Welt gefährden.« IMT (1947–1949, Bd. VIII, S. 494). Kurz nach Ende des Krieges wurden im ersten Euthanasie-Prozeß am 25. März 1946 die Anstaltsärztin und die Anstaltspflegerin zum Tode verurteilt. LG Berlin, 25.03.4611 KS 8/46. Im zweiten Prozeß am 21. Dezember 1946 wurde die Oberschwester mit Zuchthaus bestraft, die Stationsschwester und die Krankenpflegerin freigespro-

der »T4«, Frau Allers Sekretärin. Wie sie zu dieser Anstellung gekommen war, erzählte sie Gitta Sereny: »Ich arbeitete vorher in einem Modegeschäft und wollte um jeden Preis etwas Nützliches für mein Vaterland tun. Eine Freundin erzählte mir, sie könnte mir eventuell dabei behilflich sein, einen Posten in der Führerkanzlei zu bekommen, wo sie selbst als Sekretärin arbeitete. Geheimaufgaben, sagte sie. Na ja, das klang sehr aufregend, also bin ich hingegangen. Und ich wurde aufgenommen. Ich hatte keine Ahnung, um was es sich handelte, bis ich dabei war.«[28] Sie blieb »dabei« bis zum Ende von »T4« im Mai 1944. Hier lernte sie ihren späteren Ehemann kennen. Während ihrer Tätigkeit als Sekretärin auf Schloß Hartheim war sie über die Gaskammern informiert, hatte selbst den Tötungsprozeß durch das kleine Guckloch in der Tür der Gaskammer beobachtet.[29] Gitta Sereny berichtet, daß Herr und Frau Allers bis zu einem gewissen Punkt bereit gewesen waren, über die Euthanasie zu diskutieren. Auf ihre Frage: »Wann haben Sie zum erstenmal gehört, was mit den Juden in Polen geschah?« reagierte das Ehepaar jedoch zunächst mit langem Schweigen. »Oh, irgendwann im Jahr 1943«, sagte Frau Allers schließlich.[30] 1943 waren bereits Millionen von jüdischen Frauen, Männern und Kindern umgebracht worden. Die SS-Leute, die diese Morde in den Vernichtungslagern ausübten, wurden von der »T4« bezahlt, ein eigener Kurier brachte den Lohn (Wehrsold und Kriegsbesoldung) in das Lager.[31] Sie erhielten von diesem Büro Papiere und wurden von dort aus in ein Erholungsheim am österreichischen Attersee für die Angehörigen der »T4« und ihre Familien auf Urlaub geschickt. Dieter Allers war vom Frühjahr 1944 an Leiter eines Sondereinsatzes in Triest.[32] In dieser Funktion unterstand ihm das Lager La Risiera im Triester Stadtteil San Saba, welches mit einer Leichenverbrennungsanlage ausgestattet war. In La Risiera wurden italienische und jugoslawische Juden gefangengehalten, die zum Teil im Lager selbst umgebracht, zum größeren Teil aber nach Auschwitz deportiert wurden: »Man schätzt, daß zwischen Oktober 1943 und April 1945 10000–15000 Personen durch das Lager gingen. Von diesen 10000–15000 wurden 4000–5000 im Lager ermordet und

---

chen. LG Frankfurt am Main, 21.12.46. In den folgenden Prozessen wurden die beteiligten Ärztinnen und Ärzte mit Zuchthaus bestraft, die Krankenschwestern und -pflegerinnen in der Regel freigesprochen.

28 Sereny (1995, S. 92).

29 Ebenda, S. 96.

30 Ebenda, S. 103.

31 Vgl. Rückerl (1977, S. 134).

32 Vgl. Klee (1992, S. 57).

verbrannt.«[33] Trotzdem behauptete das Ehepaar, nichts von der Ermordung der europäischen Juden in den Vernichtungslagern gewußt zu haben. »Wie sollten wir es denn gewußt haben?« fragte Herr Allers. Auf die Frage, was sie denn empfunden hätten, als sie es erfuhren, reagierte Frau Allers sehr empört: »Wie können Sie uns das fragen?... Wie können Sie in diesem Zimmer mit uns sitzen und uns diese Frage stellen?« Gitta Sereny darauf: »Ja, ich kann... Sie waren dabei. Sie haben die T4 nicht verlassen, als das Euthanasie-Programm beendet war. Sie sind geblieben. Sie wußten Bescheid.«[34] Das Ehepaar hielt auch nach dem Krieg noch Kontakt zu ehemaligen Mitarbeitern und Mitarbeiterinnen der »T4«. So erklärte die ehemalige »T4«-Sekretärin Hildegard W. in einer Zeugenaussage 1966: »Vor ca. 3–4 Jahren bin ich mit Lorent in der Wohnung Allers zusammengetroffen. Ich bin mit Frau Allers befreundet.«[35]

In der Mordanstalt Hadamar lernte die »T4«-Sekretärin Edith Fischer ihren späteren Ehemann kennen, den »Desinfektor« und SS-Unterscharführer Dubois. Edith Fischer arbeitete für den »Euthanasie-Arzt« Friedrich Mennecke: »Um 14.30^{h} fingen wir in Bethel an. Jede Gruppe besteht aus 2 Herren u. 2 dazugehörenden Damen. Ich habe von 15–19^{h} mit Frl. Fischer insgesamt 22 Patienten verkartet einschl. persönlicher Untersuchung.«[36] Im November 1941 berichtete Mennecke: »Da heute sowohl der Ratskeller, wie auch das Restaurant des Hotel Kaiserhof geschlossen sind, hat sich ein Teil unserer Mitarbeiter(innen) mit mir in mein Hotel Bielefelder Hof begeben. Wir haben hier zu Abend gegessen und anschließend ein wenig gefachsimpelt. Ich saß zusammen mit Herrn Prof. Dr. Kihn (Jena) und Doz. Dr. Straub (Anstaltsdezernent von Holstein aus Kiel), sowie mit Frau Fischer und deren 20-jähriger Tochter, die mit dem Hadamarer Desinfektor (SS-U-Scharf.) verlobt ist, und der ich hier diktiere. In unserer Unterhaltung gab es sehr anregende Motive, die mir bewiesen, daß ich mit meiner Antisozialen-Denk-

33 Comune di Carpi (1985, S. 60). In Italien wurde in den Jahren 1975/76 gegen Allers und den SS-Mann Oberhauser ein Strafverfahren wegen in San Saba begangener Verbrechen vorbereitet. Das Verfahren wurde, nachdem Allers verstorben war, allein gegen Oberhauser in dessen Abwesenheit geführt. Vgl. Rückerl (1977, S. 75, Fußnote 73).

34 Sereny (1995, S. 103).

35 Zeugenaussage Hildegard W. vor dem Landgericht Frankfurt/Main, 9.2.1966, ZStL, Euthanasie-Ordner. Hildegard W. war 1940, durch Vermittlung einer Freundin, die bereits dort arbeitete, zur »T4« gekommen. Ab Herbst 1943 arbeitete sie in der Mordanstalt Hartheim.

36 Siehe: Mennecke (1988, Bd. 1, S. 172).

schrift den Nagel auf den Kopf getroffen habe.«[37] Edith Fischer und der SS-Unterscharführer Dubois heirateten Ostern 1941.[38] Dubois gehörte seit 1938 den Wachmannschaften des KZ Sachsenhausen an, danach war er Kraftfahrer und Leichenverbrenner bei der »T4«. Wegen gemeinschaftlicher Beihilfe zum Mord an mindestens 15 000 Menschen im Vernichtungslager Sobibór wurde er im Dezember 1966 zu drei Jahren Haft verurteilt.[39]

Die Arbeit in der Mordanstalt Hartheim bei Linz führte die Pflegerin B. und Erwin Lambert, »Spezialist für den Bau von Gaskammern« zusammen. Er hatte während des Krieges die als Vergasungsstätten ausgesuchten Anstalten sowie die Gaskammern in Treblinka und Sobibór um- und aufgebaut. Der Pflegerin B. war er erstmals 1940 in Hartheim begegnet, wo er eine Gaskammer einbaute. Über ihre Arbeit in der Mordanstalt äußerte sie sich wie folgt: »Die in Hartheim vergasten Häftlinge kamen aus Mauthausen... Ich bin einmal in Mauthausen gewesen. Es fand damals ein Bunter Abend dort statt.«[40] Den »Bund fürs Leben« schlossen sie im März 1944.

In der Mordanstalt Sonnenstein fanden sich auch Fräulein Pütz, eine Mitarbeiterin der »T4«, die »Trostbriefe« an die Angehörigen der ermordeten Kranken schrieb, und der SS-Arzt Dr. Horst Schuhmann.[41] Fräulein Pütz

---

37 Ebenda, S. 176.

38 Ebenda, S. 190.

39 Klee (1992, S. 159); Urteil des Landgerichts Hagen vom 20. Dezember 1966.

40 Zit. n. Klee (1992, S. 16f.). Das Ehepaar Lambert lebte nach dem Krieg in Stuttgart und war Mittelpunkt eines Kreises ehemaliger Mitarbeiter, Bürokräfte, Pflegerinnen und Ärzte der Tötungsanstalten, die alle als »Mitläufer« entnazifiziert worden waren. Erst in den sechziger Jahren wurde Lambert vor Gericht gestellt. Im Treblinka-Prozeß wurde er am 3.9.65 zu einer vierjährigen Zuchthausstrafe verurteilt. Urteil des Landgerichts Düsseldorf vom 3.9.1965, 8 I Ks 2/64, veröffentlicht in: »Justiz und NS-Verbrechen« (1981, Bd. XXII, S. 160). Am 20.12.1966 wurde er im Sobibór-Prozeß mit weiteren drei Jahren Zuchthaus bestraft; Mädchenname der Ehefrau aus Datenschutzgründen anonymisiert.

41 Klee (1995, S. 351) berichtet, daß die zahlreichen Liebschaften in der Anstalt Bernburg/Saale das Betriebsklima beeinträchtigt hätten. Der SS-Arzt Eberl hätte in einem Brief geäußert: »Die mindere Leistung von Frl. Hartmann ist meines Erachtens auf die vielen Gelage in Verbindung mit Herrn Sprengler zurückzuführen.« Weiter berichtet er: »Eine Bernburger Arzttochter, bei Kriegsende 16 Jahre alt, erinnert sich noch heute, das T4-Personal habe großstädtischer und flotter in der Aufmachung gewirkt als das Bernburger Personal. Die T4-Sekretärinnen, die sich für etwas Besseres hielten, weil sie bei einem Sondereinsatz mitmachen, seien mit manikürten Fingernägeln herumgelaufen und hätten einen freudigen Eindruck gemacht.«

war im Oktober 1940, zusammen mit drei Kolleginnen von der Sparkasse in Gladbeck, zur »T4« versetzt worden. Ihre Kollegin Charlotte E. berichtete 1966 in einer Zeugenaussage: »Wir hatten uns in Berlin in der Kanzlei des Führers, Vosstrasse zu melden. Dort empfing uns zunächst eine Dame, ich bin ausserstande, den Namen dieser Dame zu nennen, alsdann eröffnete uns dann eine männliche Person, dass wir in einer geheimen Reichssache zum Einsatz kämen. Wir wurden belehrt, dass wir über dass was wir während der Arbeit zur Kenntnis nehmen, Stillschweigen zu bewahren hätten... Ich wurde sodann mit Fräulein Pütz zum Sonnenstein bei Pirna beordert. Hier bekamen wir von Dr. Schuhmann unsere Arbeitsplätze zugewiesen. Im Zeitpunkt unseres Eintreffens auf dem Sonnenstein waren dort die Tötungsaktionen schon im Gange... Wir neu Hinzugekommenen sollten uns, damit wir das richtige Verständnis für diese sich dort abspielenden Dinge bekämen, die Ankunft eines Transportes ansehen.«[42] Der SS-Sturmbannführer Dr. Schuhmann war seit 1940 Leiter der ersten Mordanstalt in Grafeneck in Württemberg, wo Menschen durch Motorenabgase (Kohlenoxid) getötet wurden. Im Sommer wurde er Direktor der Anstalt Sonnenstein bei Pirna. Als Mitglied einer Ärztekommission fuhr er im Rahmen der »Aktion 14 f 13«[43] in die Konzentrationslager Auschwitz, Buchenwald, Dachau, Flossenbürg, Groß-Rosen, Mauthausen, Neuengamme und Niederhagen, um als arbeitsunfähig definierte Häftlinge zu selektieren und zum Tod »im Gas« in die Mordanstalten deportieren zu lassen. Schuhmann kam erstmals am 28. Juli 1941 nach Auschwitz, selektierte 542 Häftlinge, ließ sie nach Sonnenstein deportieren und ermorden.[44] Im Herbst 1942 wurde er als SS-Arzt nach

42 Zeugenaussage Charlotte E. vom 8.2.1966 in der Voruntersuchungssache Lorent und Siebert, Landgericht Frankfurt/Main, Js 763 (GStA) und Js 1563 (GStA), ZStL, Euthanasie-Ordner; Name aus Datenschutzgründen anonymisiert.

43 »14f 13« war ein Aktenzeichen des Inspekteurs der Konzentrationslager beim Reichsführer-SS. Im Frühjahr 1941 ließ dieser den Kommandanten der Konzentrationslager mitteilen, daß eine Ärztekommission in die Lager kommen würde, um »arbeitsunfähige KZ-Häftlinge zur Verlegung zwecks Euthanasie zu erfassen und sie... zur Vergasung zu verlegen«; Affidavit des 1. Lagerarztes des Konzentrationslager Dachau Dr. Muthig, vgl. Mitscherlich und Mielke (1985, S. 212). Die von der Ärztekommission als »arbeitsunfähig« selektierten Häftlinge, Personen mit »Körperfehlern«, »geistigen Defekten« und Frauen und Männer, die aus politischen oder »rassischen« Gründen unerwünscht waren, wurden in den Konzentrationslagern durch Phenolinjektionen vergiftet oder in die Mordanstalten und Todeslager deportiert.

44 Vgl. Czech (1989, S. 331).

Auschwitz geschickt, um hier Menschenversuche durchzuführen. Er suchte nach Möglichkeiten einer »kostengünstigen und zeitunaufwendigen« Massensterilisation von Frauen und Männern durch Röntgenstrahlen. Seine Experimente führte er an von ihm selbst ausgesuchten »jungen, gesunden und gutaussehenden« jüdischen Frauen, Männern und Mädchen durch.[45] Die »Schuhmann-Methode« beruhte auf konzentrierter Röntgenbestrahlung der Eierstöcke bei Frauen und der Hoden bei Männern. Im Verlauf dieser Experimente wurden Zeitdauer und Intensität der Bestrahlung geändert.[46] Die Opfer starben infolge von Entkräftung, physischen Zusammenbruchs und der erlittenen Verbrennungen. Sie wurden, wenn ihre »Tauglichkeit« nachließ, durch Phenolinjektionen getötet oder vergast. Nur wenige Opfer sind am Leben geblieben.[47] Lifton charakterisiert Schuhmann wie folgt: »Groß, breitschultrig, elegant in seiner Luftwaffenuniform, fanden ihn manche ›gutaussehend‹, andere ›brutal‹, und Dr. L. hielt ihn ›für einen Repräsentanten des neuen deutschen Rasseideals‹. Einige Häftlinge nannten ihn ›korrekt‹, ein Häftlingsschreiber fügte allerdings hinzu, daß er ›kalt‹ war und ›den Häftlingen gegenüber keinerlei menschliche Regung zeigt‹. All diese Beschreibungen ergeben das Bild der ruhigen, nicht besonders hervorstechenden Version des arroganten Nazis, der ungerührt und ohne Bedenken seiner Aufgabe nachgeht.«[48] Diesen »ganz gewöhnlichen, zutiefst nationalsozialistischen Mann und Arzt«[49] hatte Fräulein Pütz im Oktober 1940 kennen- und liebengelernt und geheiratet.[50]

Im Büro der »T4« trafen sich Gertrud F. und Helmuth Kallmeyer. Die Sekretärin Gertrud F. arbeitete von 1936 bis zur Eheschließung Weihnachten 1940 in der »Kanzlei des Führers«, im Vorzimmer von Victor Brack, dem Verantwortlichen des Massenmordes an Kranken.[51] Dr. Helmuth Kallmeyer war von September 1941 bis etwa Sommer 1942 als Chemiker für die »Kanzlei des Führers« freigestellt worden und danach Mitarbeiter im Kriminaltechnischen Institut des Reichskriminalpolizeiamtes. Frau Kallmeyer arbeitete

45 Vgl. ebenda, S. 1016

46 Vgl. IMT (1947–1949, Bd. VIII, Dok. USSR-52, S. 344).

47 Piper (1981, S. 93–142, hier S. 137).

48 Lifton (1993, S. 322).

49 Ebenda, S. 327.

50 Zum Leben der Schuhmanns nach 1945 siehe auch S. 267ff.

51 Brack wurde in den Nürnberger Ärzteprozessen angeklagt und später hingerichtet, vgl. Mitscherlich und Mielke (1985, S. 185ff.).

eine Zeitlang in der Mordanstalt Grafeneck, wo sie sich mit der Familie Schuhmann befreundete. Als die Hochzeit im Dezember 1940 gefeiert wurde, zählte auch Brack zu den Gästen.[52]

… und bei der Gestapo

Eheschließungen gab es auch bei der Gestapo und dem SS-Sicherheitsdienst: Eine Kanzleiangestellte, die von Juli 1936 bis Dezember 1937 bei der Stapo-Leitstelle in Potsdam arbeitete, heiratete einen bei der Stapo Potsdam kurzzeitig eingesetzten Angestellten, der später beim Sicherheitsdienst Karriere machte.[53]

In den Räumen des Sicherheitsdienstes (SD) in Paris lernte die Schreibkraft Ilse Warnecke ihren späteren Ehemann, den SS-Hauptsturmführer Theodor Dannecker, kennen. Dannecker, seit Juni 1932 Mitglied der SS, war ein enger Mitarbeiter Adolf Eichmanns. In seiner Funktion als »Judenberater« organisierte er mit »an Fanatismus grenzendem Eifer«[54] in Frankreich (1942), Bulgarien (1943), Italien und Ungarn (1944) die Entrechtung, Internierung und Deportation der dort lebenden Juden. Er wird als »fanatischer Nazi« beschrieben, der »jedesmal außer sich geriet, wenn nur das Wort Jude fiel«[55] und der, »wenn er von einem noch in Freiheit befindlichen Juden erfuhr«, nicht ruhte, »bis dieser verhaftet und deportiert war«.[56] Er genießt zudem »den traurigen Ruhm, als erster ständige Judendeportationen aus Paris in die Ostgebiete vorgeschlagen zu haben«.[57] Dannecker war am 5. September 1940 nach Paris gekommen und hatte seine Dienststelle, das »Judenreferat«, beim Sitz des Kommandos der Sicherheitspolizei (Sipo) und des Sicherheitsdienstes (SD) eingerichtet. Ilse Warnecke »saß in einem an Danneckers Judenreferat angrenzenden Büro. Dadurch sahen sich die beiden häufiger, kamen ins Gespräch und verliebten sich schließlich ineinander. Bald verbrachten sie

---

52 Aussage von Frau Kallmeyer vor dem Untersuchungsrichter II des Landgerichts Frankfurt am Main vom 5.9.61 (Js 148/60 (GStA)) und 20.9.1961 (2 Js 237/56), ZStL. 439 AR 402/67; siehe auch Klee (1992, S. 105).

53 Vgl. Hinze (1995, S. 126).

54 Steur (1997, S. 155).

55 Wistrich (1995, S. 58).

56 Steur (1997, S. 156).

57 Wistrich (1993, S. 58).

Theodor und Ilse Dannecker vor dem Standesamt Berlin-Schöneberg, 9. 7. 1941 (Privatbesitz)

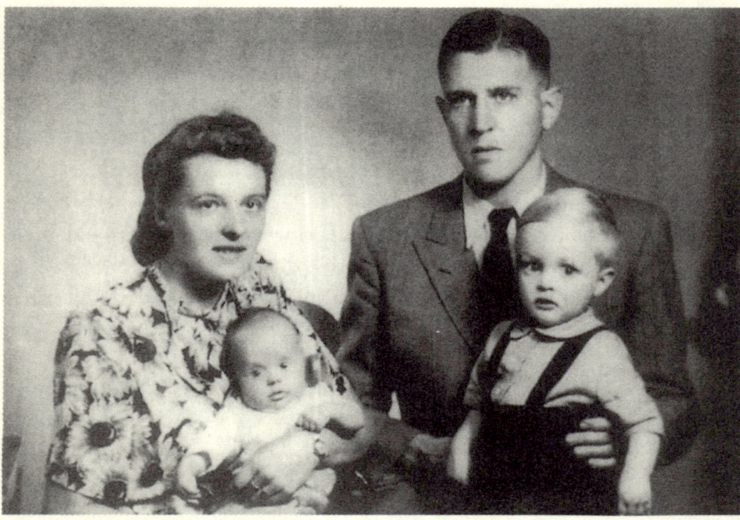

Ilse und Theodor Dannecker mit ihren Söhnen, aufgenommen 1943 in Sofia (Privatbesitz)

ihre gesamte Freizeit zusammen und erkundeten Paris. Im Frühjahr 1941 beschlossen sie zu heiraten, wohl auch, weil Ilse Warnecke ein Kind erwartete. Die für eine Eheschließung benötigten Ahnennachweise und ärztlichen Untersuchungen nahmen jedoch einige Monate in Anspruch, so daß beide erst am 9. Juli 1941 in Berlin-Schöneberg getraut werden konnten. Nach der Heirat kehrte das Paar nach Paris zurück und nahm an einer von der Dienststelle arrangierten Hochzeitsfeier teil. Frau Dannecker blieb allerdings nur noch kurze Zeit in Paris. Sie gab ihre Stelle auf, kehrte nach Berlin zurück und bezog in der Müllerstraße 93 eine geräumige Dreizimmerwohnung. Einen großen Teil der Zeit verbrachte sie mit dem Besuch der damals ›obligatorischen Unterrichtskurse für künftige Offiziers-Ehefrauen‹, die sie auf ihre Aufgabe als Ehefrau und Mutter vorbereiten sollten. Auch nach der Geburt ihres Sohnes Karl-Theodor im Februar 1942 blieb Ilse Dannecker in Berlin.«[58] Im Dezember 1942 erfuhr Dannecker bei einem seiner regelmäßigen Besuche in Eichmanns Büro, »daß er zu Beginn des neuen Jahres als Judenberater nach Bulgarien entsandt werden sollte, um die dort lebenden etwa 65 000 Juden zu deportieren«.[59] Als Dannecker im Januar 1942 nach Bulgarien abreiste, bekam er die Erlaubnis, seine Frau und seinen Sohn nachkommen zu lassen. »Mitte Februar traf Ilse Dannecker mit ihrem Sohn in Sofia ein. Die mehrtägige Bahnreise hatte sie außerordentlich erschöpft, zumal sie zu diesem Zeitpunkt ihr zweites Kind erwartete... In Sofia konnten die Danneckers ein angenehmes, fast luxuriöses Leben führen. Die Familie bezog eine große Wohnung in einem ehemals einer jüdischen Familie gehörenden Haus. Sie konnte sich ein eigenes Dienstmädchen sowie einen Sprachlehrer leisten. Da die Danneckers dem diplomatischen Korps angehörten, öffneten sich ihnen die Türen zur gehobenen Gesellschaftsschicht, und sie kamen in den Genuß mannigfaltiger Vergünstigungen.«[60]

Dannecker war, wie schon in Frankreich, auch in Bulgarien ein »zuverlässiger« Mitarbeiter Eichmanns. Nach nur dreimonatiger Vorbereitungszeit begannen am 4. März 1943 die Verhaftungen der thrakischen Juden. Sie wurden in Sammellagern interniert und Mitte März per Schiff auf die Donau nach Wien und von dort nach Treblinka deportiert. Mitte März begann auch die Verhaftung, Internierung und Deportation der makedonischen Juden. Auch

58 Steur (1997, S. 92).
59 Ebenda.
60 Ebenda, S. 99.

sie wurden im Vernichtungslager Treblinka ermordet.[61] Dannecker beging am 10. Dezember 1945 im amerikanischen Gefängnis in Bad Tölz Selbstmord. Auch Ilse Dannecker versuchte sich und ihre beiden Söhne zu töten. Sie und der jüngere Sohn konnten jedoch gerettet werden, während der ältere Sohn starb. Ilse Dannecker wurde verhaftet, ins Gefängnis gebracht und unter Mordanklage gestellt. Wegen Unzurechnungsfähigkeit wurde sie nach wenigen Wochen wieder auf freien Fuß gesetzt. 1949 heiratete sie erneut, wanderte mit ihrer neuen Familie aus und lebt heute in Australien.[62]

Welches Maß an Akzeptanz die Nachbarn der Konzentrationslager den SS-Männern entgegenbrachten, verdeutlicht die Tatsache, daß nach dem Krieg ehemalige SS-Männer mit ihren Familien in der Nähe ihres alten »Arbeitsplatzes« wohnen blieben oder dorthin zogen und integrierter Bestandteil der »normalen« Bevölkerung waren.

Die hier beschriebenen Frauen und Männer waren Individuen, die ihre eigenen Überzeugungen hatten, die in der Lage waren, die Politik ihrer Regierung zu bewerten und ihre Entscheidungen danach auszurichten. Die Frauen teilten die Überzeugungen der Männer und identifizierten sich teilweise stark mit dem Nationalsozialismus. Das ist ein weiterer Beleg dafür, daß zumindest die Anwohner der Konzentrationslager nach dem Krieg nicht für sich in Anspruch nehmen konnten, sie hätten »nichts gewußt«. Gerade auf die mit SS-Männern verbandelten Mädchen und Frauen kann dies unmöglich zutreffen.

61 Ebenda, S. 105.
62 Ebenda, S. 150.

Besuche der SS-Ehefrauen am Arbeitsplatz des Mannes

Es war üblich, daß die Ehefrauen, die nicht am Einsatzort ihrer Männer lebten, diese dort besuchten. Diese Besuche sind durch Zeugenaussagen und Ermittlungsverfahren dokumentiert, sie werden auch in verschiedenen NS-Prozessen sowie in der neueren Forschung zur deutschen Besatzungspolitik im Osten erwähnt.

Die SS-Führung wollte durch die oft mehrwöchigen Besuche der Ehefrauen zwei Probleme lösen: Erstens sollten diese Besuche den Zusammenhalt und die Fortpflanzung der »SS-Sippen« sicherstellen, und zweitens sollten sie den Geschlechtsverkehr ihrer Männer »mit andersrassigen Frauen«, der trotz strengen Verbots bei allen SS-Einheiten üblich war, verhindern. In den besetzten Gebieten im Osten lebten viele SS-Männer in einer sogenannten Ostehe.[1] Der Kommandeur des Sicherheitsdienstes und des SD für den Distrikt Galizien kritisierte in einem Bericht an das Reichssicherheitshauptamt in Berlin im April 1943, daß »bei allem Verständnis für biologisch bedingte Auswirkungen eines auswärtigen Einsatzes... jedoch ausdrücklich festgestellt werden [muß], dass die Verhältnisse einen Umfang angenommen haben, der nicht vertretbar ist. Viele Männer nehmen die Gelegenheit, ihre Familien nach hier nachzuziehen, nicht wahr, um nicht mit ihren polnischen Geliebten Schwierigkeiten zu bekommen...«[2] Die etwa 500 bis 600 »reichsdeutschen« Angehörigen der Dienststelle des Kommandeurs der Sicherheitspolizei (KdS) Warschau erhielten daher »neben dem normalen Jahresurlaub etwa alle acht bis zehn Wochen einen Kurzurlaub von etwa vier bis zu etwa

1 Diese »Verhältnisse«, die die rassistischen Gesetze des SS-Ordens berührten und deshalb die Gralsritter der »Rassenreinheit« beunruhigten, waren Gegenstand einer SS-Richtertagung im Mai 1943. Der Kommandeur der »Leibstandarte Adolf Hitler« berichtete, daß sich »vielfach fast die Einrichtung eines Kebsweibes herausgebildet« hätte. Vgl. Buchheim (1967, S. 259f.).

2 Bundesarchiv Koblenz, Best. R 58/1002, Bl. 107–206, hier S. 199.

Brigitte Frank mit Familie in der Loggia im Innenhof der Burg von Krakau.
(»die strasse«, 3. Jg., 17. 9. 1950, Nr. 38, S. 9)

zehn Tagen: damit sollte vermieden werden, daß Kontakte zu Polinnen geknüpft werden«.[3]

Die Ehefrauen, die ihre Männer in den besetzten Gebieten im Osten besuchten, besichtigten die Ghettos und bedienten sich, genau wie die am Ort wohnenden deutschen Frauen, aus den Hinterlassenschaften: Pelzmäntel, Kleider, Schmuck und Tafelsilber. »Nirgends gibt es schönere Korseletts als im Ghetto«, war die Begründung der Ehefrau des Generalgouverneurs im besetzten Polen, Hans Frank, für ihre Beutezüge durch das Krakauer Ghetto.[4] Hans Frank erzählte während des Nürnberger Prozesses dem

3 Urteil des Schwurgerichts beim Landgericht Bielefeld vom 4. 2. 65, 5 Ks 1/64, veröffentlicht in: »Justiz und NS-Verbrechen« (1979, Bd. XX, S. 652 f.).

4 Vgl. Frank (o. J.).

Psychologen G. M. Gilbert, daß er »in fürstlicher Weise« gelebt hätte.[5] Ein Überlebender des Ghettos in Hrubieszow, Polen, erklärte nach dem Krieg: »Es war damals allgemein bekannt, daß die Ehefrauen der Gestapobeamten und anderer deutscher Beamten sich an dem Vermögen der Juden, insbesondere Koffern, Kleidung und anderen persönlichen Dingen bereicherten und diese Dinge nach Deutschland mitnahmen.«[6]

Wie Fotos zeigen, waren »Aussiedlungsaktionen«, also die Deportation der jüdischen Bevölkerung, für die zusehenden deutschen Frauen und Männer ein unterhaltsames Fest. Aufnahmen, die von Zuschauern in Hrubieszow gemacht wurden, zeigen sowohl die jüdischen Frauen, Männer und Kinder auf ihrem Weg in den Tod, als auch die lachenden »Gaffer«, darunter Ehefrauen, die zu Besuch in Hrubieszow weilten und mit Kaffee und Kuchen den Abtransport der Juden feierten.[7]

Überall bemächtigten sich SS-Männer und ihre Ehefrauen des geraubten Besitzes von zur Emigration gezwungenen Juden. So auch der Standartenführer Wilhelm Bittrich, der 1938 nach Wien versetzt worden war und sich durch die Gestapo eine Wohnung anweisen ließ, die eine wohlhabende jüdische Familie bis zu ihrer Flucht bewohnt hatte. Von ihrem Eigentum hatte sie nur mitnehmen können, was sie zu tragen fähig war. Bittrich und Frau richteten sich häuslich in dieser Wohnung ein und übernahmen die zurückgelassene Einrichtung, die Kleidung und den Schmuck.[8]

---

5 Gilbert (1962, S. 53).

6 ZStL, II AR-Z 91/61, Bl. 1989, Vernehmungsprotokoll siehe auch: Bestand II 294 AR-Z 40/61 und Sammelakte 538. Dieter Pohl (1994, S. 301 f.) kommt in seiner Analyse der deutschen Besatzungspolitik in Galizien zu der Feststellung: »Insgesamt war die Aneignung des Eigentums der ermordeten Juden ein Alltags-Phänomen. Jede Dienststelle oder Privatperson brauchte Möbel, in einigen Fällen wurde auch wertvolle Kleidung aus jüdischem Besitz von Deutschen zum Eigengebrauch übernommen.«

7 Die Bewohner des Ghettos von Hrubieszow wurden ab dem 1.6.1942 in das Todeslager Sobibór verschleppt und dort ermordet. Vgl. Schwarz (1996, S. 139). Siehe auch: ZStL, II AR-Z 91/61, Bl. 1989, Bl. 1524; Klee (1989); Klee (1989 a).

8 Vgl. von Lang (1985, S. 112).

Wera Wohlauf
(National Archives
RG 242, roll G5449)

Flitterwochen im Osten

Der SS-Hauptsturmführer Julius Wohlauf und Wera H. hatten am 15. Juni 1942 – fünf Tage nach der Scheidung von Wera H. – ihren Heiratsantrag beim RuSHA eingereicht.[9] Anhand ihres damals eingereichten Lebenslaufes kön-

9 Vgl. National Archives, RG 242 (roll A3343-RS-G5449), RuSHA-Akte Wohlauf. Er beantragte eine beschleunigte Bearbeitung, da er als Hauptmann der Schutzpolizei und Leiter der 1. Kompanie des Reserve-Polizeibataillons 101 in »Alarmbereitschaft« läge

nen Leben und Einstellung von Wera H. bis zu diesem Zeitpunkt rekonstruiert werden. Geboren in Hamburg, wohnte sie bis 1929 mit ihrer Mutter in Zürich, wo sie den Realschulabschluß machte. Nach der Übersiedlung nach Hamburg besuchte sie hier die Handelsschule. Bis 1933 arbeitete sie in verschiedenen Büros als Kontoristin, ein halbes Jahr verbrachte sie in England, um ihre Sprachkenntnisse zu vervollkommnen. Von 1933 bis 1935 baute sie bei der »Deutschen Arbeitsfront, Gau Hamburg« »in der Reichsbetriebsgemeinschaft Handel die Fachgruppe Gaststättengewerbe selbständig« mit auf. 1935 heiratete sie und gab ihre Berufstätigkeit auf. Am 10.6.1942 wurde die Ehe geschieden, da, wie sie betonte, ihr erster Ehemann ihren Kinderwunsch ignoriert habe: »Der Wunsch nach einem Kinde wurde gerade während des Krieges besonders stark, da ich viel allein war.« Abschließend erklärte sie, wissend, daß sie bereits schwanger war: »Da ich gewiß bin, in der neuen Ehe Kinder zu bekommen, ist es mein Wunsch, diese Ehe sofort schließen zu können, da mein zukünftiger Mann Ende dieser Woche mit seiner Truppe nach dem Osten ausrückt.«[10] Über ihre politische »Zuverlässigkeit« heißt es: »Ihre Weltanschauung ist nationalsozialistisch, sie vertritt diese bei allen Gelegenheiten mit Mut und Nachdruck.«[11] Das Verlobungs- und Heiratsgesuch wurde am 20. Juni 1942 vom Rasse- und Siedlungshauptamt Himmler zur »persönlichen Entscheidung« zugeschickt.[12] Bereits drei Tage später erteilte er die Erlaubnis.[13] Wohlauf, mittlerweile bereits nach Polen abkommandiert, kam nach Hamburg, wo am 29. Juni geheiratet wurde. Er kehrte sofort nach Polen zurück. Wera Wohlauf »reiste ihm wenig später nach und schloß sich ihm und dem Bataillon kurz nach dem ersten Mordeinsatz von Józefów an«.[14]

Frau Wohlauf blieb einige Wochen beim Bataillon, welches in dieser Zeit

---

und »voraussichtlich noch diese Woche nach Lublin (Generalgouvernement)« ausrükken würde.

10 Ebenda, Lebenslauf von Wera H. Mädchenname von Frau Wohlauf aus Gründen des Datenschutzes anonymisiert.

11 Ebenda, Fragebogen (Leumundszeugnis) vom 19. Juni 1942.

12 Ebenda, Brief RuSHA an Reichsführer-SS, Persönlicher Stab, vom 20.6.42. »Es wird gebeten, anliegendes Verlobungs- und Heiratsgesuch des obengenannten SS-Angehörigen zur persönlichen Entscheidung vorzulegen. Eine endgültige Beurteilung des Gesuches ist nicht möglich, da die Unterlagen zur abstammungsmäßigen Prüfung zur Zeit nicht vorgelegt werden können.«

13 Ebenda, Telegramm vom 23.6.42, 15.30 Uhr.

14 Goldhagen (1996, S. 287f.).

mehrere Massenhinrichtungen vollstreckte; an einer, wenn nicht an zwei der größeren »Aktionen« nahm sie teil, so an der »Räumung« des Ghettos von Międzyrzec, die das Bataillon am 25. August 1942 durchführte. An diesem Tag hatte sie sich, wie meistens, mit einer Reitpeitsche bewaffnet, die sie »als Symbol der Macht bei sich«[15] trug. Ob und gegen wen sie dieses »Symbol der Macht« einsetzen wollte oder auch eingesetzt hat, bleibt ungeklärt. Peitschen gehörten jedoch zum Statussymbol der Deutschen im Osten, auch der Frauen. Und auch die Frauen trugen sie nicht als Schmuck, sondern benutzten sie.[16]

Daß Frau Wohlauf und auch die Ehefrauen einiger anderer am Ort stationierter Deutscher sowie eine Gruppe von deutschen Rotkreuzschwestern[17] beobachteten, wie das Polizeibataillon die jüdischen Frauen, Männer und Kinder mit unglaublicher Brutalität zusammentrieb, wissen wir durch Aussagen während des Ermittlungsverfahrens und des Prozesses.[18]

---

15 Ebenda, S. 288.

16 Siehe beispielsweise: ZStL, II 204 AR-Z 40/61, Sammelakte Nr. 538. In diesem Prozeß wurde über die Beteiligung einer ehemaligen Sekretärin des Gebietskommissars von Wladimir-Wolynsk, Ukraine, an »Massen- und Einzelerschießungen von Juden... in der Zeit von Spätherbst 1941 bis Herbst 1942« verhandelt. Mehrere Überlebende des Ghettos in Wladimir-Wolynsk hatten ausgesagt, daß diese Sekretärin sich, bewaffnet mit einer Peitsche, an dem Zusammentreiben der Juden beteiligt hatte. Sie wurde »wegen Mangels an Beweisen« freigesprochen. Peitschen ließen sich auch die SS-Aufseherinnen in den Konzentrationslagern anfertigen; vgl. Schwarz (1994, S. 32–49).

17 Über die Krankenschwestern des Roten Kreuzes, die sich diese Ghettoräumung anschauten, berichtet Goldhagen (1996, S. 630, Fußnote 12), daß ihre Anwesenheit deshalb bekannt ist, »weil eine von ihnen sich über die Morde an den Kindern beschwerte, die nichts weiter getan hatten, als auf dem Marktplatz aufzustehen«. Ob diese Rotkreuzschwestern sich auch darüber beschwerten, daß alle auf dem Marktplatz versammelten Juden, also auch die Kinder, deportiert und in den Gaskammern ermordet werden sollten, ist nicht bekannt. Daß sie über das Ziel der Deportationen informiert waren, ist wahrscheinlich, da die Vernichtung der Juden im Generalgouvernement und in Galizien ein offenes Geheimnis war. Vgl. Pohl (1995, S. 314), der berichtet, daß die Strecke von Lemberg nach Lublin für Bahnreisende eine schaurige Attraktion darstellte. Er gibt die Aussage eines Zeugen wieder, der erklärte: »Wir sind am Lager Bełżec vorbeigefahren... Als die Frau rief ›jetzt kommt es‹ sah man nur eine hohe Hecke von Tannenbäumen. Ein starker süßlicher Geruch war deutlich zu bemerken. ›Die stinken ja schon‹, sagte die Frau. ›Ach Quatsch, das ist ja das Gas‹, lachte der Bahnpolizist.«

18 Da mir die Staatsanwaltschaft Hamburg aus Gründen des Datenschutzes die Einsichtnahme in die Akten verweigert hat, war es mir weder möglich, die Aussagen von Frau Wohlauf noch die der anderen Frauen zu lesen und zu analysieren. Ich stütze mich

Browning hat das, was an diesem Tag geschah, rekonstruiert: »Von den Hilfswilligen und den Polizisten getrieben, strömten Tausende von Juden auf den Marktplatz. Hier mußten sie sich hinsetzen oder hinhocken und durften weder aufstehen noch sich sonst bewegen. Aufgrund einer spätsommerlichen Hitzewelle war es an diesem Augusttag so heiß, daß während des stundenlangen Wartens viele Juden einen Kreislaufkollaps erlitten und ohnmächtig wurden. Außerdem wurde auch auf dem Marktplatz weiter geprügelt und geschossen. Angesichts der steigenden Temperaturen hatte Frau Wohlauf, die die Vorgänge aus nächster Nähe beobachtete, inzwischen den Uniformmantel abgelegt und war in ihrem Kleid auf dem Marktplatz deutlich auszumachen. Gegen 14 Uhr wurden die äußeren Wachposten zum Marktplatz beordert, und ein bis zwei Stunden später begann der Marsch zur Bahnstation. Sämtliche Hilfswilligen- und Polizeikräfte waren im Einsatz, um die Tausenden von Juden dort hinzutreiben. Erschießungen waren wiederum an der Tagesordnung. Die ›Fußkranken‹, die nicht mehr weiterkonnten, wurden erschossen und am Straßenrand liegengelassen, so daß Leichen den Weg zur Bahnstation säumten. Dort stand zum Abschluß noch ein schrecklicher Vorgang bevor: die Beladung der Waggons. Während die Hilfswilligen und die Sicherheitspolizisten jeweils 120 bis 140 Juden in die einzelnen Waggons trieben, standen die Reservepolizisten Wache und schauten zu. Ein Augenzeuge sagte aus: ›Wenn es nicht klappen wollte, wurde von ihnen mit Reitpeitschen und Schußwaffen nachgeholfen. Die Verladung war fürchterlich. Es gab ein unheimliches Geschrei der armen Menschen, da diese in 10 oder 20 Waggons gleichzeitig verladen wurden. Der ganze Zug war unheimlich lang. Er war nicht zu übersehen. Es mögen aber 50 bis 60 Waggons, wenn nicht mehr, gewesen sein. Nachdem ein Waggon beladen war, wurden die Türen geschlossen und vernagelt.‹ Sobald alle Waggons verschlossen waren, rückten die Reservepolizisten des Bataillons 101 noch vor der Abfahrt des Zuges eilig ab.«[19]

An diesem Tag erfuhren Frau Wohlauf und die anderen deutschen Frauen aus erster Hand, wie ihre Männer die Welt von der »jüdischen Gefahr« erlösten: 11 000 Juden wurden unter größter Brutalität aus dem Ghetto in Międzyrzec nach Treblinka deportiert, 960 Frauen, Männer und Kinder während

---

daher auf die Darstellungen von Browning und Goldhagen. Befragt wurden die ehemaligen Mitglieder des Polizeibataillons und die Ehefrauen dieser Männer. Vermutlich werden alle versucht haben, möglichst wenig zuzugeben, um sich nicht selbst zu belasten.

19 Browning (1993, S. 131 f.).

der »Aktion« in Międzyrzec selbst getötet. So verbrachte die schwangere Frau Wohlauf, die als »geistig sehr hochstehend und intelligent« charakterisiert worden war,[20] ihre Flitterwochen. Wenn nicht schon vorher, so war sie ab diesem Tag die Komplizin ihres Mannes. Daß sie es geblieben ist, berichtet die Hamburger Oberstaatsanwältin Helge Grabitz. Während des Prozesses gegen das Reserve-Polizeibataillon 101 wurde auch Frau Wohlauf befragt. Ihre Aussage, Zeugin einer »friedlichen, fast idyllisch anmutenden Umsiedlung in östlich gelegene Arbeitslager« gewesen zu sein, mutet zynisch an.[21]

Diese Flitterwochen am Einsatzort beschäftigten zwei Wissenschaftler – Christopher Browning und Daniel Goldhagen –, die sich mit den Taten und Motiven »ganz normaler Männer« und »ganz normaler Deutscher« im Reserve-Polizeibataillon 101 auseinandersetzten.[22] Die Anwesenheit von Frau Wohlauf – und anderer Frauen – am Einsatzort wird von beiden Autoren lediglich thematisiert, um die Reaktionen der Männer des Polizeiregiments zu analysieren.

So stellt Browning zwar Vermutungen darüber an, warum Wohlauf seine Frau mit seinen »Taten« konfrontierte: »Es ist möglich, daß Wohlauf seine Frau zur ›Aussiedlungsaktion‹ von Międzyrzec mitnahm, weil er unter keinen Umständen von ihr getrennt sein mochte, wie Buchmann meinte. Andererseits wollte der von sich eingenommene, angeberisch veranlagte Hauptmann vielleicht auch nur seiner jungen Frau demonstrieren, daß er Herr über Leben und Tod der polnischen Juden war, um sie zu beeindrucken.«[23] Browning fragt jedoch weder nach den Motiven, die Frau Wohlauf veranlaßten, sich diese »Aussiedlungsaktionen« anzuschauen (ehemaliges Mitglied des Polizeibataillons berichtet: »Ich habe Frau Wohlauf am Tag der Aktion am Marktplatz von Międzyrzec in normaler Kleidung gesehen. Dies nicht nur einmal, sondern auch häufiger über einen längeren Zeitraum hin. Sie ist regelrecht auf dem Marktplatz umhergegangen«[24]), noch interessiert ihn, was das für eine Frau gewesen sein mag, deren Ehemann sie mit seiner Brutalität, seinen Morden zu beeindrucken versuchte. Die Komplizenschaft des Ehepaars entgeht seinem Blick. Wichtig ist ihm die Analyse der Reaktionen der Männer des Polizeibataillons: Sie, so Brownings Deutung, hätten »alle mit Entrü-

20 RuSHA-Akte Wohlauf, Fragebogen (Leumundszeugnis) vom 19. Juni 1942.

21 Grabitz (1985, S. 48).

22 Browning (1993, S. 131 f.); Goldhagen (1996, S. 287 ff.).

23 Ebenda.

24 Zit. n. Goldhagen (1996, S. 288).

stung und Empörung darauf [reagiert], daß eine Frau ihre schrecklichen Taten mit ansehen sollte. Sie besaßen noch so etwas wie Schamgefühl.«[25]

Während die Schwangerschaft von Frau Wohlauf in Brownings Argumentation keine Rolle spielt, ist gerade dieser Fakt für Goldhagen ausschlaggebend. Nicht »Scham« sei es gewesen, was die Männer des Bataillons dazu gebracht habe, sich darüber aufzuregen, daß Frauen ihre »schrecklichen Taten« beobachtet hätten. Empört habe sie die Tatsache, daß eine schwangere Frau sie beobachtete, die Anwesenheit aller anderen Frauen wäre ihnen kein Problem gewesen: »Die Männer befürchteten, die Empfindungsfähigkeit und die Physis dieser Frau könnte Schaden nehmen. Da sie mit dem Bataillon zusammenlebte, wußte Frau Wohlauf vom Völkermord. Als sie den Ereignissen von Międzyrzec beiwohnte, erfuhr sie nichts wesentlich Neues, außer vielleicht über die Einzelheiten eines solchen Einsatzes. Es waren ihre ›Umstände‹ und ihr Wohlergehen, die die Männer beunruhigten, wie die Frau des Leutnant Brand (Pseudonym) bestätigt: ›Ich entsinne mich genau, daß Major Trapp kurze Zeit später den Vorfall öffentlich anprangerte und in etwa erklärte, er fände es unerhört, daß Frauen im schwangeren Zustand sich so etwas ansehen.«[26] Frau Brand präzisiert nochmals, wenn sie erklärt: ›Mit öffentlich anprangern meine ich, daß Major Trapp seine Äußerung vor einem größeren Kreis von Offizieren und Unteroffizieren abgab und bei dem auch verschiedene zu Besuch weilende Ehefrauen, darunter auch ich, anwesend waren.«[27] Auch für Goldhagen ist die Anwesenheit von Frau Wohlauf nur wichtig im Kontext der Reaktion der Männer. Auch er fragt nicht nach den Motiven der Frauen als handelnde Subjekte, die freiwillig mit den Männern des Reserve-Polizeibataillons 101 von einem Massenmord zum anderen zogen.

Zu Besuch bei der Gestapo in Lemberg

Die Besuche der Ehefrauen am Einsatzort ihrer Männer waren 1962 Gegenstand der Verhandlung im Prozeß gegen die SS-Angehörigen der Gestapo in Lemberg. Einer der Angeklagten, Oskar Heinrich Christian Waltke, seit März 1939 verheiratet und von April 1942 bis Juli 1944 SS-Hauptscharführer

25 Browning (1993, S. 131 f.).
26 Goldhagen (1996, S. 289 f.).
27 Ebenda.

beim Kommandeur der Sicherheitspolizei [KdS] Lemberg, bewohnte dort zusammen mit dem Gestapo-Kollegen H. ein Haus. Dort besuchte seine Ehefrau ihn erstmals im Sommer 1942 und zum zweiten Mal von Herbst 1943 bis Januar 1944. Die Ehefrau des Gestapo-Kollegen, die im Sommer 1942 für mehrere Wochen bei ihrem Ehemann in Lemberg weilte, hatte dort Frau Waltke kennengelernt.[28]

Waltke richtete etwa im März 1944, vor der Rückkehr seiner Ehefrau und Tochter nach Deutschland, in seiner Wohnung ein Abschiedsfest[29] für einige Kollegen von der Gestapo und deren Ehefrauen aus. Während dieses Festes hat sich Waltke, »als er selbst und seine übrigen Gäste bereits erheblich unter Alkoholeinfluß« standen, »u. a. damit gebrüstet, dass er eigenhändig 6 Mitglieder des Judenrates aufgehängt habe«.[30] Das Gericht erklärte dazu: »Auch wenn der Angeklagte aber eine darartige Äusserung gemacht haben sollte, so ist mit Rücksicht auf die Umstände, unter denen sie gefallen ist – auf einem Fest in vorgerückter Stunde in stark angeheitertem Zustand vor Gestapo-Kollegen und deren Ehefrauen –, nicht auszuschliessen, dass der Angeklagte mit jener Bemerkung nur hat prahlen wollen.«[31]

Dieter Pohl kommt zu einer völlig anderen Interpretation: »In den Dienststellen… wurden die Massaker thematisiert und der Anteil an ihnen auch offiziell honoriert. Die ›Judenaktionen‹ waren Dauerthema der Casino-Gespräche, einzelne Beamte brüsteten sich dort mit ihren eigenen Untaten: ›Meistens wurde über derartige Einsätze in der Kantine unter Alkoholeinfluß

28 Vgl. Urteil LG Hannover vom 29.11.1962, 2 Ks 1/62, S. 742f., veröffentlicht in: »Justiz und NS-Verbrechen« (1978, Bd. XVIII, S. 735).

29 Feste gehörten zum Alltag: Goldhagen (1996, S. 294) beschreibt zwei Fotos, die er nicht veröffentlichen durfte, auf denen SS-Männer mit ihren Ehefrauen feiern: »Die erste (Aufnahme) entstand in Radzyń, wahrscheinlich zwischen Ende August und Oktober 1942, also in einer Phase, da das Bataillon einige seiner großen Mordeinsätze und brutalen Deportationen durchführte. Das Photo zeigt eine Gruppe von Offizieren des Bataillonsstabes und der ersten Kompanie, die an einem langen Tisch im Freien sitzen. Auch die Offiziersfrauen Brand und Wohlauf sind dabei. Alle trinken und sind offensichtlich angeregter Stimmung. Frau Wohlauf zeigt ein strahlendes Lächeln, sie ist bester Stimmung. Das andere Photo entstand in der zweiten Jahreshälfte 1942 in Czermierniki. Mehr als fünfzehn Angehörige von Leutnant Oscar Peters dritter Kompanie haben sich zu einer Feier versammelt. Die Deutschen halten Gläser in den Händen, grinsen breit und scheinen, begleitet von einer Geige, zu singen.«

30 Urteil LG Hannover vom 29.11.1962, 2 Ks 1/62, S. 742f., veröffentlicht in: »Justiz und NS-Verbrechen« (1978, Bd. XVIII, S. 735).

31 Ebenda.

gesprochen. Anfangs waren derartige Bemerkungen häufiger, während sie später nur noch gelegentlich zu hören waren, weil die Aktionen zum alltäglichen Geschäft der Sicherheitspolizei gehörten... Das Wort ›Vergasungen‹ war in der Dienststelle allgemein geläufig‹. [So ein ehemaliger SD-Mann 1966 in seiner Vernehmung durch die Staatsanwaltschaft Berlin, G. S.] Die SS-Führung versuchte zwar, solche Konversationen zu unterbinden. Gleichzeitig aber belohnte sie die Täter für die Judenmorde mit Beförderungen und Kriegsverdienstkreuzen.«[32]

Simon Wiesenthal schreibt, daß die SS im Sommer 1941 im Lemberger Ghetto die Straßen aufreißen ließ und dadurch in einen bodenlosen Morast verwandelte. »Es war unmöglich, sich sauber zu halten. Wir müssen wie Tiere ausgesehen haben oder wie Spukgestalten aus einer anderen Welt. An den schlimmsten Tagen kamen SS- und Wehrmachtsoffiziere, manche mit Frauen, in ihren schweren Wagen. Sie sahen uns zu, lachten über uns und fotografierten diese fremdartigen Untermenschen.«[33]

Im April 1943 schickte der Kommandeur der Sicherheitspolizei und des Sicherheitsdienstes für den Distrikt Galizien einen Bericht »über das Verhalten der Reichsdeutschen in den besetzten Gebieten«[34] an das Reichssicherheitshauptamt in Berlin: Es »fällt wohl zunächst die Haltlosigkeit des deutschen Mannes gegenüber nichtdeutschen weiblichen Personen und die Organisationswut, das heißt die hemmungslose Gier der Deutschen nach dem Besitz verknappter Waren auf. In letzterem Punkt sind es gerade die deutschen Frauen, die sich gegenseitig übertrumpfen wollen. Es hat sich gezeigt, dass die Frau im Zusammenraffen solcher Werte viel bedenkenloser ist und weder Hemmungen noch Skrupel kennt, wenn es gilt, sich in den Besitz eines begehrten Gegenstandes zu setzen. Das Empfinden für die eigene Würde ist häufig so schwach ausgeprägt, dass sie nicht nur Kleider, Pelze und Schmuck zusammenraffen, sondern dieses alles in unpassendster Form zur Schau tragen. Das Auftreten gegenüber Nichtdeutschen lässt vor allem bei der deutschen Frau Takt und Anstand missen. Fühlt sich die eine Gruppe der Frauen verpflichtet den ›deutschen Herrenmenschen‹ unter Beweis zu stellen, indem sie in Strassenbahnen, Kaffees und Lebensmittelläden in der herausforderndsten Weise Skandale provoziert, so lässt eine andere Gruppe jeglichen Ab-

32 Pohl (1994, S. 309).

33 Wiesenthal (1967, S. 27f.).

34 Bundesarchiv Koblenz, Best. R 58/1002, Bl. 107–206, hier S. 197ff.

stand vermissen und verkehrt mit den Nichtdeutschen wie mit gleichgestellten, ja behandelt sogar Juden liebenswürdig und mit Hochachtung. Es sind dies die gleichen Mängel, wie sie auch der deutsche Mann, wenn auch bei weitem nicht in dem Maße, zeigte. Auch untereinander zeigen die Deutschen nicht die erforderliche Disziplin. Häufig wurden Nichtdeutsche Zeugen hässlicher Szenen zwischen Reichsdeutschen. So ist es fast selbstverständlich, dass es der Deutsche für unter seiner Würde hält, allgemein gültige Gesetze Verordnungen oder Anstandsregeln anzuerkennen. In der Strassenbahn wird nicht bezahlt, dafür werden aber in erregtem Ton Schaffner und Wagenführer Vorhaltungen gemacht. Kritische Würdigung zeigt auch die nichtdeutsche Bevölkerung für das Verhalten beim Ein- und Aussteigen. Die Rücksichtslosigkeit mit der jeder Einzelne versucht, sich einen Platz im Wagen zu erkämpfen, findet im nichtdeutschen Wagenteil kein Gegenstück. Dabei fehlt es an der primitivsten Bereitwilligkeit… Es hat sich… die Notwendigkeit herausgebildet, dass uniformierte Deutsche ihre Frauen beim Einkaufen begleiten müssen, damit sie nicht der Rücksichtslosigkeit ihrer deutschen Mitmenschen ausgesetzt werden. Das bedienende nichtdeutsche Personal wird aber – und hier tun sich besonders die Frauen hervor – in der unmöglichsten Weise angeschrien und handgreiflich ›belehrt‹.«[35]

Eine ähnliche Beschreibung des Verhaltens der Deutschen in den besetzten Gebieten lieferte auch Frau Brand, die ihren Mann, einen Offizier des Polizeibataillons 101, in Polen besucht hatte.

Ihrer Aussage »zufolge war es damals selbst für deutsche Zivilisten – von uniformierten Polizisten ganz zu schweigen – durchaus üblich, Polen gegenüber als ›Herrenmenschen‹ aufzutreten. Beispielsweise mußten Polen Deutschen auf dem Bürgersteig Platz machen, und wenn Deutsche ein Geschäft betraten, hatten die polnischen Kunden hinauszugehen.«[36]

Im besetzten Osten herrschte ein Klima uneingeschränkter Gewalt gegen die »Feinde« inmitten eines Sumpfs der Korruption. Die Beispiele belegen, daß es einen regen Besuchsverkehr zwischen dem Reich und den Einsatzorten in den besetzten Gebieten im Osten gab. Allein schon daraus ließe sich schlußfolgern, daß die Frauen nicht ungern kamen. Im Osten waren die Hierarchien, insbesondere die Geschlechterhierarchie, neu verteilt: Als Mitglied der »Herrenrasse« war die deutsche Frau hier jedem polnischen, ukraini-

35 Ebenda.
36 Browning (1993, S. 196).

schen und natürlich jüdischen Mann – den Frauen sowieso – weit überlegen. Sie demonstrierte dieses Verhalten in der Öffentlichkeit und genoß ganz offenkundig die Macht, Menschen »anderer Rasse« ihre Wünsche und Befehle zu diktieren.

Ehefrauen werden selbst tätig

Weitere Beispiele belegen, daß SS-Ehefrauen nicht nur Zuschauerinnen bei der mörderischen Arbeit ihrer Männer waren. Manchen von ihnen reichte es nicht aus, nur ihre Loyalität und Zustimmung zu bekunden. Sie wurden selbst aktiv.

Über die Beteiligung der Ehefrau des SS-Untersturmführers D. an Morden wurde während einer gerichtlichen Voruntersuchung festgestellt: »Am 26. 11. 1942 sollen auf dem jüdischen Friedhof in Hrubieszow auf Befehl des Gestapo-Chefs St. 50–100 Juden, unter ihnen die Mitglieder des Judenrates Rabinowicz und Brant, erschossen worden sein. Dabei soll sich die damals auf Urlaub in Hrubieszow weilende Ehefrau des Gestapoangehörigen D. zusammen mit ihrem Mann und den Gestapomännern H. und W. an der Erschießung beteiligt haben.«[1] Über Margarete D.s Tatbeteiligung hieß es, daß sie, nachdem »sie bei der Exekution von über 50 Juden durch die vorgenannten Gestapo-Angehörigen auf dem jüdischen Friedhof in Hrubieszow zusah, sich von ihrem Ehemann dessen Pistole geben ließ und Brant eigenhändig erschoß, der zuvor die Erschießung der anderen Juden mit hatte ansehen müssen.«[2] Über die Frau des Chefs der Gestapo in Drohobycz berichtete Theodora Reifler, Überlebende aus Drohobycz: »Anlässlich der Aktion am 21. Okt. 1942 kam ich auf die sogenannte Sammelstelle. Es ist mir genau erinnerlich, dass damals Fr. B., die Frau des Standartenführers dort erschien, und Juden mit der Reitpeitsche misshandelte. Ein kleines Mädchen wollte etwas von Fr. B., was, weiss ich nicht mehr. Plötzlich stürzte sie sich auf das Kind, schlug es bis es zu Boden fiel und trat schließlich mit den Füssen auf ihm herum. Als die Mutter des Kindes es dann vom Boden aufhob, war es leblos, und, wie ich glaube, tot. Meine Schwester Melanie war in der Gärtnerei beschäftigt. Sie erzählte mir, dass Fr. B. mit der Arbeitsleistung von 3 Mädchen in der Gärtnerei nicht zu-

1 ZStL, Best. II AR-Z 91/61, Bl. 1990; die Namen der Täter mußten aus Gründen des Datenschutzes anonymisiert werden.

2 Ebenda, Bl. 1644.

frieden war. Daraufhin holte Frau B. den Gestapomann Günther und gab ihm den Befehl, diese 3 Mädchen zu erschiessen, was Günther tatsächlich tat.«[3]

Die Frau vom »Judengeneral«: Gertrud Landau

Gertrud Segel, Tochter eines SS-Untersturmführers aus Wien und Mitglied der SS-Sippengemeinschaft, gehörte seit 1938 als Stenotypistin der Gestapo in Wien auch zum weiblichen SS-Gefolge. 1941 meldete sie sich freiwillig zum Einsatz in die besetzten Ostgebiete und trat ihre neue Stelle beim Kommandeur der Sicherheitspolizei im Distrikt Radom am 1. Februar an.[4] In Radom lernte Gertrud Segel den SS-Mann Felix Landau kennen.

Landau, dem der SS-Arzt eine »durchschnittliche Begabung«[5] attestiert hatte, war seit 1937 Kriminalassistent in Berlin-Hermsdorf und wechselte anläßlich der Vorbereitung des deutschen Einmarsches in Österreich zu einem Einsatzkommando des SS-Sicherheitsdienstes. Als SS-Hauptscharführer wurde er zur Gestapo-Leitstelle Wien versetzt und mit der Sicherstellung jüdischen Vermögens beauftragt. Hier heiratete er am 16. März 1938 die zwanzigjährige Sekretärin Marianne G. und zog in die Villa eines vertriebenen jüdischen Kaufmanns. 1938 gebar seine Frau einen Sohn und 1940 eine Tochter.[6]

---

3 Aussage von Theodora Reifler vom 21. 1. 1947, veröffentlicht in: Friedmann (1995, o. S.).

4 Vgl. National Archives US RG 242 (roll A3343-RS-D509), RuSHA-Akte Landau, Lebenslauf Gertrud Segel, vom 31. 2. 1943. Zu Gertrud Segel siehe Friedmann (1995, S. 2–21); Klee (1989, S. 100f.).

5 Ebenda, »Rasse- und Siedlungs-Hauptamt: Ärztlicher Untersuchungsbogen«, Blatt 5.

6 Ebenda. Landaus RuSHA-Akte ist sehr umfangreich, da das Rasse- und Siedlungshauptamt-SS entschieden hatte, seine eigene »Abstammung« sei ungesichert, da seine Mutter einen Juden geheiratet und dieser ihn 1916 adoptiert hatte. Folglich wurde er aufgefordert, seine uneheliche Geburt zu beweisen. Das war nicht einfach, da der Kindsvater die Geburt nicht anerkannt hatte und in die USA ausgewandert war. Zudem befinden sich in dieser RuSHA-Akte insgesamt drei Heiratsanträge. Den ersten, 1937 in Wien gestellten Antrag hatte er zurückgezogen. Sein zweiter Antrag auf Heiratsgenehmigung wurde, wegen unvollständiger Ahnentafeln, nur auf »Verantwortung Ihrer zukünftigen Ehefrau freigegeben«. Landau und Braut wurden als nicht würdig für das »SS-Sippenbuch« klassifiziert. Sie wurden aufgefordert, fehlende Urkunden bis »spätestens 1. 4. 1939 vorzulegen«. Brief vom Chef des Sippenamtes im RuSHA vom 11. 3. 1938. Den dritten Antrag stellte er nach seiner Scheidung.

Im Frühjahr 1939, bei der Besetzung der Tschechoslowakei, meldete sich Landau freiwillig zu einem SS-Einsatzkommando. Am 20. April 1940 wurde er zum Kommandeur der Sicherheitspolizei und des Sicherheitsdienstes nach Radom, Polen, versetzt.[7] Landaus Aufgabe in Radom war zunächst die Bekämpfung versprengter polnischer Truppenteile, später wurde er in der Registratur eingesetzt. Landau verliebte sich in seine Arbeitskollegin Gertrud Segel und erwog, sich von seiner Ehefrau scheiden zu lassen. Gertrud Segel war zu diesem Zeitpunkt noch mit einem Soldaten der Wehrmacht verlobt, wollte aber diese Verlobung lösen. Als Landau erfuhr, daß Gertrud Segel sich entgegen ihrem Versprechen noch mit ihrem Verlobten traf, entschloß er sich, das Verhältnis abzubrechen. »Unter dem Eindruck der enttäuschten Liebe«[8] meldete er sich nach Beginn des Rußlandfeldzuges am 30.6.1941 freiwillig zu einem Einsatzkommando der SS und war seitdem an Massenerschießungen in Drohobycz, Bezirk Lemberg, beteiligt. Als Leiter des »Arbeitseinsatzes der Juden« ließ er sich von den Bewohnern des Ortes »Judengeneral« nennen.[9] Zu seinen Aufgaben zählte, mit Hilfe eines Arbeitskommandos die für die Unterbringung der Außendienststelle der Sicherheitspolizei und des SD bestimmten Gebäude freizumachen und einzurichten. Dazu gehörten auch die verschiedenen Gebäude für die Frauen und Bräute der Dienststellenangehörigen.[10]

Landau setzte alle Hebel in Bewegung, um sich mit der Geliebten zu versöhnen und um zu erreichen, daß sie ebenfalls nach Drohobyz versetzt wurde. Während dieser Zeit schrieb Landau ein Tagebuch für sie.[11] Ab Herbst

---

7 Landau wurde am 16.3.1962 zu zweimal lebenslänglich Zuchthaus verurteilt. Urteil des Schwurgerichts in Stuttgart vom 16.3.1962, Ks 9/61, veröffentlicht in: »Justiz und NS-Verbrechen« (1978, Bd. XVIII, S. 355). Er wurde bereits im August 1973 begnadigt. Vgl. Pohl (1995, S. 419).

8 Urteil des Schwurgerichts Stuttgart vom 16.3.1962, Ks 9/61, veröffentlicht in: »Justiz und NS-Verbrechen« (1978, Bd. XVIII, S. 357).

9 In seinem Tagebuch steht unter dem Datum vom 10.7.1941: »Außerdem wurde ich offiziell zum Judengeneral eingesetzt.« Friedmann (1995, S. 7).

10 Urteil des Schwurgerichts Stuttgart vom 16.3.1962, Ks 9/61, veröffentlicht in: »Justiz und NS-Verbrechen« (1978, Bd. XVIII, S.361).

11 Eine Abschrift des kompletten »Tagebuchs des Kriegsverbrechers Felix Landau über seine Tätigkeit während des Krieges in Polen« wurde veröffentlicht in: Friedmann (1995, S. 2–21). Auszüge in: Klee (1989, S. 100ff.). Dieses Tagebuch, ein Gemisch aus grausiger detaillierter Beschreibung der Massenmorde, voller Selbstmitleid und sentimentalem Liebes- und Sehnsuchtsgestammel, steht für die Gemütslage der SS-Männer, die als Herren über Leben und Tod in den besetzten Gebieten des Ostens herrschten.

1941 lebten die beiden in einer feudalen Villa, in der er wertvolle Stücke des beschlagnahmten jüdischen Besitzes wie Pelze, Bilder, Porzellanservice, Stoffe u. a. hortete. Im Juli 1942 wurde Landaus Ehe geschieden, die beiden Kinder Landau zugesprochen; sie wohnten fortan in Drohobycz.[12] Im April 1943 stellte Landau seinen Antrag auf Heiratsgenehmigung beim Rasse- und Siedlungshauptamt-SS. Er begründete seine Bitte um »rascheste Erledigung« damit, daß er »2 unmündige Kinder aus erster Ehe im Alter von 3 und 5 Jahren« bei sich in Drohobycz habe und »auf polnische Hilfskräfte angewiesen« sei. Dies sei »aus erzieherischen Gründen nicht tragbar«. Außerdem könne er »jederzeit mit einem neuen Einsatz rechnen«, die Kinder würden dann »unversorgt zurückbleiben«.[13] Kurze Zeit später schrieb er: »Ich beabsichtige am 20. April zum Geburtstag des Führers meine Eheschließung vornehmen zu können und hoffe, dass ich bis zu diesem Termin Ihre Genehmigung zur Eheschließung erhalten habe.«[14] Die »vorläufige Freigabe« der Heiratsgenehmigung wurde am 21. April erteilt[15] und die Ehe am 5. Mai 1943 geschlossen.[16]

Über Landau und Gertrud Segel berichtete Jakob Goldsztein, der gemein-

---

Auf jeder Seite betont Landau, daß ohne die geliebte Frau sein Seelenfrieden gestört ist. In diesem Tagebuch erfahren wir wenig über die Frau selbst, viel über seinen Bedarf an ihren »weiblichen« Qualitäten. Er verlangt nach ihrer Anwesenheit, ihrem Trost, ihrer Unterstützung. Er jammert: »Was nützt mir meine herrliche Wohnung mit allem Komfort eingerichtet, wenn mir das eine fehlt. Noch ist alles Tod in meiner Wohnung.« Friedmann (1995, S. 11). Er lamentiert: »Es war alles recht schön nett, nur rechts und links waren Plätze frei. Ich sah auf beide Stühle und meinte zu meinen Kameraden, jetzt fehlten nur noch unsere Liebsten hier. Da sprach nun mein Kamerad von seiner Frau und glücklichen Zusammenleben.« (Ebenda, S. 18.) Als er endlich erreicht hatte, daß die geliebte Frau nach Drohobycz kam, schrieb er: »Meine Stimmung war endlich, nach Langem wieder oben auf. Meine ukrainische Miliz erhielt ›Schonzeit‹. Die Juden waren rücksichtsvoller behandelt.«

12 Im Scheidungsurteil heißt es: »Verschulden trifft beide Teile, den Kläger wegen Ehebruchs mit Emma C., die Beklagte unter anderem wegen Ehebruchs mit Georg K., wobei das Verschulden der Beklagten überwiegt.« Urteil Landgericht Wien, 9LG 34/42 vom 29.6.42; National Archives, RG 242 (roll A3343-RS-D509), RuSHA-Akte Landau. Emma C. war eine »Bürokollegin«, sie war Zivilangestellte bei der SS.

13 RuSHA-Akte Landau, Antrag auf Erteilung der Verlobungs- und Heiratsgenehmigung, vom 1. April 1943.

14 Ebenda; Brief Landaus an das RuSHA vom 12.4.1943.

15 Ebenda, Sippenakte Landau.

16 Ebenda, Urkunde des Standesamtes Drohobycz.

sam mit seinem Freund Bleiberg als persönlicher Sklave von Landau in der Reithalle arbeiten mußte, deren Chef Landau war: »Wieder fand ein Fest in der Reithalle statt. Die Gestapoleute haben sich angesoffen. Ein SS-Mann spielte Klavier und alle sangen das Lied mit, da sprang die Geliebte von Landau Trude auf den Tisch und führte in besoffenem Zustand einen Bauchtanz auf. Als sie vom Tisch heruntergeholt wurde, ging sie von Hand zu Hand und die Gestapokollegen betasteten sie eine ganz hübsche Zeit. Nach Mitternacht ging die Gesellschaft aus der Reithalle nach Hause. Auch Hauptscharführer Landau u. seine Geliebte Trude gingen auch weg. Wir zwei Juden blieben zurück um sauber zu machen. Nach eine[r] Stunde kam Landau mit seine[r] Trude zurück und sagte, dass ihr die goldene Halskette fehlt. Wir suchten sie alle und konnten sie nicht finden. Ganz frühmorgens wurde ich zu[m] Hauptscharf[ührer] Landau ins Zimmer bestellt. Ich war der Meinung, dass er mir einen neuen Auftrag geben wird, ich soll zum Judenrat gehen und für ihn extra Caffe, [S]chokoladen und sonstige Süssigkeiten bringen, wie das so oft der Fall war. Er lässt sich Stoffe für ihn und seine Trude kostenlos beschaffen u. drgl. Doch Landau sagte ganz ruhig zu mir ich soll die goldene Kette herausgeben. Als ich ihm die reine Wahrheit sagte: Herr Hauptscharführer, ich werde doch nicht die Kette von ihrer Frau anrühren. Sie kennen mich schon so lange und ich habe nichts weggenommen. Die Geliebte Landaus, die auf dem Sofa lag, schrie mich an ›Stell dich nicht so blöd, du Saujud, du hast die Kette genommen!‹. Landau bekam einen Wutanfall und begann mich mit den Fäusten zu schlagen. Das war ihm nicht genug, trat er mit seinen Füssen auf mir herum. Er war zu faul, sich zu mir zu Boden zu bücken, befahl er mir, ich solle mich aufstellen, damit es ihm bequemer ist in mich hineinzuschlagen... In der jüdischen Ambulanz bin ich aufgewacht mit ein[er] Bandage um Kopf und Hände. Zwei Tage konnte ich mich nicht bewegen... Später haben wir erfahren, dass ein SS-Kamerad, der sich an die Trude heranmachte, die Kette gestohlen hat und er sie auch zurückgeben musste. Die Kette soll aus einer jüdischen Aktion stammen, was Landau von einer jüdischen Familie weggenommen hat.«[17]

In Drohobycz spielte sich auch die folgende Szene ab, die im Prozeß gegen Landau genau rekonstruiert wurde: Am 14. Juni 1942, es war ein Sonntagnachmittag, saßen Landau und Gertrud Segel auf dem Balkon der von ihnen bewohnten Villa in Drohobycz, um den Sonnenschein zu genießen. Landau

17 Aussage des Jakob Goldsztein vom 5. 7. 1959, veröffentlicht in: Friedmann (1995, o. S.).

war mit Sporthose und Sporthemd, Gertrud Segel mit einem Badeanzug bekleidet. Sie vertrieben sich die Zeit mit Kartenspielen. Vom Balkon aus konnten sie auf ein unbebautes, baumloses Grundstück sehen, das zu einer Gärtnerei umgestaltet werden sollte. Auf diesem Gelände war eine kleine Gruppe von Juden, vorwiegend Frauen, mit Erdarbeiten beschäftigt. Der jüdische Arbeiter Fliegner hatte die Aufgabe, auf dem vorderen Teil des Grundstücks mit einem Spaten Humusboden auszuheben, die Frauen mußten diesen auf den hinteren Teil des Geländes tragen.

Nach einiger Zeit erhob sich Landau vom Kartenspiel, ging kurz in die Wohnung und holte Gewehr und Munition. Mit dem Gewehr hatte Landau schon einige Wochen zuvor auf Vögel geschossen. Er wollte sich nun mit seiner Freundin in gleicher Weise die Zeit vertreiben. Landau lud das Gewehr und gab es seiner Freundin. Diese schoß einige Male nach den Vögeln in der Baumgruppe. Durch die Schüsse wurden die arbeitenden jüdischen Frauen in Angst und Schrecken versetzt. Da sie glaubten, daß auf sie geschossen würde, trauten sie sich nicht mehr, mit ihren Tragen nach vorne zu kommen. Dadurch blieb die von Fliegner ausgehobene Erde liegen, und Fliegner, der immer fleißig arbeitete, mußte vorübergehend das Weitergraben einstellen.

Als Landau, der Gertrud Segel beim Schießen beistand, Fliegner untätig dastehen sah, geriet er in Wut. Er nahm ihr das Gewehr aus der Hand, lud es durch, legte auf Fliegner an und erschoß ihn.[18] Eine Woche später äußerte sich Landau gegenüber dem Zeugen B., daß er »ein Exempel« statuieren mußte, »damit die anderen richtig arbeiten«. Bei diesem Gespräch »war die Freundin des Angeklagten zugegen, ohne zu widersprechen«.[19]

Marjan Nadel, der ebenfalls zu diesem Häftlingskommando gehört hatte, erinnert sich völlig anders an diese Szene. Im Gegensatz zum deutschen Gericht, das Landaus Argumentation folgte, die Erschießung des jüdischen Arbeiters habe nur deshalb stattgefunden, weil dieser nicht mehr arbeitete, erklärt Marjan Nadel: »Scheinbar wollte Landau ihr zeigen, wie das jüdische Menschenleben in seiner Hand lag und war berechtigt, einen Juden, wie einen Hund abzuknallen.«[20] Nach seiner Erinnerung hatten Landau und Gertrud Segel auf dem Balkon gesessen und den Juden beim Arbeiten zuge-

18 Urteil des Schwurgerichts Stuttgart vom 16. 3. 1962, Ks 9/61, veröffentlicht in: »Justiz und NS-Verbrechen« (1978, Bd. XVIII, S. 364f.).

19 Ebenda, S. 365.

20 Zeugenaussage des Marjan Nadel vom 18. 8. 1959; veröffentlicht in: Friedmann (1995, o. S.).

schaut. Gertrud Segel hatte ein Jagdgewehr in der Hand und zielte auf die arbeitenden Juden. Landau nahm ihr das Gewehr aus der Hand und erschoß Fliegner. Danach seien Landau und seine Geliebte laut lachend ins Zimmer zurückgegangen.[21]

Ob Gertrud Segel, wie Überlebende die Häftlingskommandos erklärten, an der Erschießung des jüdischen Arbeiters beteiligt war oder nicht, muß offenbleiben. Als SS-Tochter und spätere Ehefrau von Landau hat sie jedoch bereits als Sekretärin in Wien, bei der Gestapo in Radom und Drohobycz bewiesen, daß sie Mitgefühl und Menschlichkeit für die »eigene Rasse« reserviert hatte und die rassistische Politik der SS unterstützte; die Erschießung eines Juden hat sie amüsiert.

Schüsse vom Balkon: Elisabeth Willhaus

Im Laufe des Jahres 1942 kam Frau Willhaus, Ehefrau des SS-Obersturmführers Gustav Willhaus, nach Lemberg.[22] Willhaus war ab Mai 1942 Kommandant des Zwangsarbeitslagers Lemberg-Janovska, in dem etwa 35000 bis 40000 Juden, Polen und Ukrainer, und zwar Frauen, Männer und Kinder, gefangengehalten und getötet wurden.[23] Stellvertretende Lagerleiter waren Richard Rokita und Richard Fichtner. 1943 wurden 25 SS-Männer im Lager Janovska und 15 bis 20 ukrainische Hilfspolizisten für die Außenbewachung eingesetzt.[24]

Während ihrer Vernehmung am 7. Mai 1963 gab Frau Willhaus Auskunft über diese Zeit: »Wenn ich gefragt werde, wann ich nach Lemberg gekom-

21 Ebenda.

22 Gustav Willhaus und Liesel R. hatten ihren Heiratsantrag am 11. Juli 1935 beim Rasse- und Siedlungshauptamt-SS gestellt. In ihrem Lebenslauf schilderte sie ihrem beruflichen Werdegang: So war sie drei Saisonjahre (von Februar bis September) Lehrling auf einer Geflügelfarm, besuchte danach einen achtmonatigen Handelsschulkursus, arbeitete in einer Schnellgaststätte als Kochlehrerfräulein und in einem Büro als Kontoristin. Zum Zeitpunkt ihres Heiratsgesuches war sie bei der Zeitung »NSZ-Rheinfront« angestellt. Vgl. National Archives, RG 242 (roll A3343-RS-G5242), RuSHA-Akte Willhaus; Lebenslauf von Liesel R. vom 11.7.1935. Mädchenname aus Gründen des Datenschutzes anonymisiert.

23 Pohl (1994, S. 339); vgl. die Aussage von Heinrich Chamaides, Überlebender des Janovska-Lagers, vom 21.9.1944, nachgedruckt in: Klee (1989 a, S. 226ff.).

24 Pohl (1994, S. 201).

men bin, so muß ich sagen, daß ich das nicht mehr weiß. Es ist anzunehmen, daß es im Jahr 1942 gewesen ist, und zwar in den Sommermonaten, denn ich kann mich entsinnen, daß es schon warm war. Wir wohnten in Lemberg zunächst in dem Viertel in dem die deutschen SS-Angehörigen, die Polizei und wohl noch andere Deutsche wohnten.

Wie lange wir dort wohnten, weiß ich nicht mehr. Es war aber eine gute Weile, die wir dort wohnten. Mein Mann war zunächst tätig in den DAW[25], später bekam er dann den Auftrag, ein jüdisches Arbeitslager in Lemberg aufzubauen. Ich will einschränkend sagen, ich weiß nicht, ob er den Auftrag bekommen hat, ich weiß nur, daß er tatsächlich ein solches Lager eingerichtet und auch einige Zeit lang geleitet hat. Ich weiß aber auch nicht, ob er das alles allein gemacht hat, oder ob er dabei andere Personen zu Hilfe hatte. Wir zogen in ein Haus, das innerhalb des äußeren Lagerbereichs war, also innerhalb des äußeren Zaunes aber vollkommen abgetrennt vom eigenen Arbeitslager. An dieses Haus hat mein Mann noch während wir dort wohnten, ein Balkon anbauen lassen. Es war kein eigentlicher Balkon, sondern es war mehr ein Dach über einem Wintergarten. Ich hatte von Anfang an in Lemberg meine kleine Tochter H. dabei, die 1939 geboren ist. In diesem Haus innerhalb des Lagers wohnten wir solange bis mein Mann wegkam. Mein Mann kam an die Front und ich und meine kleine Tochter blieben zunächst noch in Lemberg, weil meine Eltern geschrieben hatten, daß zu Hause in Deutschland die Bomben fielen und wir dort sicherer seien. Ich wohnte dann aber mit meiner Tochter nicht mehr in dem Haus im Lager. Während ich mit meinem Mann das erwähnte Haus bewohnte und auch vorher war mein Mann fast den ganzen Tag dienstlich abwesend. Was er im einzelnen tat, weiß ich nicht, er hat mit mir darüber auch nicht gesprochen. Hierbei bleibe ich, auch wenn mir vorgehalten wird, daß es unwahrscheinlich klingt, daß mein Mann nie irgendetwas über seine Tätigkeit zu Hause gesagt haben sollte. Er hat versucht, mich und unsere Tochter ganz zu isolieren vom Dienstbetrieb, und zwar nicht nur vom Dienstbetrieb, sondern auch sonst.«[26]

Frau Willhaus hat demnach vergessen, daß es unter ihrem Mann noch zwei stellvertretende Lagerleiter und 25 SS-Männer gegeben hat, mit denen sie als

25 Das »Deutsche Ausrüstungs-Werk« (DAW) war ein SS-Unternehmen, das jüdische Häftlinge, die in den Ghettos und/oder »Zwangsarbeitslagern für Juden« eingesperrt waren, sowie jüdische und nichtjüdische Häftlinge der Konzentrationslager ausbeutete.

26 Aussage von Elisabeth H., verwitwete Willhaus, am 7. Mai 1963, ZStL, AR-Z 294/59.

Frau des Kommandanten ein gesellschaftliches Leben pflegte. Sie will nie mit ihrem Mann über »seine Arbeit« gesprochen haben und, obwohl das Haus, welches sie bewohnte, auf dem Lagergelände stand, nie gesehen haben, was im Lager passierte. Natürlich behauptete sie, nie jüdische Gefangene als Reinigungskräfte oder für sonstige Aufgaben in ihrem Haus gehabt zu haben. Lemberg war für sie ein »sicherer Ort«, sicherer und bequemer jedenfalls als Deutschland, da dort ja Bomben fielen.

In den sechziger Jahren wurde gegen Frau Willhaus ermittelt. Mehrere Überlebende des Lagers hatten dezidiert zu Protokoll gegeben, daß Frau Willhaus Häftlinge vom Balkon oder Fenster ihres Hauses aus erschossen hatte.

So erklärte Marian Rogowski, Überlebender des Lagers Janovska: »Ich habe selbst gesehen, daß Frau Willhaus von einem Fenster ihrer Wohnung aus auf Häftlinge im Lager geschossen hat. Ich selbst befand mich etwa Mitte des Monats September 1942 zusammen mit einem zweiten Häftling des Lagers auf dem Wege zum Unterkunftslager und wir gingen am Verwaltungsgebäude vorbei, in dem Willhaus seine Wohnung hatte. Plötzlich hörte ich einen Schuß aus der Wohnung Willhaus und sah auch im gleichen Augenblick einen etwa einige Meter vor mir gehenden Häftling vom Schuß getroffen hinfallen. Im gleichen Moment als ich den Schuß hörte, ich schaute sofort nach der Wohnung des Willhaus und sah hinter einem Fenster die Ehefrau Willhaus mit ihrer Tochter, ein damals etwa 6 Jahre altes Mädchen, stehen und eine Schußwaffe in der Hand halten. Ob es sich hierbei um eine Pistole oder aber um eine Maschinenpistole handelte, kann ich mit Sicherheit nicht sagen. Dabei lachte sie. Der vor ihr getroffene Häftling, der am Boden lag, wurde sofort von einem ukr[ainischen] Zivilposten, der sich in der Nähe aufhielt, und der von dem uns begleitenden Posten gerufen worden war, weggeschleift. Ich selbst meine, mit Sicherheit sagen zu können, daß dieser Häftling sofort tot war, denn er stürzte nach dem Schuß und rührte sich nicht mehr... Mir ist kein Grund bekannt, weswegen Frau Willhaus von der Wohnung aus ins Lager schoß. Ich muß aber annehmen, daß sie es lediglich zu ihrer und der Belustigung ihres kleinen Töchterleins tat. Ich habe von anderen Mithäftlingen verschiedentlich erfahren, daß sie wiederholt mit einem Kleinkalibergewehr von der Wohnung ins Lager, auf Häftlinge geschossen haben soll, doch nur diesen einen Vorfall gesehen, weshalb ich auch nur hierüber Angaben machen will.«[27]

27 Bayerisches Landeskriminalamt, München, Protokoll der Zeugenvernehmung Marian Rogowski, 22.9.1961, SA 1222/20/17–18.

Als ihr diese und weitere Aussagen von der Staatsanwaltschaft vorgetragen wurden, erklärte sie kategorisch: »Ich will von vornherein sagen, daß alle Beschuldigungen, die gegen mich erhoben werden, vollkommen unwahr sind. Sie sind völlig aus der Luft gegriffen. Ich habe nie ein Gewehr in der Hand gehabt.« Auf die Anschuldigungen des Zeugen Rogowski antwortete sie: »Ich schieß doch meinem Kind zuliebe keine Leute tot, das gibt es doch nicht, was soll ich sonst noch sagen. Ich kann mir nur vorstellen, daß die Menschen damals in ihrer Angstpsychose, sich Dinge eingebildet haben, die sich in dieser Weise nicht ereignet haben.« Sie behauptete, daß sie auch nie gesehen hat, wie ihr Mann Menschen erschoß: »Auch nachdem mir weitere Angaben von Belastungszeugen, wie mir gesagt wird eines Zilinski und eines Dr. Frost vorgehalten werden, bleibe ich dabei, daß ich niemals selbst auf einen Menschen geschossen habe und daß ich auch niemals anwesend gewesen bin, wenn mein Mann auf Menschen geschossen hat. Ich habe nie das Verwaltungsgebäude im Lager betreten. Wenn also der Zeuge Dr. Frost behauptet, er habe mich neben meinem Mann stehen sehen, als dieser vom Bürogebäude im Lager auf jüdische Arbeiter geschossen habe, so ergibt sich daraus schon die Unrichtigkeit dieser Behauptung.«[28] Alle sie belastenden Zeugenaussagen bezeichnete sie als Lügen, die Zeugen als Lügner. Obwohl sie einerseits angeblich nichts davon mitbekommen hat, was im Lager passierte, behauptete sie andererseits, daß die Zeugen damals eine »Angstpsychose« gehabt hätten. Woher sie das wüßte, fragte die Staatsanwaltschaft nicht. Das Verfahren wurde eingestellt.[29]

Die Lagerkommandanten Willhaus und Wrack wurden für tot erklärt,

---

28 Aussage von Elisbeth H., verwitwete Willhaus, am 7. Mai 1963, ZStL, AR-Z 294/59.

29 Pohl (1994, S. 344, Fußnote 9). Nicht nur in diesem Verfahren wurden die jüdischen Belastungszeugen als unglaubwürdig qualifiziert: »Nach der Sachlage können Zweifel an der Glaubwürdigkeit dieser Zeugen schon deshalb nicht ausgeschlossen werden, weil die Möglichkeit besteht, daß Gefühle des Hasses und der Verbitterung ihre Aussagen in einem für den Beschuldigten ungünstigen Sinne beeinflußt haben«, urteilte 1953 ein Staatsanwalt in Hagen. »Demnach«, so Günther Schwarberg, »würden alle Juden, Polen, Franzosen, Russen, Griechen, Norweger, Kommunisten, Antinazis, als Belastungszeugen gegen Naziverbrecher ausscheiden. Zweifel an ihrer Glaubwürdigkeit können ›nicht ausgeschlossen werden‹.« Insgesamt wurden bis zum 1. Januar 1986 84000 Ermittlungsverfahren eingestellt. Vgl. Schwarberg (1989, S. 324f.).

Fichtner starb 1943 bei einem Unfall, Rokita während seines Verfahrens.[30] Frau Willhaus hatte 1948 wieder geheiratet und lebte 1963 von ihrem zweiten Ehemann, einem Fabrikanten, getrennt.[31]

Frau »Heydrich war ohne jedes Gefühl«

Auch Lina Heydrich beteiligte sich aktiv an Diskriminierung, Verfolgung und Ausbeutung. Anfang 1962 stellte der tschechoslowakische Verband der Widerstandskämpfer bei der Ludwigsburger Zentralstelle und bei den Staatsanwaltschaften in Schleswig, Düsseldorf und München Strafanträge wegen Mordes und Beihilfe zum Mord gegen sieben Personen der ehemaligen Protektoratsverwaltung Prag, zu denen auch Lina Heydrich gehörte. Reinhard Heydrich war am 27. September 1941 Stellvertretender Reichsprotektor von Böhmen und Mähren geworden. Seine neue Residenz war Prag. Mit Massenhinrichtungen versuchte Heydrich den Widerstand der tschechischen Bevölkerung gegen die deutsche Besatzung zu unterdrücken. Am 27. Mai 1942 wurde er bei einem Attentat schwer verletzt und starb. Die nationalsozialistischen Machthaber übten furchtbare Rache: Eine SS-Einheit zerstörte das Dorf Lidice und brachte alle männlichen Einwohner über 16 Jahren um, die Frauen wurden in das Frauenkonzentrationslager Ravensbrück deportiert. Auch die Kinder wurden nicht verschont. Viele wurden in Konzentrationslager verschleppt, andere nach Deutschland gebracht und auf deutsche Familien verteilt, die sie adoptierten. In Prag wurden 1331 Tschechen hingerichtet, darunter 201 Frauen. Die tschechische Militärkommission in West-Berlin belastete Lina Heydrich, gestützt auf Dokumente und dokumentarisches Bildmaterial, beträchtlich. Unter anderem wurde ihr vorgeworfen, 1942, nach dem Tode ihres Mannes, die Hinrichtung von 90 verhafteten Tschechen durchgesetzt zu haben, die zuvor von Reichsprotektor Karl-Hermann Frank zu KZ-Haft »begnadigt« worden waren.[32]

Lina Heydrich bewohnte nach dem Tod ihres Mannes das Gut Jungfern-Beneschan (Breschan). Hier unterstand ihr auch ein Außenkommando mit männlichen jüdischen Häftlingen des Konzentrationslagers Theresienstadt. Die tschechische Militärregierung beschuldigte sie, daß sie die Mißhandlun-

30 Enzyklopädie des Holocaust (1993, Bd. II, S. 659).

31 Vgl. ZStL, AR-Z 294/59.

32 Werner Maser, Kommentare, in: Heydrich (1976, S. 201 f.).

gen dieser Häftlinge angeordnet habe. Aus dem nach Ende der Besetzung sichergestellten Archiv des Reichsprotektors Frank, der 1945 nach dem Abzug der Deutschen in Prag gehängt wurde, »glaubten die Prager Behörden darüber hinaus beweisen zu können, daß Lina Heydrich 1945 aus tschechischem Besitz Gold, Juwelen und wertvolle Kunstgegenstände gestohlen und bei ihrer Flucht nach Deutschland mitgenommen habe«.[33] 1943 übernahm Lina Heydrich das Vorwerk Maslowitz; auch hierzu gehörte ein KZ-Nebenlager mit männlichen Häftlingen, überwiegend Zeugen Jehovas. Dieses Nebenlager unterstand dem KZ Flossenbürg.[34] Über Lina Heydrichs Verhalten gegenüber den Häftlingen sagte Miroslava Stedra, deren Mann in Auschwitz ermordet worden war, vor der Staatsanwaltschaft Prag aus: »Mein Mann war als Nichtarier zur Arbeit in das Schloß von Breschan einberufen worden. Dort arbeitete er mit ungefähr 180 anderen Nichtariern zusammen, von denen einige aus dem Ghetto Theresienstadt kamen. Die Arbeiter wurden von SS-Männern bewacht, und mir gelang es, meinen Mann zu besuchen, indem ich die Wachmannschaft bestach. Das war aber nur möglich, wenn die Heydrich das Schloß verlassen hatte. Alle Häftlinge, mit denen ich in Berührung kam, sagten, daß sich die Heydrich damit unterhalte, sie bei der Arbeit mit einem Fernrohr zu beobachten. Wenn einer von ihnen etwas Gemüse oder Obst zu sich nahm, wurde er von Frau Heydrich hart bestraft. Als die Leute einmal auf Befehl der Heydrich im Park Bäume fällten, erlitt ein Nichtarier durch einen fallenden Baum schwere Verletzungen. Und obwohl selbst der Wachhabende eine Überführung des Schwerverletzten in ein Krankenhaus anordnete, erlaubte die Heydrich es nicht. Sie meinte, daß ihr an einem stinkenden Juden nichts gelegen sei. Der Verletzte wurde nach Theresienstadt zurückgeschickt, wo er dann starb.«[35] Otto Trojan, Überlebender des Lagers, sagte aus: »Die Heydrich war ohne jedes Gefühl und lächelte nur, als zum Beispiel der SS-Mann Ilmer unseren Kameraden Adolf Neumann, der diese Zeit nicht überlebt hat, den nackten Rücken blutig schlug, und zwar nur deshalb, weil Neumann mit dem vollbeladenen Schubkarren nicht im ›Laufschritt‹ fahren konnte.«[36] Walter Grunwald, der ebenfalls als jüdischer Häftling auf »Schloß

33 Ebenda.

34 Schwarz (1996, S. 193). Das Nebenlager in Jungfern-Breschan bei Prag exisitierte vom 14.2.1944 bis 10.5.1945. Beneschan ist die deutsche, Breschan die tschechische Schreibweise.

35 Zit. n. DVZ, Nr. 33, 11 Jg., 16.8.1963, S.16: »Frau Heydrich aber schweigt... Ließ die Witwe des SS-Führers Kinder erschießen?«

36 Ebenda.

Lina Heydrich: Herrin in Prag
(Camera Press)

Lina Heydrich: Herrin auf Fehmarn
(Stern Syndication)

Heydrich« arbeiten mußte, berichtete, wie Lina Heydrich ihre Macht genoß: »Wenn wir die ›Gnädige Frau‹ auf dem Schloßgrundstück trafen, mußten wir vor ihr strammstehen, erst dann durften wir weitergehen. Das konnte sich dutzendmal am Tag wiederholen. Einmal ging ich an ihr vorbei, ich war in Gedanken, ohne stehen zu bleiben. Sie rief mich zurück, spuckte mir ins Gesicht und schnauzte mich an.«[37] Er erzählte von ihrem »Rassenhaß«, der so weit ging, lieber den Tod in Kauf als die Hilfe eines Juden anzunehmen. Als ihr ältester Sohn verunglückte, lehnte sie die erste Hilfe eines jüdischen Arztes, der zum Häftlingskommando gehörte, kategorisch ab. Der Junge starb auf dem Weg zum Krankenhaus.[38]

Lina Heydrich wurde nicht an die Tschechoslowakei ausgeliefert. Für die Taten, die sie selbst zu verantworten hatte, wurde sie niemals zur Rechenschaft gezogen. Im Gegenteil: Der Entnazifizierungs-Berufungsausschuß Kiel stufte sie am 12. Januar 1951 rechtskräftig in die Gruppe V, Entlastete, ein und hob die Vermögenssperre auf. Lina Heydrich konnte nun ihr Erbe, ein Haus auf Fehmarn, das 1945 beschlagnahmt worden war, wieder in Besitz nehmen.[39] 1956 sprach ihr das Landessozialgericht in Schleswig-Holstein die »Zahlung der vollen Pension des verstorbenen Reichsprotektors«, dies entspricht etwa der Pension eines Ministerpräsidenten, mit der Begründung zu, Reinhard Heydrich sei »als Soldat im Kampf gefallen«.[40] In den sechziger Jahren war sie die Besitzerin einer Gaststätte auf der Insel Fehmarn, in der sich regelmäßig SS- und andere Kameraden trafen.[41]

In ihrer 1976 veröffentlichten Autobiographie beteuert sie ihre »Unschuld« und versucht auch die »Unschuld« ihres Mannes zu beweisen. Über diese Erinnerungen schreibt Werner Maser, der auf Bitte des Verlages das Buch kommentierte, daß »die Diskrepanz zwischen Dichtung und Wahrheit« in diesem Buch »an vielen Stellen so groß ist, daß sie selbst dann nicht akzeptiert werden kann, wenn die der Memoiren-Literatur gewöhnlich großzügigerweise zugestandenen Maßstäbe angelegt werden... Lina Heydrich hat viele Taten ihres Mannes nicht nur verbrämt, phantasiereich beschönigt und rigoros verdreht, sondern wesentlich auch – ganz offensichtlich –

37 Grunwald (1995, S. 63).
38 Ebenda, S. 66.
39 Tuchel (1992, S. 201).
40 Kasten (1993, S. 277).
41 Dies berichtete die tschechoslowakische Zeitschrift »Im Herzen Europas« im Juni 1963 (S. 12).

bewußt verschwiegen oder einfach anderen Gipfelfiguren des Hitler-Regimes in die Schuhe geschoben.«[42] An keiner Stelle dieses Buches geht sie auf ihre eigene Verantwortung ein. Sie distanziert sich nicht von der nationalsozialistischen Politik, im Gegenteil: Ihre Sympathie für dieses System scheint auf jeder Seite durch. Sie starb in den achtziger Jahren (das genaue Datum ist nicht bekannt) in ihrem Haus auf Fehmarn.

Im Gegensatz zu ihren SS-Männern, die sich als eingebunden in ein System von Befehl und Gehorsam beschreiben, unterlagen die Ehefrauen keinem »Befehlsnotstand«. Es gab keine Instanz, von der die Ehefrauen behaupten konnten, sie hätte ihnen befohlen, Juden zu quälen und zu erschießen. Die Möglichkeit, ungestraft zu töten, hatten sowohl Männer als auch Frauen seit dem Augenblick, da die Juden zum Freiwild erklärt wurden.

Keine der Frauen, über die hier berichtet wurde, ist je verurteilt worden. Obwohl Zeugenaussagen vorlagen, wurden Anklagen gegen sie aus »Mangel an Beweisen« eingestellt. Die als Faktum unterstellte Zweiteilung der Gesellschaft in einen privaten und öffentlichen Bereich, der gemeinhin mit »gut« (weiblich) beziehungsweise »böse« (männlich) konnotiert wird, macht es möglich, Handlungen von Frauen im öffentlichen Raum zu negieren oder zu verharmlosen. Daher konnten oder wollten sich vermutlich Richter nicht vorstellen, daß auch Frauen »aus rassistischer Überheblichkeit und Geringschätzung eines Menschenlebens«[43] agierten, daß auch sie davon überzeugt waren, daß ein jüdisches Menschenleben nichts wert war und einfach vernichtet werden durfte. Nicht nur die SS-Angehörigen selbst, sondern auch Staatsanwälte, die die Ermittlungen gegen SS-Ehefrauen einstellten, glaubten an ein »normales Familienleben« mit treusorgendem Vater und im häuslichen Kreis wirkender Mutter. Ebenso dachten Richter, die über die Taten von SS-Männern zu Gericht saßen, und Psychologen, die SS-Männer analysierten. Die Annahme, daß ein SS-Mann gleichzeitig ein Massenmörder und ein guter Familienvater sein und mit seiner »unschuldigen« Ehefrau ein durchschnittliches Familienleben führen kann, provoziert die Frage, welche Klischees von »gut« und »normal« hier eigentlich zugrunde liegen.

42 Werner Maser, Kommentare, in: Heydrich (1976, S. 161).

43 »Rassistische Überheblichkeit und Geringschätzung eines Menschenlebens« war, so urteilten die Richter über Felix Landau, seine Motivation, an Massentötungen von jüdischen Menschen teilzunehmen. Vgl. »Stuttgarter Zeitung«, Samstag, 17. März 1962, veröffentlicht in: Friedmann (1995, o. S.).

Kinder am Einsatzort der Väter

In allen SS-Siedlungen, die in der Nähe von Konzentrationslagern gebaut worden waren, lebten auch die Kinder der Familien, »die in Auschwitz Vergasen gespielt haben«.[1] Sie konnten den Vater am »Arbeitsplatz« im KZ besuchen. Vor dem Gericht in Frankfurt schilderte der ehemalige SS-Mann Baretzki folgende Szene, die hier von Langbein wiedergegeben wird: »Auf die Frage, ob auch Kinder von SS-Angehörigen ins Lager hinein konnten, antwortete er in seiner abgehackten, harten Sprechweise, die wörtlich wiedergegeben ist: ›Was heißt hier, Kinder von SS-Angehörigen im Lager? Ein Kind ist ein Kind, und Kinder, das sind viele Kinder. Das war der Junge von Schwarzhuber. Er war sechs Jahre alt und hatte eine Tafel um den Hals gehabt, wenn er ins Lager gegangen ist, seinen Vater zu suchen. Auf der Tafel ist gestanden, daß er der Sohn vom Schutzhaftlagerführer Schwarzhuber ist, damit sie ihn nicht schnappen und weg in die Gaskammer mit ihm. Er geht ja nur seinen Vater suchen.‹« Hermann Langbein sprach mit Baretzki im Gefängnis über diese Episode und fragte ihn, warum dem Kind die Tafel umgehängt worden war. Baretzki antwortete: »Einmal war Schwarzhubers Sohn verschwunden. Da er häufig ins Lager ging, wurde er auch dort fieberhaft gesucht... ›Da an diesem Tag kein Transport gekommen war, konnte er nicht in der Gaskammer sein.‹ Nach dem Appell ist der Bub angelaufen gekommen. Seitdem hatte er die Tafel umhängen, wenn er ins Lager ging.«[2]

Daß dem Schutzhaftlagerführer Schwarzhuber der Aufenthalt seiner Kin-

1 Langbein (1987, S. 503). Wie der Tagesablauf der Kinder in den SS-Siedlungen aussah, was sie in den Kindergärten und Schulen machten, wie der Unterricht, die Freizeit aussah, ist nicht bekannt. Mit Sicherheit kann nur gesagt werden, daß die Söhne in die Hitlerjugend und die Töchter in den Bund Deutscher Mädel (BDM) gingen, und daß beide Organisationen sich zum Ziel gesetzt hatten, geschlechterprägend zu wirken: Die Jungen sollten hart wie Kruppstahl, zäh wie Leder und flink wie ein Wiesel werden, die Mädchen wurden für ihre Zukunft als Heldenmutter und Kameradin ihrer Männer erzogen. Zur Hitlerjugend siehe: Klose (1982); zum BDM siehe: Reese (1989); Sternheim-Peters (1992).

2 Langbein (1987, S. 368).

der und seiner Frau in der Lagerumgebung als unproblematisch erschien, zeigt eine Begebenheit, die die ehemaligen Häftlinge Simon Laks und René Coudy schilderten: Schwarzhuber »ließ, während seine Familie außerhalb der Drahtumzäunung zusah«, russische Kriegsgefangene am Lagerzaun Volkstänze vorführen. Wegen seiner Vorliebe für Musik protegierte er die Lagerkapelle. An seinem Geburtstag brach die Lagerkapelle den Marsch, den sie »beim Aufmarsch der Häftlingskolonnen wie üblich spielte [ab], als das Auto des Lagerführers kam. Eine für diesen Anlaß komponierte Fanfare ertönte und der Lagerführer nahm Haltung an. Während die Kapelle mit ihrem Festprogramm begann, nachdem die Trompeten verstummt waren, stiegen auch die Frau und die beiden Kinder Schwarzhubers aus dem Wagen. Die Frau, die Frische, Gesundheit und Schönheit ausstrahlte, nahm ihren Gatten liebevoll am Arm, die beiden blonden Kinder – etwa sechs und acht Jahre alt – ergänzten das idyllische Bild. Schwarzhuber sprach zu den Seinen, mit der Hand auf das Lager deutend. Schließlich befahl er, sein Lieblingslied zu spielen: ›Heimat, deine Sterne‹.«[3]

Die Familie Schwarzhuber gehörte zu den ersten, die ein Haus in der SS-Siedlung in Auschwitz bezogen. Schwarzhuber war am 8. März 1933 der SS und der Partei beigetreten. Seine SS-Karriere begann knapp einen Monat später, am 5. Mai 1933, als er in die Wachmannschaft des Konzentrationslagers Dachau aufgenommen wurde. Von Dachau wurde er nach Sachsenhausen versetzt und kam 1941 nach Auschwitz. Ehemaligen Häftlingen blieb er als »typischer Nazi« in Erinnerung, »der die Menschen zuerst mit Hilfe von List und betrügerischem Heucheln umbrachte, und wenn er sah, daß seine mörderischen Absichten durchschaut worden waren, jede beliebige Zahl Menschen ebenso skrupellos mit systematischer Brutalität in den Tod schickte«.[4]

Am 10. November 1944 wurde Schwarzhuber versetzt, seine neue Funktion war die des Lagerführers vom Nebenlager Kaufering des KZ Dachau.[5] Ab dem 12. Januar 1945 war er Lagerleiter und zweiter Kommandant des Frauenkonzentrationslagers Ravensbrück. Hier blieb er bis zum Ende. Wahrscheinlich hat seine Familie all seine Versetzungen mitgemacht und so in zehn Jahren fünf Konzentrationslager kennengelernt. Schwarzhuber wurde 1947 im Ravensbrück-Prozeß zum Tode verurteilt.[6]

---

3 Ebenda, S. 367.

4 Kraus und Kulka (1957, S. 292).

5 Vgl. Orth (1997).

6 DÖW, WO 235 / 309, Deposition of Schwarzhuber, Johann, vom 15. 8. 1946.

Auch die Familie Hössler zählte zu den SS-Familien, die von Anfang an in der SS-Siedlung in Auschwitz lebten. Hössler war von 1940 bis 1941 Chef der Lagerküche. 1941 begleitet er den SS-Arzt Schuhmann in die Mordanstalt Sonnenstein. Nach seiner Rückkehr schrieb er einen Bericht für den Kommandanten Höß, in dem es heißt, daß in einem Baderaum, in den durch die Öffnung der Brausen Kohlenoxidgas geleitet worden sei, Häftlinge vergast wurden.[7] Von August 1943 bis Januar 1944 war er Lagerführer des Frauenkonzentrationslagers in Auschwitz-Birkenau.[8] Im Januar 1944 wurde er in das Konzentrationslager Dachau versetzt, hier leitete er bis Juni 1944 ein Nebenlager. Im Juni kehrte er nach Auschwitz zurück, wo er bis zur Evakuierung im Januar 1945 Lagerführer des Stammlagers Auschwitz war.[9] Es ist zu vermuten, daß auch die Familie bis zur Evakuierung in Auschwitz blieb.

Der Häftling Arthur Rablin mußte einmal die Kinder des Lagerführers Hössler spazierenführen, zwei Mädchen im Alter von zehn und zwölf Jahren. Während dieses Spaziergangs kamen sie an einem Häftlingskommando vorbei. »Offenbar haben die Kinder zu Hause darüber gesprochen, wie die Häftlinge an dieser Arbeitsstelle geschlagen worden waren, denn Frau Hössler machte Rablin Vorwürfe, weil er die Kinder nicht vor diesem Eindruck bewahrt hat, und bat ihn in Zukunft zu vermeiden, daß die Kinder Augenzeugen derartiger Mißhandlungen werden.«[10] Nicht die Tat-

---

7 Vgl. Czech (1989, S. 106).

8 Ehemalige Häftlinge berichteten über sein »Wirken« in den Frauenlagern. Sie erklärten, daß Hössler als »einer der Schöpfer dieser Marterstätten« bezeichnet werden muß. »Unter seiner persönlichen Leitung sind in ihnen durch die unvorstellbar primitiven Lebensbedingungen und durch die Selektionen für die Gaskammern, die in den Jahren 1942 und 1943 allwöchentlich stattfanden, die Frauen zu Tausenden vernichtet worden.« Kraus und Kulka (1957, S. 319).

9 Nach der Flucht aus Auschwitz gehörte er, bis zur Evakuierung, zur Besatzung des Konzentrationslagers Dora-Mittelbau, danach zum Konzentrationslager Bergen-Belsen. Es ließ sich nicht ermitteln, wo die Familie verblieb. Am 17. November 1945 wurde er durch ein britisches Kriegsgericht zum Tode verurteilt und am 13. Dezember 1945 in Hameln gehängt. Vgl. Czech (1981, S. 306). Ich danke Karin Orth und Alexandra Wark für ihre Auskünfte über die Familie Hössler.

10 Langbein (1987, S. 516).

sache, daß Häftlinge geschlagen wurden, erregte Frau Hössler, sondern daß ihre Kinder direkt mit der in Auschwitz üblichen Gewalt konfrontiert wurden.

Mit dem Vater schießen gehen

Der SS-Mann Hermann Blache war ab Dezember 1942 Leiter des Ghettos und Zwangsarbeitslagers für Juden in Tarnow, Distrikt Krakau. Im Juni 1942 hatten noch etwa 40000 Juden in der Stadt Tarnow gelebt. Während der ersten »Aussiedlungsaktion« am 11. Juni 1942, die etwa eine Woche dauerte, wurden rund 4000 Frauen, Männer und Kinder auf dem jüdischen Friedhof und auf einem Waldgelände außerhalb der Stadt erschossen und verscharrt. Rund 8000 Juden wurden in das Vernichtungslager Bełżec deportiert und ermordet. Nach diesem ersten Massenmord an der jüdischen Bevölkerung Tarnows wurde das Ghetto eingerichtet. Im September 1942 wurden während der zweiten »Aussiedlungsaktion« etwa 8000 »arbeitsunfähige« Juden und im November 1942 während der dritten »Aussiedlungsaktion« etwa 4000 Frauen, Männer und Kinder selektiert. Alle wurden nach Bełżec deportiert und durch Gas ermordet.

Ende 1942 lebten nur noch etwa 6000 Menschen im Ghetto von Tarnow. Dieses »Restghetto«, genannt »Zwangsarbeitslager Tarnow«, übernahm Blache am 1. 1. 1943 als kommissarischer Leiter. Blaches Aufgabe bestand im wesentlichen darin, »die arbeitsfähigen Juden zum Arbeitseinsatz zu bringen und ihre Tätigkeit zu überwachen«.[11] Überdies war er zuständig für die Erfassung und Sicherstellung des Nachlasses der ermordeten Ghettobewohner. Blache hatte die volle Befehlsgewalt über die im Ghetto lebenden Juden. Ihm war es überlassen, in welcher Weise er die Leitung des Ghettos gestaltete, wie er insbesondere die ihm unterstellten Menschen behandelte. Die ihm eingeräumten Rechte ließen selbst die denkbar willkürlichste Tötung zu, über die er seiner vorgesetzten Dienststelle keine Mitteilung zu machen brauchte; lediglich über die Zahl des »Abgangs« hatte er zu berichten. »Er war Herr über Leben und Tod der Ghettoinsassen, und ihr Tod bedeutete für ihn ein

11 So die Richter des Schwurgerichts Bochum im Urteil gegen Blache am 30. 4. 1964, 16 Ks 1/63, veröffentlicht in: »Justiz und NS-Verbrechen« (1979, Bd. XX, S. 107–143, hier S. 141).

Nichts. Gnadenlos und ohne jede Gefühlsregung, außer der einer grenzenlosen Verachtung, hat er seine Opfer kurzerhand niedergeschossen oder totgetreten.«[12]

Blache war seit 1927 verheiratet und hatte vier Kinder, die in den Jahren 1927, 1929, 1932 und 1944 geboren wurden. Seit 1933 gehörte er der SS an. Nachdem er sich in Tarnow etabliert hatte, zogen die Ehefrau und die drei Kinder im September 1943 ebenfalls dorthin. Sie bezogen ein Haus, das direkt am Ghetto-Haupteingang lag, und das sowohl vom Ghetto selbst als auch von der am Ghettorand verlaufenden Lemberger Straße aus betreten werden konnte. Die Kinder waren zu diesem Zeitpunkt 16, 14 und 11 Jahre alt. Der Haupteingang war einer der sensiblen Punkte des Ghettos. Wer hier wohnte, wurde täglich mit der Brutalität und Grausamkeit der SS konfrontiert. Durch dieses Tor gingen täglich die Kolonnen der jüdischen Frauen, Männer und Kinder, die zur Außenarbeit eingeteilt worden waren. Hier wurden sie regelmäßig durchsucht, geprügelt und häufig auch erschossen. So erschoß Blache im Juni 1943 einen jungen jüdischen Mann, bei dem Kinderschuhe gefunden worden waren, nachdem er ihn vorher mißhandelt hatte.[13]

Blache nahm seinen sechzehnjährigen Sohn Gerhard mit ins Ghetto und beteiligte ihn auch an den Morden. Das Schwurgericht in Bochum stellte fest: »Während der Tätigkeit des Restkommandos beobachtete der dieser Gruppe angehörende Zeuge B., als er an der auf der westlichen Ghettoseite befindlichen Häuserzeile entlangsah, einen dunkel gekleideten Menschen, vor dem der Angeklagte [Blache] und sein Sohn Gerhard standen. Der Zeuge vermochte auf eine Entfernung von 100 m nicht genau zu erkennen, ob es sich um eine Frau oder um einen mit dem Kaftan bekleideten jüdischen Mann handelte. Der Zeuge beobachtete dann weiter, wie zunächst der Sohn des Angeklagten mit der Pistole auf den vor ihm stehenden Menschen schoß. Da die Person nach dem Schuß nicht zusammenbrach, nahm der Zeuge an, daß der Schuß nicht getroffen habe. Der Angeklagte nahm daraufhin die Waffe seines Sohnes und gab zwei weitere Schüsse auf den vor ihm stehenden Menschen ab, der danach tödlich getroffen zusammenbrach.«[14] Der Zeuge B. erklärte weiter, daß er die Familie von Blache sehr gut kannte, da er in der Schneiderei beschäftigt war, wo er auch für die Familie arbeiten mußte. Daß

12 Ebenda.

13 Ebenda, S.118.

14 Ebenda, S.139.

Freizeitvergnügen des zehnjährigen Sohnes eines KZ-Kommandanten.
(Ella Silbermann-Shiber)

Blache seinen Sohn zum Töten mit ins Ghetto nahm, bestätigte während der Gerichtsverhandlung noch eine andere Zeugin. Diese sagte aus, daß sie im Oktober 1943 beobachtet hatte, wie Blache seinem Sohn eine Pistole reichte und dieser dann damit mehrere Schüsse auf zwei Männer abgab. »Die beiden Juden wurden auch von den Geschossen getroffen, denn sie beugten sich danach vor, brachen aber nicht zusammen. Daraufhin ließ sich der Angeklagte die Pistole zurückgeben, brachte sie höher in Anschlag als sein Sohn und gab ebenfalls mehrere Schüsse ab. Danach brachen die beiden Männer tödlich getroffen zusammen.«[15]

Blache blieb Leiter des Ghettos bis zum Abtransport der letzten Juden aus Tarnow. Als alle Ghettobewohner ermordet oder in ein Konzentrationslager deportiert worden waren, kehrte die Familie nach Neusalz an der Oder zurück, wo sie bis zur Flucht in den Westen blieb. Der Sohn Gerhard wurde kurz vor Ende des Krieges zur Wehrmacht eingezogen und ist seit Januar 1945 vermißt.[16]

Auch die Söhne von SS-Männern, die im Ghetto von Bedzin arbeiteten, wurden von ihren Vätern dazu angehalten, Juden zu erschießen. Ella Silbermann-Shiber, die 1943 von Berlin aus in das Ghetto von Bedzin, von dort in das Zwangsarbeitslager für Juden in Sosnowitz und später in das Konzentrationslager von Auschwitz-Birkenau deportiert worden war, dokumentierte den Terror, den sie erleben mußte, in Zeichnungen. Eine dieser Zeichnungen heißt: »Ein ›kleines Vergnügen‹ des Gauleitersöhnchens in Bedzin 1941« und zeigt einen elfjährigen Hitlerjungen, Sohn des hohen Nazis, der in Begleitung seines Lehrers auf jüdische Frauen, Männer und Kinder schießt. Eine andere Zeichnung trägt den Titel »Zielscheibe« und zeigt den zehnjährigen Sohn des Lagerleiters, der von seinem Vater ein makabres Geburtstagsgeschenk bekommen hat: Zielschießen auf jüdische Kinder, die ein SS-Mann in die Luft wirft.[17]

In den Augen der SS wurden ihre Kinder in der »richtigen Umgebung« erzogen. Die Kinder lernten, Häftlinge nicht als gleichwertig zu betrachten, insbesondere Juden gar nicht als Menschen anzusehen, sondern als Wesen, die sie erschießen durften und sollten oder bei deren Ermordung sie zuschauten. Väter und Mütter demonstrierten ihren Söhnen, was es heißt, ein SS-Mann zu

15 Ebenda, S. 139.
16 Ebenda.
17 Silbermann-Shiber (1994, S. 18 und S. 40).

sein. Liebevolle Hausväter sollten sie werden und gleichzeitig gnadenlose Vernichter »lebensunwerten Lebens«. Daß auch die Töchter entsprechend indoktriniert wurden, zeigt ein Bericht der außerordentlichen sowjetischen Staatskommission über die »Greueltaten der deutsch-faschistischen Besatzer auf dem Territorium des Gebiets Lwow« (Lemberg): Der Kommandant des Lagers Janovska, Gustav Willhaus, warf, um seine vierjährige Tochter zu amüsieren, häufig zwei- bis vierjährige Kinder in die Luft und schoß auf sie. Die Tochter klatschte und schrie: »Papa, noch einmal. Noch einmal.«[18]

1935 hatte das Rasse- und Siedlungshauptamt-SS in einem besorgten Brief an den Führer der 85. SS-Standarte in Cottbus/Niederlausitz geschrieben, Willhaus habe in seinem Heiratsgesuch erklärt, er beabsichtige eine katholische Trauung, da die zukünftige Braut katholischer Konfession sei. Der Führer der SS-Standarte wurde ermahnt: »Es ist streng vertraulich zu veranlassen, daß der Antragsteller darauf hingewiesen wird, daß sämtliche Kinder aus der beabsichtigten Eheschließung katholisch erzogen werden, sodaß der Antragsteller selbst die weltanschauliche Erziehung seiner Kinder völlig aus der Hand gibt. Er ist ferner darauf aufmerksam zu machen, daß der Katholizismus heute vielfach nicht nur als Religion, sondern vor allen Dingen sich als politische Organisation im Kampf gegen den Nationalsozialismus betätigt. Es bedeutet daher für die nationalsozialistische Erziehung seiner Kinder eine erhöhte Gefahr, daß sie der nationalsozialistischen Weltanschauung entfremdet werden. Das Bestreben eines jeden Angehörigen der Schutzstaffel muß es sein, seine spätere Familie unbedingt im Sinne der nationalsozialistischen Weltanschauung zu beeinflussen. Die Tatsache, daß der Antragsteller die Trauung nach einer anderen Konfession zuläßt, läßt befürchten, daß er bereit ist, die weltanschauliche Führung seiner Familie aus der Hand zu geben.«[19] Nach allem, was wir über Willhaus wissen, waren die Befürchtungen des Rasse- und Siedlungshauptamtes-SS unbegründet und der KZ-Kommandant bei weitem nicht der einzige, der seinen Kindern eine hundertprozentige nationalsozialistische Erziehung angedeihen ließ.

---

18 Entnommen aus: Nürnberger Prozeß, Materialsammlung, Dok. UdSSR 6, Moskau 1952, Bd. 1, S. 197; ich danke Walerij Brun-Zechowoj für die Übersetzung aus dem Russischen.

19 National Archives, RG 242 (roll A 3343-RS-G 5242), RuSHA-Akte Willhaus, Brief vom Chef des RuSHA.

Liebesgrüße an die Daheimgebliebenen: Briefe, Pakete und Fotos

SS-Männer, deren Frauen nicht am Einsatzort wohnten, schickten als Lebenszeichen kleine Liebesgaben nach Hause. Begehrte Präsente waren die konfiszierten Schmuckstücke deportierter und ermordeter jüdischer Frauen, Lebensmittel, Kleidung usw. Der SS-Richter Konrad Morgen war im November 1943 nach Auschwitz geschickt worden, »nachdem man ein Feldpostpäckchen mit mehreren Kilogramm Gold beschlagnahmt hatte, das ein SS-Mann seiner Frau aus Auschwitz in die Heimat schicken wollte«.[1] Bei dem Gold handelte es sich um zusammengeschmolzenes Zahngold von ermordeten Häftlingen. Im Frankfurter Auschwitz-Prozeß gab Morgen u. a. zu Protokoll: »Die Untersuchung gegen SS-Leute des Konzentrationslagers Auschwitz wurde durch ein Feldpostpäckchen ausgelöst. Es wurde wegen seines auffallend großen Gewichts beschlagnahmt und enthielt drei große Goldklumpen, einen in der Größe von zwei Fäusten und zwei kleinere. Es handelte sich um hochkarätiges Zahngold, welches ein Sanitätsdienstgrad, der in Auschwitz seinen Dienst versah, an seine Frau schickte. Aufgrund meiner Schätzung entsprach diese Goldmenge etwa 100000 Leichen, wenn man berücksichtigt, daß nicht alle Menschen Goldplomben tragen. Das Unfaßbare war, daß der Täter solche Mengen unbemerkt beiseite schaffen konnte.«[2]

1 Naumann (1965, S. 112). Am 16. November 1943 gab der Kommandant des KZ Auschwitz Arthur Liebehenschel einen Standortbefehl heraus, in dem er die Angehörigen des SS-Wachsturmbannes ermahnte, daß das Eigentum der Häftlinge, unabhängig davon, ob es sich um Kleidung, Gold, Wertgegenstände, Lebensmittel oder um Gegenstände des persönlichen Bedarfs handle und unabhängig davon, wo es sich befinde, unantastbar sei. Über die Verwendbarkeit des Häftlingseigentums befinde der Staat, da in besonderen Fällen dieses Eigentum Staatseigentum sei. Wer sich an Staatseigentum vergreife, werde zum Straftäter und schließe sich damit selbst aus den Reihen der SS aus. Dieser Standortbefehl wurde wenige Tage vor dem Eintreffen der Sonderkommission zur Untersuchung von Unterschlagungen in Konzentrationslagern ausgegeben. Vgl. Czech (1989, S. 654 f.).

2 Langbein (1995, Bd. 1, S. 143 f.). Im Prozeß erklärte Morgen auf die entsprechende Frage

SS-Männer, die im Einsatz, also nicht zu Hause bei ihrer Familie waren, standen in regelmäßigem Briefwechsel mit ihren Verwandten und Bekannten im Reich. Wie folgende Beispiele zeigen, war der Massenmord an den Juden im Osten und auch die eigene Beteiligung daran ein immer wiederkehrendes Thema in diesen Briefen. Die SS-Männer konnten also offenkundig sicher sein, daß die detaillierten Berichte, die sie über die Massenmorde und ihre eigene Beteiligung an ihre Ehefrauen und Kinder schickten, nicht auf Erstaunen, Widerwillen oder Protest ihrer Angehörigen stießen.[3] Der SS-Obersturmbannführer Karl Kretschmar,[4] Mitglied des SS-Einsatzkommandos SK 4a, schickte seiner Frau Berichte über die Massenmorde an der jüdischen Bevölkerung in Rußland.

»Sonntag, 27.9.1942. Meine liebe Soska! Du wirst ungeduldig sein, weil Du von mir seit Montag, den 21.9.42, keinen Brief bekommen hast... Wie gerne würde ich bei Euch sein. Was man hier sieht, macht entweder roh oder sentimental... Wenn ich beten könnte, würde ich die Vorsehung bitten, mir Euch und die Heimat zu erhalten. Es wird später wieder herrlich sein, wenn wir vereinigt sind. Du wirst Dich wundern, daß ich Dir das schreibe.

Meine Stimmmung ist wie gesagt düster. Ich muß mich erst selbst überwinden. Der Anblick der Toten (darunter Frauen und Kinder) ist nicht aufmunternd. Wir kämpfen aber diesen Krieg heute um Sein oder Nichtsein unseres Volkes. Ihr in der Heimat spürt es Gott sei Dank nicht zu sehr. Die Bombenangriffe haben aber gezeigt, was der Feind mit uns vorhat, wenn er

---

des Staatsanwaltes, daß der SS-Mann zu zwölf Jahren Zuchthaus verurteilt worden sei. Ebenda, S. 145.

3 Thomas Kühne kommt in seinem Aufsatz über »Kameradschaft – ›das Beste im Leben eines Mannes‹« (1996, S. 522) zu dem Schluß, daß Soldaten in ihren Briefen häufig nicht über das schreiben, was sie wirklich erlebten und was sie beschäftigte, sondern sich darum bemühen, den Erwartungen und Vorstellungen der Heimat gerecht zu werden. Liest man die folgenden Briefe unter dieser Prämisse, dann kann dies nur so gedeutet werden, daß die Ehefrau – als Empfängerin der Briefe – von ihrem Mann erwartete, daß er seine »Pflicht« erfüllte, und das hieß in diesem Fall die Beteiligung an den Judenmorden ohne erkennbare innere Regung.

4 Karl Kretschmar gehörte von 1928 bis 1938 der Schutzpolizei und ab Mitte 1938 der Staatspolizei an. Ab August 1942 war er als Obersturmbannführer Teilnehmer des Rußland-Feldzuges, von September 1942 bis November 1942 war er als Verwaltungsführer bei einem Teilkommando des SK 4a in Krusk, danach beim Kommandeur der Sicherheitspolizei und des SD (KdS) in Shitomir, beim KdS Stuhlweisenburg und beim Sonderkommando Ost.

die Macht dazu hat. Die Front erfährt es auf Schritt und Tritt. Meine Kameraden kämpfen buchstäblich um das Sein unseres Volkes. Sie machen dasselbe, was der Feind machen würde. Ich glaube, Du verstehst mich. Da dieser Krieg nach unserer Ansicht ein jüdischer Krieg ist, spüren die Juden ihn in erster Linie. Es gibt in Rußland, soweit der deutsche Soldat ist, keine Juden mehr. Du kannst Dir vorstellen, daß ich erst einige Zeit benötigte, um dies zu überwinden. Sprich bitte nicht zu Frau Kern darüber... Hier bekommen wir alles. Die Lumpen gehörten Menschen, die heute nicht mehr leben. Du brauchst mir also keine Kleidungsstücke oder ähnliches zu schicken. Was wir hier haben reicht noch für Jahre.«[5]

Kursk, den 15. 10. 1942. »Geliebte Frau, liebe Kinder!... Über die Schießerei habe ich Dir schon berichtet, daß ich auch hier nicht versagen durfte. Im Großen und Ganzen haben sie erklärt, daß sie jetzt endlich als Verwaltungsführer einen Kerl bekommen hätten, nachdem der frühere ein Feigling gewesen sei. So werden hier die Menschen beurteilt. Anders, als bei uns. Ihr könnt aber Vertrauen auf Euren Papa haben. Er denkt stets an Euch und schießt nicht über das Maß hinaus...«[6]

19. Oktober 1942. »Liebe Mutti! Liebe Kinder!... Wenn nicht die dummen Gedanken über die Tätigkeit von uns hier im Lande wären, wäre der Einsatz für mich wunderschön und hätte auch insofern Erfolg, als ich Euch gut unterstützen kann. Da ich Dir ja schon schrieb, daß ich den letzten Einsatz und die daraus entstehende Konsequenz für richtig halte und bejahe, ist der Ausdruck: dumme Gedanken, eigentlich auch nicht zutreffend. Es ist vielmehr eine Schwäche, keine toten Menschen sehen zu können, die man am besten dadurch überwindet, indem man öfter hingeht. Dann wird es zur Gewohnheit...«[7]

Dieser SS-Mann verließ sich offenbar auf die ungeschmälerte Loyalität seiner Ehefrau und seiner Kinder. Seine einzige Angst war, daß die in seinen Briefen geschilderten Morde an jüdischen Frauen, Männern und Kindern für seine Ehefrau so »normal« waren, daß sie mit der Nachbarin darüber spre-

---

5 Zit. n. Klee (1989, S. 154f.).

6 Ebenda, S. 157.

7 Ebenda, S. 160f.; Siehe auch die 22 Briefe, die der SS-Mann H. G. an seine Frau geschrieben hatte. Sie befinden sich bei den amerikanischen Anklagedokumenten für die Nürnberger Kriegsverbrecher-Prozesse, Bayerisches Staatsarchiv, OMGUS-Kriegsverbrecher-Prozesse, Mikrofilm 170/500. In Auszügen wurden sie in einem Aufsatz von Ludwig Eiber veröffentlicht. Eiber (1991, S. 58–83).

chen könnte. Wie er im Brief vom 19.10.42 schrieb, konnte er seine Familie dank des Einsatzes in Rußland gut mit Beutegut versorgen, das er regelmäßig nach Deutschland schickte. Die regelmäßig abgesandten Pakete mit Lebensmitteln und sonstigen Sachen an die Familie waren in den Briefen dokumentiert. Jedem Brief legte er eine Aufzählung der Anzahl der Pakete, die er schon verschickt hatte, und eine Auflistung des Inhalts des neuesten Pakets bei.

Fotos

In den Akten zahlreicher Nachkriegsprozesse befinden sich Fotos von fast allen größeren Massenmorden im Osten. Obwohl es streng verboten war, wurde bei diesen Einsätzen immer wieder fotografiert. Diese Amateuraufnahmen wurden von SS-Männern, Soldaten, männlichen und weiblichen Mitgliedern der Gestapo, der Polizeibataillone und SS-Einsatzgruppen, von Wehrmachtshelferinnen und zu Besuch weilenden Familienmitgliedern gemacht. Viele der bekannten Fotografien wurden während des Krieges in den Brieftaschen von toten oder gefangenen Soldaten gefunden, häufig zusammen mit einem Bild ihrer Mutter, ihrer Verlobten, ihrer Familie.[8]

Diese Fotos, »die zur Selbstdarstellung bei Kollegen oder im Bekanntenkreis dienten«, lagen beispielsweise in der Dienststelle des SD in Lemberg, wo es Hunderte davon gegeben hat, offen herum.[9] Die Bilder, die die Angehörigen des Reserve-Polizeibataillons 101 gemacht hatten, wurden »großzügig im ganzen Bataillon verteilt«. In Form von Bildmappen hingen sie auf der Schreibstube aus, wo »sich jeder nach Belieben Abzüge bestellen konnte«.[10]

Die »Fotografinnen« und »Fotografen« legten auch regelrechte Fotoalben an, in denen sie über »Ausweisungen und Exekutionen« berichteten »wie über eine Ferienreise an die Ostsee oder ins Riesengebirge«.[11] Die Zusammenstellung der Bilder bezeugt die Selbstverständlichkeit, mit der diese Amateurfotografen das Foltern und Töten von Menschen, die sie als »minderwertige Rassen« betrachteten, in den »bildwürdigen Motivkreis« ihres

8 Vgl. Reifarth und Linsenhof (1983, S. 61).
9 Pohl (1994, S. 309f.).
10 Goldhagen (1996, S. 294).
11 Vgl. Schoenberner (1960, S. 6).

Lebens einbezogen.[12] Goldhagen beschreibt den Stolz der Männer des Reserve-Polizeibataillons 101, der sich auf den Fotos zeigt, die sie zur Erinnerung an ihre Zeit in Polen aufgenommen hatten: »Ihre Bereitschaft, die eigenen Handlungen, einschließlich der Mordeinsätze, umfassend zu dokumentieren, beweist zwingend, daß sie sich nicht als Leute betrachteten, die in ein Verbrechen, ja in eines der größten Verbrechen des Jahrhunderts verwikkelt waren. Auf den Bildern offenbaren sie sich in fröhlicher und stolzer Pose, als Männer, die sich in ihrer Umgebung, mit ihrer Aufgabe vollkommen in Einklang fühlen.«[13]

Stolz auf seine »Arbeit« war auch der SS-Obersturmbannführer Franz, Lagerkommandant des Vernichtungslagers Treblinka, der sich ein Fotoalbum mit der Aufschrift »Die schönsten Jahre meines Lebens« angelegt hatte, das zahlreiche Lichtbilder aus der Zeit seines Einsatzes in Treblinka enthielt.[14]

Die Fotos, die sie während ihrer mörderischen Arbeit aufnahmen, schickten SS-Männer ihren Ehefrauen oder brachten sie bei ihren Besuchen mit nach Hause. Ein Sipo-Mann aus Stanislau etwa führte in seiner Heimatgemeinde einen Film oder Dias von einer Massenerschießung im Bekanntenkreis vor.[15] Ähnlich handelte der SS-Untersturmführer Max Täubner, der »von den Erschießungen eine Anzahl von Aufnahmen [machte] und weitere Aufnahmen von SS-Sturmmann Fritsch machen [ließ], obwohl er wußte, daß von derartigen Vorgängen keine Aufnahmen gemacht werden dürfen. Es handelt sich dabei größtenteils um Bilder, die übelste Ausschreitungen festhalten, viele sind schamlos und ekelerregend. Die Aufnahmen wurden in zwei Fotogeschäften in Süddeutschland entwickelt und vom Angeklagten seiner Frau und Bekannten gezeigt.«[16] Auf den Fotos, die Frau Täubner von ihrem Mann bekam, war zu sehen, wie dieser, während er Ziehharmonika spielte, die Juden eines Ortes dazu gezwungen hatte, »sich gegenseitig mit Spaten totzuschlagen«.[17] Die Ehefrau, die diese Bilder von ihrem Mann bekommen hatte, fand offenbar nichts Abstoßendes auf ihnen.

---

12 Reifarth und Linsenhof (1983, S. 59).

13 Goldhagen (1996, S. 292).

14 Rückerl (1977, S. 45). Dieses Album war noch 1959 bei seiner Verhaftung in Hannover in seinem Besitz.

15 Pohl (1994, S. 328); Vernehmung F. J., 19. 2. 63, ZStL 208 AR-Z 398/59.

16 ZStL, Dok. Samml., Bd. 219, Best. Akten 204 AR 330/59, Bd. 1, Bl. 5 ff.

17 Ebenda, Bl. 5.

Ein Foto, das der SS-Sturmscharführer D. seiner Frau geschickt hatte, war 1951 Beweisstück in einem Prozeß vor dem Landgericht Aschaffenburg. Darauf ist er »mit hoch erhobener Pistole« bei der Erschießung einer Gruppe von Juden zu sehen. Dieses Foto hatte D. seiner Frau gegeben und ihr erzählt, daß er im Osten an »Judenaktionen« teilgenommen hatte und daß er auf dem Bild gerade den Schießbefehl gebe. Im Prozeß kam ferner zur Sprache, daß D. seiner Frau »einen oder zwei Briefe geschrieben« hatte, »worin er zum Ausdruck gebracht haben soll, daß ihm bei dem blutigen Geschäft, das er täglich betreiben müsse, langsam der Ekel hochkommen müsse, daß es jedoch um größere Dinge gehe und die Judenfrage gelöst werden müsse«.[18] Da die Ehefrau während des Prozesses von ihrem Aussageverweigerungsrecht Gebrauch machte und das Gericht »die Möglichkeit nicht ausschließen« wollte, »daß das fragliche Bild nur gestellt worden ist und es zu einer Erschießung der auf dem Bild festgehaltenen Personen in Wirklichkeit nicht gekommen ist«, wurde der SS-Sturmscharführer D. freigesprochen.[19]

»Küßli's!!! Ahoi!!!«: Dr. Mennecke und seine Frau

Friedrich Mennecke, SS-Hauptsturmführer, SS-Arzt und »ein begeisterter Nazi«[20], hatte von 1930 bis 1935 in Göttingen Medizin studiert, danach ging er zunächst nach Peine, dann nach Frankfurt am Main. Nach Erhalt der Approbation als Arzt arbeitete er bis zum 31.12.1935 als chirurgischer Assistenzarzt am Kreiskrankenhaus in Bad Homburg. Seine spätere Frau Eva Wehlan begann, nachdem sie 1933 die Schule mit dem Abitur abgeschlossen hatte, eine Ausbildung als medizinisch-technische Assistentin an der medizinischen Fakultät in Göttingen. Nach dem Staatsexamen, 1935, absolvierte sie ihre Praktika an der Universitätsklinik in Frankfurt am Main und dem Kreiskrankenhaus von Bad Homburg. Am 21. Dezember 1935 verlobte sie sich mit Mennecke.[21] Ab dem 1. Februar 1936 arbeitete sie als medizinisch-techni-

18 Urteil des LG Aschaffenburg vom 15.2.1951, veröffentlicht in: »Justiz und NS-Verbrechen« (1972, Bd. XIII, S. 188).

19 Ebenda, S. 189.

20 Lifton (1993, S. 165). Zu Mennecke s. a. S. 48 f.

21 National Archives, RG 242 (roll A3343-RS-D5465), RuSHA-Akte Mennecke, Brief Menneckes an das RuSHA vom 30.6.37, Betr.: Meldung über vollzogene Verlobung.

sche Assistentin im städtischen Krankenhaus in Pirmasens.[22] 1936 wurde ihr bestätigt, »vollkommen von der nationalsozialistischen Weltanschauung beherrscht« und ein »guter Kämpfer und Verfechter derselben« zu sein.[23]

Nach der Eheschließung im Juni 1937 lebten Mennecke und seine Frau Eva in einer Dienstwohnung in Eichberg. In den »Heil- und Pflegeanstalten« des Deutschen Reiches experimentierten Wissenschaftler mit neuen, schnellen und unauffälligen Methoden des Massentötens. Sie stellten ihr Wissen und Können in den Dienst methodischer Vernichtung des Lebens. Bereits kurze Zeit nach der nationalsozialistischen Machtübernahme begannen sie damit, ihre Patienten durch Injektionen mit Morphium, Phenol, Scopolamin oder durch Verabreichung von Luminal systematisch zu vergiften. Eichberg hatte sich auf Tötungen mittels Hungerkost, Tabletten oder Spritzen spezialisiert. Mennecke zählt zu denen, die verantwortlich sind für diesen Massenmord.[24]

Bereits Ende 1939 war der Apparat des nationalsozialistischen Euthanasie-Programms für Erwachsene unter dem Decknamen »T4« aufgestellt und arbeitsfähig. »T4« war unterteilt in drei getarnte Organisationen: die »Reichsarbeitsgemeinschaft Heil- und Pflegeanstalten«, der die Aufgabe zufiel, die Patienten durch »Versand und Verarbeitung von Fragebögen« zu ermitteln; die »Gemeinnützige Stiftung Anstaltspflege«, die mit der finanziellen Durchführung betraut war; und die »Gemeinnützige Krankentransport GmbH«, die »die Verlegung der Kranken« vornahm.[25] Insgesamt wurden zwischen 1939 und 1941 etwa 80000 bis 100000 Frauen, Männer und Kinder als »lebensunwertes Leben« im Rahmen der »Euthanasie-Aktion« ermordet.[26] Im Auftrag der »T4« fuhr Mennecke in psychiatrische Anstalten und Konzentrationslager. Hier selektierte er die zum Töten bestimmten Menschen. Auch er konnte sich der Loyalität seiner Ehefrau sicher sein.

22 Ebenda, Lebenslauf von Eva Wehlan, 24. Oktober 1936. Vgl. Lebenslauf von Mennecke, 25. Oktober 1936.

23 Ebenda, Fragebogen (Leumundszeugnis) vom 16.5.1936.

24 Poliakov und Wulf (1978, S. 4). Seit Beginn der rassistischen nationalsozialistischen Politik im Januar 1933 waren »von vielen NSDAP-Gauleitern... heimlich Euthanasiemaßnahmen in einzelnen Irrenanstalten veranlaßt worden«, wie der »medizinische Leiter der Euthanasie ab Ende 1941 Professor Paul Nitsche« 1948 vor dem Ermittlungsrichter für das Volksgericht Sachsen aussagte; vgl. Klee (1985, S. 47, S. 284); Mitscherlich und Mielke (1985, S. 188).

25 Mitscherlich und Mielke (1985, S. 185).

26 Schleunes (1987, S. 62–83, hier S. 73).

Er wußte, daß sie mit seiner aktiven Beteiligung am Massenmord einverstanden war und die rassistische Politik unterstützte, sonst hätte er nicht so offen darüber berichtet.

Mennecke und seine Frau schrieben einander täglich seitenlange Briefe. Im September 1936 schrieb er ihr: »Meinen letzten Brief habe ich heute morgen dem Briefträger noch mitgeben können, nachdem ich Deinen gelesen hatte. Ich muß Dir diese Woche wieder täglich einen Brief zukommen lassen, ich fühle diesen Drang in mir, Du mußt täglich von mir hören!!! – Jetzt will ich noch einmal in Ruhe deine Worte lesen.«[27] Fast alle Briefe von ihm an sie wurden mit den Anfangsjahren auch noch mit »Mein liebstes Evalein«, später (ab 1941) mit »Mein liebstes Muttilein«[28] begonnen und mit »Küßli's!!! Ahoi!!« beendet. Ihre Briefe beginnen mit »Mein liebster Pa« oder »Mein guter Vati«, und »mein Herrchen«[29] und enden mit »Gute Nacht, Herzli« oder auch »Auf Wiedersehen, lieb' Kind! Ahoi«.[30] In den Briefen hatte dieses Paar einander genau definierte Rollen zugewiesen; sie dienten der ununterbrochenen Selbstvergewisserung: Das, was ich tue, ist gut und richtig; ich kann mich darauf verlassen, daß du mein Tun immer unterstützen wirst.

Er berichtete ihr detailliert über seine »Berufsarbeit«, sie beschrieb ihm ihre Arbeit in Haus, Garten und sonstige Verpflichtungen. Sie: »Um $7^{\underline{h}}$ bin ich aufgestanden, habe zunächst Hausarbeiten erledigt, dann noch ein Körbchen Erdbeeren gepflückt. Um ¾ $10^{\underline{h}}$ fuhren wir ab, zunächst sollte Massing (der Chauffeur) bei Henkels (Arbeitskollege des Mannes) die Erdbeeren – Blumen abgeben, da sie frisch sein sollten, ab da kam Frau Henkel mit herunter und lud mich partout zum Essen ein. Ich habe es ihr zunächst auf alle möglichen Wege auszureden versucht, aber es half nichts; sie ließ in ihrer Redsamkeit nicht nach. Beim Friseur kam ich nicht gleich ran, erst um $17^{\underline{h}}$ war es frei; also ging ich gleich mehr oder weniger einkaufen. Herr Massing holte Deinen Anzug vom Schneider ab. – Um $12^{\underline{h}}$ saß ich im Opel-Café und schrieb Dir eine Karte und las dann ausgiebig Zeitung. Um $13^{\underline{h}}$ stellt ich mich bei Henkels ein, er kam erst gegen ½ $14^{\underline{h}}$ vom Amt, dann wurde gegessen: Suppe, Schnitzel + Erbsengemüse + Salzkartoffeln + gezuckerte Erd-

27 Chroust (1988, S. 51).

28 Auch »Meine liebste Mutti«, »Mein liebstes Muttichen«.

29 Auch in den Abwandlungen »liebster Vati«, »liebstes Herrchen«.

30 Im folgenden werden nur Passagen aus den Briefen zitiert, auf Anrede und Schlußgruß wird weitestgehend verzichtet.

beeren. Es schmeckte tadellos, besser als im Lokal, und an Marken hat sie nur 50 g Fleisch genommen. Er verschwand alsbald wieder; ich mußte mich auf die Couch legen und ruhen, während sie den Kaffeetisch richtete. Um $15^{\underline{h}}$ machte ich mich wieder hoch, um ½ $16^{\underline{h}}$ kam noch eine Bekannte zum Kaffee… um $17^{\underline{h}}$ habe ich Massing wieder bestellt. Er fuhr mich erst zum Friseur, während er + Fritzchen sich ins Opel-Café setzten, wo ich dann wieder zu ihnen stieß. Punkt $19^{\underline{h}}$ waren wir wieder hier oben. Ich aß gleich zu Abend und stopfte bis $9^{\underline{h}}$ Strümpfe auf dem Balkon, denn es ist heute ein warmer Sommerabend.« Und so geht es weiter bis zum Schlafengehen.[31]

Ab April 1941 wurde Mennecke als einer der Ärzte für die »Aktion 14 f 13« eingesetzt. Unter dem (Deck-)Namen »Sonderbehandlung 14 f 13«[32] wurde eine weitere Gruppe von Menschen ermordet. Am 7. April 1941 schrieb Mennecke aus Oranienburg, wo er im Konzentrationslager Sachsenhausen Häftlinge zum Töten selektiert hatte: »Mein liebstes Muttilein! Gerade soll noch mein letzter Brief aus dieser ersten KZ-Epoche beginnen, den ich Dir allerdings mitbringen u. nicht schicken werde. Soeben bin ich fertig geworden mit der statistischen Zusammenstellung der von mir untersuchten Häftlinge, bis jetzt 109 an der Zahl. Morgen kommen noch ca. 25–30 weitere als letzte Arbeit dazu. Ich lege gerade auf diese Unterlagen besonderen Wert für eventuelle spätere wissenschaftliche Verwertung, weil es sich ausschließlich um ›antisoziale‹ – und zwar in höchster Potenz – handelt. Ehe ich also meine Meldebögen in der Tiergartenstraße abliefere, notiere ich mir alle wichtigen Angaben listenmäßig. Es sind für morgen noch 84 Häftlinge zu untersuchen. Da ab heute Herr Dr. Hebold (Anstaltsarzt in Eberswalde) als dritter mitarbeitet, entfallen auf jeden nur noch ca. 26 Häftlinge. Ich hoffe, daß wir früh genug fertig werden, so daß ich eventuell noch morgen meine Heimfahrt antreten kann… So mein Lieb, nun ist Schluß, denn die Gucken werden immer schwerer und werden ›auf der dritten Seite‹ im Beumelburg alsbald zufallen. Aber erst muß ich Dir noch den Eingang Deines lieben Briefes bestätigen, den ich nun endlich um $18.00^{\underline{h}}$ im Hotel

---

31 Chroust (1988, S. 424), Brief der Ehefrau vom 1. 7. 42.

32 Das Tarnwort »Sonderbehandlung« war seit 1939 der bei der Gestapo übliche Begriff für Exekution, vgl. Klee (1983, S. 345). IMT (1947–1949, Bd. XXIX, Dok. 1933-PS, S. 173–174), Schreiben des SS-WVHA vom 27. April 1943 an die Kommandanten von 15 Konzentrationslagern über die Aussonderung von geisteskranken Häftlingen zur »besonderen Behandlung«. Zu »14 f 13« siehe Fußnote 43, Kapitel »Verliebt, verlobt, verheiratet«.

Deutsches Haus in Empfang nehmen konnte. Herzlichsten, heißesten Dank dafür, meine liebe Mu!«[33]

Im September 1941 reiste Dr. Mennecke zum Konzentrationslager Dachau, um auch hier Häftlinge im Rahmen der Aktion »14 f 13« zu selektieren. Am 3.9.41 schrieb er: »Heute früh um ¾ $8^{\underline{h}}$ holte uns Dr. Lohnauer in seinem Olympia ab; in den 2 Autos fuhren wir gleich nach Dachau hinaus. Wir fingen heute aber noch nicht an zu arbeiten, da uns die SS-Männer erst die Köpfe der Meldebögen ausfüllen sollen. Dies ist heute begonnen, so daß wir morgen mit Untersuchungen anfangen können. Es sind nur 2000 Mann, die sehr bald fertig sein werden, da sie am laufenden Band nur angesehen werden... Ich habe heute mittag Beefsteak (100 gr. Flm) gegessen u. heute abend Kalbsleber (50 gr. Flm), von morgen ab haben wir Mittag- und Abendessen im Lager.«[34] Mennecke reiste noch weiter, im November 1941 war er im Konzentrationslager Ravensbrück, im Dezember im KZ Buchenwald, ab Januar 1941 im KZ Groß-Rosen. Über seine »Arbeit« im Frauenkonzentrationslager Ravensbrück schreibt er am 20.11.41: »Es ist $17.45^{\underline{h}}$, ich habe mein Tagewerk vollbracht und sitze wieder im Hotel. Das Ergebnis meiner heutigen Arbeit sind 95 Bögen. Da bei einer nochmaligen Besprechung mit dem Lagerarzt, SS-Obersturmführer Dr. Sonntag, und dem Lagerkommandanten Koegel die Anzahl der Infragekommenden nach meinen grundsätzlichen Erfassungsausführungen noch um etwa 60–70 erweitert wird, so werde ich etwa bis Montag einschl. zu tun haben... Die Arbeit flutscht nur so, weil ja die Köpfe jeweils schon getippt sind und ich nur die Diagnose, Hauptsymptome etc. einschreibe. Über die Zusammensetzung der Pat. möchte ich hier im Brief nichts schreiben, später mündlich mehr. Dr. Sonntag sitzt dabei und macht mir Angaben über das Verhalten im Lager, ein Scharführer holt mir die Pat. herein, – es klappt tadellos. Ich sitze im Lager; heute mittag gab's im Kasino Linsensuppe mit Speckeinlage, als Nachtisch Omelette. Um $17^{\underline{h}}$ machte ich Schluß, aß im Casino wieder zu Abend (mit Dr. Sonntag jeweils zusammen): 3 Sorten Wurst, Butter, Brot, Bier.«[35] Im folgenden Brief, vom 20.11.1941, teilte er ihr dann mit, daß laut Weisung von Berlin »2000 zu machen« seien. Am 21.11.1941 berichtete er u. a., daß er am gleichen Tag die Ehefrau von Dr. Sonntag, die seit drei Jahren Lagerärztin

---

33 Chroust (1988, S. 195 f.).

34 Ebenda, S. 198 f.

35 Ebenda, S. 205.

und seit einem halben Jahr mit diesem verheiratet war, kennengelernt habe.[36]

Aus den Briefen, die Frau Mennecke an ihren Mann schrieb, geht hervor, daß sie auch selbst an den Arbeiten ihres Mannes beteiligt war. So teilte sie ihm am 20. 11. 1941 mit, daß sie bis »19 ¼h das Gutachten getippt« habe, mit dem sie bereits auf Seite 98 angelangt sei. »Morgen wird es wahrscheinlich schon fertig.« Am nächsten Tag schrieb sie (im selben Brief): »Nun ist es schon beinahe 12.00h geworden; das Umlegen der Bögen und das Verbessern war doch noch allerlei zeitraubend. Nun ist es aber auch so weit fertig bis auf den Schluß, den Du noch ändern willst. Es sind im ganzen bis jetzt 106 Seiten.«[37] Im Sommer 1942 berichtete sie ihm über den Fortschritt ihrer Arbeit: »Ich habe eben 5 Meldebögen geschrieben, damit endlich einmal angefangen ist. Es geht am Anfang erst langsam, da ich mich in die Akten erst hineinlesen muß.«[38]

Wie andere SS-Ärzte, die im Zuge der »Aktion 14 f 13« von einem Konzentrationslager zum anderen fuhren, ließ auch Dr. Mennecke sich von seiner Frau begleiten.[39] Am 22.11.41 schrieb er: »Das nächste mal fährt meine Mutti aber wieder mit, ich will nicht immer allein reisen! Mach nur, daß Deine neuen Sachen fertig werden, denn nach einem Telephongespräch mit Frl. Haus, – sie rief mich gestern mittag im Lager mal an – soll das Lager Ravensbrück auf Prof. H.'s Geheiß die Vorbereitung weiterer ca. 1200–1500 Bögen bis zum 15. Dezember fertigstellen. Also werden wir zum 15. 12. wieder hier sein u. dann mußt Du mit. Dies hab ich bisher vergessen zu schreiben – u. am Telephon zu sagen, aber es ist sehr wichtig! Ich werde morgen bei meiner Verabredung den Stubaf Koegel noch bitten, daß er bis zum 15.12.41 noch 1500 Bögen ausfüllen läßt. Wie mir Prof. H. neulich persönlich sagte, gibt es für die nächsten 3–4 Monate für alle mitarbeitenden Herren fortlaufend auf Reisen zu tun. Das paßt hinsichtlich Deiner Abkömmlichkeit (Garten!) sehr gut. Also richte Dich nur auf ein längeres Zigeunertum wieder ein.«[40] Im De-

36 Ebenda, S. 209.

37 Ebenda, S. 210–221.

38 Vgl. Ebenda, S. 381, Brief der Ehefrau vom 22.6.42; S. 292, Brief der Ehefrau vom 24.6.42.

39 Vgl. Klee (1985, S. 102); hier sind zwei Fotos abgedruckt, die die »Gutachter« mit Begleitung auf »Selektionsreise« zeigen, darunter auch Frau Mennecke ebenso wie die Frau des SS-Arztes Dr. Munkwitz, die Frau des SS-Arztes Dr. Steinmeyer und eine unbekannte Frau.

40 Chroust (1988, S. 226f.). Mennecke berichtete während seines Aufenthalts in Ravens-

zember 1941 fuhr Frau Mennecke mit ihrem Ehemann in das Konzentrationslager Buchenwald bei Weimar und im Januar 1942 zum Frauenkonzentrationslager Ravensbrück bei Fürstenberg. Im Brief vom 6.1.42 ist nachzulesen, daß auch geplant war, zum Konzentrationslager Groß-Rosen zu fahren.[41] Frau Mennecke arbeitete in den Konzentrationslagern mit ihrem Mann zusammen. Die Briefe geben keinen Aufschluß, wie diese Zusammenarbeit im KZ aussah. Es ist jedoch zu vermuten, daß ihre Aufgabe im Konzentrationslager die gleiche war wie zu Hause: nämlich das korrekte Ausfüllen der »Meldebögen«.

Im Juli 1942 beantragte Mennecke eine Zusatzausbildung seiner Frau, die sie befähigen sollte, mikroskopische Präparate selbst anzufertigen. Da diese Ausbildung besonders wichtig für das Euthanasie-Programm sei, bitte er darum, daß seine »Frau auf Kosten der Reichsarbeitsgemeinschaft Heil- und Pflegeanstalten den 1-wöchigen Fortbildungskurs hier in der Klinik ableisten kann«.[42] Frau Menneckes Begeisterung für das Euthanasie-Programm der Nationalsozialisten war so groß, daß sie bereit war, »zur Steuerung des durch die Kriegsverhältnisse bedingten Personalmangels die am hiesigen Anstaltslaboratorium anfallenden medizinisch-technischen Untersuchungen ehrenamtlich zu übernehmen«, wie ihr Mann der Reichsarbeitsgemeinschaft Heil- und Pflegeanstalten in Berlin am 19. Juli 1942 schriftlich mitteilte.[43]

Im sogenannten Eichberg-Prozeß wurde Mennecke wegen Mordes an mindestens 2500 Menschen zum Tode verurteilt. Das Gericht begründete sein Strafmaß damit, daß »Mennecke aus niedrigen Beweggründen wie Karrierestreben und Verdienstinteresse gehandelt habe«. Mennecke entzog sich am 1.2.1947, »zwei Tage nach dem Besuch seiner Frau«, der Urteilsvollstreckung durch Selbstmord. Frau Eva Mennecke wurde im Herbst 1945 verhaftet. Da ihr jedoch »keine Mitarbeit an der ›Gutachter-Tätigkeit‹ ihres Mannes nachgewiesen werden konnte, kam sie rasch wieder frei«.[44]

Obwohl der Briefwechsel des Ehepaars Mennecke dem Gericht vorlag und

---

brück, daß er die Abende in Fürstenberg im Hotel Wegert verbrachte. Er beschrieb sehr genau, wer sich außer ihm noch im Restaurant des Hotels aufhielt. Zu den Gästen zählten am 8.1.42 eine »Gesellschaft SS-Unterführer mit Bräuten« und am 9.1.42 »2 Gruppen von SS-Unterführern mit Bräuten«. Ebenda, S. 296f.

41 Ebenda, S. 309.

42 Ebenda, S. 421.

43 Ebenda, S. 439.

44 Ebenda, S. 8f.

»Gutachter« mit Begleitung auf Selektionsreise (v. l. n. r.): Frau Mennecke, Frau Munkwitz, Dr. Munkwitz, Dr. Steinmeyer, unbekannt – Dr. Mennecke nicht im Bild (Bildarchiv Ernst Klee)

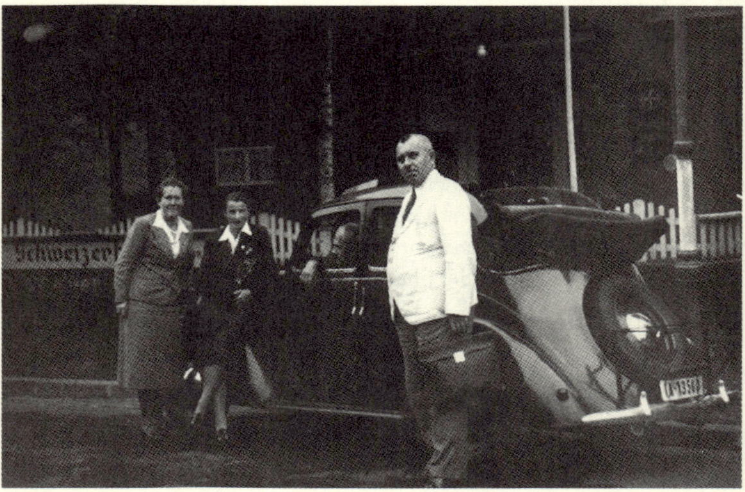

Auf T4-Reise mit Fahrer und Ehefrauen (v. l. n. r.): Frau Steinmeyer, Frau Mennecke, Fahrer Erich Bauer, Dr. Steinmeyer
(Bildarchiv Ernst Klee)

auch zur Bewertung seiner Taten herangezogen wurden, wertete das Gericht die in ihm bezeugte Mitarbeit von Frau Mennecke als nicht justitiable Handlung. Warum dies so war, ist nicht bekannt. Möglicherweise wurde ihre Mitarbeit als eine bloße Handlangertätigkeit interpretiert und im Sinne des Vorschlags des amerikanischen Anklägers im Nürnberger Prozeß, Frauen in untergeordneten Positionen nicht zu verfolgen,[45] ausgelegt. Die Handlungsspielräume von Frauen scheinen unter dem traditionellen Blickwinkel reduzierter Geschlechtsrollenzuweisungen betrachtet worden zu sein, wonach der Platz der Frau im Haus war, fernab jeder Möglichkeit, Verbrechen zu begehen oder an ihnen mitzuwirken.

45 Vgl. »Verliebt, verlobt, verheiratet«, S. 177f.

Frühjahr 1945

Die Sippengemeinschaft taucht unter

Von den Richtern des Internationalen Militärgerichtshofes in Nürnberg wurde die SS mit all ihren »Dienststellen, Abteilungen, Dienstgruppen, Organen, Zweigstellen, Verbänden, Gliederungen und Gruppen, aus denen sie zu irgendeiner Zeit bestanden hat, oder die ihr zu irgendeiner Zeit eingegliedert waren, einschließlich, aber nicht beschränkt auf die Allgemeine SS, die Waffen-SS, die SS-Totenkopfverbände, die SS-Polizeiregimenter und den Sicherheitsdienst des Reichsführers SS« am 30. September / 1. Oktober 1946 zu einer »verbrecherischen Organisation« erklärt.[1] Viele SS-Männer wurden nun selbst zu Verfolgten und Flüchtlingen. Es waren ihre Ehefrauen, die sich schützend vor sie stellten, sie versteckten, die Fluchtvorbereitungen trafen und ihren Männern ins Exil folgten.

Schon ab März 1945 befand sich die SS in einem Prozeß der allgemeinen Auflösung. Die, die Terror und Tod über Europa gebracht hatten, die sich für die »Herren dieser Welt« hielten, organisierten nun ihr Untertauchen. Über die letzten Tage im Reichssicherheitshauptamt in Berlin berichtete

1 IMT (1947–1949, Bd. XXII, S. 587). Die Richter erklärten: »Es ist unmöglich, auch nur einen Teil der SS auszunehmen, der nicht an diesen verbrecherischen Handlungen teilnahm. Die Allgemeine SS nahm aktiv an der Verfolgung der Juden teil und wurde als Reservoir für die Rekrutierung von Mannschaften für die Konzentrationslager benutzt. Einheiten der Waffen-SS nahmen direkt an der Tötung von Kriegsgefangenen und an Greueltaten in den besetzten Gebieten teil. Sie stellte Personal für die Einsatzgruppen und hatte Befehlsgewalt über die Mannschaften der Konzentrationslager, nachdem die Totenkopf-SS, die diese ursprünglich kontrollierte, in ihr aufgegangen war. Ebenso wurden verschiedene Polizeieinheiten weitgehend zu den Greueltaten in den besetzten Ländern und für die Ausrottung der dortigen Juden verwendet. Die SS-Zentrale überwachte die Tätigkeit dieser verschiedenen Formationen und war für solche Sonderunternehmen, wie die Experimente an Menschen und die ›Endlösung der Judenfrage‹, verantwortlich. Der Gerichtshof kommt zu dem Ergebnis, daß die Kenntnis dieser verbrecherischen Handlungen zur Genüge allgemein war, um die Erklärung zu rechtfertigen, daß die SS eine verbrecherische Organisation in dem weiter unten beschriebenen Ausmaße war.«

Adolf Eichmann bei seinen Verhören in Israel 1960: »Zu dieser Zeit fand in einem Saal der Kurfürstenstraße eine Referentenbesprechung statt, und hier erlebte ich nun, was ich nicht für möglich gehalten hatte. Da war ein Referent, der sich ausschließlich mit der Ausstellung von falschen Papieren, Zeugnissen usw. beschäftigte für die Angehörigen der Sicherheitspolizei des Amtes IV, die irgendwie ihren Namen geändert wünschten, die wünschten, daß sie während des Krieges zum Beispiel Versicherungsagenten gewesen wären oder ähnliches.«[2] Mit falschen Papieren für sich und ihre Familien tauchten die SS-Führer im Strom der Flüchtlinge, die im Frühjahr 1945 die Straßen Deutschlands überschwemmten, bei Verwandten, Bekannten oder Freunden unter.

Das riesige Reichssicherheitshauptamt teilte sich in diverse Fluchtgruppen auf. Während sich die Gruppe Süd des Amtes nach Tirol zurückzog, machte sich die Gruppe Nord in Richtung Schleswig-Holstein auf den Weg. Schon Ende 1944 hatte der Chef des Reichssicherheitshauptamtes, Ernst Kaltenbrunner, wegen der vielen Bombardierungen sein Amt aus Berlin zunächst nach Linz und dann in die »Alpenfestung« im Ausseerland verlegt. Im Gebiet um das österreichische Bad Aussee hatte die SS schon lange ihre Ausweichquartiere vorbereitet. Hier wollten sie Widerstand leisten, einen SS-Staat aufbauen. Auch Adolf Eichmann meldete sich bei Kaltenbrunner »zum Dienst«. Er bekam den Befehl, eine Widerstandslinie aufzubauen und den Partisanenkampf vorzubereiten. Zu denen, die auf Befehl Eichmanns nach Altaussee kamen, zählte auch der Lagerkommandant von Theresienstadt, Anton Burger, mit Frau und Kindern.[3]

Die leitenden Mitarbeiter des SS-Wirtschaftsverwaltungs-Hauptamtes verließen am 4. April 1945 Berlin. Einen Tag vorher hatte der Chef dieses Amtes, SS-Obergruppenführer Oswald Pohl, seinen Mitarbeitern den Evakuierungsplan mitgeteilt. Auch die Mitarbeiter dieses Amtes wurden aufgeteilt in die Gruppe Nord, die Amtsgruppe D – zuständig für die Konzentrationslager –, die Richtung Flensburg, und die Gruppe Süd, die samt Familienangehörigen sowie den »notwendigen Akten« zum Konzentrationslager Dachau evakuiert werden sollte. Der aus rund 400 Frauen und Männern bestehende Troß der Gruppe Süd traf am 5. April in Dachau ein.[4] Die Gruppe Nord sammelte sich zunächst beim Frauenkonzentrationslager

2 von Lang (1982, S. 232).
3 Müller-Tupath (1994, S. 104).
4 Koch (1988, S. 26f.).

Ravensbrück und floh von hier aus weiter zur Kolonialen Frauenschule[5] in Rendsburg, die für viele Mitglieder der Nordgruppen zentraler Fluchtpunkt war. Nach der Kapitulation wurden hier »überall tote SS-Führer, die sich zum Teil mit ihren Ehefrauen das Leben genommen hatten, gefunden. So im Gerhardshain, Nobiskrüger Gehölz, Fockbeker Chaussee und in der Kolo-[nialen Frauen]schule«.[6]

Flucht nach Flensburg

Während sich Kaltenbrunner und die Reste des Reichssicherheitshauptamtes in der »Alpenfestung« in den Tiroler Bergen einrichteten, war Himmler mit seinem Stab und einer SS-Eskorte, insgesamt rund 150 Personen, sowie den Nordgruppen der Berliner SS-Hauptämter auf dem Weg nach Flensburg, um hier die letzte Verteidigung zu organisieren. Himmlers Troß erreichte Flensburg am 3. Mai 1945. Zwei Tage später versammelte Himmler seine Hohen SS- und Polizei-Führer zu einer letzten Stabskonferenz um sich und erklärte ihnen, daß er weder daran dächte, sich zu ergeben noch Selbstmord zu begehen. Im Gegenteil, er plante, »in Schleswig-Holstein eine SS-Regierung« zu proklamieren und »unabhängige Friedensverhandlungen mit den Westmächten« zu führen.[7]

Am 20. Mai, drei Tage vor der Verhaftung der Regierung Dönitz durch

---

5 Die Koloniale Frauenschule in Rendsburg war um die Jahrhundertwende vom Kolonialen Frauenbund gegründet worden. Hier wurden Töchter »besserer Familien« unterrichtet, um nach beendeter Ausbildung in die deutschen Kolonien in Afrika zu gehen. Durch ihre Heirat mit den dort lebenden deutschen Farmern (Siedlern), Verwaltungsbeamten und Militärs sollten sie dafür sorgen, daß das »Deutschtum« in Afrika gestärkt wurde und die deutschen Männer ihre Lust auf einheimische schwarze Frauen verlören. Diese Schule bestand bis 1945. Als es nach Kriegsbeginn 1939 unmöglich wurde, die Absolventinnen nach Afrika zu schicken, disponierte die Schulleitung um und richtete ihren Unterricht auf die erhoffte kommende Besiedlung im Osten aus. Ab 1943 stand die Koloniale Frauenschule im engen Kontakt zum SS-Frauenkorps.

6 Schotten (1987, S. 121); Quelle: Stadtarchiv Rendsburg, Schilderung des Kriminalhauptkommissars Karl Jönk; siehe auch: Paul (7. 3. 1995, S. 2).

7 Fraenkel und Manvell (1965, S. 225); siehe auch: Bundesarchiv Koblenz, Kl. Erw. Nr. 215, Dienststellen des Reichsministeriums des Inneren 1943–1945, unter besonderer Berücksichtigung der Ausweichstellen, bearbeitet von Jürgen Huck, unveröffentlichtes Manuskript, Marburg 1954, S. 12.

alliierte Truppen, verließ Himmler mit einer kleinen Gruppe seines Gefolges Flensburg und machte sich auf den Weg nach Marne am Dieksanderkoog an der Westküste Schleswig-Holsteins. Inzwischen hatten alle ihre SS-Uniformen abgelegt, und Himmler hatte sich seinen Schnurrbart abrasiert. Sie gaben vor, Angehörige der Geheimen Feldpolizei zu sein, die sich auf dem Heimweg nach Bayern befänden. Am 23. Mai 1945 beging Himmler, nachdem er von englischen Soldaten verhaftet und in ein Vernehmungslager gebracht worden war, Selbstmord.[8]

In Flensburg versteckte sich auch der SS-Standartenführer und Arzt Prof. Dr. Werner Heyde, der von 1939 bis 1942 Leiter des Euthanasie-Programms und somit verantwortlich für die Ermordung von mehr als 100000 Frauen, Männern und Kindern war. Heyde, der zuletzt als Chefarzt des SS-Lazaretts Würzburg gearbeitet hatte, war »mit einem Teil der Lazarettinsassen, mit seiner Frau, mit Sekretärin und Fahrer« nach Norddeutschland geflüchtet.[9] Bis Anfang 1947 war Heyde in verschiedenen Internierungslagern untergebracht. Ende Februar wurde er von den Amerikanern festgenommen und nach Frankfurt gebracht. Die Staatsanwaltschaft Frankfurt/Main hatte gegen Heyde wegen seiner Beteiligung an der »Aktion T4« ein Ermittlungsverfahren eingeleitet. Ende Juli 1947 konnte er fliehen. Unter dem falschen Namen Dr. Fritz Sawade ließ er sich Weihnachten 1949 in Flensburg nieder, praktizierte als Arzt und arbeitete zudem noch als medizinischer Obergutachter beim Landessozialgericht von Schleswig-Holstein.[10] Er wurde von hochgestellten Beamten gedeckt, die seine wahre Identität kannten, aber über seine Vergangenheit schwiegen. Heyde stellte sich 1959 einem Frankfurter Gericht und sollte Hauptangeklagter im größten Euthanasie-Prozeß der Nachkriegszeit werden. Er erhängte sich jedoch fünf Tage vor Prozeßbeginn, am 13. Februar 1964.[11] Frau Heyde wurde in Zeugenaussagen als eine

8 Fraenkel und Manvell (1965, S. 225).

9 Klee (1992, S. 19).

10 Goldau-Schüttke (1994, S. 444–479).

11 Wistrich (1993, S. 159). Die »Deutsche Volkszeitung«, Nr. 7 vom 16. 2. 1962, berichtet: »Senatspräsident Michaelis vom Landessozialgericht Schleswig hatte jahrelang um die Identität des Euthanasiemörders Heyde-Sawade gewußt und ihn trotzdem oder besser gesagt gerade deswegen gefördert. Das war nach Auffassung des Kieler Gerichts keine strafbare Begünstigung im Sinne des Strafgesetzbuches. Das Strafverfahren wurde in aller Stille eingestellt. Im anschließenden Disziplinarverfahren wurde die verwerfliche Tat dieses Richters mit einer zehnprozentigen Gehaltskürzung für die Dauer von zwei Jahren geahndet!«

Frau geschildert, »die auch nach dem Ende des Dritten Reiches noch als Mitglied einer Herrschaftskaste auftritt, z. B. das in Polen geborene Dienstmädchen schikanierte«.[12] Sie wurde 1962 »wegen fortgesetzten Betrugs zu einem Jahr Gefängnis verurteilt... Frau Heyde hatte sich durch falsche Angaben 64 580 DM an Witwenrente vom bayerischen Staat verschafft«.[13]

SS-Familien halfen der Familie Höß

Zu denen, die Richtung Flensburg flüchteten, zählten auch der ehemalige Kommandant des KZs Auschwitz und seine Familie. Frau Höß und ihre Kinder hatten Auschwitz Ende 1944 verlassen und wohnten seitdem in unmittelbarer Nähe des Frauenkonzentrationslagers Ravensbrück. Über seine Flucht hat Höß sowohl in seiner Aussage vor der Field Security Section vom 14. März 1946 als auch in seinen autobiographischen Aufzeichnungen, die er 1946 im Krakauer Gefängnis schrieb, detaillierte Angaben gemacht. Er erklärte, daß er Ende April 1945 in Berlin war, als der Chef der Amtsgruppe D (Verwaltung der Konzentrationslager), SS-Gruppenführer Glücks, den Befehl gab, die Amtsgruppe in das Konzentrationslager Ravensbrück zu verlegen. Dort blieben sie etwa sechs Tage lang und zogen dann weiter Richtung Rendsburg, wo sie hofften, in der Kolonialen Frauenschule Unterschlupf zu finden. In Rendsburg kamen, wie Höß schreibt, »folgende Leute zusammen: Gruppenführer Glücks[14] mit Frau und Fahrer; Frau Eicke,[15] die Frau des Vorgängers von Glücks mit Tochter und deren 2 Kindern; Lolling[16] mit Frau und Sohn;

12 Zeugenaussagen und Polizeiberichte der dänischen Polizei vom Mai 1946. Frau Heyde war mit ihrem Mann 1945 nach Dänemark gekommen und zunächst dort geblieben. Vgl. Klee (1992, S. 282, Fußnote 15).

13 »Deutsche Volkszeitung« (1962), Nr. 18, S. 3.

14 Obergruppenführer Glücks, Inspekteur der Konzentrationslager, lag seit Anfang Mai unter dem Namen Sonnemann in einem Marinehospital in Flensburg; kurz vor seiner Verhaftung beging er Selbstmord.

15 Theodor Eicke war bereits 1933 von Himmler zum Inspekteur der Konzentrationslager ernannt worden, in dieser Funktion blieb er bis 1939. In diesem Jahr erhielt er den Auftrag, die SS-Totenkopfdivision aufzustellen. Er kam 1943 während eines Aufklärungsfluges an der Ostfront um.

16 Standartenführer Dr. Enno Lolling, Chef des Amtes D III, Sanitätswesen, wurde von der englischen Armee verhaftet und beging Selbstmord, bevor er verhört werden konnte.

Sommer[17] mit Frau; Kiener[18] mit Frau und einem Kind; Frau Dr. Salpeter, deren Mann in Berlin geblieben war. Salpeter war der Vertreter des Obergruppenführers Pohl im Hauptamt. Ich mit meiner Frau und Kindern; Burger[19] mit Frau Kleinheisterkamp, der Frau des Kommandeurs einer Waffen-SS Division. Sie war eine Schwedin die zum schwedischen Konsulat ging und nachher nicht mehr gesehen wurde. Biemann im Amt 2 der Amtsgruppe D; Maurer[20] mit Fahrer. In Rendsburg konnte ich trotz aller Bemühungen beim Kreisleiter und anderen Behörden keine Unterkunft finden. Für eine Nacht fand ich Unterkunft für die Kolonne in Klein Benecke 20 km nördlich von Rendsburg in einem Stall. Am nächsten Tag gelang es Kiener die Frauen und Kinder im eigentlichen Schulgebäude der Kolonialschule unterzubringen.«[21]

Höß konnte in Schleswig-Holstein auf die Unterstützung von SS-Familien zurückgreifen. Hier lebte eine Reihe von SS-Angehörigen, die unter ihm in Auschwitz oder einem anderen Konzentrationslager »gearbeitet« hatten. Höß brachte seine Familie daher zunächst einmal nach St. Michaelisdonn. Frau Thomsen – ihr Mann war SS-Untersturmführer in der Landwirtschaft in Auschwitz, sie selbst hatte dort früher als Lehrerin gearbeitet – gewährte der Familie Höß Zuflucht.

In Bredstedt besuchte Höß die SS-Familie Torber. Frau Torber war eine Schwägerin von Frau Thomsen. Sie fungierte, nachdem Höß in Rantum auf Sylt untergetaucht war, als Verbindungsperson; hier hinterließ Höß Briefe, die an seine Frau weitergeleitet wurden, und hier empfing er auch Briefe von seiner Frau.

Höß, der Himmler in Flensburg getroffen hatte, bekam von diesem als letzten Befehl: »Taucht unter in der Wehrmacht!«[22] Daher begab er sich zur

---

17 Karl Sommer gehörte zum Stab des Wirtschafts- und Verwaltungshauptamtes, Amtsgruppe D – Verwaltung der Konzentrationslager; zu seinem weiteren Schicksal siehe unten.

18 Sturmbannführer Hellmuth Kiener gehörte zum Amt A III/1, Rechts-, Steuer, Vertrags-Angelegenheiten. Sein weiteres Schicksal ist nicht bekannt.

19 Sturmbannführer Willi Burger gehörte zum Amt A D IV, KZ-Verwaltung. Sein weiteres Schicksal ist nicht bekannt.

20 Gerhard Maurer, Sturmbannführer und Leiter des Amtes D II, Häftlingsarbeitseinsatz, war seit 1943 der Stellvertreter von Glücks, wurde am 6. Dezember 1951 in Krakau zum Tode verurteilt und gehenkt. Vgl. Bezwińska und Czech (1981, S. 310).

21 Rudolf Höß, Vernehmungsprotokoll, Sgt. 92 Field Security Section, 14.3.1946, Yad Vashem Archives, File 051/41, 5524, Höß.

22 Ebenda.

Marineschule in Flensburg-Mürwick und verwandelte sich in den Bootsmaat Franz Lang. Mit falschem Soldbuch, Uniform und Marschbefehl meldete er sich beim Kommando der Marinenachrichtenschule in Rantum auf Sylt. Hier wurde er von der englischen Armee gefangengenommen und Ende Mai mit seiner Kompanie in ein Kriegsgefangenenlager in Brunsbüttel verlegt. Da er der englischen Lagerleitung gegenüber angab, er sei Landwirt, wurde er bereits am 5. Juli 1945 vorzeitig aus dem Kriegsgefangenenlager entlassen. Die Verhältnisse, unter denen er als Bootsmaat Lang in Brunsbüttel interniert war, waren sehr liberal, er konnte Besucher empfangen und selbst Besuche machen. So besuchte ihn sein Sohn Klaus ein- bis dreimal wöchentlich in Brunsbüttel, einmal auch seine Frau. Auch er konnte Brunsbüttel verlassen: »Den ersten Besuch machte ich 3 Tage nach meiner Ankunft in Brunsbüttel indem ich zu Frau Thomsen in St. Michaelisdonn ging und sie bat meine Frau von meiner Anwesenheit zu benachrichtigen. Dieser Besuch fand statt am 1. oder 2. Juni und ich übernachtete bei dieser Gelegenheit bei Frau Thomsen. Am nächsten Tag ging ich wieder zurück. Während des Tages trafen wir uns auf dem Sandgelände hinter St. Michaelisdonn in der Nähe der Zuckerfabrik. Am Abend sah ich meine Frau im Haus der Frau Thomsen. Gegen Ende Juni kam ich zum 2. Besuch nach St. Michaelisdonn wo ich wiederum meine Frau allein im Sandgelände traf.«[23] Höß lebte und arbeitete nach seiner Entlassung aus Brunsbüttel unter falschem Namen als Knecht bei einem Bauern in Gottrupel, einem Dorf in der Nähe von Flensburg. Bereits am 1. Mai hatte Höß seinen Schwager Fritz Hensel in Flensburg im Gebäude des Standortverwalters getroffen. Er traf ihn kurz vor Weihnachten 1945 in Flensburg auf der Straße wieder und ließ sich von ihm über den Stand der Dinge unterrichten. Hensel wurde nun zum Verbindungsmann zwischen Höß und seiner Familie: »Ein paar Tage später kam Hensel zu mir nach Gottrupel und nahm ein Paket für meine Frau nach St. Michaelisdonn. Am 2. Januar kam er zurück und brachte mir ein Paket mit Wäsche und Kleidungsstücken von meiner Frau mit. Dann kam er wieder am 3. März nach Gottrupel wo er mir sagte, daß er in nächster Zeit wieder zu meiner Frau führe, gleichzeitig zeigte er mir 2 Briefe die meine Frau an ihn geschrieben hatte woraus ich entnehmen konnte wie es meiner Familie ginge.«[24]

Höß wurde von den alliierten Armeen als Hauptkriegsverbrecher gesucht. Am 24. Oktober 1945 wurde Frau Höß von englischen Offizieren verhört.

---

23 Ebenda.

24 Ebenda.

Sie wohnte in einer Zuckerfabrik in St. Michaelisdonn. Die vier Direktoren dieser Fabrik zählten alle direkt oder indirekt zur SS-Sippengemeinschaft. Der Direktor Nagel zum Beispiel, seit 1933 Mitglied der NSDAP, war Schwager eines SS-Oberscharführers, der im Konzentrationslager Neuengamme arbeitete. Er war mit der SS-Familie Maria und Heinrich Peters befreundet. Maria Peters wiederum war eine Freundin von Frau Höß. SS-Sturmführer Heinrich Peters war, als Mitglied der Totenkopfverbände, zuletzt im Konzentrationslager Ravensbrück eingesetzt. Im Verhör erklärte Frau Höß, daß sie ursprünglich geplant hatte, bei ihrer alten Freundin Frau Peters in Marne (Holstein) unterzukommen. Maria Peters hatte längere Zeit bei den Hössens in Auschwitz gelebt. Da aber Frau Peters ihr Haus verlassen und zur ihrer mit dem SS-Mann Reimer Schlichting verheirateten Tochter gezogen war, wurden Frau Höß und ihre Kinder in der Zuckerfabrik untergebracht. Auch die Direktoren Peters und Bahrs zählten zur SS-Sippengemeinschaft: Theodor Peters war selbst SS-Führer, und Johann Bahrs hatte mehrere Söhne bei der SS. Der vierte Direktor, Heinrich Andersen, war als fanatischer Nazi bekannt.[25] Das Netz von Freundschaften, das die Mitglieder und Familien der KZ-SS in den zurückliegenden Jahren geknüpft hatte, war auch nach dem Zusammenbruch ihres Staates intakt.

1946 wurde Höß erkannt, verhaftet und in das Gefängnis in Nürnberg eingeliefert. Er trat als Zeuge der Verteidigung im Prozeß gegen die Hauptkriegsverbrecher auf, wurde dann an Polen ausgeliefert, am 2. April 1947 durch das Oberste Volkstribunal zum Tode verurteilt und am 16. April desselben Jahres auf dem Terrain des ehemaligen Konzentrationslagers Auschwitz gehenkt. Frau Höß lebte mit ihren Kindern seitdem zurückgezogen in Schleswig-Holstein.[26]

---

25 »…search for Obersturmbannführer SS – Höss and investigation of alleged Nazi cell in St. Michaelisdonn«, 92 Field Security Section (Southern Sub-Area). Yad Vashem Archives, File 051/41, 5524, Höß.

26 Vgl. Segev (1992, S. 11). Auf Segevs Frage, ob sie bereit sei, ein Gespräch mit ihm zu führen, antwortete sie, daß es ihr nicht gutgehe »und daß sie einfach nicht die Kraft habe, die Schrecken der Vergangenheit immer wieder aufs neue durchzumachen«. »Schrecklich« war für sie der Untergang des Dritten Reiches, die eigene Deklassierung, die Verhaftung und Hinrichtung ihres Mannes.

Paul Werner Hoppe, von Spätsommer 1942 bis April 1945 Kommandant des Konzentrationslagers Stutthof, wurde von seiner Ehefrau versteckt. Hoppe hatte seine Frau Charlotte, Tochter des KZ-Kommandanten Baranowski, 1936 als Zugführer im KZ Lichtenburg kennengelernt. Sie war seit Dezember 1931 Mitglied im Bund Deutscher Mädel (BDM) und seit Februar 1934 in der NSDAP, am 20. November 1938 war ihr das HJ-Ehrenzeichen verliehen worden. Im selben Jahr wurde die Ehe geschlossen.

Nach seiner Flucht aus Danzig begab auch er sich zunächst nach Flensburg, um ein letztes Mal mit dem Reichsführer-SS sowie den um Himmler versammelten SS-Führern zusammenzutreffen. Dann tauchte er wie alle anderen unter und lebte mit falschen Papieren in Holstein, wo er im April 1946 jedoch entdeckt und verhaftet wurde. Drei Jahre später floh er aus einem Kriegsgefangenenlager und lebte bis zu seiner erneuten Verhaftung 1954 unter falschem Namen in Deutschland und der Schweiz. Am Ende des Krieges war der Sohn Jörg Hoppe vier Jahre alt, sein Bruder zwei. Die Mutter erzählte den beiden, daß ihr Vater im Krieg gefallen sei. Einige Zeit nach dem Krieg begann sie ein Mann zu besuchen, der sich den Kindern als Onkel Werner vorstellte. Normalerweise kam er nachts.

Über diese Zeit erzählte Jörg Hoppe: »Ich konnte immer hören, als er kam, nachdem wir schon im Bett waren... Ich wußte, daß er da war, aber als wir morgens aufwachten, war er fort.« Von Zeit zu Zeit kamen Soldaten der britischen Besatzungstruppe bei Hoppes vorbei und erkundigten sich nach Onkel Werner. »Ich kann mich noch ganz klar erinnern, wie sie einmal nach ihm suchen kamen, als wir gerade beim Abendessen waren. Mutter sprang auf, und bevor wir überhaupt kapieren konnten, was denn los war, schob sie Onkel Werner in den Kleiderschrank. Alles geschah sehr schnell. Mutter öffnete die Tür. Draußen standen drei englische Soldaten. Mutter bat sie herein. Sie fragten nach Onkel Werner. Mutter schwor, sie hätte keine Ahnung, wo er sei. Sie hätte ihn seit Ende des Krieges nicht mehr gesehen. Sie tat sich hysterisch. Die Soldaten sollten doch das Haus durchsuchen. ›Suchen Sie überall‹, schrie sie. ›Suchen Sie ihn unter dem Bett, suchen Sie ihn im Kleiderschrank, vielleicht können Sie ihn für mich auftreiben.‹ Aber die Soldaten murmelten nur irgend etwas vor sich hin und gingen wieder. Während dieser ganzen Zeit steckte Onkel Werner im Schrank. Eine Viertelstunde danach verließ auch er das Haus, und es sind Jahre vergangen, bevor wir ihn wiedersahen.«[27] Anfang der fünfziger Jahre kehrte Hoppe zu Frau und Kindern zurück. In der Zwischenzeit hatte er unter falschem Namen in der Schweiz gelebt. Nun glaubte er sich sicher, er nahm sogar seinen eigenen Namen wieder an. Jörg Hoppe berichtete, daß die Eltern ihn instruiert hätten, in der Schule und Nachbarschaft zu verbreiten, sein Vater sei aus russischer Kriegsgefangenschaft entlassen worden.[28] Die Nachbarn hatten keinen Grund, diese Geschichte nicht zu glauben. Aber bereits kurze Zeit später wurde Hoppe verhaftet und nach einem langwierigen Verfahren am 4.6.1957 vom Schwurgericht Bochum »wegen Beihilfe zum Mord, begangen an mehreren Hundert Menschen, zu neun Jahren Zuchthaus verurteilt«.[29] Nicht durch Gespräche innerhalb der Familie, sondern in der Schule hatte Jörg Hoppe erfahren, daß sein Vater und Großvater zur SS gehörten, KZ-Kommandanten waren und somit als Täter in die nationalsozialistischen Verbrechen verwickelt waren. Seine Versuche, mit der Mutter darüber zu reden, schlugen fehl. Sie verweigerte das Gespräch, gab ihm den Rat, »die ganze Angelegenheit zu vergessen«. Auch ein Gespräch mit der Großmutter Baranowski erwies sich als unmöglich. Das Thema war tabu. 1962 wurde Paul Werner Hoppe aus der Haft entlassen und kehrte zur Familie zurück. Die Hoffnung des Sohnes, endlich ein Gespräch mit dem Vater über seine Stellung als SS-Mann und Lagerkommandant zu führen, erfüllte sich nicht. Wie schon die Mutter, so verweigerte auch der Vater ein Gespräch über diesen Teil seiner Vergangenheit. Paul Werner Hoppe starb 1974 in Bochum.[30]

Die Loyalität der Familie half

Die Flucht des SS-Obersturmführers und Adjutanten des Lagerkommandanten des KZ Sachsenhausen, Heinrich Otto Wessel,[31] wurde vom Landgericht Verden 1962 rekonstruiert. Wessel lebte mit seiner Frau Else, die er am

27 Segev (1992, S. 13), Interview mit Jörg Hoppe, Berlin, 4.1.1975.

28 Ebenda, S. 14.

29 Urteil des Schwurgerichts Bochum vom 16.12.1955, 17 Ks 1/55, BGH vom 8.11.1956, 4 StR 359/56, 4.6.1957, 17 Ks 1/55, veröffentlicht in: »Justiz und NS-Verbrechen« (1976, Bd. VIII, S. 151–234).

30 Segev (1992, S. 17), Interview mit Jörg Hoppe, Berlin, 4.1.1975. Über das weitere Schicksal von Frau Hoppe ist nichts bekannt.

31 Wessel war seit 1934 Mitglied der Allgemeinen SS. Während des Prozesses kam zur

7. Mai 1937 geheiratet hatte, seit 1943 in der SS-Siedlung des Konzentrationslagers Sachsenhausen, im Haus des Lagerkommandanten Kaindl. Sie verkehrten mit den Eheleuten Kaindl auch privat, man lud sich gegenseitig ein. Am 20./21. April 1945 begann die SS-Führung mit der Evakuierung des Konzentrationslagers, die Häftlinge wurden auf Todesmärsche geschickt. Die SS-Führer des KZs Sachsenhausen flohen Richtung Flensburg, wo sie mit Himmler und anderen SS-Führern zusammentreffen wollten. Die Flucht ging über Ravensbrück. Hier trafen Wessel und Kaindl, die gemeinsam flohen, ihre Ehefrauen, die bereits einige Tage früher aufgebrochen waren, und fuhren mit einem Bus bis in den Raum Plön. Dort versagte der zuletzt von ihnen benutzte Omnibus. Wessel wurde von Kaindl entlassen mit dem Befehl, sich möglichst nach Flensburg oder Rendsburg zu begeben. Wessel ignorierte den Befehl, fuhr mit seiner Ehefrau bis Kiel, wo er sich Zivilkleidung besorgte. Die Eheleute schlugen sich nun mit dem Fahrrad nach Lotte-Osterberg, Kreis Tecklenburg, durch, wo sie schließlich im Juli 1945 ankamen. Hier lebten Wessels Eltern, die eine kleine Landwirtschaft besaßen, und seine Schwiegereltern. Der Vater seiner Frau, ein ehemaliger NS-Ortsgruppenleiter, war Volksschullehrer in Osterberg. Wessels Eltern versteckten Sohn und Schwiegertochter bis zum Januar 1951 auf ihrem Hof. Im Jahr 1946 machten englische Soldaten zweimal Hausdurchsuchungen, ohne ihn zu finden. Einmal wurde seine Frau vorübergehend eine Woche lang festgenommen und verhört. Ab Mitte 1951 lebte Wessel unter dem falschen Namen Werner Bierbaum. So hatte der Sohn eines Schwagers seines Schwiegervaters geheißen, der in Polen vermißt war. Im Namen seines Schwiegervaters forderte der Angeklagte die Geburtsurkunde des Werner Bierbaum beim Standesamt Altena an und meldete sich mit dieser Urkunde am 2. Juli 1952 in Lembruch, Kreis Grafschaft Diepholz, polizeilich an. Anschließend arbeitete er ein Vierteljahr lang als landwirtschaftlicher Gehilfe in einem Dorf bei Werl. Er bewarb sich dann um eine Stelle als Buchhalter, die die Firma Bösling-KG in Dorfmark ausgeschrieben hatte, und erhielt sie auch. Seitdem lebte er in Dorfmark. 1954 zeigte Wessel sich selbst wegen

Sprache, daß Wessel vor seiner Eheschließung mit dem Gedanken gespielt hatte, aus der SS auszutreten, weil es ihm zu lange dauerte, bis die erforderliche Heiratsgenehmigung erteilt wurde. Urteil des Schwurgerichts Bochum vom 16. 12. 1955, 17 Ks 1/55. Er gehörte seit dem 6. 9. 1939 der Konzentrationslager-SS an und machte zunächst Dienst im Wachbataillon des KZs Sachsenhausen.

Personenstandsfälschung an, wurde aber nicht bestraft und konnte nunmehr wieder unter seinem eigenen Namen leben. Er holte seine Ehefrau, die bis zu diesem Zeitpunkt bei ihren Eltern gewohnt hatte, zu sich nach Dorfmark, wo er ein Grundstück erwarb und ein Haus baute. Am 17. Februar 1960 wurde er festgenommen und am 6. Juni 1962 wegen Beihilfe zum Mord in 16 Fällen und Beihilfe zum Totschlag in einem Fall schuldig gesprochen. Er wurde zu einer Gesamtstrafe von sieben Jahren und sechs Monaten Zuchthaus verurteilt.[32]

Der SS-Mann Hermann Blache, der seinen Sohn Gerhard mit ins Ghetto genommen hatte, um Juden zu erschießen, wurde während seiner Flucht in den Westen von amerikanischen Soldaten gefangengenommen. Er blieb bis 1948 im Internierungslager. Seine Identität als SS-Mann und Leiter des Ghettos und Zwangsarbeitslagers für Juden in Tarnow blieb zu diesem Zeitpunkt unentdeckt. Nach seiner Entlassung ging er nach Bochum, wo er eine Wohnung und Arbeit fand. Im Sommer 1948 ließ er erst seine Kinder und im Winter 1948 seine Ehefrau zu sich kommen. Hier lebte die Familie gemeinsam bis zum September 1961, als Blache festgenommen wurde. Er wurde 1964 »wegen Mordes in 22 Fällen jeweils zu lebenslangem Zuchthaus, ferner wegen Beihilfe zum Mord an 4000 Menschen zu sechs Jahren Zuchthaus... verurteilt«. Von seinen Richtern wurde er als »gefühlskalter Mensch« und »freudiger Gefolgsmann der Machthaber des ›Dritten Reiches‹, der tatkräftig die Vernichtungsaktionen unterstützt hat«,[33] beschrieben.

SS-Familie Pohl

Eleonore Pohl, Frau des SS-Obergruppenführers Pohl, Chef des SS-Wirtschaftsverwaltungs-Hauptamtes, lebte bis Anfang April 1945 mit ihren vier Kindern auf dem Gut Comthurey nahe dem Frauenkonzentrationslager Ravensbrück.[34] Hier bereitete sie sich seit Ende des Jahres 1944, als es auch für sie

32 Urteil des Schwurgerichts bei dem Landgericht Verden vom 6. 6. 1962, 2 Ks 3/61, zit. n. »Justiz und NS-Verbrechen« (1978, Bd. XVIII, S. 498 ff.).

33 Urteil des Schwurgerichts Bochum vom 30. 4. 1964, 16 Ks 1/63, veröffentlicht in: »Justiz und NS-Verbrechen« (1979, Bd. XX, S. 107–143, hier S. 143).

34 Eleonore Pohl war seit zwei Jahren Witwe, als sie Himmler im Jahr 1938 während ihres Aufenthaltes im »Lebensbornheim« Steinhöring kennenlernte. Seit dieser Zeit stand sie in regem Kontakt mit ihm. Himmler, der sehr angetan war von ihrer blonden Schönheit, arrangierte ein Zusammentreffen mit Pohl, der seit 1938 geschieden und noch nicht wie-

absehbar wurde, daß der Krieg nicht gewonnen werden konnte, auf die Flucht vor. Mitte März schrieb sie in einem Brief an die Geliebte Himmlers: »Liebe Frau Potthast, ich habe... an Sie gedacht und an ihren lieben Jungen (Himmlers unehelichen Sohn Helge)... obgleich ich nicht schrieb«, aber »es waren Tage [der] Treckvorbereitung... Eine notwendige aber unangenehme Sache«.[35] Weiter erzählt sie, daß ein Wagen für den Notfall bereit stünde und Kopfkissen als Säcke benutzt werden sollten. Sie sei zwar noch nicht nervös, manche Illusion sei jedoch zerstört. Wörtlich: »Man meint manchmal, in Zeiten so großer Spannung würde die Luft reiner und edler da der Tod umgeht.«[36] Wenige Tage nach diesem Brief brach sie, gemeinsam mit ihren Kindern und dem SS-Mann Adams, den Pohl zu ihrer Verfügung auf dem Gut zurückgelassen hatte, auf nach Halfing, ein Dorf nahe Rosenheim. Die Treckvorbereitungen waren umsonst, die Flucht mußte schnell gehen. Da lediglich ein Opel mit Anhänger zur Verfügung stand, konnten nur persönliche Dinge wie Schmuck, Papiere und Kinderwäsche mitgenommen werden. Das sorgfältig verpackte Hab und Gut mußte zurückgelassen werden. Vier Tage später kamen sie unversehrt in Eichbichl nahe Halfing an, wo Himmlers Geliebte mit ihren Kindern lebte und wo sie Station machten.

Pohl selbst hatte zunächst seine Gruppe und deren Ehefrauen, insgesamt 400 Personen, nach Dachau begleitet, dann setzte er sich mit seinem Adjutanten und Ordonnanzoffizier nebst deren Frauen ebenfalls nach Eichbichl zu seiner Frau ab.

Als amerikanische Soldaten nach Eichbichl kamen, waren die Männer bereits untergetaucht. Pohl versteckte sich zuerst bei einem Bauern in der Nähe und machte sich dann zu Fuß auf den Weg nach Flensburg. In Norddeutschland lebten seine drei Kinder aus erster Ehe: der Sohn Ortwin, der es bis zum SS-Obersturmbannführer gebracht hatte, und die Töchter Nortrud und Sigrid, die beide mit SS-Männern verheiratet waren. Bis Herbst 1945 kroch er

---

der verheiratet war. Vor ihrer Eheschließung, am 12.12.1942, bat sie Himmler, die Patenschaft für ihren Sohn und ihre Tochter aus der Ehe mit Rütger von Brüning und die Tochter, die sie im »Lebensborn« zur Welt gebracht hatte, zu übernehmen. Sie wünschte, daß Himmler im Falle ihres Todes Sorge für ihre drei Kinder tragen sollte. Himmler war einverstanden, hoffte er doch, daß der Sohn später einmal in die SS eintreten und SS-Führer werden würde. Die Töchter sollten als gute SS-Ehefrauen ihren Platz in der Sippengemeinschaft einnehmen. BA-Koblenz, NS 19/3134, Korrespondenz zwischen Eleonore von Brüning (später Pohl) und dem RFSS (1938–1944).

35 Koch (1988, S. 26f.).

36 Ebenda, S. 27.

Eleonore Pohl mit Ehemann und Kindern im Salon des Gutes Comthurey
(Peter Ferdinand Koch)

Blick aus dem Fenster: KZ-Häftlinge bei Terrassenarbeiten auf dem Pohl-Gut Comthurey (1943)
(Peter Ferdinand Koch)

bei seiner Tochter Nortrud unter, die zusammen mit der Frau ihres Bruders ein Haus nahe der dänischen Grenze bewohnte. Dann floh er zur Tochter Sigrid, die in einem Dorf östlich von Bremen lebte. Hier konnte er sich bis Mai 1946 verstecken.[37] Erst dann fanden ihn englische Soldaten, verhafteten ihn und brachten ihn in ein Internierungslager. Am 8. April 1947 wurde in Nürnberg der Prozeß gegen ihn und 17 Mitangeklagte eröffnet. Am 3. November 1947 wurde er zum Tode verurteilt. Ihm wurde zur Last gelegt, als Leiter der Aufsichtsbehörde für die Konzentrationslager für alle Morde und Verbrechen, die an den Häftlingen begangen wurden, durch die Ausgabe strenger und unmenschlicher Befehle verantwortlich gewesen zu sein.

Für Eleonore Pohl war dieser Urteilsspruch inakzeptabel. Sie startete einen Rettungsfeldzug mit dem Ziel, sowohl die Amerikaner als auch die westdeutsche Öffentlichkeit um jeden Preis von Pohls Unschuld zu überzeugen und die Revision des »Fehlurteils« zu erlangen.[38] Sie, die, als sie noch auf dem Gut Comthurey lebte, selbst Häftlingskommandos aus dem KZ Ravensbrück beschäftigte, konnte kein Unrecht an dem finden, was ihr Mann während der zwölf schrecklichen Jahre getan hatte. Ihr Bemühen, seine Taten zu entschuldigen, zeigen, daß sie auch nach Ende des Krieges immer noch eine loyale SS-Ehefrau war. Auch Pohl selbst beteuerte bis zum Schluß seine Unschuld. Der Herrscher über das KZ-Imperium behauptete, durch ihn sei kein einziger Mensch »verfolgt, eingesperrt, gequält oder gar umgebracht worden... auch kein Jude«.[39] Die

37 Es gibt keine weiterführenden Informationen über die Töchter von Pohl.

38 Sehr pathetisch beschreibt Peter-Ferdinand Koch ihr Engagement: »Seit dem Tag, an dem Oswald Pohl in der dunklen Zelle saß, seit diesem Augenblick wuchs sie über sich selbst hinaus. Sie kämpfte um das Leben ihres Mannes – derart eindringlich, so daß sie letzten Endes nicht nur mit den Amerikanern stritt, sondern nunmehr auch die Redaktionen in den Westzonen gegen sich aufbrachte. Eleonore Pohl hielt, zeichnerisch, die Stimmung in der Todeszelle ihres Mannes fest. Die ›Quick‹ veröffentlichte das Bild.« Koch (1988, S. 172). Sie illustrierte auch das Buch »Credo«, das Oswald Pohl in der Zelle geschrieben hatte. Mit diesem Buch wollte er sich von aller Schuld reinwaschen, behauptete er doch, »Unmenschlichkeiten, sofern er davon Kenntnis erhalten habe, sei er nachweisbar energisch entgegengetreten«. Klee (1991, S. 107).

39 So Pohl in einem Brief, den er wenige Tage vor seiner Hinrichtung an Gottfried Hansen, Admiral a. D. und 1. Vorsitzender des »Bundes versorgungsberechtigter ehemaliger Wehrmachtsangehöriger und ihrer Hinterbliebenen« schrieb. Der Admiral a. D. hatte, da er das Urteil für hundertprozentig juristisch unhaltbar hielt, eine Petition bei Bundeskanzler Adenauer eingereicht. Klee (1991, S. 105).

Vollstreckung des Todesurteils war in seinen Augen »rein glatter Justizmord«.[40]

Zwischen 1947, dem Jahr der Urteilsverkündung, und 1951, dem Jahr der Hinrichtung, setzte Eleonore Pohl alle Hebel in Bewegung, um ihren Mann freizubekommen.[41] Unterstützt wurde sie von der »Christlichen Gefangenenhilfe«[42], dem »Komitee für Wahrheit und Gerechtigkeit« und der Prinzessin von Isenburg[43], die sich ebenfalls für die Ehefrauen der anderen sechs zum Tode verurteilten SS-Männer einsetzten[44]. Sie schrieben Petitionen an den

---

40 Ebenda.

41 Dieser Einsatz einer SS-Ehefrau für ihren Mann scheint keine Ausnahme gewesen zu sein. Daß seine Mutter alle Hebel in Bewegung setzte, um ihren Mann, den ehemaligen Chef der Gestapo für das Gebiet Braunschweig, freizubekommen, berichteten dessen Sohn und seine Frau in einem Interview mit Dan Bar-On. »M.: Als er in britischer Gefangenschaft war, hat sie sich für ihn eingesetzt. Es ist erstaunlich, was sie alles gemacht hat, um ihn rauszubekommen. F.: Sie ging bis nach Holland, verhandelte mit dem Botschafter, versuchte es bei Adenauer, tat alles Mögliche; sie versuchte auf allen Wegen, die sie sich denken konnte, diesen Mann freizubekommen.« Bar-On (1993, S. 251). Der Name dieser Familie wird im Interview nicht genannt.

42 Die »Christliche Gefangenenhilfe« war 1949 von dem katholischen Weihbischof Dr. Neuhäusler (München) und dem evangelischen Altlandesbischof Dr. Wurm (Stuttgart) gegründet und von Dr. Aschenauer, einem der Verteidiger bei den Nürnberger Prozessen, geleitet worden. Gegen die Urteile wandten sie sich mit folgenden Argumenten: 1. Die Straftaten hätten zur Zeit der Begehung gesetzlich nicht unter Strafandrohung gestanden und seien daher rechtlich nicht zu ahnden (Rechtssatz des e post facto). 2. Die Urteile seien unmoralisch, man könne die Deutschen nicht für Verbrechen büßen lassen, »die in Zeiten totaler Kriegsführung auch von Angehörigen anderer Völker einschließlich der Amerikaner auch begangen worden seien (Rechtssatz des tu quoque)«. Vgl. »Der Spiegel« 9 (1951), S. 6; siehe auch Klee (1991, S. 94ff.). Aus der »Christlichen Gefangenenhilfe« wurde am 7. Oktober 1951 die »Stille Hilfe für Kriegsgefangene und Internierte«, die sich bis heute um angeklagte und verurteilte NS-Täter kümmert. In der »Stillen Hilfe« engagieren sich hauptsächlich Frauen. Die erste Chefin dieser Organisation war bis 1959, als sie aus Krankheitsgründen den Vorsitz niederlegen mußte, die Prinzessin Helene Elisabeth von Isenburg.

43 Die Prinzessin von Isenburg hatte es sich zur Aufgabe gemacht, die in Landsberg einsitzenden verurteilten Kriegsverbrecher zu retten, und deshalb den Namen »Mutter der Häftlinge von Landsberg« bekommen. »Der Spiegel« 5 (1951), S. 8f.

44 Es handelte sich um die Ehefrauen von Otto Ohlendorf (Befehlshaber der Einsatzgruppe D), Erich Naumann (Kommandeur der Einsatzgruppe D), Werner Bobel (Chef des Einsatzkommandos 11 B), Werner Braune (Einsatzgruppe D), Georg Schallmair und Hans Theodor Schmidt, beide führende Mitglieder der KZ-Wachmannschaften in

amerikanischen Hochkommissar McCloy und mobilisierten Personen des öffentlichen Lebens. Der von Eleonore Pohl engagierte amerikanische Rechtsanwalt Frederic A. Wiehl, der sich in den USA für die Entlassung ihres Mannes einsetzen sollte, formulierte in einer Petition für Pohl ungebrochen antisemitisch: »Wir sollten im Interesse einer neuen deutsch-amerikanischen Freundschaft nicht noch den letzten Saft aus der Zitrone quetschen. Den Schrei der Juden und Kommunisten können wir Amerikaner besser vertragen als eine Verstimmung der Deutschen.«[45]

Wie erfolgreich Eleonore Pohl beim Sammeln von Bittstellern war, zeigt folgender Zwischenfall. Als kurz vor dem letzten Hinrichtungstermin eine Delegation des ersten Deutschen Bundestages bei dem amerikanischen Hochkommissar McCloy erschien und um Gnade für die zum Tode Verurteilten bat, darunter auch Pohl, platzte McCloy der Kragen: »Er verstehe den kolossalen Einsatz der Herren für Pohl nicht. Und vor allem verstehe er eines nicht, daß die allermeisten Bittgesuche, die an ihn gerichtet werden, für eben jenen Pohl einträfen, der nach allem was ihm vorliege, einer der Fürchterlichsten gewesen sei.«[46]

Alle Bittgesuche halfen nicht. Am 31. Januar bestätigte McCloy die Todesstrafe.[47] Das Urteil gegen den Kriegsverbrecher Pohl wurde am 8. Juni 1951 vollstreckt.

Eine Woche später, am 13. Juni, berichtete der »Spiegel« über die Beisetzung der letzten sieben zum Tode Verurteilten. Über Oswald Pohl hieß es, daß er auf dem Landsberger »Friedhof der Namenlosen« beigesetzt werden mußte, da der Gemeinderat in Halfing Frau Pohl unmißverständlich habe wissen lassen, »eine Beisetzung des in der Haft zum Katholizismus überge-

---

Dachau und Buchenwald; sie alle waren wegen ihrer führenden Rolle bei der Massentötung von Juden in Nürnberg zum Tode verurteilt worden.

45 Zit. n. »Der Spiegel« 9 (1951), S. 7.

46 Dies berichtet Robert Kempner, Ankläger im Nürnberger Prozeß, in seinen Erinnerungen (1986, S. 291). Die Abordnung des Deutschen Bundestages sprach am 9. Januar 1951 bei McCloy vor. Am 15. Januar protestierte das »Komitee für Wahrheit und Gerechtigkeit« in München auf einer Pressekonferenz gegen die beabsichtigte Vollstrekkung der Todesurteile an den in Landsberg einsitzenden Kriegsverbrechern. Die Vorsitzende des Komitees, Prinzessin Helene Elisabeth von Isenburg, forderte nicht nur die Begnadigung, sondern die Freilassung aller im Landsberger Gefängnis einsitzenden Häftlinge. Vgl. Kraushaar (1996, S. 362).

47 Kraushaar (1996, S. 372).

tretenen Kriegsverbrechers Pohl komme auf dem Gottesacker der Gemeinde nicht in Frage«.[48]

Auf diesen Artikel reagierte Eleonore Pohl am 4. Juli 1951 in einem Leserbrief. Es war das erste und letzte Mal, daß sie sich öffentlich zu Wort meldete: »Da mein Mann nie in Halfing gelebt hat, sich dort nur einige Male vorübergehend aufgehalten hat, hatten weder er noch ich den Wunsch, daß er dort bestattet würde. Im Falle der Überführung wäre nur unsere Familiengrabstätte in Brüningsau, eine kleine Einöde, drei Kilometer entfernt, in Frage gekommen. Da es sich aber hierbei nur um eine von der Regierung genehmigte Urnengrabstätte handelt, mein Mann aber als Katholik nicht verbrannt werden durfte, hatte ich bereits im Februar die Bestattung in Landsberg bestimmt, nachdem die hinterbliebenen Frauen hierzu von den Behörden aufgefordert wurden. Herr Pfarrer Morgenschweiß hatte von sich aus über eine Bestattungsmöglichkeit in Halfing angefragt. Er hätte es seinerzeit schön gefunden, wenn mein Mann in meiner Nähe seine letzte Ruhestätte gefunden hätte.«[49] Als letzten Liebesdienst und Treuebeweis richtete Eleonore Pohl ihrem Mann am 19. Juni 1951 in der Pfarrkirche zu Halfing »ein feierliches Requiem« aus, unter Mitwirkung des Gefängnisgeistlichen von Landsberg, Pfarrer Morgenschweiß, und des Novizenmeisters von St. Ottilien. Anwesend war auch der amerikanische Rechtsanwalt Frederic A. Wiehl, der sich mit antisemitischen Hetzereien für Pohl eingesetzt hatte.[50]

48 »Der Spiegel« 24 (1951), S. 12. Eleonore Pohl hatte aus ihrer ersten Ehe mit Rütger von Brüning das »Anwesen Brüningsau« in Halfing behalten, in dem sie nun mit ihren Kindern lebte. Koch (1988, S. 83).

49 »Der Spiegel« 27 (1951), S. 34. Am 1. August meldete sich auch ein Mitglied des Gemeinderats Halfing zu Wort, um zu bestätigen, daß Frau Eleonore Pohl weder schriftlich noch mündlich wegen einer eventuellen Beisetzung an den Gemeinderat herangetreten sei. Weiter stellte er richtig, daß der Gemeinderat, als der Gefängnisgeistliche von Landsberg sich an ihn wandte, sofort sein Einverständnis gegeben habe. »Der Spiegel« 31 (1951), S. 42.

50 »Der Spiegel« 31 (1951), Leserbrief von Fritz Kammerer. An der Beerdigung des ehemaligen SS-Führers Otto Ohlendorf in seinem niedersächsischen Heimatort Hoheneggelsen nahmen 1300 Menschen teil. Die Trauerfeier wurde »zu einer Demonstration nationalsozialistischen Durchhaltewillens. Hunderte stehen mit zum Nazi-Gruß erhobenen Armen vor der Friedhofskapelle und schwören Rache für den hingerichteten Massenmörder.« Vgl. Kraushaar (1996, S. 443).

Zu der Gruppe, die gemeinsam mit Höß nach Flensburg geflohen war, zählte ferner der SS-Sturmbannführer Karl Sommer. Er wurde im Frühjahr 1945 von der englischen Armee in Flensburg verhaftet.[51] Zusammen mit Oswald Pohl wurde er im Nürnberger Prozeß gegen das Wirtschafts- und Verwaltungshauptamt als Kriegsverbrecher angeklagt und zum Tode verurteilt. Im Kontext der Berichte über die Nürnberger Prozesse berichtete der »Spiegel« am 12. November 1948 über die Affäre der Ehefrau des Angeklagten Karl Sommer mit einem »Angehörigen der Besatzungsmacht«. Von diesem erwartete Frau Sommer ein Kind und drang daher auf schnelle Scheidung. Weiter wird mitgeteilt, daß Sommer nicht lange ohne weiblichen Beistand blieb. Die 27jährige Sekretärin Anneliese Beyer, die bereits seit den ersten Tagen des Nürnberger Prozesses für die Verteidigung arbeitete, hatte sich in Karl Sommer verliebt und sich nach seiner Scheidung mit ihm verlobt. »Die Liebenden, Karl und Anneliese, sahen sich zwar im Vernehmungszimmer für Verteidiger nur durch Gitter. Doch war das kein Hinderungsgrund für eine regelrechte Verlobung. Sommer ließ sich von seiner Frau allen Schmuck zurückbringen und schenkte ihn seiner Verlobten.«[52] Anneliese Beyer »beteiligte sich mit unglaublicher Zähigkeit an den Anstrengungen der Verteidigung um Wiederaufnahme des Prozesses«;[53] sie wollte ihren Geliebten unbedingt freibekommen. Als Sommers Strafe am 13. Mai 1949 durch den Militärausschuß in lebenslängliche Haft umgewandelt wurde, saß Anneliese Beyer mit »glücklichem Lächeln in der Angestellten-Messe des Justizpalastes« in Nürnberg.[54] Ob sie noch mit Sommer verlobt war, als dessen Strafe 1950 durch den Gnadenausschuß auf zehn Jahre herabgesetzt wurde,[55] und ob aus dem Braut- jemals ein Ehepaar wurde, entzieht sich unserer Kenntnis.

Wie bereits gezeigt, konnten die meisten SS-Männer bei Verwandten und Bekannten untertauchen. Der ehemalige Leiter der Gestapo im KZ Auschwitz, Wilhelm Boger, erklärte im Auschwitz-Prozeß, wieso das so war: »Da-

51 »...search for Obersturmbannführer SS – Höss and investigation of alleged Nazi cell in St. Michaelisdonn«, 92 Field Security Section (Southern Sub-Area). Yad Vashem Archives, File 051/41, 5524, Höß.

52 »Der Spiegel« 46 (1948), S. 7.

53 Ebenda.

54 So »Der Spiegel« 21 (1949), S. 7, in einem Bericht über die Begnadigungsaktion.

55 Vgl. Hilberg (1990, S. 1180). Vermutlich wurde Sommer, wie die Mehrzahl der Verurteilten, die begnadigt worden waren, im Laufe des Jahres 1950 oder 1951 entlassen.

mals zeigte es sich noch, daß die Deutschen zusammenhielten, denn sie kannten mich alle, und niemand zeigte mich an.«[56] Boger war am 19. Juni 1945 in Ludwigsburg, wo er von seinen Eltern versteckt wurde, von einem ehemaligen Häftling des KZs Auschwitz entdeckt und angezeigt worden. Er wurde festgenommen und in Dachau interniert. Seine Frau berichtete über diese Zeit: »Von Januar 1945 bis August 1946 hatte ich von meinem Mann keinerlei Nachrichten. Als ich nach Niederwetz (Kreis Wetzlar, Hessen) kam, hörte ich zum ersten Mal wieder ein Lebenszeichen von ihm. Er schrieb mir aus dem Internierungslager in Dachau. Er sollte nach Polen ausgeliefert werden. Auf dem Transport nach Polen ist er geflüchtet und hielt sich in Stuttgart-Zuffenhausen und im Kreis Crailsheim illegal auf. Ich habe ihn während dieser Zeit wiederholt getroffen. Er lebte illegal, ohne Papiere und ohne sich polizeilich gemeldet zu haben.

Im Sommer 1949 wurde er in Schmalfelden festgenommen, kam ins Gefängnis nach Langenburg, wurde nach kurzer Untersuchungshaft wieder freigelassen. Von diesem Zeitpunkt ab konnte er sich wieder frei bewegen. In Niederwetz hat er sich polizeilich angemeldet und sich gültige Personalpapier verschafft. Am 21. April bekam ich mein drittes Kind. Mein Mann war bis November 1950 arbeitslos, kam dann zur Firma Heinkel in Stuttgart-Zuffenhausen als Hilfsarbeiter, wurde nach einiger Zeit Automatendreher und ist seit einigen Jahren als kaufmännischer Angestellter dort tätig. Am 1. Juli 1951 verzog ich mit meinen drei Kindern und meiner Mutter von Niederwetz nach Hemmingen, Kreis Leonberg. Durch die Firma erhielten wir eine Dreizimmerwohnung. Ich selbst bin seit November 1954 ebenfalls bei der Firma Heinkel als Buchhalterin tätig.«[57]

Im Februar 1951 wurde Boger entnazifiziert. Obwohl er als Hauptschuldiger angeklagt war, wurde das Verfahren gegen ihn eingestellt. Erst im Oktober 1958 wurde Boger wieder festgenommen. Zusammen mit anderen ehemaligen SS-Angehörigen des KZs Auschwitz wurde er vor Gericht gestellt und zu lebenslangem Zuchthaus verurteilt.[58]

---

56 Langbein (1995, Bd. 1, S. 370).

57 Zit. n. Langbein (1995, Bd. 1, S. 373).

58 Urteil des Landgerichts Frankfurt/Main vom 20.8.1965, 4 Ks 2/63, veröffentlicht in: »Justiz und NS-Verbrechen« (1979, Bd. XXI, S. 383).

»Neue Heimat« in Übersee

Etliche SS-Angehörige hatten bereits bei Ende des Krieges eine andere Identität angenommen und sich vorübergehend verborgen, um dann in ein anderes sicheres Land auszuwandern. Ihre Ziele in Europa waren Spanien, Schweden und Irland, in Übersee waren es Bolivien, Chile und vor allem Argentinien. Zu den prominenten Flüchtlingen, die eine neue Heimat in Argentinien fanden, zählten u. a. der »Architekt der Endlösung«, SS-Obersturmbannführer Adolf Eichmann; der Lagerarzt des Konzentrationslagers Auschwitz, SS-Obersturmbannführer Josef Mengele; der stellvertretende Leiter des Ghettos in Riga, Eduard Roschmann, der wegen Teilnahme an der Vernichtung der Juden im Osten und später wegen Bigamie gesucht wurde; der Kommandant des Ghettos von Przemysl, Josef Schwammberger, der 1990 an die BRD ausgeliefert wurde;[1] der SS-Oberführer im SD-Hauptamt, Dr. Kurt Christmann; und Himmlers ehemaliger persönlicher Adjutant, der SS-Gruppenführer Ludolph von Alvensleben.[2] Im Gastland bildeten sie »Grüppchen und Zirkel, die sich exklusiv hielten und nach außen den Eindruck verschworener Gemeinschaften vermittelten«.[3] Sie lebten also wie bereits vor ihrer Flucht als elitäre SS-Gemeinschaft. Ihre persönliche Bewältigung der jüngsten Vergangenheit bestand zumeist aus gruppenstabilisierenden Rechtfertigungsritualen. In Argentinien hatten SS-Veteranen einen Kameradenkreis gegründet, zu dem regelmäßig bis zu 200 Personen kamen, eine »Art Arbeitsbörse und ein Zentrum zum Austausch von Nachrichten, während man gleichzeitig die Erinnerung an den Krieg und den Kampf der Waffen-SS lebendig hielt... Der Kreis war eng geschlossen und exklusiv. Außenstehende, selbst Sympathisanten, kamen nur an die Peripherie. Man schützte und warnte sich gegenseitig und war über internationale Suchaktionen und Fahndungsmaßnahmen meist gut informiert. Die jeweiligen Neuankömmlinge, die von Bord der Atlantikdampfer kamen, wurden in den Kreis einge-

1 Siehe: »Der Spiegel« 35 (1991), S. 76–82.
2 Vgl. Meding (1992, S. 149).
3 Ebenda, S. 148.

führt und nach Möglichkeit unterstützt.«[4] Dieser SS-Kameradenkreis verfügte über eine eigene Zeitschrift, »Der Weg«, in der er sich als »Adel der Revolution« und als »wehrhafter Orden rassischer, sittlicher und geistiger Auslese mit Ehre und Treue als seinem Fundament«[5] feierten.

Einige Beispiele von SS-Familien, die gemeinsam oder auch getrennt dieses neue Leben in der Fremde begannen, zeigen anschaulich, welche Hilfe und Unterstützung die SS-Sippengemeinschaft, die Ehefrauen, Schwestern, Brüder und sonstige Verwandte und Bekannte leistete.

Gemeinsam mit ihrem Ehemann Dr. Kurt Christmann, dem Führer des Einsatzkommandos 10a der Einsatzgruppe D, die allein in den ersten zehn Monaten des Krieges im Osten 90000 Menschen ermordet hatte, floh Frau Christmann 1946 nach Argentinien. Die Familie wurde in den Kreis der ehemaligen SS aufgenommen; Christmann wurde Mitbegründer des SS-Hilfsvereins »Kameradenwerk«, dessen Aufgabe es war, die Familien hoher SS-Führer mit Lebensmittelpaketen zu versorgen. Dies geschah auch in Zusammenarbeit mit Hilfsorganisationen in Deutschland, mit der Prinzessin von Isenburg und ihrer »Stillen Hilfe« und der ehemaligen SS-Führerin Prinzessin Ingeborg Alice zu Schaumburg-Lippe, Leiterin des Hilfswerks »Helfende Hände«, welche dem argentinischen Verein Listen von Gefangenen zukommen ließen.[6]

Bereits 1956 kehrten Frau Christmann und ihr Mann zurück nach Deutschland. Kurt Christmann sollte sich ab 1974 vor Gericht verantworten, wurde jedoch »für dauernd verhandlungsunfähig« erklärt. Das Verfahren wurde eingestellt. Als Multimillionäre lebten er und seine Frau in einer komfortablen Villa in Laim. 1980 wurde Christmann erneut vor Gericht gestellt und zu zehn Jahren Gefängnis verurteilt.[7]

4 Ebenda, S. 171 f.

5 Ebenda, S. 172.

6 Vgl. Rudel (1954, S. 161); zur SS-Führerin Prinzessin zu Schaumburg-Lippe siehe auch S. 86f.

7 Lichtenstein (1984, S. 24ff.); siehe auch Meding (1992, S. 150); ZStL, 213 AR 219/59, Bd. 207ff. Woher die Millionen stammten, ist nicht bekannt.

Unterstützung bei der Flucht bekam auch der SS-Obersturmbannführer Adolf Eichmann von seiner Frau Vera. Eichmann war während des Zweiten Weltkriegs als Leiter des »Judenreferats« im Amt V (Gestapo) des Reichssicherheitshauptamtes verantwortlich für die Deportation der Juden, deren Ziel die »Endlösung«, die vollständige Ausrottung des europäischen Judentums war. Adolf Eichmann hatte Veronika, genannt Vera, Liebl »bei seinen böhmischen Reisen kennengelernt«.[8] In seinem Antrag auf Heiratsgenehmigung schrieb Eichmann am 21. Oktober 1934: »Seit dem 15. August 1931 bin ich mit einer deutschböhmischen Gutsbesitzerstochter in Mladé bei Böhm. Budweis verlobt. Im Sommer 1933 wollte ich heiraten, konnte dies aber nicht, weil ich im Lager Lechfeld um diese Zeit ausgebildet wurde und wir alle in der Meinung waren, im Herbst 1933 nach Österreich gehen zu können. Mein Plan zu heiraten wurde von da ab von Monat zu Monat verschoben, weil man immer hoffte, daß in der Angelegenheit Österreichs irgend eine Klärung kommen würde.«[9] Die Ehe wurde 1935 geschlossen.[10]

Seit Kriegsende lebte Vera Eichmann mit den drei Söhnen in Altaussee im Salzkammergut. Hier befand sich die sogenannte »Alpenfestung«. Das Ausseerland, das von hohen Bergen des Toten Gebirges und des Dachsteinmassivs umgeben ist, war nur durch wenige schmale Zugänge über Paßstraßen bzw. durch enge Täler zu erreichen – für die Nazis eine ideale Rückzugsbastion, ein »Flucht-Punkt mit geradezu magnetischer Anziehungskraft«.[11] Auch Adolf Eichmann glaubte hier für seine Familie einen sicheren Unterschlupf gefunden zu haben. Er ließ seine Frau mit den drei Söhnen bei einem Bauern in Altaussee zurück und suchte für sich selbst einen anderen »sicheren Ort«. »In Altaussee habe ich«, so erzählte Eichmann später, »meiner

8 So Siegfried Einstein (o. J., S. 66).

9 National Archives, RG 242 (roll BO148-A3343), RuSHA-Akte Eichmann; »Anhang zum beiliegenden Verlobungsgenehmigungsgesuch«. An anderer Stelle schrieb er: »Heirat bisher wegen polit. Kampf in Österreich nicht möglich«, »Erbgesundheitsblatt«, S. 2. Das »Lager Lechfeld« war, wie Eichmann 1960 seinem Ankläger Avner Less erklärte, »ein ehemaliger großer Truppenübungsplatz«, wo österreichische SS-Männer ausgebildet wurden. Vgl. von Lang (1982, S. 20).

10 Ebenda, S. 39; siehe auch: Einstein (o. J., S. 66), der berichtet, daß das Ehepaar Eichmann 1939 in Prag in einer beschlagnahmten, geräumigen Villa lebte.

11 Giefer und Giefer (1991, S. 31).

Frau als letztes Geschenk eine Aktentasche voll Graupen und einen halben Sack Mehl gegeben. Und Giftkapseln, für jedes Kind und für meine Frau eine, und zu ihr habe ich gesagt: ›Wenn die Russen kommen, dann müßt ihr hineinbeißen; wenn die Amerikaner oder die Engländer kommen, dann nicht.‹ Das mag Ende April oder Anfang Mai 1945 gewesen sein. Das war meine einzige Vorsorge.«[12] Eichmanns Flucht über die Berge endete in der Nähe von Ulm, wo er von einer amerikanischen Militärpatrouille aufgegriffen und in ein Kriegsgefangenenlager gebracht wurde. Mit Hilfe von SS-Kameraden flüchtete er, zusammen mit dem SS-Unterscharführer Kurt Bauer, aus dem Lager.[13] Auch Eichmann konnte auf das Netzwerk der SS-Sippengemeinschaft zurückgreifen. Unter dem Namen Otto Heninger lebte er einige Wochen in Prien am Chiemsee bei Nelly Krawietz, der Schwester des SS-Mannes Bauer, »die den SS-Mann Heninger sofort sympathisch«[14] fand. Nelly Krawietz vertraute er sich an, »erzählte ihr, daß er in Wirklichkeit Eichmann heiße und mit der Judenverfolgung zu tun gehabt habe«.[15] Für sie war diese Erklärung zusätzliche Motivation, Eichmann bei der weiteren Flucht zu helfen. Zusammen mit ihm, der zu seinem nächsten Fluchtpunkt, einem Bauernhof in der Lüneburger Heide, unterwegs war, fuhr sie mit der Bahn nach Norddeutschland, versorgte ihn, solange er in Deutschland weilte, mit Lebensmittelpaketen und besuchte ihn an seinem neuen Wohnort.[16] Auch in der Lüneburger Heide half die SS-Sippengemeinschaft. Der Bruder eines früheren SS-Kameraden gab Eichmann Arbeit als Holzfäller.

Ende 1947 versuchte Veronika Eichmann beim Bezirksgericht in Bad Ischl ihren Mann für tot erklären zu lassen. Sie legte die Erklärung eines Karl Lukas aus Prag vor, der versicherte, »er habe am 30. April 1945 gesehen, wie Adolf Eichmann bei Kämpfen in der tschechischen Hauptstadt ums Leben gekommen sei«.[17] Simon Wiesenthal, davon überzeugt, daß es sich um ein Betrugsmanöver Veronika Eichmanns handelte, versorgte das Gericht sowohl mit eidesstattlichen Erklärungen, die bezeugten, daß Eichmann noch im Mai 1945 im Ausseerland gesehen worden war, als auch mit der Information, daß Karl Lukas Veronika Eichmanns Schwager, der Mann ihrer Schwe-

12 Aschenauer (1980, S. 423).
13 Aharoni und Dietl (1996, S. 72).
14 Ebenda, S. 73.
15 Ebenda.
16 Ebenda, S. 80.
17 Ebenda, S. 77.

ster Maria war. Dieser Versuch Veronika Eichmanns scheiterte. »Simon Wiesenthal heute: ›In meinen Augen war diese Aktion das Allerwichtigste, was ich in der Sache Eichmann getan habe. Wenn er gesetzlich für tot erklärt worden wäre, dann hätte man ihn von allen Fahndungslisten getilgt und seinen Fall abgeschlossen. Es wäre unmöglich gewesen, ihn später noch einmal zu suchen. Ein Mann, der als tot gilt, wird nirgendwo gesucht. Viele NS-Verbrecher ließen sich für tot erklären und entkamen so ihrem gerechten Schicksal. Später lebten sie unter neuem Namen, und möglicherweise mit der alten Ehefrau, weiter.‹«[18] Wiesenthal äußert sich auch zur Fluchthelferinnenrolle der Ehefrau Vera: »Ich habe mich manchmal gefragt, ob Eichmann jemals mit seiner Frau oder mit seinen Kindern über solche Ziffern [sechs Millionen ermordete Juden, G. S.] gesprochen hat. Und wie sie dann reagiert haben. Wie Frau Veronika Eichmann-Liebl es schaffte, mit einem Mann zusammenzuleben, der für den Tod von fast so vielen Menschen verantwortlich war, wie in ganz Österreich lebten. Ob sie dachte, die Vorwürfe gegen ihn seien üble Verleumdung, oder ob sie umgekehrt meinte, der Mord an den Juden sei sein Verdienst? Wahrscheinlich war es weder das eine noch das andere, sondern am ehesten die Überzeugung, ihr Mann hätte nichts als ›seine Pflicht‹ getan. Welche Pflicht das gewesen ist, muß auch Frau Eichmann gleichgültig gewesen sein. Anders kann ich mir nicht erklären, wie sie tun konnte, was sie tat: sie kämpfte darum, daß Eichmanns Flucht erfolgreich blieb, und darum, wieder mit ihm zusammenzuleben. Indem sie so tat, als sei er gestorben.«[19]

1950, als es Eichmann gelungen war, sich einen Flüchtlingsausweis des Roten Kreuzes zu besorgen, besuchte er seine Frau und Kinder in Altaussee und floh anschließend über die »Klosterlinie«[20] nach Argentinien. Hier lebte er fortan unter dem Namen Ricardo Clement. Arbeit fand er in der von dem früheren SS-Führer Fuldner geleiteten deutsch-argentinischen Firma, die nach dem Grundsatz »Unsere Ehre heißt Treue« gegründet worden war, um alte SS-Kameraden zu versorgen.[21] Auch hier half die durch Massenmord ge-

18 Ebenda, S. 78.

19 Ebenda.

20 Das Wort »Klosterlinie« ist wörtlich zu nehmen. So wurde die Fluchtroute für NS-Täter von Kloster zu Kloster unter Mithilfe der entsprechenden katholischen Priester genannt. Vgl. Meding (1992, S. 76ff.).

21 Vgl. Eichmann. Der Endlöser, in: »Der Spiegel« 25 (1960), S. 28.

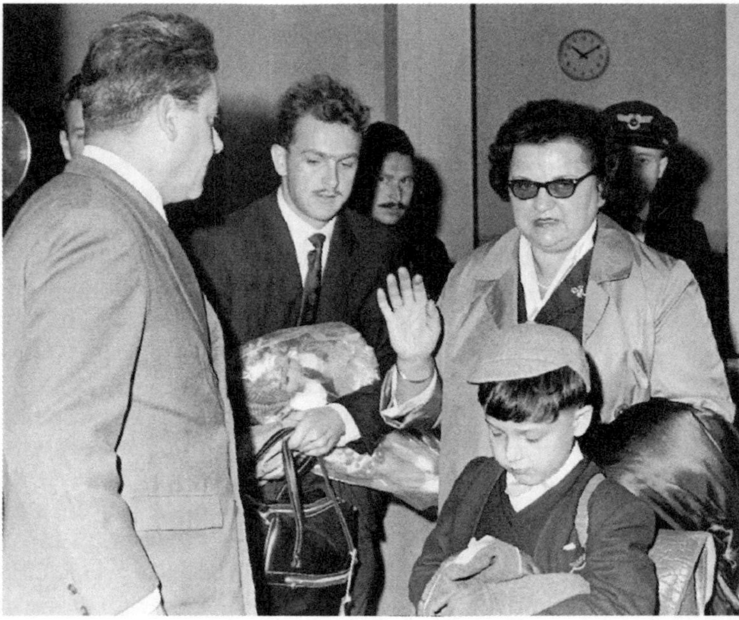

Veronika Eichmann und ihre Söhne: Rückkehr aus Buenos Aires, 1963 (Associated Press)

stiftete »Blut-Sippschaft«[22] der SS oder, wie der Nazi Rudel es ausdrückte: »Es bewährte sich, wie schon oft, der Zusammenhalt unserer Gemeinschaft, die eben zu fest geschweißt wurde, als daß sie durch die Zufälligkeit der Nachkriegs-Grenzziehung erschüttert werden konnte.«[23]

Vera Eichmann, die aus Gründen der Tarnung wieder ihren Mädchennamen Liebl angenommen hatte, lebte bis 1952 mit ihren Kindern im Ausseerland. Von der Verwaltungsbehörde ließ sie sich einen Reisepaß auf ihren Geburtsnamen ausstellen. Anfang Juli folgten Veronika Eichmann-Liebl und die Söhne dem Gatten nach Argentinien. Eichmann war »voll in die argentinische Gesellschaft eingegliedert – er arbeitete, er lebte in geordneten

22 Hilberg (1990, Bd. 3, S. 1082).

23 Rudel (1954, S. 154).

Familienverhältnissen und war ein guter Vater seiner Kinder«.[24] Als er zehn Jahre später, am 2. Mai 1960, von israelischen Geheimagenten in einem Vorort von Buenos Aires aufgespürt wurde, lebte die Familie Eichmann unter eher bescheidenen Verhältnissen. Neun Tage später wurde Eichmann nach Israel gebracht, wo man ihm den Prozeß machte.[25] Am 15. Dezember 1961 wurde er zum Tode verurteilt und am 1. Juni 1962 hingerichtet. »Bald nach der Entführung des Vaters und Ehemanns, zogen Vera und ihr in Argentinien geborener Sohn Ricardo nach Deutschland. Sie kamen bei der Großmutter Liebl in Nordbaden unter. Ricardo wurde mit sechs Jahren eingeschult. Seine Brüder blieben vorerst in Buenos Aires. Sie arbeiteten in technischen Berufen. Vera Eichmann traf ihren Mann im Mai 1962 noch einmal in israelischer Haft. Irgendwie kam sie mit dem Leben im neuen Deutschland nicht mehr zurecht. Als Ricardo die erste Klasse der Volksschule hinter sich hatte, ging seine Mutter mit ihm zurück nach Argentinien.«[26] Drei Jahre später kehrten Mutter und Sohn erneut nach Deutschland zurück. Vera Eichmann starb 1993 im Alter von 84 Jahren, sie hat – wie ihr Sohn Ricardo erzählte – »nie verwunden, daß Adolf Eichmann hingerichtet wurde«.[27]

Irene Mengele erzählte den Amerikanern, ihr Mann sei tot

Auch der SS-Arzt Josef Mengele tauchte nach dem Krieg unter. Zwar war er in der Nähe der Stadt Weiden von amerikanischen Truppen aufgegriffen und in ein Gefangenenlager gebracht worden. Die Vernehmungsoffiziere bemerkten jedoch nicht, wen sie vor sich hatten, ungeachtet dessen, daß Mengele auf der Liste der Hauptkriegsverbrecher stand.[28] Sie ließen ihn im September 1945 wieder laufen. Bereits im Lager hatte er sich falsche Papiere

24 Wiesenthal (1991, S. 108).

25 Der älteste Sohn Klaus erzählte 1966 in einem Interview mit der Zeitschrift »Quick«, daß nach der Entführung Eichmanns die Mutter und der jüngste Bruder in das Haus eines SS-Freundes gebracht wurden, da sie befürchteten, auch gekidnappt zu werden. »Quick« 2 (1966), S. 16–22, hier S. 19.

26 Aharoni und Dietl (1996, S. 283 f.), siehe auch: »Der Spiegel« 22 (1962), S. 51; H. 24, S. 72.

27 Aharoni und Dietl (1996, S. 286).

28 Kriegsverbrecherliste der Vereinten Nationen, Nr. 8, beim Amt für Sonderermittlungen, Washington, D. C.; Posner und Ware (1990, S. 86).

verschaffen können, die er nun benutzte. Obwohl bereits kurze Zeit nach Ende des Krieges Berichte über Mengeles Verbrechen in Auschwitz publiziert und damit einer großen Öffentlichkeit bekannt wurden, fiel es Mengele nicht schwer, Frauen und Männer zu finden, die ihm halfen. Bis zu seiner Flucht nach Argentinien wurde Mengele von seiner Ehefrau, seinem Vater, aber auch von befreundeten Ehepaaren versteckt und beschützt. Unter dem Decknamen Fritz Ulmann fand er zunächst Unterschlupf im Haus seines Freundes Dr. Miller. Herr und Frau Miller knüpften Kontakte zu Frauen und Männern, die Mengele bei der weiteren Flucht halfen, und unterrichteten seine Familie darüber, daß er sich in Sicherheit befand. »Irene Mengele hatte das ganze Jahr nichts von ihrem Mann gehört und nahm an, er sei ›einer von Millionen jetzt umherziehenden Gefangenen oder tot‹. Und wenn sie wirklich nicht gewußt hatte, was er in Auschwitz getan, als sie ihn dort zweimal besuchte, dann wußte sie es gewiß jetzt. Irene schrieb in ihr Tagebuch, daß die Alliierten in den Rundfunkmeldungen vom 3. Mai 1945 die gegen ihren Mann vorgebrachten Anschuldigungen wegen Kriegsverbrechen aufzählten. Einen Monat später, am 11. Juni, tauchten an ihrer Tür in Autenried drei Angehörige der amerikanischen Militärpolizei auf und fragten nach ihm... Irene erzählte den Amerikanern, sie hielte ihren Mann für tot.«[29] In ihrem Tagebuch kommentierte sie am 7. Oktober 1945 einen Bericht über ihn so: »In der Lokalzeitung taucht sein Name auf, und da heißt es: ›Mit tierischer Wollust sah er Menschen sterben‹. Man möchte lachen... Was soll er denken, wenn er solches Geschmiere sieht.«[30]

Im Herbst 1945 lebte Mengele in München bei einem SS-Ehepaar. Der Mann, ein Apotheker, hatte 1942 mit Mengele in der SS-Division »Wiking« gedient. Mengele bekam Hilfe von einem weiteren Ehepaar, beide Ärzte, die ebenfalls über Mengeles Rolle in Auschwitz informiert waren. Ab Oktober 1945 lebte und arbeitete er als Knecht auf einem bayerischen Bauernhof. Irene Mengele besuchte ihn regelmäßig alle zwei Monate. »Irene war sich der Gefährlichkeit ihrer Fahrten nach Rosenheim bewußt – da Mengele ein gesuchter Flüchtling war, wurde sie vielleicht beschattet –, doch sie nahm die Gefahren zugunsten der Besuche in Kauf.«[31] Ende 1946 war sich Mengele so sicher, daß die Amerikaner ihn nicht mehr suchen würden, daß er zweimal für je eine Woche zu seiner Frau nach Autenried fuhr. Der Öffentlichkeit

29 Posner und Ware (1990, S. 91).
30 Zit. n. ebenda, S. 99.
31 Ebenda.

gegenüber spielte Irene Mengele sehr überzeugend die trauernde Witwe. Sie trug nur noch schwarze Kleidung und ließ in der Kirche einen Trauergottesdienst für ihn ausrichten. Mengele blieb bis Herbst 1948 auf dem Bauernhof, dann kehrte er in seine Heimat zurück und versteckte sich in den Günzburger Wäldern. Mit Hilfe des Vaters bereitete er seine Flucht nach Argentinien vor. Mengele erwartete, daß Ehefrau und Kind ihm nach Argentinien folgen würden. Irene Mengele beschloß jedoch, nicht mit ihm zu gehen, denn, so der Sohn Rolf: »Sie hing an Deutschland und an Europa, an der Kultur, denn sie hatte Kunstgeschichte studiert, und an ihren Eltern. Außerdem hatte sie 1948 ihren späteren zweiten Ehemann, Alfons Hackenjos, kennengelernt. Dennoch bedeutete es für sie einen sehr schweren Entschluß, denn sie empfand noch immer etwas für Josef. Sie hat sich bewußt bemüht, sein Bild in ihr auszulöschen und ihre Gefühle für ihn zu beenden.«[32] Irene Mengele begleitete ihren Mann zwar nicht nach Argentinien, ihrer Loyalität konnte sich der SS-Arzt aber bis zu seinem Tod sicher sein. Irene Mengele und ihr Sohn blieben in brieflichem Kontakt mit Mengele, der 1979 in Brasilien starb. Hier hatte er die letzten Jahre gelebt, unterstützt von der ehemaligen SS-Familie Bossert. Mengele ertrank während eines Badeausflugs mit Wolfram und Lieselotte Bossert.[33]

Die Schuhmanns fliehen nach Afrika

Das Ehepaar Schuhmann, das sich in der Mordanstalt Sonnenschein kennengelernt hatte,[34] flüchtete bei Kriegsende nach Afrika. Schuhmann verließ seinen letzten »Arbeitsplatz«, das Konzentrationslager Auschwitz-Birkenau, im April 1944 und befaßte sich nun mit der »Sonderbehandlung« von polnischen und russischen Zwangsarbeitern.[35] Im Herbst 1944 lebte Frau Schuhmann mit ihren zwei Kindern in Gladbeck, zog dann aber wegen der Bombengefahr Mitte Oktober nach Mühlhausen in Thüringen in die Nähe der Landesheilanstalt Pfafferode, in der ehemalige Kollegen aus der »T4« arbeiteten. Schuhmann selbst muß sich ebenfalls in der Nähe aufgehalten haben, da er, wie einem Briefwechsel entnommen werden kann, »jetzt auch öfter

32 Ebenda, S. 116.

33 Wiesenthal (1991, S. 150).

34 Siehe Kapitel: »Verliebt, verlobt, verheiratet«, S. 180ff.

35 Czech (1989, S. 1017).

hierher« kam, sowohl »dienstlich« wegen der »Ostarbeiterfrage« als auch privat.[36]

Im Oktober 1945 tauchte er in Gladbeck auf, der Stadt, aus der seine Frau stammte und in die sie im Juli 1945 zurückgekehrt war. Obwohl er in Nürnberg als Verbrecher eingestuft worden war, meldete er sich am 15. April 1946 polizeilich an; dies konnte er problemlos tun, da der Leiter des Einwohnermeldeamtes ein Verwandter seiner Frau war. In Gladbeck übernahm er die Position eines städtischen Sportarztes. Mit einem Flüchtlingskredit eröffnete er 1949 eine eigene Praxis. Erst 1951, als er einen Antrag auf einen Jagdschein stellte, fiel er den Behörden als gesuchter NS-Verbrecher auf. Da zwischen seiner Identifizierung und dem Versuch, ihn zu verhaften, 21 Tage lagen, konnte er fliehen. Wahrscheinlich wurde er von einem Gladbecker Kollegen, dem Stadtmedizinalrat, gewarnt. Bis 1955 arbeitete er als Schiffsarzt, um sich dann im Sudan niederzulassen.[37] Seine Frau, die mit den Kindern zu ihm in den Sudan gezogen war, besuchte 1958 für einen Monat ihre Heimatstadt. Sie versteckte sich nicht, besuchte vielmehr ehemalige Kolleginnen.

Charlotte E., eine alte Arbeitskollegin und Freundin von Frau Schuhmann, berichtete über diesen Aufenthalt: »Im Jahr 1958 erschien überraschend bei mir Frau Schuhmann, geb. P. Sie war in Begleitung ihrer beiden Kinder (Sohn und Tochter). Der Zweck ihrer Deutschlandreise bestand darin, einmal ihre Eltern zu besuchen und zum anderen ihren Sohn aus Studiengründen unterzubringen. Ich weiss nicht, ob sie den Sohn unterbringen konnte, sie hat mir später nicht mehr geschrieben. Es war die Rede davon, dass der Sohn in Heidelberg studieren sollte. Frau Schuhmann erzählte auch, dass für die Ausbildung der Kinder in Ghana keine Möglichkeiten beständen. Im Zeitpunkt ihres Besuches wurden die Kinder in Khartum / Sudan ausgebildet. Sie waren damals in einem Internat.

Über die Funktion ihres Mannes sagte Frau Schuhmann, dass er in einem Gebiet innerhalb Ghanas in dem sich sonst keine Weissen aufhielten, ein Hospital leitete. Sie sagte, um in den nächsten zivilisierten Ort zu kommen, sei eine Reise von 900 km erforderlich. Der Ort der Tätigkeit Dr. Schuhmanns wurde von Frau Schuhmann mit Juba (Phon.) bezeichnet. Im übrigen

36 Vgl. Brief von »Obermedizinalrat Dr. Steinmeyer, Direktor der Landesheilanstalt Pfafferode« an Fritz Mennecke, vom 4. 11. 1944, in: Chroust (1988, S. 1545 f.).

37 Vgl. Czech (1989, S. 1017); vgl. Klee (1992, S. 102 ff.).

erzählte Frau Schuhmann nur, dass ihr Mann, als die Verhaftung in Gladbeck gedroht habe, nach Ägypten ausgewandert sei.«[38]

Nachdem im Jahr 1959 der Aufenthalt der Familie Schuhmann im Sudan publik geworden war, floh das Ehepaar über Nigeria und Libyen nach Ghana. Hier trafen sie mit dem Ehepaar Kallmeyer zusammen.[39] Im Jahr 1966, nach dem Sturz des Staatschefs Nkrumah, wurde Schuhmann in die Bundesrepublik ausgeliefert. Im September 1970 begann sein Prozeß und wurde bereits sechs Monate später wieder eingestellt, da ihm ärztliche Kollegen einen zu hohen Blutdruck attestierten. Schuhmann wurde »in aller Stille« aus der Haft entlassen. Er starb am 5. Mai 1983.[40] Was aus Frau Schuhmann wurde, ist nicht bekannt.

38 Zeugenaussage Charlotte E. vom 8.2.1966 in der Voruntersuchungssache Lorent und Siebert, Landgericht Frankfurt/Main, Js 763 (GStA) und Js 1563 (GStA), ZStL, Euthanasie-Ordner.

39 Klee (1992, S. 105).

40 Klee (1992, S. 107).

Sie tauchen wieder auf...

Als das Nazisystem zusammenbrach, der Krieg beendet, die deutschen Armeen besiegt und Deutschland von den alliierten Truppen besetzt war, stürzte die SS-Sippengemeinschaft vom Olymp. Aus »Herrenmenschen« wurden »ganz normale« Nachkriegsdeutsche. Eine Minderheit der SS-Angehörigen war mitsamt ihrer Familien in das Ausland geflohen. Die überwiegende Mehrzahl blieb in Deutschland, darunter die rund 240 000 SS-Ehefrauen mit ihren Kindern, etliche von ihnen als Witwen.[1] Viele Ehemänner waren mit Hilfe ihrer Ehefrauen und falscher Pässe untergetaucht, andere waren von den Alliierten in Internierungslagern[2] eingesperrt worden oder befanden sich in einem Kriegsgefangenenlager. Die westlichen Internierungslager wurden 1948 und die östlichen 1950 aufgelöst, ihre Insassen, darunter die Mehrzahl der SS-Angehörigen, entweder entlassen oder zur weiteren Strafverbüßung an die Behörden überstellt.[3]

Bereits 1946 wurde von deutscher Seite und hier vor allem seitens der Kir-

---

1 Krafft Freiherr Schenk zu Schweinsberg (1965, S. 110) erklärt, daß von den rund 900 000 Mann der Waffen-SS über 360 000 gefallen und 42 000 als vermißt gemeldet sind.

2 Schon die 1944 gemeinsam vom britischen und amerikanischen Oberkommando (SHAEF) entwickelten Anweisungen für die Besatzungstruppen sahen die Verhaftung der führenden Größen des Dritten Reiches und ihre Internierung vor; zugleich sollten Personen, die im Verdacht standen, Kriegsverbrechen begangen zu haben, interniert werden. Weiter wurde beschlossen, daß das Korps der politischen Leiter der NSDAP, alle Führer und Unterführer der SS und Waffen-SS, alle Gestapo- und SD-Mitarbeiter, die Leiter der Militär- und Zivilverwaltungen in den besetzten Gebieten sowie hohe Beamte mittels »Automatischen Arrestes« interniert werden sollten. Insgesamt waren es 1945 in den drei westlichen Zonen 182 000 Internierte, von denen bis zum 1. 1. 1947 bereits 86 000 aus den Lagern entlassen worden waren. In der sowjetischen Besatzungszone waren es rund 122 600 Personen, die inhaftiert worden waren, von denen mindestens 42 800, nach anderen Schätzungen bis zu 80 000 Menschen starben. Vgl. Vollnhals (1995, S. 376 f.).

3 Vgl. Schick (1988, S. 322). Von der Weihnachts- und Jugendamnestie profitierten in der britischen Zone auch die unteren Ränge der Allgemeinen SS und der Waffen-SS. Vgl. Dudek und Jaschke (1984, S. 37).

chen für die Freilassung verurteilter Kriegsverbrecher argumentiert. »Die Kampagne«, so hieß es in einem amerikanischen Geheimdienst-Report vom April 1948, »setzt erfolgreich den Mythos in die Welt, daß die Entnazifizierung eine grausame Verfolgung sei, die selbst naziähnliche Methoden anwende, indem sie Menschen den Prozeß mache und sie in ›Konzentrationslagern‹ gefangen halte.«[4] Zwischen 1950 und 1951 erreichte die massenhaft unterstützte Bewegung gegen die »Siegerjustiz«, die sich gegen Entnazifizierung und Kriegsverbrecher-Prozesse richtete, ihren ersten Höhepunkt mit einer Interpellation des Bundestages, die am 14. November 1950 verabschiedet wurde. Auch Bundeskanzler Adenauer setzte sich dafür ein, sämtliche Kriegsverbrecher-Prozesse schnellstmöglich auszusetzen oder zu beenden, alle Todesurteile umzuwandeln und Begnadigungen auszusprechen.[5] Die Kampagne hatte Erfolg: Am 31. Januar 1951 wurden zahlreiche in Nürnberg zu hohen Haftstrafen Verurteilte von den Amerikanern freigelassen – darunter hohe und höchste Würdenträger des NS-Staates, Generäle, KZ-Wächter, Industrielle und SS-Ärzte.[6]

Die Forderung, die Kriegsverbrecher-Prozesse zu beenden und die bereits Verurteilten freizulassen, war begleitet von dem Versuch, nationalsozialistische Vernichtungspolitik zu bagatellisieren. Die in der illustrierten Wochenzeitung »die strasse« ab September 1950 veröffentlichte Artikelserie »Mein Mann – der Kriegsverbrecher« sollte wesentlich dazu beitragen. Die Redaktion begründete ihren Entschluß, diese Serie zu veröffentlichen, wie folgt: »Um also mit dem Nationalsozialismus ›fertig‹ zu werden, muß man sich zunächst über die Führer dieser Bewegung ein möglichst klares Bild machen können. Dabei sind nicht ausschließlich ihre sattsam bekannten Taten maßgebend. Die menschlichen Schwächen und Vorzüge, die persön-

4 Herbert (1996, S. 437).

5 Vgl. ebenda, S. 440. Bundeskanzler Adenauer in seiner Regierungserklärung: »Durch die Denazifizierung ist viel Unglück und viel Unheil angerichtet worden. Die wirklich Schuldigen an den Verbrechen, die in der nationalsozialistischen Zeit und im Krieg begangen worden sind, sollen mit aller Strenge bestraft werden. Aber im übrigen dürfen wir nicht mehr zwei Klassen von Menschen unterscheiden: die politisch Einwandfreien und die Nichteinwandfreien. Diese Unterscheidung muß baldigst verschwinden. Der Krieg und auch die Wirren der Nachkriegszeit haben eine so harte Prüfung für viele gebracht und solche Versuchungen, daß man für manche Verfehlung und Vergehen Verständnis aufbringen muß.« Verhandlungen des Deutschen Bundestages, 5. Sitzung, vom 20. 9. 1949, S. 27; vgl. Dudek und Jaschke (1984, S. 37).

6 Vgl. Herbert (1966, S. 447).

lichen Motive, die diese Männer im Guten oder Bösen zu den Taten veranlaßt haben, lassen oft viel tiefer blicken... Dafür haben wir hier ein Experiment gewagt, das zumindest neue Perspektiven eröffnet. Wir haben einfach die Frauen führender Nationalsozialisten gebeten, uns ihre Männer einmal aus ihrem Blickwinkel zu schildern. Wir gingen einfach von der Tatsache aus, daß Frauen ihre Männer am ungezwungensten erleben und daher in vieler Hinsicht am besten kennen.«[7] In den folgenden Ausgaben wurden mit vielen Fotos die Familien des Führer-Stellvertreters Rudolf Heß, des Gouverneurs des Generalgouvernements Hans Frank (»Frau Frank, die ›Königin von Polen‹, erzählt«), des ehemaligen Reichsaußenministers von Rippentrop, des ehemaligen »Generalbevollmächtigten für den Arbeitseinsatz« Fritz Sauckel, des »Reichsministers« Fritz Todt sowie Henriette von Schirach, die Frau des ehemaligen »Reichsjugendführers« Baldur von Schirach, porträtiert.

In dem ersten Artikel dieser Serie wird die Geschichte der Familie Heß erzählt. Die Art der Erzählung ist beispielhaft für alle folgenden. Ilse Heß berichtet, daß sie bereits seit 1921 die ersten Versammlungen der NSDAP besuchte: »Ich wohnte damals in der Pension von Fräulein Schildberg, München-Schwabing, Elisabethstraße. Dort lernte ich Rudolf Heß kennen, er war Student an der Technischen Hochschule. Wir hatten eigentlich nie so recht was zu essen. Um so mehr schwärmten wir von der Zukunft Deutschlands. Eines Tages hielt er mich auf dem Gang der Pension an und sagte: ›Gestern abend habe ich im Sterneckerbräu den Mann gefunden, der allein dazu ausersehen ist, die Schmach von Versailles von Deutschland zu nehmen. Heute abend kommen Sie doch mit?‹ – Ich ging mit und sah zum ersten Mal Adolf Hitler. Ich war überzeugt und glaubte an ihn. Fragen Sie jetzt nicht warum! Ich könnte es nicht erklären.« Dennoch führte ihre neugewonnene Überzeugung in der Folge, in ihrer eigenen Darstellung, zu einem weitreichenden Einfluß: »Genug, wir blieben bei ihm. Heß gab sein Studium auf, und ich schrieb die ersten Briefe der Partei. Später durfte ich Hitlers Buchmanuskript abtippen. Dabei erfand ich zufällig den Titel ›Mein Kampf‹. Der ursprüngliche Titel war ziemlich verschroben. – Überhaupt die Titel. Was wurde da nicht alles herumexperimentiert. Erst nannten wir Hitler ›Tribun‹. Das klang uns jedoch bald viel zu zahm und so wurde aus dem ›Tribun‹ das

---

7 »die strasse«, 3. Jg., Nr. 37, 10. September 1950, Titelseite. Der Terminus »Kriegsverbrecher« wird hier – wie später auch in Lina Heydrichs Buch »Leben mit einem Kriegsverbrecher« (1976) – wie eine Auszeichnung benutzt.

kämpferische ›Wolf‹!«[8] Der Autor des Artikels hinterfragt Frau Heß' kritiklos-schwärmerische Erzählung über ihr frühes Engagement für die NSDAP an keiner Stelle. Im Gegenteil, sie und ihr Mann werden als Beispiel für »den guten Charakter der Partei« präsentiert: »Es können ihr heute getrost auch gute Charaktereigenschaften zugebilligt werden.«[9]

Nachdem die SS zur »verbrecherischen Organisation« erklärt und einige höhere SS-Führer wegen »Kriegsverbrechen« verurteilt worden waren, stilisierten sie sich zu Opfern alliierter Rache und Gewalt, unterstützt von großen Teilen der Presse. Die »strasse« griff das »Schicksal« einer SS-Familie in folgender Weise auf: Im April 1950 forderte Käthe Meyer die Freilassung und Rehabilitierung ihres als Kriegsverbrecher inhaftierten Mannes.[10] Kurt Meyer war Mitglied der SS seit 1932 und gehörte seit 1935 zur SS-Leibstandarte. Ab Kriegsbeginn nahm er an Einsätzen in Polen, Rumänien, Bulgarien, Jugoslawien, Griechenland und Rußland teil, in all den Ländern, in denen sich die SS durch Massenmorde an Kriegsgefangenen und der Zivilbevölkerung hervorgetan hatte. Als Kommandeur des 25. Panzergrenadierregiments war er im Dezember 1944 an der »Invasionsfront« in den Ardennen eingesetzt. Hier war er verantwortlich für die Erschießung kanadischer Kriegsgefangener, so der Vorwurf des kanadischen Militärgerichts.[11] Am 29. Dezember 1945 wurde Meyer im Kriegsverbrecher-Prozeß in Aurich wegen dieser Erschießungen zunächst zum Tode verurteilt, aber bereits wenige

---

8 »die strasse«, 3. Jg., Nr. 37, 10. September 1950, Seite 8. Der Artikel wird fortgesetzt in Nr. 38, 17. September 1950, Titelseite und die Seiten 8 und 9.

9 Ebenda, Nr. 37, S. 9. Ilse Heß veröffentlichte in den folgenden Jahren Bücher über ihren Mann, die alle darauf abzielten, das »persönliche Schicksal von Rudolf Heß« darzustellen und ihn als Symbol der »Sieger- und Rachejustiz« zu präsentieren: »England–Nürnberg–Spandau« (1952); »Gefangener des Friedens« (1955) und »Antwort aus Zelle sieben« (1967). Diese drei Bücher wurden 1971 als Sammelband unter dem Titel »Ein Schicksal in Briefen« erneut aufgelegt. Vgl. Dudek und Jaschke (1984, S. 57).

10 Am 9. und 16. April 1950 veröffentlichte die »strasse« zwei groß aufgemachte Artikel – beginnend auf der Titelseite, fortgeführt im Mittelteil – mit der programmatischen Überschrift »Freiheit für Panzermeyer«.

11 »die strasse«, 3. Jg., Nr. 15, 9. April 1950, S. 9 und Nr. 16, 16. April 1950. In den Artikeln in der »strasse« wurden Passagen aus dem Prozeß veröffentlicht, um zu belegen, daß Meyer nicht verantwortlich für die Erschießungen gewesen sein könne. Diese Passagen lassen sich jedoch auch anders lesen. Tatsache war, daß in dem Garten der Abtei in Cussy – Meyers Hauptquartier – 41 kanadische Kriegsgefangene erschossen worden waren.

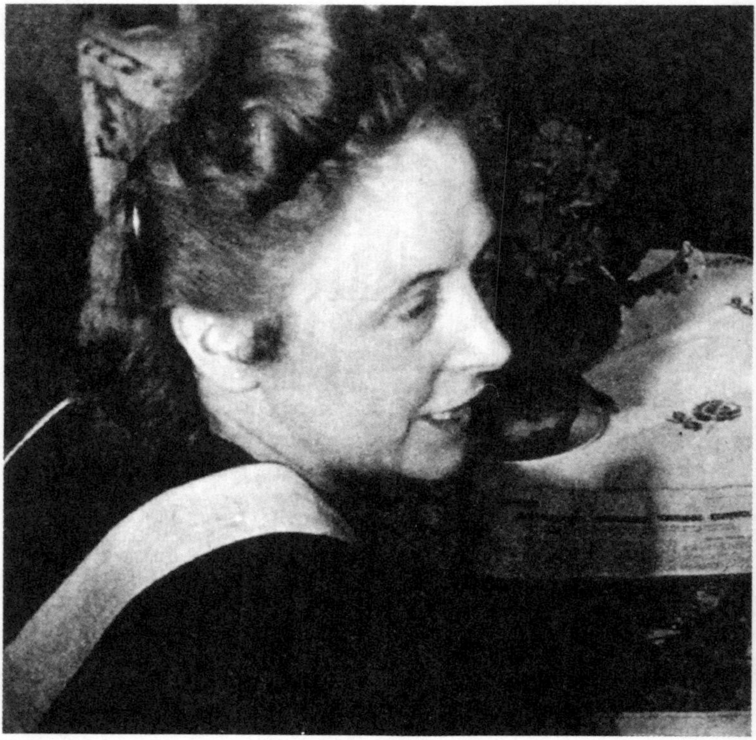

Käthe Meyer, von der Unschuld ihres Mannes überzeugt
(aus: »die strasse«, 3. Jg., 9. April 1950, Nr. 15, S. 8)

Dies gab Meyer vor Gericht auch zu, behauptete aber: »Die Erschießungen können nur von hartgesottenen Veteranen des Rußlandfeldzuges vorgenommen worden sein, die auf eigene Faust gehandelt haben, getrieben von persönlichem Haß und ohne Rücksicht auf die Folgen, welche ihren Kameraden und Offizieren daraus erwachsen würden. Die Aussage enthüllt recht deutlich, daß die Opfer ohne Plan erschossen wurden, welchen Grund sollte auch ein Offizier haben, planlose Tötungen an Gefangenen vorzunehmen.« Der Rußland-Veteran Meyer, der aus eigener Erfahrung wußte, warum ein Veteran des Rußland-Feldzuges ohne Skrupel Kriegsgefangene erschoß – das war dort die gängige Praxis –, wälzte die Verantwortung auf seine Untergebenen ab, unterstellte ihnen eigenmächtiges Handeln. Wahrscheinlicher klingt da die Aussage des Hauptbelastungszeugen, Meyer habe auf die Frage, was mit den Gefangenen geschehen solle, geantwortet: »Was sollen wir denn mit diesen Gefangenen machen, die fressen uns doch bloß die Rationen weg.«

Tage später zu lebenslänglicher Haft begnadigt. Die Darstellung seines »soldatisch korrekten« Verhaltens und die Präsentation als »guter Mann und Familienvater« sollten seine Unschuld belegen. »Käthe Meyer sagt: Mein Mann kann einen derartigen Befehl nicht gegeben haben, das liegt nicht in seiner Art... Und wenn er etwas getan haben sollte, so wird er dafür geradestehen. So ist mein Mann – und nicht anders.«[12]

Frau Meyer, ganz loyale Ehefrau: »Ich habe einen sehr guten Mann, und ich bin sehr glücklich verheiratet. Mein Mann ist ein guter Vater. Ich kann nichts anderes sagen, als daß ich sehr glücklich mit ihm bin und daß die Kinder sehr an ihrem Vater hängen.« Sie stilisierte sich zum Opfer von Behördenwillkür, »nur weil mein Mann ein SS-Brigadeführer war«. Sie erzählte, »daß die Gemeindebehörde in Offleben eine Art Sippenhaftung (nach nationalsozialistischem Muster) über sie verhängt habe. Sie sei, nachdem sie die erste Nachricht von ihrem Mann erhalten hatte, aus Ludwigslust vor den Russen geflohen und anfangs in Heide (Holst.) untergebracht worden, wo sie mit ihren fünf Kindern in einem Saal auf Stroh leben mußte. Dann aber wäre ihre Schwiegermutter gekommen und hätte sie und die Kinder zu sich nach Offleben geholt. Hier verweigere man ihr jetzt nicht nur den Zuzug, sondern auch die Lebensmittelkarte und jegliche finanzielle Unterstützung.«[13]

In ihrer Darstellung ist sie ganz die unschuldige, ihren Mann liebende Ehefrau und Mutter, die nichts mit dem Nationalsozialismus zu tun gehabt habe: »Ich selbst bin nämlich nie in der Partei gewesen.« Auf die Frage: »Was, Sie, die Frau des Panzermeyers, waren nicht in der Partei?« antwortete sie: »Nein, mein Mann wollte das nicht. Er sagte immer: Du hast deine Kinder und die machen dir Arbeit genug. Die Politik überlasse den Frauen, die mehr Zeit haben als du. Und so war ich nicht in der Partei, nicht in der Frauenschaft, ja nicht einmal in der NSV.«[14] Sie war jedoch, und das erzählte sie nicht, Mitglied der SS-Sippengemeinschaft.

Während in einem Artikel das »tapfere« Leiden der Familie im Zentrum der Darstellung steht, wird in einem anderen Artikel in einer Bildunterschrift die Solidarität der Dorfgemeinschaft mit der SS-Familie betont: »Der Jüngste ist jetzt das Lieblingskind des Dorfes. Er kann sich nicht beklagen, denn es

12 »die strasse«, 3. Jg., Nr. 16, 16. April 1950, S. 9.

13 »die strasse«, 3. Jg., Nr. 15, 9. April 1950, S. 8.

14 Ebenda.

Käthe Meyer und Kinder
(aus: »die strasse«, 3. Jg., 16. April 1950, Nr. 16, S. 8)

geschieht nicht selten, daß er einen Bonbon in den Mund oder einen Groschen in die kleine Hand gedrückt bekommt.«[15]

So wie sich die SS-Familie Meyer der Solidarität der Dorfgemeinschaft sicher war, so konnte auch die am 1. Januar 1949 in Hamburg gegründete »Hilfsgemeinschaft auf Gegenseitigkeit der Soldaten der ehemaligen Waffen-SS« (HIAG) auf Hilfe und Unterstützung durch die »Volksgemeinschaft« bauen.[16] Die HIAG veranstaltete seit den fünfziger Jahren regelmäßig Kund-

15 »die strasse«, 3. Jg., Nr. 16, 16. April 1950, S. 8.

16 Vgl. Meyer (1988, S. 733 f.). Dudek und Jaschke (1984, S. 107) erklären, daß die HIAG sich durch eine junge Mitgliederstruktur – die meisten ehemaligen SS-Angehörigen waren bei Kriegsende zwischen 18 und 35 Jahre alt –, einen ausgeprägten Mythos von

gebungen, zu denen Tausende Männer, Frauen und Kinder anreisten.[17] Fotos zeigen, daß es Treffen der SS-Sippengemeinschaft mit Frauen und Kindern waren.[18] Während der HIAG-Veranstaltungen, bei denen SS-Symbole (Fahnen, Standarten) gezeigt und SS-Lieder gesungen wurden, wurden die HIAG-Vertreter gewöhnlich ins Rathaus zum Empfang geladen. Die Bürgermeister der Städte, in denen die Kundgebung stattfand, traten selbst als Redner auf, um die ehemaligen Soldaten der Waffen-SS herzlich zu begrüßen, Abgeordnete aller Parteien besuchten die Treffen.[19]

Die Sympathie großer Teile der Bevölkerung für die ehemaligen SS-Angehörigen zeigt sich in der Art des Empfangs für Kurt Meyer, als dieser nach nur neunjähriger Haft am 8. September 1954 aus dem britischen Kriegsverbrechergefängnis in Werl entlassen wurde. In Niederkürchten, wo seine Frau mit den Kindern in einem Wochenendhaus wohnte,[20] hatten die Einwohner einen Triumphbogen mit Girlanden errichtet. Zum Empfang erschienen Abordnungen des »Bundes der Fallschirmjäger« der HIAG, des »Heimkehrerverbandes« und des »Stahlhelm – Bund der Frontsoldaten«. Der Gemeindevorstand sprach herzliche Worte der Begrüßung, der Kirchenchor sang und die Feuerwehrkapelle spielte. Mit Böllerschüssen und Trommelwirbeln begrüßten die Einwohner, die zu Hunderten mit Fackeln Spalier an den Straßen standen, ihren »Heimkehrer«. Meyer bekam als »Spätheimkehrer« eine »Haftentschädigung« in Höhe von 4800 Mark und einen gutdotierten Direktorenposten in einer Hagener Brauerei. Bis zu seinem Tod spielte er eine führende Rolle in der HIAG.[21]

Verfolgung und Entrechtung und esoterisches Elitebewußtsein auszeichneten. 1951 verfügte die HIAG nach eigenen Angaben (»Wiking-Ruf«, 1, 1951) über 376 Vereinigungen und rund 20000 Mitglieder. Vgl. Dudek und Jaschke (1984, S. 107). Diese schlossen sich im April 1959 zum »Bundesverband der Soldaten der ehemaligen Waffen-SS« zusammen.

17 4000 ehemalige SS-Angehörige kamen Ende Oktober 1952 nach Verden an der Aller. Vgl. »Der Spiegel«, 6. Jg., Nr. 45, S. 8f. Am 15. September 1956 in Minden waren es bereits rund 10000. Vgl. Kraushaar (1996, S. 1444). Und drei Jahre später in Hameln etwa 15000. Vgl. Kraushaar (1996, S. 2262).

18 Vgl. »Der Spiegel«, 8. Jg., Nr. 46, S. 10.

19 Dudek und Jaschke (1984, S. 110). Proteste gegen die HIAG-Kundgebungen wurden hauptsächlich von den jüdischen Gemeinden und den Gewerkschaften geäußert.

20 »Der Spiegel«, 8. Jg., Nr. 38, S. 17; offenbar hatte der Artikel in der »strasse« bewirkt, daß ihr dieses Wochenendhaus in Niederkürchten zur Verfügung gestellt wurde.

21 Kraushaar (1996, S. 1036f.).

Solche Empfänge scheinen keine Seltenheit gewesen zu sein. Irene Anhalt erzählt über den Empfang, den eine hessische Kleinstadt ihrem Vater bereitete, einem ehemaligen SS-Führer, der als Kriegsverbrecher in der Sowjetunion zunächst zum Tod, dann zu 25 Jahren Zwangsarbeit in Sibirien verurteilt und Ende 1955 entlassen worden war: »Deine Rückkehr wurde in unserem Städtchen wie ein Fest gefeiert, man wollte Dich sehen, Dir zuwinken. In einem Zeitungsartikel wurde unsere Familiengeschichte mit der Odyssee verglichen; mir war das peinlich, Mutti hatte uns zu Schlichtheit und Bescheidenheit erzogen. Doch in einem traf der Vergleich des Reporters zu: Niemand fragte Odysseus bei seiner Rückkehr, warum er 20 Jahre zuvor gegen Troja in den Krieg gezogen war, so wie jetzt Deine Heimkehr nicht mehr in Verbindung gebracht wurde mit dem Krieg, an dem Du Dich beteiligt hattest. Du wurdest empfangen wie ein Held. Auch meine Treue glich der von Telemach, Homer schreibt nicht, daß der Sohn voller Wut auf den Vater war, klaglos hatte er hingenommen, ohne Vater aufzuwachsen, so wie ich erst als erwachsene Frau erkennen konnte, wie die Sehnsucht nach Dir meine Wut auf Dich zugedeckt hat. Der Landrat ehrte Dich mit einer Feier, Reden wurden gehalten, ein Orchester spielte. Ich war stolz auf Dich. Die Männer in der Stadt, vor denen ich als kleines Mädchen einen Knicks gemacht hatte, nannten mich, die knapp Fünfzehnjährige, ›gnädiges Fräulein‹, Mutti küßten sie die Hand, Dich schauten sie respektvoll an. Es hatte sich gelohnt, auf Dich zu warten! Der Bürgermeister sagte, er wolle alles tun, um Dir bei der Suche nach einer Dir angemessenen Tätigkeit zu helfen, er hoffe, Du würdest Deine Fähigkeiten der Stadt zur Verfügung stellen. Ich verstand nicht, was er meinte.«[22]

22 Anhalt (1988, S. 33 f.).

Schlußbemerkung

Der Eintritt in die SS geschah aus freien Stücken,[1] wie die Heirat eines SS-Mannes. Männer wie Frauen konnten von der SS als »rassisch ungeeignet« abgelehnt werden. Es mag im Einzelfall zutreffen, daß eine Frau bei ihrer Partnerwahl die damit verbundene Zugehörigkeit zur SS-Sippengemeinschaft lediglich stillschweigend in Kauf nahm. Ihr Weg in die Sippengemeinschaft forderte ihr jedoch ein hohes Maß an Zustimmung zur rassistischen Ausleselogik ab. Frauen und Männer, die Mitglied der SS wurden, bekannten sich durch diesen Schritt öffentlich zum nationalsozialistischen Regime und stellten sich ausdrücklich in dessen Dienst. Die von der SS praktizierte und propagierte rassistische Ideologie, ihr virulenter Antisemitismus waren kein Geheimnis, ebensowenig wie die Verbindungen, die zwischen SS und Gestapo, zwischen SS und Konzentrationslagern bestanden. Himmler selbst verweist darauf. So heißt es zum Beispiel in seiner Schrift über »Die SS als antibolschewistische Kampforganisation«: »Ich weiß, daß es manche Leute in Deutschland gibt, denen es schlecht wird, wenn sie diesen schwarzen Rock sehen; wir haben Verständnis dafür und erwarten nicht, daß wir von allzu vielen geliebt werden.«[2] Nicht von allen geliebt zu werden war der Preis dafür, einer Elite anzugehören, eine Vorreiterrolle zu spielen, vom »gemeinen Volk« möglicherweise nicht immer verstanden, im ideologischen Konsens der Sippengemeinschaft jedoch vereint.

Den Frauen, die einen SS-Mann geheiratet hatten, war jedenfalls nicht schlecht geworden, als sie den schwarzen Rock der SS gesehen hatten. Lassen wir sie noch einmal Revue passieren: Einige von ihnen hatten bereits in den zwanziger Jahren einen eigenen Zugang zur nationalsozialistischen Partei oder Ideologie, entweder bevor sie ihren späteren Mann kennenlernten, oder sie hatten sich gemeinsam engagiert. So hatte die Frau des KZ-Kommandanten Höß bereits in einer Siedlung des völkisch-antisemitischen Artamanen-

1 Bis zur zweiten Hälfte des Krieges, als es Einberufungen zur Waffen-SS gab. Die Mitgliedschaft in der Allgemeinen SS blieb aber bis zum Schluß freiwillig.

2 Himmler (1936, S. 29).

bundes gelebt, bevor sie ihn dort kennenlernte. Lina Heydrich berichtet in ihren Erinnerungen, daß sie es war, die zu nationalsozialistischen Versammlungen ging und begeistert mit dem dort Gehörten ihren späteren Mann agitierte. Lisel Fritzsch erzählte in den siebziger Jahren, wie sie gemeinsam mit ihrem Mann die Ortsgruppe der SS in ihrer Heimatstadt aufbaute. Andere, jüngere Frauen, die ihre späteren SS-Ehemänner in den dreißiger Jahren kennenlernten, berichteten in ihren Lebensläufen von ihrem nationalsozialistischen Engagement in der NS-Frauenschaft, der »Deutschen Arbeitsfront« und als Arbeitsdienst- oder BDM-Führerin. Wieder andere spätere SS-Ehefrauen gehörten bereits vor ihrer Ehe zum weiblichen SS-Gefolge – sie arbeiteten als Angestellte im Verwaltungsapparat der SS. Und es gab Töchter aus SS-Familien, die als solche bereits zur Sippengemeinschaft gehörten und nun durch ihre Heirat mit einem SS-Mann ihren Status in ihr veränderten.

Wir können nicht wissen, ob sich alle SS-Ehefrauen, die sich zur nationalsozialistischen Ideologie bekannten, über die mörderischen Konsequenzen im klaren waren. Ebensowenig wissen wir, ob alle SS-Männer zum Zeitpunkt ihres Beitritts ahnten, daß sie zu Mördern werden würden. Gemordet hat die SS seit der Machtübernahme im Januar 1933: in den zunächst »wilden«, später staatlichen Konzentrationslagern, in den zu Mordanstalten umgewidmeten Heil- und Pflegeanstalten und ab Kriegsbeginn im Osten – bei Kriegsende auch im Westen – in den Ghettos, den Lagern, in Gaskammern, durch Massenerschießungen und Gift. Opfer waren Feind wie Freund: Im sogenannten Röhm-Putsch 1934 waren es die eigenen Leute, die Führungsspitze der SA, die die SS auf Befehl Hitlers umbrachte.

Zur Verwirklichung seiner Vision eines großgermanischen Reiches veranlaßte Himmler die Ermordung von Millionen von Menschen, die er zu Feinden der »arischen Rasse« erklärte, Juden, Zigeuner, Slawen und als »minderwertig« definierte Deutsche – in seinen Augen Ungeziefer und Schädlinge. Die Vollstrecker dieser rassistischen Vernichtungspolitik sahen keinen Widerspruch darin, gleichwohl mit Begriffen wie »ehrlich, anständig, treu und kameradschaftlich« im Umgang mit den Angehörigen des »eigenen Blutes« zu jonglieren. Gegenüber Menschen »anderen Blutes« waren alle moralischen Schranken aufgehoben, sie wurden gequält, betrogen, verfolgt und getötet. Der Anblick eines leidenden oder erschlagenen jüdischen Kindes, einer mißhandelten russischen Frau oder eines polnischen Mannes durfte nach den geltenden moralischen Regeln kein Mitgefühl erregen. Man leistete schließlich einen Beitrag zur Vision eines neuen Deutschlands und eines von Deutschland beherrschten Europa. Himmlers »Herrenmenschen« erwiesen sich in der Realität jedoch als eine Mörder- und Verbrecherbande, gegen die selbst die SS-eigene Gerichtsbarkeit immer häufiger vorgehen mußte, da sie als korrupt, als Diebe, Alkoholiker und Rechtsbrecher auch innerhalb der eigenen Gruppe auffielen.

Konfrontiert mit der mörderischen Realität an den Einsatzorten ihrer Männer, schauten die Ehefrauen zu, weg oder wurden selbst aktiv. Sie ließen ihre Kinder bedenkenlos Zeugen ihrer eigenen Unmenschlichkeit werden. Das Gebot »Du sollst nicht töten« verwandelte sich in sein Gegenteil: »Du sollst töten«. Sie hatten kein Unrechtsbewußtsein, weder während der Nazizeit noch danach, als sie weiter zu ihren Männern hielten und sich im Kreis dessen bewegten, was von der »Sippengemeinschaft« übrig war. Um ihre Überzeugungen und Taten als Unrecht bewerten zu können, hätten sie allerdings den ideologischen Konsens, nach dem aus Menschen »Untermenschen«, »Schädlinge« und »Krankheitserreger im Volkskörper« wurden, in Zweifel ziehen und anschließend aufkündigen müssen. Weder SS-Männer noch SS-Ehefrauen waren dazu bereit oder in der Lage. In NS-Prozessen brachte man zuweilen Verständnis dafür auf: Der Richter beim Landgericht Frankfurt am Main sprach 1972 den ehemaligen SS-Obersturmführer Dr. Kurt Born, der an den Krankenmorden der sogenannten Euthanasie beteiligt war, mit der Begründung frei, Born habe »als überzeugter Nationalsozialist kein Unrechtsbewußtsein gehabt«.[3]

Einige Beispiele für das Leben von SS-Ehefrauen am Einsatzort habe ich geschildert. Sie deuten auf das breite Spektrum von Schuld und Verstrickung von Frauen während der Nazizeit hin. Beteiligt waren sie durch den emotionalen Beistand, den sie ihren Männern während ihrer Besuche an deren »Arbeitsplatz« gaben, ferner dadurch, daß sie dort wohnten und aktiv am System der Verfolgung und Beraubung teilnahmen. Am bürokratischen Vernichtungsapparat waren Ehefrauen durch ihre Mitarbeit als Angestellte in der SS-Verwaltung beteiligt. Als Aufseherin in den Konzentrationslagern dienten sie direkt und unmittelbar dem System.

Die rund 240000 SS-Ehefrauen, eine nicht unerhebliche Zahl, bildeten in ihrem Engagement für den Nationalsozialismus nur die Spitze des Eisberges: Eine weitere große Gruppe stellte das in dieser Arbeit nicht untersuchte »weibliche SS-Gefolge« dar, die Angestellten im SS-Verwaltungsapparat im Reich und in den besetzten Gebieten, die SS-Ärztinnen und -Krankenschwe-

---

3 Urteil des Landgerichts Frankfurt am Main vom 6.6.1972, vgl. Klee (1995, S. 360).

stern in den Lazaretten und in den Lagern, die SS-Aufseherinnen und Zivilarbeiterinnen in den KZs.

Die Zahl aller Frauen, die zum »weiblichen SS-Gefolge« gehörten, ist immer noch nicht bekannt. Rund 10000 Frauen waren im »SS-Helferinnenkorps«, hinzu kommen 15000 Polizeihelferinnen. Von den Vorzimmern des Reichssicherheitshauptamtes-SS in Berlin über die Konzentrationslager reicht eine Kette, die von der Definition des Begriffs »Jude« bis an die Orte der Massenerschießungen führt. SS-Frauen waren nicht die Ausnahme von der Regel. Sie unterstützten in einem quantitativ noch viel größerem Ausmaß den beispiellosen Vorgang der Verfolgung, der Vertreibung und des Völkermordes: Es gab mehr als 500000 weibliche Wehrmachtsangehörige (ohne Sanitätspersonal) und zwischen sechs und neun Millionen Frauen, die sich im »Deutschen Frauenwerk«, der »NS-Frauenschaft« oder dem »NS-Lehrerinnenverband« an »nationalsozialistischen Frauenaktivitäten« beteiligten.[4]

Der Blick auf die Täterinnen zeigt, daß sich die Unterstützung der nationalsozialistischen Verbrechen in einen »normalen« Familienalltag, eine »normale« Berufstätigkeit integrieren ließ oder als »normale« Karrieremöglichkeit akzeptiert werden konnte, mithin zu einem »normalen« Verhalten in einer akzeptierten gesellschaftlichen Situation gehörte.

In der Nachkriegszeit verwandelten sich Täter und Täterinnen, Nutznießer und Nutznießerinnen, Akklamateure und gleichgültige Zuschauer und Zuschauerinnen in aus Pflichterfüllung und unter Befehlsnotständen Handelnde, Ahnungslose, Mitläufer und Verführte. Nur eine Handvoll Täter blieb übrig. Die Entnazifizierung und die Eskalation des Ost-West-Konfliktes förderten die Umdeutung der Täter zu Opfern: Opfer des alliierten Krieges, der Vertreibung, der Roten Armee, der jetzt zu Fanatikern stilisierten Minderheit von »Nazis«. Nicht die deutschen Verbrechen an so vielen anderen Völkern, sondern die – tatsächlichen, vermeintlichen oder auch bloß behaupteten – Verbrechen anderer Völker an den Deutschen, insbesondere auch an deutschen Frauen, wurden zum zentralen Anlaß von Trauer und Empörung. Dabei half die Fiktion von der »unschuldigen« und »unbeteiligten« Frau.

Die SS wurde zwar zur verbrecherischen Organisation erklärt, und »normale« Menschen distanzierten sich von der Organisation als solcher, kaum jedoch von deren ehemaligen Angehörigen, Frauen wie Männern. In aller

4 Vgl. Koonz (1994, S. 16).

Regel als wohlbestallte Bürgerinnen und Bürger in die bundesrepublikanische Nachkriegsgesellschaft integriert, stießen sie mit ihrem elitären Selbstverständnis auf keinen nennenswerten Widerstand. Die zu Beginn der fünfziger Jahre einsetzende Amnestiebewegung setzte auf das Votum der angeblich »unschuldig« gebliebenen Frauen. Auf die Frage »Lieben Sie Ihren Mann noch immer?« erklärte die ehemalige SS-Ehefrau Käthe Meyer in der Illustrierten »die strasse«, daß sie von der Unschuld ihres Mannes überzeugt sei und fest daran glaube, daß er in nicht allzu ferner Zukunft seine Freiheit wieder erlangen werde: »Wann ist es soweit?«[5]

5 »die strasse«, 3. Jg., Nr. 15, 9. April 1950, S. 8.

Quellen und Literatur

Archivalien

Archiv im Hamburger Institut für Sozialforschung
  Akten der SS-Bauleitung Auschwitz (Kopien)

Bayerisches Staatsarchiv
  OMGUS-Kriegsverbrecher-Prozesse, Mikrofilm 170/500

Berlin Document Center (heute Bundesarchiv Berlin)
  Rosl Ö. SM-Akte
  Günther Tamaschke (17.5.26) SSO-Akte
  Irmgard T. SM-Akte
  Kurt T. SSO- und RuSHA-Akte
  Ingeborg Alice (Alix) von Schaumburg-Lippe (20.7.01) SM-Akte
  Stephan von Schaumburg-Lippe (21.6.1891) SSO-Akte

Bundesarchiv Koblenz

Best. NS 2	Rasse- und Siedlungshauptamt-SS
NS 4	Konzentrationslager
NS 19	Persönlicher Stab Reichsführer-SS
NS 32 II	SS-Helferinnenschule »Oberehnheim«
R 58	Reichssicherheitshauptamt
All. Proz. 8	Britische Kriegsverbrecherprozesse (Akten des Judge Advocate General – JAG)

Bundesarchiv Potsdam (heute Bundesarchiv Berlin)
  Filmkopien aus den U.S. National Archives, No. T – 175: Persönlicher Stab Reichsführer-SS
  Film 2399, Folder 294, 756
  Film 3328, Folder 1156
  Film 3331, Folder 816
  Film 3332, Folder 1175, 1178, 1189, 1193, 1204, 1208, 1254, 00080
  Film 3333, Folder 315, 1078
  Film 3334, Folder 302, 308, 326, 328, 332
  Film 3340, Folder 262
  Film 3353, Folder 310
  Film 3358, Folder 160, 185

Film 3359, Folder 1312
Film 3975, Film 352

Dokumentationszentrum des österreichischen Widerstands
WO 235/309, Deposition of Schwarzhuber, Johann, vom 15.8.1946 (Kopie)

Państ owe Muzeum Oświęcim-Brzezinka
Sammlung »Zeugenaussagen« (Berichte), Band 82
Bl. 144–149
Bl. 150–154
Bl. 159–162
Bl. 163–166
Bl. 167–171
Bl. 194–198

Staatsarchiv Marburg
Best. 327/2 Fulda-Werra, Akten SS-Oberabschnitt Fulda-Werra
Best. 327/2 Rhein, Akten SS-Oberabschnitt Rhein

U.S. National Archives
RG 242: BDC Accessioned Microfilm A3343, series RS, RusHA-Akten:
Karl Bischoff (9.7.1897), roll A0504
Wilhelm Boger (19.12.1906), roll A5017
Joachim Caesar (30.5.1901), roll A5330
Adolf Eichmann (19.3.1906), roll B0148
Hans Delmotte (15.12.1917), roll A5445
Rudolf Höß (25.11.1900), roll C0523
Bruno Kitt (9.3.1906), roll C5441
Felix Landau (21.5.1910), roll D0509
Josef Mengele (16.3.1911), roll D5462
Friedrich Mennecke (6.10.1904), roll D5465
Gustav Willhaus (2.9.1910), roll G5242
Julius Wohlauf (3.4.1913), roll G5440

Yad Vashem Archives
File 051/41, 5521, Höß

Zentrale Stelle der Landesjustizverwaltungen Ludwigsburg (ZStL)
AR-Z 294/59
Dok. Sammlung, Bd. 219, Best. Akten 204 AR 330/59, Bd. 1
II AR-Z 91/61, II 294 AR-Z 40/61 und Sammelakte 538

IV 409 AZ-R 39/59
203 AR-Z 398/59
203 AR–Z 69/59, Bd. VII
213 AR 219/59, Bd. 207ff.
439 AR 402/67
II AR-Z 91/61, Bl. 1990
Euthanasie-Ordner
II 204 AR-Z 40/61, Sammelakte Nr. 538
IV 407 AR 3680/65
IV 407 AR-Z 297/60

Zeitschriften

Das Schwarze Korps, Zeitschrift der Schutzstaffeln der NSDAP, Organ der Reichsführung-SS, 1. Jg. 1935–10. Jg. 1945
N.S. Frauen-Warthe. Die einzige parteiamtliche Frauenzeitschrift, 5. Jg. 1937,
Quick, 19. Jg. 1966
Der Spiegel, 1. Jg. 1947–16. Jg. 1962
die strasse, 3. Jg. 1950

Zeitgenössische Schriften bis 1945

d'Alquen, Gunter, Die SS. Geschichte, Aufgabe und Organisation der Schutzstaffeln der NSDAP. Berlin 1939.
Berger, Gottlob, Die rassische und erbbiologische Bedeutung des Verlobungsbefehls der SS, in: N.S. Frauen-Warthe. Die einzige parteiamtliche Frauenzeitschrift (1937) H. 27, S. 854–866.
Cassel, E. J., Das Schwarze Korps, in: N.S. Frauen-Warthe. Die einzige parteiamtliche Frauenzeitschrift (1937), H. 27, S. 850–852.
Dareé, Walter, Das Bauerntum als Lebensquell der nordischen Rasse, München 1928.
Ders., Um Blut und Boden, München 1929.
Ders., Neuadel aus Blut und Boden, München 1930.
Die SS (Die Schutzstaffeln der NSDAP). Die SS seit dem Reichsparteitag 1938, in: Ley, Robert (Hg.), Nationalsozialistisches Jahrbuch, Berlin 1940, Bd. 29, S. 365–371.
Günther, Hans F. K., Rassenkunde des deutschen Volkes, München 1922.
Ders., Rassenkunde Europas, München 1926 (2. verb. Aufl.).
Ders., Adel und Rasse, München 1926.
Ders., Führeradel durch Sippenpflege, München 1936.
Ders., Formen und Urgeschichte der Ehe, München 1941.

Ders., Rassenkunde des jüdischen Volkes, München 1930.
Hentschel, Willibald, Varuna, Leipzig 1907.
Himmler, Heinrich, Die Schutzstaffel als antibolschewistische Kampforganisation, in: Hier spricht das neue Deutschland (1936), H. 11.
Ders., Wesen und Aufgabe der SS und der Polizei, in: Nationalpolitischer Lehrgang der Wehrmacht vom 15. bis 23. Januar 1937 (Nur für den Dienstgebrauch der Wehrmacht), 1937.
Hitler, Adolf, Mein Kampf. 2 Bde. 259/260. Aufl., München 1937.
Reichsführer-SS (Hg.), Dich ruft die SS, Berlin-Grunewald 1943.
SS-Hauptamt-Schulungsamt (Hg.), SS-Mann und Blutfrage. Die biologischen Grundlagen und ihre sinngemäße Anwendung für die Erhaltung und Mehrung des nordischen Blutes, Berlin o. J. (vermutlich im 1. Kriegsjahr).
Statistisches Jahrbuch der Schutzstaffel der NSDAP, 1937.
Statistisches Jahrbuch der Schutzstaffel der NSDAP, 1938.

Literatur nach 1945

Ackermann, Josef, Heinrich Himmler als Ideologe, Göttingen/Zürich/Frankfurt am Main 1970.
Adler, Hans Günther, Langbein, Hermann und Ella Lingens-Reiner (Hg.), Auschwitz. Zeugnisse und Berichte. Mit vielen Originaldokumenten und bisher unveröffentlichten Aufnahmen, Frankfurt am Main 1962.
Aharoni, Zvi und Wilhelm Dietl, Der Jäger. Operation Eichmann: Was wirklich geschah, Stuttgart 1996.
Anhalt, Irene, Abschied von meinem Vater, in: Heimannsberg, Barbara und Christoph J. Schmidt (Hg.), Das kollektive Schweigen, Heidelberg 1988, S. 25–42.
Arendt, Hannah, Elemente und Ursprünge totaler Herrschaft, Frankfurt am Main 1966.
Dies., Eichmann in Jerusalem. Ein Bericht von der Banalität des Bösen, Reinbek 1986.
Dies., Nach Auschwitz. Essays & Kommentare 1, Geisel, Klaus Eike und Klaus Bittermann (Hg.), Berlin 1989.
Aronson, Shlomo, Reinhard Heydrich und die Frühgeschichte von Gestapo und SD, Stuttgart 1971.
Aschenauer, Rudolf (Hg.), Ich, Adolf Eichmann. Ein historischer Zeugenbericht, Leoni am Starnberger See 1980.
Aumüller-Roske, Ursula, Weibliche Elite für die Diktatur? Zur Rolle der nationalsozialistischen Erziehungsanstalten für Mädchen im Dritten Reich, in: Aumüller-Roske, Ursula (Hg.), Frauenleben – Frauenbilder – Frauengeschichte, Pfaffenweiler 1988, S. 17–44.

Bar-On, Dan, Die Last des Schweigens. Gespräche mit Kindern von Nazi-Tätern, Frankfurt am Main 1993.
Bauer, Karlheinz, Ein Außenkommando des Konzentrationslagers Natzweiler in Wasseralfingen, in: Aalener Jahrbuch (1984), S. 345–384.
Bayer-Katte, Wanda von, Das Zerstörende in der Politik – Eine Psychologie der politischen Grundeinstellung, Heidelberg 1958.
Bennecke, Heinrich, Hitler und die SA, München, Wien 1962.
Benz, Ute, Frauen im Nationalsozialismus. Dokumente und Zeugnisse, München 1993.
Bezwińska, Jadwiga und Danuta Czech (Hg.), KL Auschwitz in den Augen der SS. Höss, Broad, Kremer, Katowice 1981.
Bielefeld, Ulrich, Die Nation als Geheimnis. Ernst von Salomon und das »angedrehte« Wir des Volkes, in: Mittelweg 36 (1997), H. 1, S. 4–19.
Birn, Ruth Bettina, Die Höheren SS- und Polizeiführer. Himmlers Vertreter im Reich und in den besetzten Gebieten, Düsseldorf 1986.
Dies., Die Strafverfolgung nationalsozialistischer Verbrechen, in: Volkmann, Hans-Erich (Hg.), Ende des Dritten Reiches – Ende des Zweiten Weltkrieges, München 1995, S. 393–418.
Black, Peter, Ernst Kaltenbrunner. Vasall Himmlers: Eine SS-Karriere, Paderborn, München, Wien, Zürich 1996.
Bock, Gisela, Zwangssterilisation im Nationalsozialismus. Studien zur Rassenpolitik und Frauenpolitik, Opladen 1986.
Dies., Die Frauen und der Nationalsozialismus. Bemerkungen zu einem Buch von Claudia Koonz, in: Geschichte und Gesellschaft (1989), S. 563–579.
Boehnert, Gunnar C., The Jurists in the SS-Führerkorps 1929–1939, in: Hirschfeld, Gerhard und Lothar Kettenacker (Hg.), Der »Führerstaat«, Stuttgart 1981, S. 361–374.
Bohn, Robert (Hg.), Deutschland, Europa und der Norden, Stuttgart 1993.
Bracher, Karl Dietrich, Die deutsche Diktatur, Köln 1969.
Breitman, Richard, Der Architekt der »Endlösung«. Himmler und die Vernichtung der europäischen Juden, Paderborn 1996.
Broszat, Martin, Buchheim, Hans und Hans Adolf Jacobsen, Anatomie des SS-Staates, München 1967, Bd. 1 und 2.
Browning, Christopher, Ganz normale Männer. Das Reserve-Polizeibataillon 101 und die »Endlösung« in Polen, Reinbek 1993.
Buchheim, Hans, Die SS in der Verfassung des Dritten Reiches, in: Vierteljahrshefte für Zeitgeschichte (1955), H. 3, S. 127–157.
Ders., Die Rolle der SS in der Entwicklung der nationalsozialistischen Herrschaft, in: Colloquium (1957)
Ders., Totalitäre Herrschaft. Wesen und Merkmale, München 1962, Bd. 1.
Ders., SS und Polizei im NS-Staat, Duisdorf b. Bonn 1964.

Chroust, Peter (Hg.), Friedrich Mennecke. Innenansichten eines medizinischen Täters im Nationalsozialismus. Eine Edition seiner Briefe 1935–1947, Hamburg 1988.
Comune di Carpi (Hg.), Arbeit macht frei. Storia e memoria della deportazione, Capri 1985.
Crankshaw, Edward, Gestapo, New York 1965.
Czarnowski, Gabriele, Frauen – Staat – Medizin. Aspekte der Körperpolitik im Nationalsozialismus, in: beiträge zur feministischen theorie und praxis 14 (1985)
Dies., Familienpolitik als Geschlechterpolitik, in Otto, Hans-Uwe und Heinz Sünker (Hg.), Soziale Arbeit und Faschismus, Bielefeld 1986, S. 243–267.
Dies., Das kontrollierte Paar. Ehe- und Sexualpolitik im Nationalsozialismus, Weinheim 1991.
Czech, Danuta, Kalendarium der Ereignisse im Konzentrationslager Auschwitz-Birkenau 1939–1945 (überarbeitete Neuausgabe), Reinbek 1989
Danker, Uwe, »Wir subventionieren die Mörder der Demokratie«. Das Tauziehen um die Altersversorgung von Gauleiter und Oberpräsident Hinrich Lohse in den Jahren 1951 bis 1958, in: Zeitschrift der Gesellschaft für Schleswig-Holsteinische Geschichte 120 (1995), S. 173–199.
Das Spiel ist aus – Arthur Nebe. Glanz und Elend der deutschen Kriminalpolizei, in: »Der Spiegel« (1950), H. 6, S. 24–28.
Die Auschwitz-Hefte. Texte der polnischen Zeitschrift »Przeglad Lekarski« über historische, psychische und medizinische Aspekte des Lebens und Sterbens in Auschwitz, Weinheim/Basel 1987.
Dietrichs, Hans und Hermann Wiebe, Schleswig-Holstein unterm Hakenkreuz, Segeberg 1985.
Dinsdale, Joel E. (Hg.), Survivors, Victims and Perpetrators, Washington 1980.
Drobisch, Klaus, Frauenkonzentrationslager Lichtenburg, in: Dachauer Hefte (1987), H. 3, S. 101–115.
Dudek, Peter und Hans-Gerd Jaschke, Entstehung und Entwicklung des Rechtsextremismus in der Bundesrepublik. Bd. 1: Zur Tradition einer besonderen politischen Kultur; Bd. 2: Dokumente und Materialien, Opladen 1984.
Durand, Pierre, Die Bestie von Buchenwald, Berlin 1985.
Dwork, Debórah und Robert-Jan Van Pelt, Auschwitz. 1270 to the present, New York, London 1996.
Ebbinghaus, Angelika (Hg.), Opfer und Täterinnen. Frauenbiographien des Nationalsozialismus. Schriften der Hamburger Stiftung für Sozialgeschichte des 20. Jahrhunderts, Hamburg 1987, Bd. 2.
Eiber, Ludwig, »... ein bisschen die Wahrheit«, in: 1999 (1991), H. 1, S. 58–83.
Eichmann. Der Endlöser, in: »Der Spiegel« (1960), H. 25, S. 28.
Eiken, Maren, Frauenpolitik im Nachkriegsdeutschland, in: Trümmer, Träume, Truman, Berlin 1985.

Einstein, Siegfried, Eichmann. Chefbuchhalter des Todes, Frankfurt am Main.
Elling, Hanna, Frauen im deutschen Widerstand 1933–1945, Frankfurt 1978.
Enzyklopädie des Holocaust, Jerusalem 1993, Bd. II.
Fest, Joachim, Das Gesicht des Dritten Reiches. Profile einer totalitären Herrschaft, Berlin 1963.
Fraenkel, Heinrich und Roger Manvell, Himmler. Kleinbürger und Massenmörder, Herrsching 1965.
Frank, Michael (Ps.), Die letzte Bastion. Nazis in Argentinien, Hamburg 1962.
Frank, Niklas, Der Vater. Eine Abrechnung, München 1987.
Frankenberger, Tamara, »Wir waren wie Vieh«. Lebensgeschichtliche Erinnerungen ehemaliger sowjetischer Zwangsarbeiterinnen, Essen (Dissertation) 1996.
Frankfurter, Bernhard (Hg.), Die Begegnung. Auschwitz. Ein Opfer und ein Täter im Gespräch, Wien 1995.
Frauengruppe Faschismusforschung (Hg.), Mutterkreuz und Arbeitsbuch. Zur Geschichte der Frauen in der Weimarer Republik und im Nationalsozialismus, Frankfurt am Main 1981.
Frei, Norbert, Vergangenheitspolitik. Die Anfänge der Bundesrepublik und die NS-Vergangenheit, München 1996.
Friedmann, Tuviah, Institute of Documentation in Israel for the Investigation of Nazi War Crimes (Hg.), Die Tätigkeit der Schutzpolizei, Gestapo und Ukrainische Miliz in Drohobycz 1941–1944. Dokumentensammlung, Haifa 1995.
Ders., Institute of Documentation in Israel for the Investigation of Nazi War Crimes (Hg.), Die SS- und Polizeiführer in Radom 1939–1945. Die SS- und Gestapo-Offiziere, die in Radom-Polen 1939–1945 bei der Vernichtung der Juden direkt aktiv beteiligt waren und vor Gericht in Hamburg standen. Eine dokumentarische Sammlung von SS-Dokumenten, Haifa 1995.
Füllberg-Stollberg u. a. (Hg.), Frauen in Konzentrationslagern. Bergen-Belsen, Ravensbrück, Bremen 1994.
Fürstenberg, Doris, Jeden Moment war dieser Tod. Interviews mit Frauen, die Auschwitz überlebten, Düsseldorf 1986.
Gedenkpfad Eckerwald (Hg.), Das südwürttembergische Schieferölprojekt und seine sieben Konzentrationslager, Rottweil 1994.
Giefer, Rena und Thomas Giefer, Die Rattenlinie. Fluchtwege der Nazis. Eine Dokumentation, Frankfurt am Main 1991.
Gilbert, Martin, Nürnberger Tagebuch, Frankfurt am Main 1962.
Glaser, Hermann, Kulturgeschichte der Bundesrepublik Deutschland. Zwischen Kapitulation und Währungsreform 1945–1948, München 1985, Bd. 1.
Goldau-Schüttke, Klaus-Detlev, Die Heyde/Sawade Affaire: Juristen und Mediziner in Schleswig-Holstein decken den NS-Euthanasiearzt Prof. Dr. Werner Heyde und bleiben straflos, in: Grabitz, Helge, Bästlein, Klaus und Johannes Tuchel (Hg.), Die Normalität des Verbrechens, Berlin 1994, S. 444–479.

Goldhagen, Daniel Jonath, Hitlers willige Vollstrecker. Ganz normale Deutsche und der Holocaust, Berlin 1996.
Gordon jr., Harold J., Hitler-Putsch 1923. Machtkampf in Bayern 1923–1924, Frankfurt am Main 1971.
Grabitz, Helge, NS-Prozesse. Psychogramme der Beteiligten, Heidelberg 1985.
Graf Schwerin von Krosigk, Lutz, Es geschah in Deutschland. Menschenbilder unseres Jahrhunderts, Tübingen/Stuttgart 1952.
Gravenhorst, Lerke und Carmen Tatschmurat (Hg.), Töchter-Fragen – NS-Frauen-Geschichte, Freiburg i. Br. 1990.
Grunwald, Walter, Die Vergangenheit. Autobiographie eines jungen Menschen. Erster Teil 1919–1947, Simrishamn, unveröffentlichtes Manuskript 1995.
Hackett, David A. (Hg.), Der Buchenwald-Report. Bericht über das Konzentrationslager Buchenwald bei Weimar, München 1996.
Hartung, Ulrich, Gestalterische Aspekte von NS-Konzentrationslagern unter besonderer Berücksichtigung des SS-Musterlagers Sachsenhausen. Arbeitsbericht zum Praktikum der Hans-Böckler-Stiftung Düsseldorf an der Gedenkstätte und dem Museum Sachsenhausen, unveröffentlichtes Manuskript, Düsseldorf 1994.
Haug, Frigga, Opfer oder Täter? Über das Verhalten von Frauen, in: Das Argument 22 (1980), H. 123, S. 643–649.
Heiber, Helmuth (Hg.), Reichsführer!... Briefe an und von Himmler, München 1970.
Heike, Irmtraut, »...da es sich ja lediglich um die Bewachung der Häftlinge handelt...« Lagerverwaltung und Bewachungspersonal, in: Füllberg-Stollberg u. a. (Hg.), Frauen in Konzentrationslagern, Bremen 1994, S. 221–240.
Dies., »Johanna Langenfeld« – Die Biographie einer KZ-Oberaufseherin, in: Werkstatt Geschichte 4 (1995), H. 12, S. 7–20.
Herbert, Ulrich, Fremdarbeiter. Politik und Praxis des »Ausländer-Einsatzes« in der Kriegswirtschaft des Dritten Reiches, Berlin und Bonn 1985.
Ders., Best. Biographische Studien über Radikalismus, Weltanschauung und Vernunft 1903–1989, Bonn 1996.
Heß, Ilse, England–Nürnberg–Spandau. Ein Schicksal in Briefen, Leoni am Starnberger See 1952.
Dies., Gefangener des Friedens. Neue Briefe aus Spandau, Leoni am Starnberger See 1955.
Dies., Antwort aus Zelle sieben. Briefwechsel mit dem Spandauer Gefangenen, Leoni am Starnberger See 1967.
Heydrich, Lina, Leben mit einem Kriegsverbrecher, Pfaffenhofen 1976.
Hilberg, Raul, Die Vernichtung der europäischen Juden. Die Gesamtgeschichte des Holocaust, Frankfurt am Main 1990.
Ders., Täter, Opfer, Zuschauer. Die Vernichtung der Juden 1933–1945, Frankfurt am Main 1992.

Hillel, Marc und Clarissa, Henry, Lebensborn e. V. Im Namen der Rasse, Wien–Hamburg 1975.
Hinze, Sibylle, Vom Schutzmann zum Schreibtischmörder. Die Staatspolizeileitstelle Potsdam, in: Paul, Gerhard und Klaus-Michael Mallmann (Hg.), Die Gestapo, Darmstadt 1995, S. 120–132.
Hoch, Gerhard, Hauptort der Verbannung. Das KZ-Außenkommando Kaltenkirchen, Bad Segeberg 1983.
Höhne, Heinz, Der Orden unter dem Totenkopf. Die Geschichte der SS, München 1967.
Höß, Rudolf, Broszat, Martin (Hg.), Kommandant in Auschwitz. Autobiographische Aufzeichnungen, Stuttgart 1963.
Holoch, Rudi, Das Lager Schörzingen in der Gruppe »Wüste«, in: Vorländer, Herwart (Hg.), Nationalsozialistische Konzentrationslager im Dienste der totalen Kriegsführung, Stuttgart 1978, S. 225–268.
Hopp, John, Die Hölle in der Idylle. Das Außenlager Alt-Garge des Konzentrationslagers Neuengamme, Hamburg 1993.
Huemer, Peter, Höß, einer von uns, in: Steinhauser, Mary und das Dokumentationsarchiv des österreichischen Widerstands (Hg.), Totenbuch Theresienstadt, Wien 1987.
Ders., Auschwitz als Idylle. Befehl und Gehorsam im Nationalsozialismus, in: Huemer, Peter und Grete Schulz (Hg.), Unterwerfung, Wien 1990, S. 21–38.
IMT: Der Prozeß gegen die Hauptkriegsverbrecher vor dem Internationalen Militärgerichtshof, Nürnberg 1947–1949, Bd. 1–42.
International Committee of the Red Cross (Hg.), The Work of the ICRC for civilian detainees in German Concentration Camps from 1939 to 1945. Document relating to the work of the International Committee of the Red Cross for the benefit of civilian detainees in German Concentration Camps between 1939 and 1945, Geneva 1975.
Jäckel, Eberhard und Jürgen Rohwer (Hg.), Der Mord an den Juden im Zweiten Weltkrieg. Entschlußbildung und Verwirklichung, Frankfurt am Main 1987.
Jäger, Herbert, Verbrechen unter totalitärer Herrschaft. Studien zur nationalsozialistischen Gewaltkriminalität, Frankfurt am Main 1982.
Jagoda, Zenon, Kłodiński, Stanisław und Jan Masłowski, Opfer und Peiniger, in: Die Auschwitz-Hefte, Weinheim/Basel 1987, Bd. 1, S. 53–88.
Jürgensen, Kurt, Das Ende des Zweiten Weltkrieges in Schleswig-Holstein, in: Zeitschrift der Gesellschaft für Schleswig-Holsteinische Geschichte 120 (1995), S. 147–172.
Justiz und NS-Verbrechen. Sammlung deutscher Strafurteile wegen nationalsozialistischer Tötungsverbrechen 1945–1966, Amsterdam 1968–1981, Bd. I–XXII.
Kaiser, Ernst und Michael Knorn, Die Adlerwerke und ihr KZ-Außenlager, in: 1999, Zeitschrift für Sozialgeschichte (1992), H. 3, S. 11–42.

Kasten, Bernd, »Das Ansehen des Landes Schleswig-Holstein«. Die Regierung von Hassel im Umgang mit Problemen der nationalsozialistischen Vergangenheit 1954–1961, in: Zeitschrift der Gesellschaft für Schleswig-Holsteinische Geschichte 118 (1993), S. 267–286.
Kater, Michael, Zum gegenseitigen Verhältnis von SA und SS in der Sozialgeschichte des Nationalsozialismus von 1925 bis 1939, in: Vierteljahrshefte für Zeitgeschichte (1975), S. 339–379.
Ders., Frauen in der NS-Bewegung, in: Vierteljahrshefte für Zeitgeschichte (1983), H. 2, S. 202–241.
Kaul, Friedrich K., Ärzte in Auschwitz, Berlin (DDR) 1968.
Kempner, Robert M. W., SS im Kreuzverhör, München 1965.
Kershaw, Ian, Der NS-Staat. Geschichtsinterpretationen und Kontroversen im Überblick, Reinbek 1994.
Kersten, Felix, Totenkopf und Treue, Hamburg 1952.
Kieta, Mieczysław, Das Hygiene-Institut der Waffen-SS und Polizei in Auschwitz, Weinheim/Basel 1987, S. 213–217.
Kinder, Elisabeth, Der Persönliche Stab Reichsführer-SS. Geschichten, Aufgaben und Überlieferungen, in: Boberach, Heinz und Hans Booms (Hg.), Aus der Arbeit des Bundesarchivs, Boppard am Rhein 1979, S. 379 ff.
Kinz, Gabriele, Der Bund Deutscher Mädel. Ein Beitrag über die außerschulische Mädchenerziehung im Nationalsozialismus, Frankfurt am Main 1991.
Klee, Ernst, »Euthanasie« im NS-Staat. Die »Vernichtung lebensunwerten Lebens«, Frankfurt am Main 1983.
Ders. (Hg.), Dokumente der »Euthanasie«, Frankfurt am Main 1985.
Ders., Persilscheine und falsche Pässe. Wie die Kirchen den Nazis halfen, Frankfurt am Main 1991.
Ders., Was sie taten – Was sie wurden. Ärzte, Juristen und andere Beteiligte am Kranken- oder Judenmord, Frankfurt am Main 1992.
Ders., Die Ermordung der Unproduktiven: Euthanasie im Dritten Reich und ihre Aufarbeitung im Nachkriegsdeutschland, in: Volkmann, Hans-Erich (Hg.), Ende des Dritten Reiches – Ende des Zweiten Weltkrieges, München 1995, S. 343–368.
Klee, Ernst, Dreßen, Willi und Volker Rieß (Hg.), »Schöne Zeiten«. Judenmord aus der Sicht der Täter und Gaffer, Frankfurt am Main 1989.
Klee, Ernst und Willi Dreßen (Hg.), »Gott mit uns«. Der deutsche Vernichtungskrieg im Osten 1939–1945, Frankfurt am Main 1989a.
Klinksiek, Dorothea, Die Frau im NS-Staat, Stuttgart 1982.
Klose, Werner, Die Hitlerjugend. Generation im Gleichschritt. Ein Dokumentarbericht, Oldenburg 1982.
Knopp, Guido, Damals 1944. Das Jahr des Widerstands, Stuttgart 1994.
Koch, Peter-Ferdinand, Himmlers Graue Eminenz. Oswald Pohl und das Wirtschafts-Verwaltungshauptamt der SS, Hamburg 1988.

Kocka, Jürgen, Alltagsgeschichte der NS-Zeit. Neue Perspektiven oder Trivialisierung?, in: Kolloquien des Instituts für Zeitgeschichte, München 1984.
Koehl, Robert L., The Black Corps. The Structure and Power Struggles of the Nazi SS, Madison 1983.
König, Cosima, Die Frau im Recht des Nationalsozialismus. Eine Analyse ihrer familien-, erb- und arbeitsrechtlichen Situation, Frankfurt am Main 1988.
Kogon, Eugen, Der SS-Staat. Das System der deutschen Konzentrationslager, München 1974.
Koonz, Claudia, Mothers in the Fatherland. Women, the Family and Nazi Politics, London 1987 (dt.: Mütter im Vaterland. Frauen im Dritten Reich, Freiburg i. Br. 1991).
Koppenhöfer, Peter, Barbarische Inseln? KZ und Stadtteilalltag. Das KZ Mannheim-Sandhofen 1944/45, in: sowi (1996), H. 2, S. 87–95.
Ders., Ein KZ als Verhaltensmodell? Mitten im Stadtteil: das Konzentrationslager Mannheim-Sanhofen, in: Dachauer Hefte (1996a), H. 12, S. 10–33.
Kossok, Manfred, »Sonderauftrag Südamerika«. Zur deutschen Politik gegenüber Lateinamerika, 1938–1942, in Markov, Walter (Hg.), Studien zur Kolonialgeschichte und Geschichte der nationalen und kolonialen Befreiungsbewegungen, Berlin (Ost) 1961, Bd. 6/7, S. 234–255.
Krafft, Sybille (Hg.), Zwischen den Fronten. Münchner Frauen in Krieg und Frieden. 1900–1950, München 1995.
Kraus, Ota und Erich Kulka, Die Todesfabrik Auschwitz, Berlin 1957.
Kraushaar, Wolfgang, Die Protest-Chronik. Bd. 1: 1949 bis 1952, Bd. 2: 1953 bis 1956, Bd. 3: 1957 bis 1959, Hamburg 1996.
Krausnick, Helmut und Hans-Heinrich Wilhelm, Die Truppen des Weltanschauungskrieges, Stuttgart 1981.
Krausnick, Helmut, Hitlers Einsatzgruppen. Die Truppen des Weltanschauungskrieges 1938–1942, Frankfurt am Main 1985.
Krauss, Marita, »... es geschahen Dinge, die Wunder ersetzten.« Die Frau im Münchner Trümmeralltag, in: Krauss, Marita und Friedrich Prinz (Hg.), Trümmerleben, München 1985.
Kubica, Helena, The Crimes of Josef Mengele, in Gutman, Yisrael und Michael Berenbaum (Hg.), Anatomy of the Auschwitz Death-Camp, Bloomington and Indianapolis 1994, S. 317–362.
Kudlien, Fridolf, Ärzte im Nationalsozialismus, Köln 1985.
Kühne, Thomas, Kameradschaft – »das Beste im Leben des Mannes«. Die deutschen Soldaten des zweiten Weltkrieges in erfahrungs- und geschlechtergeschichtlicher Perspektive, in: Geschichte und Gesellschaft 22 (1996), S. 504–529.
Kuhn, Annette, Der Antifeminismus als verborgene Theoriebasis des deutschen Faschismus. Feministische Gedanken zur nationalsozialistischen »Biopolitik«, in: Siegele-Wenschkewitz, Leonore und Gerda Stuchlik (Hg.), Frauen und Faschismus in Europa, Pfaffenweiler 1988, S. 39–50.

Kuhn, Annette und Valentine Rothe (Hg.), Frauen im deutschen Faschismus. Bd. 1: Frauenpolitik im NS-Staat, Düsseldorf 1982; Bd. 2: Frauenarbeit und Frauenwiderstand im NS-Staat, Düsseldorf 1983.
Kuhn, Annette, Vom schwierigen Umgang der Frauengeschichtsforschung mit dem Nazismus, in: Argument 5 (1989), S. 733–740.
Dies., Dimensionen der Täterschaft deutscher Frauen im NS-System, in: Betrams, Annette (Hg.), Dichotomie, Dominanz, Differenz, Weinheim 1995, S. 27–56.
Kuhn, Hermann (Hg.), Stutthof. Ein Konzentrationslager vor den Toren Danzigs, Bremen 1995.
Kuropka, Joachim, Zur Lebensrealität von Fruen in der NS-Zeit, in: von Laer, Hermann und Astrid Schmitt-von Mühlenfels (Hg.), Frauenfragen – Frauensachen, Cloppenburg 1994, S. 121–149.
KZ Kochendorf. Vernichtung durch Arbeit, Bad Friedrichshall 1993.
Lang, Jochen von, Das Eichmann-Protokoll. Tonbandaufzeichnungen der israelischen Verhöre, Berlin 1982.
Ders., Der Adjutant. Karl Wolff: Der Mann zwischen Hitler und Himmler, München 1985.
Langbein, Hermann, »...wir haben es getan«. Selbstporträts in Tagebüchern und Briefen 1939–1945, Wien 1964.
Ders., Menschen in Auschwitz, Wien 1987.
Ders., Der Auschwitz-Prozeß. Eine Dokumentation, Frankfurt am Main 1995.
Lasik, Aleksander, Historical-Sociological Profile of the Auschwitz SS, in Bauer, Yehuda, Hilberg, Raul and Franciszek Piper (Hg.), Anatomy of the Auschwitz Death Camp, Indiana 1994, S. 217–287.
Ders., Rudolf Höß: Manager of Crime, in Gutman, Yisrael und Michael Berenbaum (Hg.), Anatomy of the Auschwitz Death-Camp, Bloomington and Indianapolis 1994a, S. 288–300.
Lichtenstein, Heiner, Majdanek. Reportage eines Prozesses, Frankfurt am Main 1979.
Ders., Im Namen des Volkes? Eine persönliche Bilanz der NS-Prozesse, Köln 1984.
Lifton, Robert Jay, Ärzte im Dritten Reich, Stuttgart 1993.
Lilienthal, Georg, Der »Lebensborn e. V.«. Ein Instrument der Rassenpolitik, Frankfurt am Main 1993.
Linse, Ulrich (Hg.), Zurück o Mensch zur Mutter Erde. Landkommunen in Deutschland 1890–1933, München 1983.
Lorska, Dorota, Block 10 in Auschwitz, in: Die Auschwitz-Hefte, Weinheim/Basel 1987, S. 209–212.
Lüdtke, Alf und Thomas Lindenberger, Einleitung: Physische Gewalt – eine Kontinuität der Moderne, in: Lüdtke, Alf und Thomas Lindenberger (Hg.), Physische Gewalt, Frankfurt am Main 1995, S. 7–38.
Lütge, Wilhelm, Hoffmann, Werner, Körner, Karl-Wilhelm und Karl Klingfuss, Deutsche in Argentinien 1520–1980, Buenos Aires 1981.

Mai, Günther, Impulse zur Historisierung des Nationalsozialismus, in: Backes, Uwe, Jesse, Eckhard und Reiner Zitelmann (Hg.), Die Schatten der Vergangenheit, Frankfurt am Main 1989, S. 195–217.
Mann, Gunther, Biologismus im 19. Jahrhundert. Vorträge eines Symposions vom 30. bis 31. Oktober 1970 in Frankfurt am Main, Stuttgart 1973.
Ders., Biologie und der »Neue Mensch«. Denkstufen und Pläne zur Menschenzucht im Zweiten Kaiserreich, in Mann, Gunther und Volker Winau (Hg.), Medizin, Naturwissenschaft, Technik und das Zweite Kaiserreich, Göttingen 1977, S. 172–188.
Marszałek, Józef, Majdanek. Konzentrationslager Lublin, Warszawa 1984.
Marwell, David G., Das Berlin Document Center (BDC), in: Röhr, Werner (Hg.), Faschismus und Rassismus, Berlin 1992, S. 413–419.
Meding, Holger M., Flucht vor Nürnberg?, Köln 1992.
Mendel, Annakatrein, Zwangsarbeit im Kinderzimmer. »Ostarbeiterinnen« in deutschen Familien von 1939 bis 1945. Gespräche mit Polinnen und Deutschen, Frankfurt am Main 1994.
Meyer, Georg, Soldaten ohne Armee, in: Broszat, Martin, Henke, Klaus Dieter und Hans Wolter (Hg.), Von Stalingrad zur Währungsreform, München 1988, S. 683–750.
Michalak, Wanda (Hg.), Auschwitz. Geschichte und Wirklichkeit des Vernichtuntslagers, Reinbek 1982.
Mitscherlich, Alexander und Fred Mielke (Hg.), Medizin ohne Menschlichkeit. Dokumente des Nürnberger Ärzteprozesses, Frankfurt am Main (Neuausgabe) 1985.
Mitscherlich, Margarete, Die friedfertige Frau. Eine psychoanalytische Untersuchung zur Aggression der Geschlechter, Frankfurt am Main 1987.
Morsch, Günther, Reader »Die nationalsozialistischen Konzentrationslager 1933 bis 1945. Entwicklung und Struktur«. Konferenz in Weimar vom 22.11.–26.11.1995, Weimar 1995.
Mosse, Georg L., Die Geschichte des Rassismus in Europa, Frankfurt am Main 1990.
Ders., Die völkische Revolution. Über die geistigen Wurzeln des Nationalsozialismus, Frankfurt am Main 1991.
Müller-Münch, Ingrid, Die Frauen von Majdanek. Vom zerstörten Leben der Opfer und der Mörderinnen. Reinbek 1982.
Müller-Tupath, Karla, Verschollen in Deutschland. Das heimliche Leben des Anton Burger, Lagerkommandant von Theresienstadt, Hamburg 1994.
Naujoks, Harry, Mein Leben im KZ Sachsenhausen 1936–1942. Erinnerungen des ehemaligen Lagerältesten, Frankfurt am Main 1987.
Naumann, Bernd, Auschwitz. Bericht über die Strafsachen gegen Mulka u. a. vor dem Schwurgericht Frankfurt, Frankfurt am Main 1965.
Nerdinger, Winfried, Bauen im Nationalsozialismus – Bayern 1933–1945, München 1993.

Neusüss-Hunkel, Ermenhild, Die SS, Marburg/Lahn 1956.
Orth, Karin, Die Kommandanten der nationalsozialistischen Konzentrationslager, in: Reader »Die nationalsozialistischen Konzentrationslager 1933–1945. Entwicklung und Struktur«, Konferenz in Weimar vom 22.11.–26.11.1995, Weimar 1995.
Dies., Die »KZ-SS«. Sozialstrukturelle Analysen und biographische Studien einer nationalsozialistischen Funktionselite, Dissertation, Universität Hamburg 1997.
Padfield, Peter, Himmler. Reichsführer-SS, New York 1990.
Papenfuß, R., Das Areal der VI. Bereitschaftspolizeiabteilung Dachau, Gelände- und Gebäudenutzung 1915–1993, Dachau 1993.
Paul, Gerhard, Der Norden als Zuflucht von SS und Gestapo. »Rette sich wer kann war die Parole des Tages«, in: Flensburger Tageblatt, Flensburg, 7.3.1995, S. 2
Ders., Zwischen Selbstmord, Illegalität und neuer Karriere, in: Paul, Gerhard und Klaus-Michael Mallmann (Hg.), Die Gestapo, Darmstadt 1995.
Pawlak, Zacheusz, Ich habe überlebt, Hamburg 1979.
Picker, Henry, Hitlers Tischgespräche im Führerhauptquartier 1941–1942, Bonn 1951.
Piper, Franciszek, Ausrottung, in: Zielińska, Wiesława (Hg.), Auschwitz faschistisches Vernichtungslager, Warszawa 1981, S. 91–140.
Pohl, Dieter, NS-Judenverfolgung in Ostgalizien 1941–1944. Die Organisierung eines staatlichen Verbrechens, Dissertation, Universität München 1994.
Poliakov, Léon und Josef Wulf, Das Dritte Reich und die Juden, München 1978.
Posner, Gerald L. und John Ware, Mengele. Die Jagd auf den Todesengel, Berlin 1993.
Pressac, Jean-Claude, Die Krematorien von Auschwitz. Die Technik des Massenmordes, München 1993.
Puntschart, Adam, Burger, Oswald (Hg.), Die Heimat ist weit. Weingarten 1983.
Rabitsch, Gisela, Das KL Mauthausen, in: Broszat, Martin (Hg.), Studien zur Geschichte der Konzentrationslager, Stuttgart 1970, Bd. 1, S. 50–92.
Radau, Helga, Nichts ist vergessen und niemand. Aus der Geschichte des KZ Barth, Kückenshagen 1994.
Raim, Edith, Die Dachauer KZ-Außenkommandos Kaufering und Mühldorf, Landsberg/Lech 1992.
Raymond Phillips (Hg.), Trial of Josef Kramer und forty-four Others, London 1949.
Reese, Dagmar, Bund Deutscher Mädel – Zur Geschichte der weiblichen deutschen Jugend im Dritten Reich, in: Frauengruppe Faschismusforschung (Hg.), Mutterkreuz und Arbeitsbuch, Frankfurt am Main 1981, S. 163–187.
Dies., »Straff aber nicht stramm – Herb aber nicht derb«. Zur Vergesellschaftung von Mädchen durch den Bund Deutscher Mädel im sozialkulturellen Vergleich zweier Milieus, Weinheim, Basel 1989.
Dies., Homo homini lupus – Frauen als Täterinnen, in: Internationale wissenschaft-

liche Korrespondenz zur Geschichte der deutschen Arbeiterbewegung 1 (1991), S. 25–34.

Dies., Verstrickung und Verantwortung. Weibliche Jugendliche in der Führung des Bundes Deutscher Mädel, in: sowi (1991 a), H. 2, S. 90–96.

Reese, Dagmar und Carola Sachse, Frauenforschung und Nationalsozialismus. Eine Bilanz, in: Gravenhorst, Lerke und Carmen Tatschmurat (Hg.), Töchter-Fragen, Freiburg i. Br. 1990, S. 73–106.

Reifarth, Dieter und Victoria Schmidt-Linsenhof, Die Kamera der Henker. Fotografische Selbstzeugnisse des Naziterrors in Osteuropa, in: Fotogeschichte (1983), H. 7, S. 57–71.

Reitlinger, Gerald, Die Endlösung. Hitlers Versuch der Ausrottung der Juden Europas 1939–1945, Berlin, 4. Aufl. 1953.

Ders., Die SS. Tragödie einer deutschen Epoche, Wien/München/Basel 1957.

Reemtsma, Jan Philipp, Charisma und Terror. Gedanken zum Verhältnis intentionalistischer und funktionalistischer Deutungen der nationalsozialistischen Vernichtungspolitik, Materialien des Fritz Bauer Instituts, Nr. 10, Frankfurt am Main 1994.

Reuter, Angelika und Barbara Poneleit, Seit 1948. Frauen im Widerstand, Frauen im Faschismus 1933–1945, Münster 1977.

Richardi, Hans-Günter, Schule der Gewalt. Das Konzentrationslager Dachau 1933–1934, München 1983.

Risel, Heinz, Das Lager Neckargartach, in Vorländer, Herwart (Hg.), Nationalsozialistische Konzentrationslager im Dienste der totalen Kriegsführung, Stuttgart 1978, S. 109–130.

Ders., KZ in Heilbronn. Das »SS-Arbeitslager Steinbock« in Neckargartach. Augenzeugenberichte – Dokumente – Tatsachen mit Material über Kochendorf und Bad Rappenau, Nordheim 1987.

Röhr, Werner u. a., Schuhmann, Wolfgang, Nestler, Ludwig u. a. (Hg.), Europa unterm Hakenkreuz. Die Okkupationspolitik des deutschen Faschismus (1938–1945). Achtbändige Dokumentenedition. Bd. 2: Die faschistische Okkupationspolitik in Polen (1939–1945), Berlin 1989.

Rohr, Barbara, Kinder helfen ›siegen‹. Aus den Feldpostbriefen meines Vaters an seine Töchter, in: Abendroth, Wolfgang, Lars Lambrecht und Axel Schildt (Hg.), Antifaschismus oder Niederlagen beweisen nichts, als daß wir wenige sind, Köln 1983, S. 199–207.

Dies., Die allmähliche Schärfung des weiblichen Blicks. Eine Bildungsgeschichte zwischen Faschismus und Frauenbewegung. Hamburg, Berlin 1992.

Rolle, Thomas, Müller, Wilfried und Ralf Classen, Verbindungen. Wege in die Umgebung des Konzentrationslagers Neuengamme, Hamburg 1992.

Romey, Stefan, Ein KZ in Wandsbek, Hamburg 1994.

Rommelspacher, Birgit, Rassismus und Antisemitismus in der Frauenbewegung, in: Meulemann, Heiner und Agnes Elting-Camus (Hg.), 26. Deutscher Soziologentag

»Lebensverhältnisse und soziale Konflikte im neuen Europa«, Düsseldorf 1993, S. 110–113.
Dies., Rassismus im Interesse von Frauen?, in: Zeitschrift für Frauenforschung (1994), H. 1/2, S. 32–41.
Dies., Schuldlos – Schuldig? Wie sich junge Frauen mit Antisemitismus auseinandersetzen, Hamburg o. J.
Rosenfeld, Uta, Das KZ Neuengamme, in: Kultur & Geschichtskontor (Hg.), Bergedorf im Gleichschritt. Ein Hamburger Stadtteil im ›Dritten Reich‹, Hamburg 1995, S. 83–100.
Rudel, Hans-Ulrich, Aus Krieg und Frieden. Aus den Jahren 1945 bis 1952, Göttingen 1953.
Ders., Zwischen Deutschland und Argentinien. Fünf Jahre in Übersee, Göttingen 1954.
Rückerl, Adalbert, NS-Vernichtungslager im Spiegel deutscher Strafprozesse, München 1977.
Ders., NS-Verbrechen vor Gericht. Versuch einer Vergangenheitsbewältigung, Heidelberg 1982.
Sachse, Carola, Fabrik, Familie und kein Feierabend. Frauenarbeit im Nationalsozialismus, in: Gewerkschaftliche Monatshefte 9 (1984), S. 566–579.
Dies., Siemens, der Nationalsozialismus und die moderne Familie. Eine Untersuchung zur sozialen Rationalisierung in Deutschland im 20. Jahrhundert, Hamburg 1990.
Dies. (Hg.), Als Zwangsarbeiterin 1941 in Berlin. Die Aufzeichnungen der Volkswirtin Elisabeth Freund, Berlin 1996.
Saldern, Adelheid von, Opfer oder Mittäterinnen? Kontroversen über die Rolle der Frauen im NS-Staat, in: sowi (1991), H. 2, S. 97–103.
Salus, Grete, Eine Frau erzählt, Bonn 1958.
Sauer-Burghard, Brunhilde, Frauenbefreiung und »Rasseveredelung«, eugenisches und rassenhygienisches Gedankengut im feministischen Diskurs der historisch radikalen Frauenbewegung, in: Beiträge zur feministischen Theorie und Praxis (1994), H. 38, S. 131–144.
Schaeffer-Hegel, Barbara, Frauen und Macht. Der alltägliche Beitrag der Frauen zur Politik des Patriarchats, Berlin 1984.
Scheck, Manfred (Hg.), Das KZ vor der Haustür, Vahingen 1985.
Schellenberg, Walter, Aufzeichnungen. Die Memoiren des letzten Geheimdienstchefs unter Hitler, Petersen, Gitta (Hg.), Köln 1959.
Schenk zu Schweinsberg, Freiherr Krafft, Die Soldatenverbände in der Bundesrepublik, in: Howe, Günther (Hg.), Studien zur politischen und gesellschaftlichen Situation der Bundeswehr, Berlin 1965, S. 96–177.
Schick, Christa, Die Internierungslager, in: Broszat, Henke, und Wolter (Hg.), Von Stalingrad zur Währungsreform, München 1988, S. 301–326.

Schildt, Axel, »Jetzt liegen alle großen Ordnungs- und Gesittungsmächte im Schutt«. Die öffentliche Auseinandersetzung mit dem »Dritten Reich« in Schleswig-Holstein nach 1945, in: Zeitschrift der Gesellschaft für Schleswig-Holsteinische Geschichte 119 (1994), S. 261–276.

Schleunes, Karl A., Nationalsozialistische Entschlußbildung und Aktion T 4, in: Jäckel, Eberhard und Jürgen Rohwer (Hg.), Der Mord an den Juden im Zweiten Weltkrieg, Frankfurt am Main 1987, S. 62–83.

Schmädeke, Jürgen und Peter Steinbach (Hg.), Der Widerstand gegen den Nationalsozialismus. Die deutsche Gesellschaft und der Widerstand gegen Hitler, München 1986.

Schmatzler, Uta Cornelia, Verstrickung, Mitverantwortung und Täterschaft im Nationalsozialismus. Eine Untersuchung zum Verhältnis vom weiblichen Alltag und faschistischem Staat, Kiel 1994.

Schmidt-Harzbach, Ingrid, Serie Nachkrieg I: Die Lüge von der Stunde Null, in: Courage (1982), H. 6, S. 32–40.

Schnabel, Raimund, Macht ohne Moral. Eine Dokumentation über die SS, Frankfurt am Main 1957.

Schoenbaum, David, Die braune Revolution, Köln 1964.

Schoenberner, Gerhard, Der gelbe Stern. Die Judenverfolgung in Europa 1933 bis 1945, Hamburg 1960.

Scholtz-Klink, Gertrud, Die Frau im Dritten Reich. Eine Dokumentation, Tübingen 1978.

Schotten, Erwin, Rendsburger unter dem Hakenkreuz, Rendsburg 1987.

Schultz, Joachim, Die letzten 30 Tage, Stuttgart 1951.

Schwarberg, Günther, Die Mörderwaschmaschine. Wie die bundesdeutsche Justiz die Verbrechen der Faschisten mit Hilfe von Einstellungsbeschlüssen bewältigt oder: Von der Massenerschießung abgesehen, war die Sterblichkeit gering, in: Eisfeld, Rainer und Ingo Müller (Hg.), Gegen Barbarei, Frankfurt am Main 1989, S. 324–345.

Schwarz, Gudrun, Das Frauenbild des Männerordens SS. Untersuchung des »Schwarzen Korps, Zeitschrift der Schutzstaffeln der NSDAP, Organ der Reichsführung SS«, FU Berlin, unveröffentlichte Diplomarbeit 1977.

Dies., Verdrängte Täterinnen. Frauen im Apparat der SS (1939–1945), in: Wobbe, Theresa (Hg.), Nach Osten, Frankfurt am Main 1992, S. 197–227.

Dies., SS-Aufseherinnen in den nationalsozialistischen Konzentrationslagern, in: Dachauer Hefte (1994), H. 10, S. 32–49.

Dies., SS-Ehefrauen – Schuld und Verantwortung, in: Betrams, Annette (Hg.), Dichotomie, Dominanz, Differenz, Weinheim 1995, S. 57–70.

Dies., Les femmes SS – 1939–1945, in: Kandel, Liliane (Hg.), Féminismes et nazisme, un hommage à Rita Thalmann, Paris 1996.

Dies., Irritationen, in: Mittelweg 36 (1996a), H. 4, S. 52.

Dies., Nationalsozialistische Lager, Frankfurt am Main 1996b.
Dies., Frauen in der SS: Sippenverband und Frauenkorps, in: Heinsohn, Kirsten, Vogel, Barbara und Ulrike Weckel (Hg.), Zwischen Karriere und Verfolgung, Handlungsräume von Frauen im nationalsozialistischen Deutschland, Frankfurt am Main 1997, S. 223–280.
Dies., Frauen in Konzentrationslagern: Täterinnen und Zuschauerinnen, in Herbert, Ulrich und Karin Orth (Hg.), Die nationalsozialistischen Konzentrationslager (im Erscheinen), 1997a.
Segev, Tom, Die Soldaten des Bösen. Zur Geschichte der KZ-Kommandanten, Reinbek 1992.
Sehn, Jan, Konzentrationslager Oświęcim – Brzezinka – Auschwitz-Birkenau, Warszawa 1957.
Sereny, Gitta, Am Abgrund. Gespräche mit dem Henker. Franz Stangl und die Morde von Treblinka, überarbeitete Neuausgabe, München 1995.
Dies., Albert Speer. Das Ringen mit der Wahrheit und das deutsche Trauma, München 1995a.
Shelley, Lore (Hg.), Schreiberinnen des Todes. Lebenserinnerungen internierter jüdischer Frauen, die in der Verwaltung des Vernichtungslagers Auschwitz arbeiten mußten, Bielefeld 1992.
Sichrovsky, Peter, Schuldig geboren. Kinder aus Nazifamilien, Köln 1987.
Siegele-Wenschkewitz, Leonore und Gerda Stuchlik (Hg.), Frauen und Faschismus in Europa, Pfaffenweiler 1990.
Siegert, Toni, Das Konzentrationslager Flossenbürg, in: Broszat, Martin und Elke Fröhlich (Hg.), Bayern in der NS-Zeit, München/Wien 1979, Bd. 3, S. 429–492.
Silbermann-Shiber, Ella, On the Edge of the Abyss, Beit Lohamei Haghetaot 1994.
Smith, Bradley F. und Agnes F. Petersen (Hg.), Heinrich Himmler. Geheimreden 1933 bis 1945 und andere Ansprachen, Frankfurt am Main 1974.
Sofsky, Wolfgang, Die Ordnung des Terrors: Das Konzentrationslager, Frankfurt am Main 1993.
SS im Einsatz. Eine Dokumentation über die Verbrechen der SS, Berlin/DDR 1964.
Steinbacher, Sybille, Dachau. Die Stadt und das Konzentrationslager in der NS-Zeit. Die Untersuchung einer Nachbarschaft, Frankfurt am Main 1994.
Steiner, John M., The SS Yesterday and Today: A Social Psychological Analysis, in Dimsdale, J. e. (Hg.), Survivors, Victims and Perpetrators, New York 1980, S. 405–456.
Ders., Über das Glaubensbekenntnis der SS, in Bracher, Karl Dietrich und Hans Adolf Jacobsen (Hg.), Die Nationalsozialistische Diktatur 1933–1945, Düsseldorf 1986.
Steiniger, Peter A. (Hg.), Der Nürnberger Prozeß. Aus den Protokollen, Dokumenten und Materialien des Prozesses gegen die Hauptkriegsverbrecher vor dem Internationalen Militärgerichtshof, Berlin 1957.

Steppe, Hilde (Hg.), Krankenpflege im Nationalsozialismus, Frankfurt am Main 1989.
Steur, Claudia, Theodor Dannecker. Ein Funktionär der Endlösung, Essen 1997.
Stuchlik, Gerda, Bibliographie »Frauen und Nationalsozialismus«, in Siegele-Wenschkewitz, Leonore und Gerda Stuchlik (Hg.), Frauen und Faschismus in Europa, Pfaffenweiler 1990, S. 300–329.
Supp, Barbara, Trümmerfrauen. Protokoll eines gescheiterten Aufbruchs, in: »Spiegel« special: Die Deutschen nach der Stunde Null 1945–1948 (1995), S. 85–89.
Thomsen, Larry V., Lebensborn and the Eugenics Policy of the Reichsführer-SS, in: Central European History 4 (1971), S. 54–77.
Thürmer-Rohr, Christina, Vagabundinnen. Feministische Essays. Berlin 1987.
Dies., Einführung – Forschen heißt wühlen, in: Thürmer-Rohr, Christina, Wildt, Carola und Martina Emme (Hg.), Mittäterschaft und Entdeckungslust, Berlin 1990, S. 21–21.
Dies., Die postmoderne Theorie vom »Tod der Geschichte«. Feminismus und der Holocaust, in: Niethammer, Ortrun (Hg.), Frauen im Nationalsozialismus, Osnabrück 1996, S. 24–41.
Tuchel, Johannes, Konzentrationslager. Organisationsgeschichte und Funktion der »Inspektion der Konzentrationslager« 1934–1938, Boppard am Rhein 1991.
Ders., Reinhard Heydrich und die »Stiftung Nordhav«. Die Aktivitäten der SS-Führung auf Fehmarn, in: Zeitschrift der Gesellschaft für Schleswig-Holsteinische Geschichte 117 (1992), S. 199–225.
Van Pelt, Robert-Jan, A Site in Search of a Mission, in Gutman, Yisrael und Michael Berenbaum (Hg.), Anatomy of the Auschwitz Death-Camp, Bloomington and Indianapolis 1994, S. 93–105.
Vollnhals, Clemens, Politische Säuberung unter alliierter Herrschaft, in: Volkmann, Hans-Erich (Hg.), Ende des Dritten Reiches – Ende des Zweiten Weltkrieges, München 1995, S. 369–392.
Vorländer, Herwart (Hg.), Nationalsozialistische Konzentrationslager im Dienste der totalen Kriegsführung. Sieben württembergische Außenkommandos des Konzentrationslagers Natzweiler/Elsaß, Stuttgart 1978.
Wegner, Bernd, Hitlers politische Soldaten. Die Waffen-SS 1933–1945, Paderborn 1990.
Weingartner, James J. The SS Race and Settlement Main Office: Towards An Orden of Blood and Soil, in: The Historian (1971), H. 1, S. 62–77.
Wiebringhaus, Sabine und Heike Herbolz, KZ-Außenlager Buchenwald in Gelsenkirchen-Horst, in: Beiträge zur Stadtgeschichte 11 (1983), S. 121–142.
Wiesenthal, Simon, Die Mörder leben, München 1967.
Ders., Recht, nicht Rache. Erinnerungen, Frankfurt am Main 1991.
Wiggershaus, Renate, Frauen unterm Nationalsozialismus. Wuppertal 1984.
Wildt, Michael, Götzendämmerung. Das Reichssicherheitshauptamt im letzten Kriegsjahr, in: sowi (1995), H. 2, S. 101–108.

Ders., Die Judenpolitik des SD 1935–1938, München 1995 a.
Wistrich, Robert, Wer war wer im Dritten Reich? Ein biographisches Lexikon, Frankfurt am Main 1993.
Wittrock, Christine, Weiblichkeitsmythen. Das Frauenbild im Faschismus und seine Vorläufer in der Frauenbewegung der 20er Jahre, Frankfurt am Main 1983.
Wobbe, Theresa (Hg.), Nach Osten. Verdeckte Spuren nationalsozialistischer Herrschaft, Frankfurt am Main 1992.
Dies., Identifikation als Sympton. Politische und theoretische Kontexte feministischer Diskurse über den Nationalsozialismus, in: Determann, Barbara (Hg.), Verdeckte Überlieferungen, Frankfurt am Main 1992 a, S. 15–25.
Wolters, Rita, Verrat für die Volksgemeinschaft, Pfaffenweiler 1996.
Wulf, Josef, Das Dritte Reich und seine Vollstrecker. Die Liquidation der Juden im Warschauer Ghetto. Dokumente und Berichte, Wiesbaden 1989.
Ziege, Eva-Maria, Antisemitische Frauen und misogyne Bilder vom jüdischen »Anderen«, in: metis (1993), H. 2, S. 66–80.
Dies., Wenn Frauen gebraucht werden. Ein Lehrstück aus dem Nationalsozialismus, in: Beiträge zur feministischen Theorie und Praxis (1993 a), H. 29, S. 67–78.
Ziegler, Herbert Friedrich, The SS-Führerkorps. An Analysis of its Socioeconomic and Demographic Structure 1925–1939, Diss. Emory Univ. 1980.
Zielińska, Wiesława (Hg.), Auschwitz faschistisches Konzentrationslager, Warszawa 1981.
Zipfel, Gaby, Wie führen Frauen Krieg, in: Heer, Hannes und Klaus Naumann (Hg.), Verbrechen der Wehrmacht 1941–1944, Hamburg 1995, S. 460–474.
Dies., Verdrängte Erinnerungen, verdeckte Überlieferungen. Akteurinnen im Nationalsozialismus, in: Mittelweg 36 (1996), H. 2, S. 64–73.

Danksagung

Danken möchte ich all den Mitarbeiterinnen und Mitarbeitern der Staatsanwaltschaften, die bereitwillig und schnell meine Anfragen beantworteten und mir wertvolle Hinweise gegeben haben, sowie Frau Staatsanwältin Solms, Herrn Oberstaatsanwalt Streim und allen Mitarbeiterinnen und Mitarbeitern der Zentralen Stelle der Landesjustizverwaltungen in Ludwigsburg, die mich mit Rat und Tat bei der Suche nach einschlägigen Akten unterstützten. Die jahrelange Arbeit in den Archiven ermöglichte ein Stipendium der Förderkommission Frauenforschung bei der Senatsverwaltung für Arbeit und Frauen in Berlin. Freundinnen und Kolleginnen haben mich zur vorliegenden Arbeit ermuntert und ihren Teil zum Gelingen beigetragen: Natalija Bašić, Gabriele Czarnowsky, Annegret Ehmann, Susanne Heim, Ulrike Jureit, Lore Kleiber, Beate Meyer, Karin Orth, Monika Richarz, Carola Sachse, Theresa Wobbe und Gaby Zipfel. Wertvolle Hinweise verdanke ich Andrej Angrick, Barbara Distel, Peter Klein, Cornelia Klose, Ina Krützfeldt, Jürgen Kuhnke und Andrzej Strzelecki. Besonderer Dank gilt meinen Kolleginnen und Kollegen vom Hamburger Institut für Sozialforschung. Ohne die großzügige Unterstützung durch den Vorstand des Hamburger Instituts für Sozialforschung wäre die Archivarbeit vergebens gewesen und das Buch nicht zustande gekommen.